Identitätsforschung in der Praxis

Diana Lindner
Anja Gregor
(Hrsg.)

Identitätsforschung in der Praxis

Lehrforschungsberichte von Studierenden für Studierende

Herausgeberinnen
Diana Lindner
Institut für Soziologie
Universität Jena
Jena
Deutschland

Anja Gregor
Institut für Soziologie
Universität Jena
Jena
Deutschland

ISBN 978-3-662-54586-7   ISBN 978-3-662-54587-4   (eBook)
DOI 10.1007/978-3-662-54587-4

Die Deutsche Nationalbibliothek verzeichnet diese Publikation in der Deutschen Nationalbibliografie; detaillierte bibliografische Daten sind im Internet über http://dnb.d-nb.de abrufbar.

Springer Spektrum
© Springer-Verlag GmbH Deutschland 2018
Das Werk einschließlich aller seiner Teile ist urheberrechtlich geschützt. Jede Verwertung, die nicht ausdrücklich vom Urheberrechtsgesetz zugelassen ist, bedarf der vorherigen Zustimmung des Verlags. Das gilt insbesondere für Vervielfältigungen, Bearbeitungen, Übersetzungen, Mikroverfilmungen und die Einspeicherung und Verarbeitung in elektronischen Systemen.
Die Wiedergabe von Gebrauchsnamen, Handelsnamen, Warenbezeichnungen usw. in diesem Werk berechtigt auch ohne besondere Kennzeichnung nicht zu der Annahme, dass solche Namen im Sinne der Warenzeichen- und Markenschutz-Gesetzgebung als frei zu betrachten wären und daher von jedermann benutzt werden dürften.
Der Verlag, die Autoren und die Herausgeber gehen davon aus, dass die Angaben und Informationen in diesem Werk zum Zeitpunkt der Veröffentlichung vollständig und korrekt sind. Weder der Verlag, noch die Autoren oder die Herausgeber übernehmen, ausdrücklich oder implizit, Gewähr für den Inhalt des Werkes, etwaige Fehler oder Äußerungen. Der Verlag bleibt im Hinblick auf geografische Zuordnungen und Gebietsbezeichnungen in veröffentlichten Karten und Institutionsadressen neutral.

Planung: Sarah Koch

Gedruckt auf säurefreiem und chlorfrei gebleichtem Papier

Springer Spektrum ist Teil von Springer Nature
Die eingetragene Gesellschaft ist Springer-Verlag GmbH Deutschland
Die Anschrift der Gesellschaft ist: Heidelberger Platz 3, 14197 Berlin, Germany

Vorwort: Forschen und Lehren als Resonanzgeschehen

Forschung und *Lehre* stellen die beiden kardinalen Aufgaben der modernen Universität dar, so weit herrscht Einigkeit unter allen, die mit Bildung und Wissenschaft und mit der Hochschulpolitik befasst sind. Wissen soll neu generiert und zugleich weitergegeben werden. Der Streit beginnt dann allerdings sogleich über die Frage, wie denn Forschung und Lehre am besten zu leisten und zu betreiben sind. Strikte *Qualitätskontrolle*, stetige *Evaluation, evidenzbasierte Steuerung* und konsequente *Outputorientierung* lauten die Hauptworte für die politischen Versuche, die Ergebnisse und Leistungen der Universitäten in Forschung und Lehre zu verbessern. Das aus ihnen gebildete Mantra des Wettbewerbs und der Optimierung ist deutschlandweit, europaweit, ja weltweit zum Inbegriff effizienter Hochschulpolitik geworden. Allein, es basiert auf völlig falschen Annahmen über das Wesen von beiden, von Forschung und von Lehre, und ähnelt daher eher einer Blaupause für Irreführung als einem verheißungsvollen Plan für gute und tragfähige Wissenschaft.

Sowohl das Forschen als auch das Lehren bezeichnen essenzielle, ja existenzielle Formen der Weltbeziehung oder der Weltbegegnung. Wer etwas erforschen will – sei es in den Natur-, den Geistes- oder den Sozialwissenschaften – lässt sich auf etwas noch Unbestimmtes, Unverfügbares, Offenes ein: Wissenschaft entsteht aus der Begegnung mit einem sperrigen, unbekannten, unvorhersagbaren Anderen. Wann dieses Andere zu sprechen beginnt, ja sogar: ob es sich jemals zum Sprechen bringen lässt, lässt sich niemals sicher vorausbestimmen. Mehr noch: Was in der Interaktion zwischen den Forschenden und dem begegnenden „Stoff" passiert, lässt sich mit keiner Methodologie der Welt unter Kontrolle bringen. Wenn ein Gegenstand „zu sprechen beginnt" und wenn die Forschenden dann darauf antworten, begeben sich gleichsam beide auf ein offenes, waghalsiges, neues Terrain. In meinem Buch *Resonanz. Eine Soziologie der Weltbeziehung* (2016) habe ich versucht, solche Begegnungen als Resonanzprozesse zu beschreiben. Resonanz bedeutet, dass ein (in diesem Falle: forschendes) Subjekt von einer Sache oder einem „Stoff" berührt und bewegt wird, dass es darauf zu antworten versucht, dass sich im Verlauf dieser Begegnung beide Seiten, das fragende Subjekt und der begegnende Gegenstand, transformieren und dass dieser Prozess sowohl in seinem Verlauf als auch in seinem Ergebnis unverfügbar ist. Die heutige drittmittelbasierte Wissenschaft ist in großer Gefahr, diese Resonanzqualität von Wissenschaft systematisch und zielstrebig zu zerstören: Wer ein Forschungsprojekt beantragt, muss genau und haarklein angeben, *was* er *in welchem Zeitraum*, in welchen aufeinander folgenden *Schritten, mit welchen Mitteln, mit welchem Design und mit welchen erwartbaren Ergebnissen* zu tun gedenkt. Das Unverfügbare genuiner Wissenschaft soll so verfügbar gemacht, unter Kontrolle gebracht, qualitativ und methodisch gesichert, optimiert und gesteigert werden. Kein Wunder, dass viele der so produzierten Studien in allen Hinsichten resonanztaub zu sein scheinen.

Traurigerweise wiederholt sich dieses Dilemma, oder soll man sagen: diese Tragödie?, im Blick auf das Lehren und Lernen in nahezu identischer Weise. Was Lehre, wenn sie gelingt, leisten kann, lässt sich als das *Zum-Sprechen-Bringen* und damit als das *Anverwandeln* eines Weltausschnitts – das heißt, akademisch gesprochen, eines Stoffgebiets oder auch einer Sinnprovinz – verstehen. Lernende haben eine Theorie oder eine Methode oder einen Sachverhalt nicht dann begriffen oder gelernt, wenn sie sich die Formeln und Begriffe eingeprägt und die entsprechenden Kompetenzen angeeignet haben, sondern erst dann, wenn sie sich die jeweiligen Materien „anverwandelt" haben. Das heißt, wenn sie sich diese so zu eigen gemacht haben, dass sie durch und mit jener Theorie oder Methode „sehen" und „sprechen" gelernt haben. Auch hier ist unverkennbar Resonanz im Spiel: Wann im Prozess des Lehrens und Lernens ein Stoff – zum Beispiel eine Identitätstheorie – in diesem Sinne „zu sprechen beginnt" und für wen, lässt sich nicht vorhersagen. Und wenn sich eine Resonanz dieser Art ereignet, gehört es ganz sicher zum Bereich des Unverfügbaren, was genau der oder die Lernende daraus macht, was daraus entsteht. Gewiss ist: Wer sich eine Theorie, wie sie etwa Judith Butler, George Herbert Mead, Irving Goffman oder Michel Foucault formuliert haben, wirklich „anverwandelt", der verändert sich dabei: Sie ist hinterher eine andere als vorher. Lernen wird dabei gewissermaßen selbst zur Identitätsarbeit. „Der Stoff" erweist sich in der Forschung wie in der Lehre als irritierend, als störend, als unverfügbar und sogar transformierend. Ein stundenplanbasiertes Lernen, das (unter Zeitdruck) auf abrufbare, prüfbare und messbare Kompetenzen, auf evidenzbasierte Output- und Qualitätskontrollen, auf klare, quantifizierbare Leistungsrankings von Lehrenden und Lernenden zielt, ist jedoch systematisch dazu gezwungen, solche Resonanzen zu unterbinden. *Lassen Sie sich auf keinen Fall vom Stoff affizieren, lassen Sie sich auf nichts ein, das Sie vom vorgegebenen Weg abbringen könnte, blenden Sie alles aus, was Sie irritieren könnte!* möchte man den Studierenden zurufen, die von einer Prüfung zur nächsten eilen.

Dass der Universitätsbetrieb aber auch unter heutigen Bedingungen noch Resonanzgeschehen sein kann, dass er das in Forschung und in Lehre sein kann, beweist der vorliegende Band, den Anja Gregor und Diana Lindner zusammen mit ihren Studierenden konzipiert haben. Er basiert auf dem für die Jenaer Soziologie maßgebenden Konzept der *Lehrforschung*, das die beiden Felder der Forschung und der Lehre so zusammenbringt, dass daraus selbst produktive Resonanzen entstehen können. Das aber erfordert den Mut, sich auf Experimente einzulassen, ohne sicher zu wissen, was dabei herauskommt, oder mehr noch: *ob dabei etwas (Brauchbares) herauskommt*. Es erfordert den Mut und die Kompetenz, die Begeisterungsfähigkeit der Studierenden zu wecken, sich auf sie einzulassen, sie auf unbekanntes Terrain hinauszuschicken und ihnen dabei die Mittel an die Hand zu geben, sich jenes Terrain selbstwirksam anzuverwandeln. Resonanz aber ereignet sich in der Forschung wie in der Lehre nur in einem entgegenkommenden *Resonanzraum* – wenn die zeitlichen und räumlichen, sozialen und individuellen Bedingungen dafür geschaffen sind. Dass es den Lehrenden und Lernenden, die an diesem Band beteiligt sind, gemeinsam gelungen ist, einen solchen hochwirksamen Resonanzraum zu schaffen – dafür gebührt ihnen höchster Respekt. Was dann geschehen kann, zeigt sich an diesem Buch: Lehrende und Lernende lassen sich bewegen und verwandeln, sie erfahren sich als selbstwirksam und verändern sich in dem und durch das, was sie tun, und indem sie einander und dem „Stoff" begegnen. So entsteht neues Wissen, das nicht einfach eine weitere Datensammlung und ein „stummes" Datengrab ist, sondern das selbst wiederum *etwas zu sagen hat*. Die Beiträge dieses Bandes legen davon Zeugnis ab.

Hartmut Rosa
Jena, März 2017

Literatur

Rosa, Hartmut. (2016). *Resonanz. Eine Soziologie der Weltbeziehung*. Frankfurt a.M.: Suhrkamp

Inhaltsverzeichnis

1	Einleitung: Rahmen und Ziel des Buches 1
	Anja Gregor, Diana Lindner
	Literatur.. 6

I   Identitätsforschung mit leitfadengestützten Interviews

2	Selbstnarration als Identitätsarbeit – Ein Vergleich von Tagebuch und Blog als unterschiedliche Formen der schriftlich fixierten Selbstnarration 9
	Simon Blaschke, Gernot Golka, Christoph Jendrolak, Louisa Jendrollik, Rosa Siemensmeyer
2.1	Einleitung 13
2.2	Theoretisierung und Begriffserklärungen 15
2.2.1	Eine Definition von Identität von George Herbert Mead 15
2.2.2	Der Begriff der Anerkennung von Axel Honneth............................... 17
2.2.3	Kernnarration und Identitätsarbeit 18
2.3	Methodologischer Zugang zum Forschungsgegenstand..................... 20
2.3.1	Erkenntnisinteresse und Thesen.. 20
2.3.2	Methodologische Konzeptualisierung 21
2.4	Analyse der Tagebuchschreibenden 28
2.4.1	Überblick 28
2.4.2	Der Fall Joachim Schreiner – Tagebuchschreiben als aktive Identitätsarbeit... 28
2.4.3	Der Fall Hanna Künstler – Tagebuchschreiben als Ventil 31
2.4.4	Fallvergleich 34
2.5	Analyse der Bloggerinnen 35
2.5.1	Einleitung... 35
2.5.2	Fall 3: Nadja Weiß – „Beschäftigt euch mit mir" 36
2.5.3	Fall 4: Sarah Christ – „Sähet und erntet" 39
2.5.4	Vergleich innerhalb der Gruppe der Bloggerinnen............................. 41
2.6	Vergleich: Tagebuch – Blog 42
2.6.1	Funktionen der schriftlich fixierten Selbstnarration............................ 43
2.6.2	Gegenüberstellung der Motivlagen 44
2.6.3	Thesenbezug 47
2.6.4	Theoriebezug 49
2.7	Fazit.. 50
	Literatur.. 53

3	**Wie schafft man Bewusstsein für eine Abwesenheit? – Ursachen und Folgen der Stigmatisierung von Asexualität aus der Perspektive Betroffener**	55
	Katharina Aßmann, Anne Jasmin Bobka, Anna Frieda Kaiser, Anna Klaudat, Sophia Koch	
3.1	Einleitung: Die Stilisierung von Asexualität als außergewöhnliches Thema	58
3.2	Theorie	61
3.2.1	Die Stigmatisierung asexueller Menschen	62
3.2.2	Das Sexualitätsdispositiv errichtet die Norm des Sexes	66
3.2.3	Konstruktion des Geschlechts und des Begehrens in der heteronormativen Matrix	69
3.3	Methodologie der Arbeit	73
3.3.1	Herleitung der Forschungsfrage	73
3.3.2	Qualitative Sozialforschung	74
3.3.3	Interviewform	75
3.3.4	Teilnehmer*innenfindung	77
3.3.5	Auswertungsmethode	78
3.4	Auswertung	80
3.4.1	Stigmatisierung von Asexualität aufgrund von Heteronormativität	80
3.4.2	Die Unsichtbarkeit von Asexualität	87
3.4.3	Wunschgemeinschaft(en) und Verworfenheit(en)	94
3.4.4	Asexualität und queere Geschlechtsidentitäten	101
3.5	Schlussbetrachtung: Ergebnisse und Ausblicke	103
	Literatur	108

II Identitätsforschung mit ethnografischem Zugang

4	**Zeugen Jehovas – Interaktion und Identität**	113
	Jule Bumiller, Mariano Santiago Flores Rödel, Nils Roth	
4.1	Das Komplexitätsdilemma – einige Bemerkungen	116
4.2	Methode	118
4.2.1	Teilnehmende Beobachtung/dichte Beschreibung	120
4.2.2	Interview	121
4.3	Empirische Analyse und theoretische Überlegungen	121
4.3.1	Interaktionistische Grundlegungen	122
4.3.2	Die Wissensebene	123
4.3.3	Grenzkonstruktion und Grenzübergang – unser Übergang ins Feld	125
4.3.4	Interpretationen des Wissensvorrats	129
4.3.5	Die diffuse Ebene der Gemeinschaft	133
4.4	Das große Ganze	134
	Literatur	142

III   Identitätsforschung mit Gruppendiskussionen

5	Stigmatisierungen von Muslimen in Deutschland – krisenhafte Tendenzen in der Identität der Betroffenen	147
	Kim Lisa Becker, Michéle Foege, Paulina Charlotte Herker, Florian Wallrab	
5.1	Die Opfer der „Islam-Debatte"?	150
5.2	Theorie	152
5.2.1	Anerkennung und Identität	152
5.2.2	Begriffliche Grundlage: Die Dimensionen der Identität	152
5.2.3	Die Stigmatisierung	154
5.2.4	Stigma-Management	156
5.3	Methode	161
5.3.1	Das Gruppendiskussionsverfahren – Dynamik, Offenheit und Kollektivität	161
5.3.2	Die dokumentarische Methode	163
5.3.3	Theoretische Grundprinzipien der dokumentarischen Methode	164
5.3.4	Der Erhebungsprozess	166
5.3.5	Transkription, Auswertung und sinngenetische Typenbildung	168
5.4	Ergebnisse der Gruppendiskussion: Auswertung und Interpretation	170
5.4.1	Der Ablauf der Gruppendiskussion	170
5.4.2	Der gemeinsame Orientierungsrahmen der Teilnehmer: zwei Normalitätsvorstellungen	172
5.4.3	Die Teilnehmer und ihr Stellenwert des Glaubens im Leben	175
5.4.4	Die Teilnehmer und ihre dynamische Typik zum Umgang mit Stigmatisierung	177
5.5	Kontextualisierende Diskussion	183
5.5.1	Vorherrschendes Integrationsverständnis in Deutschland	183
5.5.2	Grenzen der Forschung und weitere Forschungsmöglichkeiten	188
5.6	**Fazit**	191
	Literatur	197
	Serviceteil	201
	Stichwortverzeichnis	202

Autor_innenverzeichnis

Katharina Aßmann studierte Soziologie und Erziehungswissenschaften an der Friedrich-Schiller-Universität in Jena und der Jagiellonen Universität Krakau. Ihr* Forschungsschwerpunkt im Bachelorstudium war Geschlechterforschung, sie* schrieb die Bachelorarbeit zum Thema „Die soziale Bedeutung der Menstruation" und studiert nun im Master Soziologie ebenfalls an der Friedrich-Schiller-Universität Jena.

Kim Lisa Becker hat an der Friedrich-Schiller-Universität in Jena Soziologie und Psychologie studiert. Das Thema ihrer Bachelorarbeit war „Diskriminierung und islamistische Radikalisierung von Muslimen in Deutschland – ein untrennbarer Zusammenhang? " Aktuell studiert sie an der Christian-Albrechts-Universität zu Kiel den Master „Migration und Diversität" mit dem Schwerpunkt Türkei. 2015 veröffentlichte sie im Magazin *Der Schlepper. Magazin für Migration und Flüchtlingssolidarität in Schleswig-Holstein* in Heft Nr. 75/76 den Artikel „Der Islam ist nicht das Problem. Wie die Diskriminierung von Muslimen den Islamismus bestärken kann".

Simon Blaschke studierte an der Friedrich-Schiller-Universität Jena Soziologie und Psychologie. In seiner Bachelorarbeit explorierte er die Möglichkeit einer durch Tätowierung vermittelten Identitätsarbeit, wobei er die in der Lehrforschung erworbenen Fähigkeiten für die Ausarbeitung, Durchführung und Auswertung einer Einzelfallanalyse anwendete. Seit 2016 ist er für das Gerontologiestudium (M. Sc.) an der Friedrich-Alexander-Universität Erlangen-Nürnberg eingeschrieben, in welchem er sich mit den psychischen, sozialen und physischen Aspekten des Alternsprozesses beschäftigt und als Tutor für die Testothek arbeitet.

Anne Jasmin Bobka studierte Soziologie und Philosophie an der Friedrich-Schiller-Universität in Jena. Dort setzt sie ihr Soziologiestudium im Masterstudiengang fort und arbeitet als wissenschaftliche Hilfskraft am Lehrstuhl für Allgemeine und Theoretische Soziologie bei Prof. Hartmut Rosa. Ihre Forschungsschwerpunkte sind Geschlechterforschung, politische Bewegungen und indische Gesellschaft. Sie schrieb ihre Bachelorarbeit zum Thema „Can the Feminists speak? Zeugnisse subalternen Widerstands in den Publikationen um Kali for women." Zu dieser Arbeit motivierte sie ein Freiwilliges Soziales Jahr in Frauenorganisationen im indischen Bundesstaat Gujarat.

Jule Bumiller absolvierte den Bachelor an der Friedrich-Schiller-Universität in Jena in Soziologie, Sprechwissenschaft und Phonetik. Dort widmete sie sich der Wissenssoziologie, Identitätsforschung und Genderstudies und schrieb ihre Bachelorarbeit über Kategorisierung, Wissen und Pathologisierung: („Einordnung auffallenden Verhaltens. Eine wissenssoziologische Analyse mit Foucault und Goffman"). Aktuell studiert sie im Master an der Justus-Liebig-Universität in Gießen Gesellschaft und Kulturen der Moderne.

Michéle Foege studierte Soziologie und Psychologie an der Friedrich-Schiller-Universität Jena und der Universidad de la Frontera in Chile. Ihre thematischen Studienschwerpunkte waren Identität, Rassismus, soziale Bewegungen in Lateinamerika und Persönlichkeitspsychologie. Sie schrieb ihre Bachelorarbeit zum Thema „Landraub in der Araucanía. Eine kapital- und identitätstheoretische Untersuchung am Beispiel der Mapuche". Sie war als studentische Hilfskraft und als Tutorin für Familiensoziologie und wissenschaftliche Arbeitsweisen am soziologischen Institut tätig. Außerdem hat sie in einem interdisziplinären Forschungsprojekt in Chile mitgearbeitet.

Gernot Golka studierte Soziologie an der Friedrich-Schiller-Universität Jena und an der Universität Breslau. Seine Bachelorarbeit befasste sich mit der Phänomenologie Plessners und trug den Titel „Resonanz braucht Leiblichkeit. Zusammenhänge zwischen philosophischer Anthropologie und kritischer Sozialtheorie am Beispiel Helmuth Plessners und Alfred Döblins".

Paulina Charlotte Herker studierte Soziologie und Erziehungswissenschaften an der Friedrich-Schiller-Universität Jena. Ihre Bachelorarbeit verfasste sie zu dem Thema „Strukturelle und kulturelle Individualisierung in Japan". Derzeit studiert sie „Linguistik: Kognition und Kommunikation" im Master an der Philipps-Universität Marburg mit dem Forschungsschwerpunkt Sprache, Kognition und Gesellschaft.

Christoph Jendrolak studierte Soziologie und Erziehungswissenschaft an der Friedrich-Schiller-Universität in Jena. Seine Forschungsschwerpunkte sind Gesellschaftstheorie, Identitätstheorie und Game Studies. Er schrieb seine Bachelorarbeit zum Thema „Identitätsarbeit in virtuellen Welten".

Louisa Jendrollik studierte Soziologie und Erziehungswissenschaft an der Friedrich-Schiller-Universität in Jena mit den Schwerpunkten Gesellschaftsvergleich, sozialer Wandel, Geschlecht, Arbeit, Interaktion und Identität. Ihre Bachelorarbeit schrieb sie zu dem Thema „Inwiefern ist gesellschaftliche Integration möglich? – Ein Vergleich der theoretischen Ansätze von Talcott Parsons und George Herbert Mead".

Anna Frieda Kaiser absolvierte ihren Bachelor in Soziologie und Psychologie an der Friedrich-Schiller-Universität in Jena und studiert aktuell Soziologie und Sozialforschung (M.A.) an der Philipps-Universität in Marburg. Ihre Studien- und Forschungsschwerpunkte sind Geschlechterforschung, Körpersoziologie und Systemtheorie. In ihrer Bachelorarbeit „Androgynie" unternahm sie eine theoretische Untersuchung des transformativen Potenzials von Androgynie als interdisziplinär verhandeltes Phänomen.

Anna Klaudat studiert Soziologie und Sozialforschung (M.A.) an der Philipps-Universität Marburg. Ihren Bachelor in Soziologie mit dem Nebenfach Psychologie absolvierte sie an der Friedrich-Schiller-Universität Jena. Ihre Schwerpunkte Gender Studies, Familiensoziologie und demografischer Wandel behandelte sie unter anderem in ihrer Bachelorarbeit mit dem Titel „Unterschiedliche reproduktive Kulturen? Die Geburtenentwicklung in den neuen und alten Bundesländern".

Sophia Koch studierte Soziologie und interkulturelle Wirtschaftskommunikation an der Friedrich-Schiller-Universität in Jena. Sie schrieb ihre Bachelorarbeit zum Thema „Wie entwickelt sich kollektive Identität in interkulturellen Teams?".

Mariano Santiago Flores Rödel studiert Soziologie und Religionswissenschaft an der Friedrich-Schiller-Universität Jena. Seine Forschungsschwerpunkte sind Kultursoziologie und Anthropologie, Forschung von kollektiven Identitäten und Sozialisation, Ethnologie im peruanischen und deutschen Kontext. Für seine Bachelorarbeit beschäftigt er sich mit dem Kunstverständnis der Shipibo-Konibo- Gemeinschaft, das sich durch die Zuwanderung verändert hat.

Nils Roth studiert Soziologie und Geschichte an der Friedrich-Schiller-Universität Jena. Seine Forschungsschwerpunkte sind die soziologische Systemtheorie, die zweite Chicago School, insbesondere der Symbolische Interaktionismus, sowie die philosophische Anthropologie im Anschluss an Arnold Gehlen und Helmuth Plessner. Zurzeit verfasst er seine Bachelorarbeit zum Thema des Einflusses der Philosophischen Anthropologie der Leipziger Schule auf die Systemtheorie Niklas Luhmanns.

Rosa Siemensmeyer studierte Soziologie und Psychologie an der Friedrich-Schiller Universität Jena. Ihre Studienschwerpunkte lagen im Bereich der Mediensoziologie und der Identitätstheorien. Die Bachelorarbeit schrieb sie über „Das orientierungslose Subjekt? Eine Untersuchung der Bedeutung von Zielen für die Identitätsstabilisierung in einer individualisierten Gesellschaft".

Florian Wallrab studierte Soziologie und Anglistik/Amerikanistik im Bachelor an der Friedrich-Schiller-Universität in Jena. Seine Forschungsschwerpunkte sind Diskursanalyse, Linguistik und Sprachpsychologie. Er schrieb seine Bachelorarbeit zum Thema „Critical Discourse Analysis zur Flüchtlingssituation in Deutschland". Mittlerweile studiert er Soziologie im Master, ebenfalls an der Friedrich-Schiller-Universität in Jena. Seine Forschungsschwerpunkte sind Nachhaltigkeit und gesellschaftliche Transformation mit besonderem Fokus auf den Finanzmarktkapitalismus. Abseits seines Studiums ist er als Werkstudent bei der Stiftung Warentest in Berlin tätig.

Einleitung: Rahmen und Ziel des Buches

Anja Gregor, Diana Lindner

Literatur – 6

© Springer-Verlag GmbH Deutschland 2018
D. Lindner, A. Gregor (Hrsg.), *Identitätsforschung in der Praxis*,
DOI 10.1007/978-3-662-54587-4_1

Das erste eigene empirische Forschungsprojekt ist für viele Studierende der Soziologie das Kernstück des Bachelorstudiums. Die dort gemachten Erfahrungen prägen das Verhältnis zur Empirie nachhaltig. Im positiven Fall ermutigen sie zur empirischen Bachelorarbeit. Zu diesem Mut wollen wir mit dem vorliegenden Band beitragen. Für die Studierenden, die diesen Band zur Hand nehmen, erfüllt er quasi eine Doppelfunktion, weil er einerseits eine Ergebnispräsentation empirischer Identitätsforschungsprojekte darstellt, andererseits wie eine Beispielsammlung für empirische Forschungsprojekte gelesen werden kann. Gerahmt werden die Beiträge mit einer Erfahrungsreflexion über den Prozess der Themenfindung und die gemachten Fehler während des gesamten Forschungsprozesses.

Der Band eröffnet zudem noch eine dritte Perspektive: eine, die Lehrenden zeigen soll, welche Ergebnisse sich in der Zusammenarbeit erzielen lassen, wenn man als Dozent_in zum selbstständigen Lernen anregt. Es ist damit auch ein Plädoyer für mehr Offenheit bei der Interaktion im Seminarraum und für den Mut, den Lernprozess der Studierenden weniger zu lenken (was letztlich immer eine Illusion ist, s. unten), als ihn anzuregen und sich selbst entwickeln zu lassen. Kurz: die Rolle der Seminar*leiter_in* weitgehend abzulegen und zu einer Lernbegleiter_in zu werden, deren Aufgabe es ist Hilfe zur Selbsthilfe zu leisten.

An der Friedrich-Schiller-Universität Jena wird im Rahmen des Bachelorstudiums eine vier SWS umfassende Lehrforschung durchgeführt. In anderthalb Semestern (mittlerweile sind es auf vielfachen Wunsch der Studierenden zwei) stellen i.d.R. zwei Dozent_innen den Studierenden einen thematisch manchmal mehr, manchmal weniger begrenzten Rahmen für praktische Lernerfahrungen im Bereich empirischer Forschung zur Verfügung. In den letzten Jahren standen den Studierenden in jedem Wintersemester fünf thematisch und methodisch unterschiedlich konzipierte Formate zur Auswahl. Als dort tätige Dozent_innen haben wir in den letzten Jahren zwei Lehrforschungen in Zusammenarbeit mit anderen Kolleg_innen angeboten. Als wir unsere gemeinsame Lehrforschung planten, tauschten wir Erfahrungen aus und entwickelten schnell eine Wunschvorstellung: Wir wollten den Studierenden die größtmögliche Freiheit bei ihrer Lehrforschung lassen. Es war uns sehr wichtig, dass die Fragestellung selbst entwickelt werden konnte und die Methoden nicht von vornherein auf einen qualitativen oder quantitativen Zugang beschränkt wurden.

Unsere Überzeugung war es, dass wir mit einer intensiven Vorbereitungsphase im Plenum und einer bedürfnisorientierten Begleitung der Projekte den größtmöglichen Raum für selbstbestimmtes Lernen auch durch einen „zwanglosen Zwang zur Selbstorganisation" schaffen würden. Dass mit diesem Band nun die Dokumentation der Ergebnisse vorliegt, ist Beweis dafür, dass die Studierenden uns mit ihren hervorragenden Forschungsergebnissen in dieser Überzeugung mehr als bestätigt haben. Im Folgenden stellen wir in gebotener Kürze die didaktischen Vorannahmen dar, auf denen das offene Lernkonzept fußt.

- **Didaktische Überlegungen zu einer Lehrforschung mit „zwanglosem Zwang zur Selbstorganisation"**

Aufgrund unserer bisherigen Forschungsschwerpunkte war schnell klar, dass das Thema sich im Bereich Biographie und Identität bewegen sollte. Wir entschieden uns am Ende dafür, die Lehrforschung mit dem Titel „Identitäten" zu bewerben. Mit der Festlegung des Titels signalisierten wir bereits die im Vorfeld besprochene Offenheit der Lehrforschung. Indem wir keine Einschränkungen bezüglich möglicher Themenwahlen vornahmen, sollte den interessierten Studierenden die größtmögliche Gestaltungsfreiheit bei der Planung und Durchführung ihres Projekts eingeräumt werden.

Mit der Vorstellung der Lehrveranstaltung, also bevor die Studierenden sich für eine der Lehrforschungen entscheiden mussten, erging unsererseits der deutliche Hinweis, dass eine derart offene Lehrforschung auch ein erhöhtes Engagement der Teilnehmenden erfordert. Damit sollten explizit solche Studierende angesprochen werden, die sich ein freie(re)s Forschen wünschten, es sich grundsätzlich vorstellen könnten oder lernen wollten. In diesem Zuge wiesen wir auch darauf hin, dass unsere Lehrforschung deshalb für Studierende, die einen vorgegebenen Rahmen für die Durchführung einer Forschung brauchten, um das Modul absolvieren zu können, nicht geeignet sei. Wir machten den Studierenden also schon vor der Wahl „ihrer" Lehrforschung transparent, an welche Zielgruppe wir uns richteten, welche Anforderungen auf die Studierenden zukommen würden, und legten zudem als eine erste Orientierung die theoretischen Konzepte offen, die wir zum Einstieg besprechen würden. Ziel war es, damit eben nicht nur interessierte und engagierte Studierende zu gewinnen, sondern auch, durch die Benennung des relativ hohen Anteils an Selbstorganisation und Eigenengagement, eine mögliche Überforderung seitens der Studierenden zu verhindern, denen eine solche Art zu forschen nicht liegt.

Unsere Grundüberlegung für die Entscheidung zu diesem offenen Konzept fußte auf dem „didaktischen Technologiedefizit" in Anlehnung an Luhmann und Schorr (1979). Wir stellten uns bei der Konzeption der Veranstaltung die Frage, wie wir das Lernen *wahrscheinlicher* machen könnten, wenn wir es ja faktisch weder steuern noch regulieren können. Um die Wahrscheinlichkeit zu erhöhen, dass die Studierenden nachhaltige Lernerfolge erzielten, wollten wir nicht nur das „Was" der Forschung der Wahl der Studierenden überlassen, sondern auch das „Wie". Durch die selbstbestimmte Auswahl des Themas und der Theorien und Methoden, die für dessen Bearbeitung notwendig wären, sollte auch forschungspraktisches Erfahrungswissen generiert werden. Indem die Studierenden, so unsere Überlegung, den gesamten Forschungsablauf selbst bestimmen und gestalten dürfen und wir ihnen dabei mit unserem Wissen und unserer Erfahrung unterstützend – mehr als begleitende Coaches denn als belehrende Seminarleiter_innen – zur Seite stehen, wäre das angeeignete soziologische Wissen immer verbunden mit der Möglichkeit, forschungspraktische Erfahrungen zu machen, die den Studierenden in möglichen zukünftigen Forschungen von Nutzen sein würden. (Diese Annahme, so zeigen nicht nur die Beiträge des Bandes, sondern auch bereits absolvierte Bachelorarbeiten der Beitragenden, hat sich bereits in mehreren Fällen empirisch bestätigt.)

Die übergreifenden Ziele der Lehrforschung waren für uns Dozent_innen damit nicht nur, die Studierenden wissenschaftliches empirisches Arbeiten und Forschen zu lehren, sondern auch, ihre Fähigkeiten zur Selbstorganisation zu fördern. Mit unserer Anleitung zum Lernen in Gruppen eröffnete die Lehrforschung zudem auch den Raum für soziales Lernen, die Erhöhung kommunikativer Kompetenzen und die Auseinandersetzung mit Konfliktlösungsstrategien.

- **Verlauf der Lehrforschung**

In der Lehrforschung selbst nahm die theoretische Einführung vier Sitzungen in Anspruch. Wir besprachen Schlüsseltexte der Identitätsforschung, von Erik Erikson über George Herbert Mead bis hin zu Judith Butler und Hartmut Rosa. Die Studierenden waren parallel dazu angehalten worden, auf Grundlage der zu jeder Sitzung zu lesenden Texte Thesen zu formulieren, um sie auf die Entwicklung einer Fragestellung vorzubereiten. Die Thesen wurden in der Sitzung diskutiert, indem jeweils eine von uns als gelungen und eine als noch nicht gelungen bewertete These anonymisiert vorgestellt wurde. Die Auseinandersetzung mit den Theorien sollte so intensiv und eigenständig wie möglich verlaufen. Wir machten gleich zu Beginn klar, dass das erarbeitete Theorieverständnis entscheidend für die Entwicklung einer Fragestellung sei. Zu oft waren uns schon Versuche begegnet, bei denen Fragen aus Mangel an theoretischer Kenntnis aus der studentischen Alltagsluft gegriffen wurden und in relativ oberflächlichen Forschungsfragen mündeten. Hier fiel es den Studierenden schwer, die Frage nachträglich theoretisch einzubetten. Wir sorgten dafür, dass die Theoriesitzungen viel Raum für Diskussion boten. Gleichzeitig sollte das erarbeitete Theorieverständnis auf Postern festgehalten und den Kommilitonen präsentiert werden. Gute Erfahrungen machten wir auch mit einer Podiumsdiskussion, in der ein Theoriestreit inszeniert wurde und die Studierenden ihre Theorie mit Argumenten gegen Angriffe aus dem anderen theoretischen Lager verteidigen sollten.

Es folgte ein Methodenblock. Da wir nach unserem Prinzip der Offenheit von vornherein auf keine Forschungslogik einschränken wollten, boten wir in einer Sitzung eine Gegenüberstellung von quantitativem und qualitativem Vorgehen an. In den darauf folgenden zwei Sitzungen gaben wir einen Überblick über qualitative Erhebungs- wie Auswertungsverfahren, weil hier die Vorbildung der Studierenden geringer war als im quantitativen Bereich. Mit diesem Rüstzeug organisierten wir für die kommende Sitzung, die bei uns direkt vor den Weihnachtsferien lag, einen Markt der Möglichkeiten. Die Studierenden konnten Ideen für Projekte formulieren. Diese wurden an die Wand gepinnt. Die Ideengeber_innen bekamen einen festen Ort im Raum zugeteilt und alle Interessierten konnten sich dazugesellen, Fragen stellen, zuhören und von Ort zu Ort ziehen, um herauszufinden, was sie selbst am interessantesten fanden. Am Ende der Sitzung waren einige Gruppen bereits gebildet, andere waren noch sehr groß und sollten sich über die Ferien weiter austauschen, um die Interessen genauer abzustecken.

Zu Beginn des neuen Jahres konnte die endgültige Gruppeneinteilung vorgenommen werden. Die Struktur der Sitzungen änderte sich völlig. Die Gruppen arbeiteten weitestgehend selbstständig. Wir Dozent_innen teilten unsere Zuständigkeit über Gruppenpatenschaften entlang unserer eigenen Forschungsschwerpunkte auf und gaben Anregungen bzw. standen für Fragen bereit. Einzig für die Präsentation der Fragestellungen und des Zeitplans als auch für das methodische Vorgehen waren noch Plenarsitzungen eingeplant. Bis zum Ende des Semesters wurde durch uns Dozent_innen vor allem bei der Formulierung der Fragestellung, der forschungsleitenden Annahmen sowie bei der Entwicklung der Leitfäden bzw. der Fragebögen Unterstützung angeboten. Geplant war, die Erhebung in der vorlesungsfreien Zeit durchzuführen.

Die Studierenden entwickelten bereits von Beginn an ein enormes Engagement. Mithilfe einiger von uns vorgestellter Gruppenregeln pegelte sich die Gruppenarbeit schnell ein, und es entstanden arbeitsteilige Teams. Zugleich entwickelten die Studierenden eine enorme Kreativität bei der Suche nach Interviewpartner_innen und brauchten bereits hier wenig Hilfe. Die Datenerhebung funktionierte reibungslos und wurde weitestgehend ohne die Begleitung durch uns Dozent_innen organisiert und durchgeführt.

Mit Beginn des neuen Semesters waren die Interviewdaten transkribiert und die Gruppeninterpretationen konnten starten. Wir baten darum, das Material vorzustellen und erste Ergebnisse zur Fragestellung zu präsentieren. Die Gruppeninterpretation sollte dafür genutzt werden, unklare oder besonders interessante Stellen genauer zu analysieren. Nach diesen Sitzungen stellten die Gruppen ihre Berichte fertig und besprachen unklare Dinge in Einzelsprechstunden mit uns Dozent_innen. Nach Abgabe der Berichte organisierten wir eine mehrstündige Abschlusssitzung, in der die Ergebnisse vorgestellt und diskutiert wurden. Dort entstand auch die Idee, die vier besten Arbeiten in einem Sammelband zu veröffentlichen.

■ **Aufbau des Buches**

Wir haben uns entschieden, den Band methodisch zu gliedern. Von den vier Forschungsprojekten arbeiteten zwei mit teilstrukturierten bzw. biographischen Interviews, eines ist als Ethnographie konzipiert und ein Projekt benutzte die Methode der Gruppendiskussion.

Wir stellen die Interviewstudien an den Anfang und beginnen mit dem Ergebnisbericht von Simon Blaschke, Gernot Golka, Christoph Jendrolak, Louisa Jendrollik und Rosa Siemensmeyer. Sie beschäftigen sich in ihrem Beitrag „Selbstnarration als Identitätsarbeit – ein Vergleich von Tagebuch und Blog als unterschiedliche Formen der schriftlich fixierten Selbstnarration" mit Identitätsarbeit und fokussieren auf die narrative Herstellung von Identität. Für sie war nicht mündliche, sondern die schriftliche Narration von besonders großem Interesse. Die Gruppe stellte sich die Frage, wie das Schreiben von Tagebuch als Form von Identitätsarbeit sich unterscheidet vom Schreiben eines öffentlichen Blogs. Ausgehend von dem offenkundigen Unterschied, dass Tagebuchschreiber nicht dem Wunsch nach Anerkennung folgen, ging es um die Frage, wie das Schreiben in diesen beiden Formen die Identität stabilisiert. Herausgekommen ist nicht nur eine Typologie der Funktion, sondern auch eine Typologie der Motivlagen. Letztere gibt erste biographische Hinweise darauf, warum jemand mehr zum Tagebuchschreiben oder zum Schreiben eines Blogs neigt.

Mit dem zweiten Beitrag „‚Wie schafft man Bewusstsein für eine Abwesenheit?' – Ursachen und Folgen der Stigmatisierung von Asexualität aus der Perspektive Betroffener" legen Katharina Aßmann, Anne Jasmin Bobka, Anna Frieda Kaiser, Anna Klaudat, Sophia Koch und die im deutschsprachigen Raum erste Biographieforschung mit asexuellen Menschen vor. Während bereits verschiedene (wenn auch weiterhin vereinzelte) englischsprachige Forschungen zum Thema existieren, präsentieren die Autor_innen hier eine explorative Studie zum Konnex von Asexualität und Geschlechtsidentität, die für zukünftige Auseinandersetzungen mit dem Thema Asexualität bedeutsame Ergebnisse liefert. Nicht nur legen sie die Diskriminierungsmuster offen, denen asexuelle Menschen aufgrund ihrer Begehrensstruktur ausgesetzt sind, sie weisen zudem verschiedene Dimensionen des Zusammenhangs von Begehren und Geschlechtlichkeit aus und liefern empirische Belege für die These, dass die beiden Komponenten in einem komplexen Verweisungszusammenhang des wechselseitigen Sich-Hervorbringens stehen.

Der dritte Beitrag steht als Beispiel für eine Ethnographie. Jule Bumiller, Mariano Santiago Flores Rödel und Nils Roth präsentieren in ihrem Beitrag „Zeugen Jehovas – Identität und Interaktion" eine Untersuchung der Glaubensgemeinschaft Zeugen Jehovas entlang der Grounded Theory (Methodologie). Getrieben von der Suche nach deren Strukturen und der Stellung des Individuums in der stark abgeschlossenen Gemeinschaft, begaben sie sich mitten hinein. Die Beobachtung der wöchentlichen Zusammenkünfte, die Analyse des *Wachtturms* sowie eines Gruppeninterviews ermöglichte ihnen einen seltenen Einblick. Ein wesentliches Ergebnis ihrer Studie ist der Umgang mit Individualität. Die Freiräume, die genutzt werden, um beispielsweise Grenzziehungen viel weniger streng als erwartbar vorzunehmen, werden von der Gruppe herausgearbeitet. Aber auch der weiterhin für die befragten Mitglieder prägende Kontakt mit Menschen und Themen, die außerhalb der Gemeinschaft stehen, war überraschend.

Der Band schließt mit einer Gruppendiskussion, in der muslimische Männer über Modi der Stigmatisierung von Muslimen in Deutschland debattieren. Kim Lisa Becker, Michéle Foege, Paulina Charlotte Herker und Florian Wallrab gehen in ihrem Beitrag „Stigmatisierungen von Muslimen in Deutschland – krisenhafte Tendenzen in der Identität der Betroffenen" der Frage nach, ob und wie derartige Diskriminierungserfahrungen zu krisenhaften Tendenzen in der Identität der Betroffenen führen können und wie letztlich die Bewältigung einer solchen „beschädigten Identität" vonstattengehen kann. Die Studie besticht durch eine differenzierte Interpretation des Materials und eine entsprechend komplexe Ergebnispräsentation. Ausgehend von dem rekonstruierten gemeinsamen Orientierungs- und Erfahrungsraum, der sich durch die Art der erlebten Diskriminierungen ebenso wie die Lebensbereiche, innerhalb derer die Teilnehmer Diskriminierung erfahren, konstituiert, identifizieren die Autor_innen eine habituell starke konjunktive und intuitive Verbindung zwischen den Teilnehmern. Diese führt individuell zu je unterschiedlichen

Umgangsformen mit den Spannungsmomenten zwischen den zwei konkurrierenden Normalitätsvorstellungen „islamischer Glaube und dessen Praxis" sowie das „Leben als Moslem im kulturell christlich geprägten Deutschland". Anknüpfungspunkt für weitere Forschungen bietet die am Ende entwickelte *dynamische Typik zum Umgang mit Stigmatisierung*.

Die vier Forschungsberichte dieses Bandes gliedern sich jeweils grob in drei Teile: Theorierahmen, empirisches Vorgehen, Ergebnisdarstellung. Um bei der Benotung eine Vergleichbarkeit herzustellen, sollte von jedem Gruppenmitglied ein mindestens zehnseitiger Eigenanteil in den Bericht einfließen. Die unterschiedlichen Gruppengrößen bestimmten somit die Länge der Berichte. Für die Veröffentlichung ist allen Berichten eine Erfahrungsreflexion hinzugefügt worden. Sie bildet den Mantel und ist jeweils als Einstieg mit dem Titel „Wie wir unser Thema fanden" und als Ausblick mit der Überschrift „Was wir alles falsch gemacht haben" kenntlich gemacht.

Abschließend noch zwei Hinweise, die das Lesen der Beiträge verständlicher machen sollen. Zum einen werden in den Berichten unterschiedliche Genderungen genutzt. Wichtig war uns als Dozent_innen, dass mindestens männliche und weibliche Formen zur Anwendung kommen. Das wie war jeder Gruppe selbst überlassen. Zudem werden die Leser_innen anhand der Zitate aus den Interviews sehen, dass die Gruppen unterschiedliche Transkriptionstechniken genutzt haben. Sofern diese etwas komplexer gestaltet waren, werden sie in den einzelnen Berichten erläutert.

Literatur

Luhmann, N., & Schnorr, K.-E. (1979). *Zwischen Technologie und Selbstreferenz. Fragen an die Pädagogik*. Frankfurt a.M.: Suhrkamp.

Identitätsforschung mit leitfadengestützten Interviews

Kapitel 2 Selbstnarration als Identitätsarbeit – Ein Vergleich von Tagebuch und Blog als unterschiedliche Formen der schriftlich fixierten Selbstnarration – 9
Simon Blaschke, Christoph Jendrolak, Louisa Jendrollik, Gernot Golka, Rosa Siemensmeyer

Kapitel 3 Wie schafft man Bewusstsein für eine Abwesenheit? – Ursachen und Folgen der Stigmatisierung von Asexualität aus der Perspektive Betroffener – 55
Anne Jasmin Bobka, Anna Frieda Kaiser, Anna Klaudat, Sophia Koch, Katharina Aßmann

Selbstnarration als Identitätsarbeit – Ein Vergleich von Tagebuch und Blog als unterschiedliche Formen der schriftlich fixierten Selbstnarration

Simon Blaschke, Gernot Golka, Christoph Jendrolak, Louisa Jendrollik, Rosa Siemensmeyer

2.1	Einleitung – 13	
2.2	**Theoretisierung und Begriffserklärungen – 15**	
2.2.1	Eine Definition von Identität von George Herbert Mead – 15	
2.2.2	Der Begriff der Anerkennung von Axel Honneth – 17	
2.2.3	Kernnarration und Identitätsarbeit – 18	
2.3	**Methodologischer Zugang zum Forschungsgegenstand – 20**	
2.3.1	Erkenntnisinteresse und Thesen – 20	
2.3.2	Methodologische Konzeptualisierung – 21	
2.4	**Analyse der Tagebuchschreibenden – 28**	
2.4.1	Überblick – 28	
2.4.2	Der Fall Joachim Schreiner – Tagebuchschreiben als aktive Identitätsarbeit – 28	
2.4.3	Der Fall Hanna Künstler – Tagebuchschreiben als Ventil – 31	
2.4.4	Fallvergleich – 34	

© Springer-Verlag GmbH Deutschland 2018
D. Lindner, A. Gregor (Hrsg.), *Identitätsforschung in der Praxis*,
DOI 10.1007/978-3-662-54587-4_2

2.5	**Analyse der Bloggerinnen – 35**
2.5.1	Einleitung – 35
2.5.2	Fall 3: Nadja Weiß – „Beschäftigt euch mit mir" – 36
2.5.3	Fall 4: Sarah Christ – „Sähet und erntet" – 39
2.5.4	Vergleich innerhalb der Gruppe der Bloggerinnen – 41
2.6	**Vergleich: Tagebuch – Blog – 42**
2.6.1	Funktionen der schriftlich fixierten Selbstnarration – 43
2.6.2	Gegenüberstellung der Motivlagen – 44
2.6.3	Thesenbezug – 47
2.6.4	Theoriebezug – 49
2.7	**Fazit – 50**
	Literatur – 53

- **Wie wir unser Thema fanden**

Bevor das Studium der Soziologie an der Friedrich-Schiller-Universität in Jena mit der Bachelorarbeit abgeschlossen wird, steht als letztes großes und arbeitsintensives Modul die Lehrforschung an. Dafür standen mehrere thematische Angebote zur Verfügung. Die Erforschung der Identität, vielleicht weil auch etwas unspezifisch beworben, erfreute sich großer Beliebtheit. Mittels Losverfahren wurden die Plätze der Lehrforschung zur Identitätsforschung vergeben. Im Theorieblock hatten wir Einblicke in unterschiedliche soziologische Identitätstheorien erhalten, die unser Forschungsinteresse weckten und in erste vage Richtungen lenkten. Der Methodenblock sollte sich für uns noch als äußerst wertvolle Erfahrung herausstellen, hatten viele von uns doch trotz semesterlangen Soziologiestudiums dort zum ersten Mal Inhaltliches über qualitative Forschung gelernt, das über eine Randbemerkung der quantitativ arbeitenden (und denkenden) Dozenten im Methodenmodul hinausging.

Nun begann die Phase der Gruppenfindung. Jeder Teilnehmer hatte die Aufgabe, sich Themenfelder und Thesen zu überlegen, die im Rahmen der Identitätsforschung untersucht werden könnten. Diese Ideen wurden in einer Sitzung von den Dozent_innen gesammelt, thematisch sortiert und zusammengefasst. Die Ideengeber verteilten sich im Raum, und es bestand ausreichend Zeit herumzugehen und sich die ersten Überlegungen der anderen anzuhören, zu diskutieren und eigene Vorschläge einzubringen. Schon bald bildeten sich über die Diskussionen erste Gruppen heraus, die an ähnlichen Aspekten der Identitätsthematik oder Forschungsmethodik interessiert waren. Dennoch sollte sich herausstellen, dass es auch hiernach noch mehrere Wochen dauern sollte, bis sich schließlich feste Gruppen und vor allem die endgültigen Fragestellungen herauskristallisiert hatten. Es zeigte sich hieran, dass es sich absolut empfiehlt, gerade zu Beginn eines Forschungsprozesses ergebnisoffen und kreativ miteinander in Austausch zu treten und eigene Ideen einzubringen sowie kritische Fragen der Umsetzbarkeit eines Forschungsvorhabens zu berücksichtigen. Zudem sollte sich zeigen, dass sich die Gruppen und die Themen, die sich an diesem ersten Tag zusammengefunden hatten, noch stark verändern sollten. Also: keine Scheu, einfach bei der Gruppe mit der Thematik einsteigen, die einen am meisten anspricht, und in der Diskussion durch aktive Mitarbeit und Ideenfindung diese auf die Aspekte lenken, zu denen man persönlichen Zugang hat oder wofür man Interesse aufbringt.

Unsere Gruppe fand sich zunächst als eine lose Ansammlung von Teilnehmern zusammen, die sich für die Thematik der „virtuellen Identität" interessierten. In einer offenen Diskussion war dabei schon bald der Konsens gefunden, dass hier insbesondere das Verhältnis zwischen der „echten" Identität im *real life* und einer im Internet erschaffenen virtuellen Identität von allgemeinem Interesse war. Welches digital-soziale Medium zum Gegenstand unserer Analyse der virtuellen Identität werden sollte, darüber waren wir uns lange uneinig: Sollte es um die Selbstdarstellung auf Facebook-Profilen gehen? Oder um Kreation neuer Identitäten durch Avatare von MMORPGs wie World of Warcraft oder doch lieber um die Betrachtung von Youtube-Persönlichkeiten?

Jedes Mitglied der noch achtköpfigen Forschungsgruppe recherchierte zunächst großflächig zu einem Thema, das mit den Schlagworten „Identität", „virtuell" oder „online/offline" zu tun hatte, und erstellte ein Exzerpt für den Rest der Gruppe. Bis zum nächsten Treffen hatten wir viel gefunden und uns eingelesen, sogar einen Dozenten einer fremden Universität angeschrieben, aber waren auf keine Inhalte gestoßen, die einen richtungsweisenden Impuls gegeben hätten. Also versuchten wir es nun mit Brainstorming in einer Gruppendiskussion. Dies war recht effektiv, und schnell fokussierte sich das gemeinsame Interesse auf die Beweggründe von Personen, die ihr Privatleben im Internet einer anonymen Masse preisgeben. Die Gruppe trennte sich zu diesem Zeitpunkt. Die einen hatten „Selbstdarstellung auf Facebook" als Forschungsbereich aus der großen Gruppe mitgenommen, wir, die Verbleibenden, das Forschungsobjekt „Blogger/Vlogger".

Als nun feststehende Gruppe mussten wir uns selbst organisieren und unsere eigenen internen Treffen etablieren. Vor allem die Formulierung und Konkretisierung unserer Aufgaben, deren Verteilung in der Gruppe, die Erstellung und Einhaltung eines realistischen Zeitplans und die Ausmaße des Arbeitspensums mussten selbst ausgearbeitet und eingehalten werden, was nicht immer leicht war. Natürlich erhielt man auf Fragen und Unklarheiten immer konstruktive Unterstützung durch die Dozent_innen, doch allein um konkrete Fragen formulieren zu können, waren vorab Klärungen in der Gruppe nötig, um die oft komplexen Probleme, vor denen wir standen, intern zu konkretisieren. Die größere Verantwortung für das Gelingen der Arbeit und das größere Vertrauen in die Selbstständigkeit der Studierenden schlug sich auch merklich in der Motivation und dem Verantwortungsbewusstsein der Gruppenmitglieder nieder. Es dauerte ein wenig, bis sich eine eigene Gruppendisziplin und ein eigener Rhythmus etablieren konnten, aber dann klappte alles erstaunlich gut. Wöchentliche Treffen wurden eingehalten, in denen wir unsere Aufgaben besprachen und Ergebnisse diskutierten. Diese Treffen wurden protokolliert. Zum Ende der Treffen wurden jeweils Aufgaben formuliert und an die Gruppenmitglieder vergeben, eine Deadline zu deren Bearbeitung ausgemacht und dies ebenfalls im Protokoll vermerkt. So konnte im Nachhinein auf diese zurückgegriffen werden, die Bearbeitung ausstehender Themenfelder geriet somit nicht in Vergessenheit, und auch die Verantwortung für die Aufgaben war für jeden ersichtlich in einem Dokument verfasst. Um den Zugriff und den Austausch von Dokumenten so einfach und schnell wie möglich zu gestalten, nutzten wir das Programm „Dropbox".

Trotzdem kam dieser Prozess ins Stocken. Wir fanden einfach keine gute Forschungsfrage und entsprechende Methodik, und so hielten wir Rücksprache mit Frau Dr. Lindner. Diese gab uns die Empfehlung, eine Vergleichsgruppe zu den Bloggern als Forschungsobjekte zu finden, also eine vergleichende Analyse zu erstellen, was auch eine Eingrenzung des Forschungsinteresses auf einen einzigen Aspekt der Identitätsarbeit ermöglichen würde. Blogger zeichnen sich erstens natürlich durch eine öffentliche Darstellung ihres Selbst aus, aber ebenso dadurch, dass sie ihr Leben (auszugsweise) verschriftlichen. Von diesem zentralen Aspekt der Tätigkeit der Bloggenden ausgehend, kamen wir, vermittelt durch einen Rückgriff auf die Identitätstheorie Keupps (Keupp et al. 1999) und dessen Begriff der „Kernnarration" als Teil der alltäglichen Identitätsarbeit, auf eine angemessene und sinnvolle Vergleichsgruppe: Menschen, die Tagebuch führen.

Diese Einigung auf eine vergleichende Arbeit und die Fokussierung unserer Forschung auf die Kernnarration, war ein entscheidender Wendepunkt unseres Forschungsprozesses. Der Fokus unseres Interesses lag nun nicht mehr allein auf der Selbstdarstellung, sondern auf der Funktion von schriftlich fixierter Selbstnarration. Hierdurch hatten wir ein unerwartetes Forschungsfeld für uns erschlossen, an welches wir zuvor nicht gedacht hatten. Dies ermöglichte eine Erstellung sinnvoller Thesen und die Auswahl von geeigneten Identitätstheorien sowie die Klärung der notwendigen Forschungsschritte mit methodologischem Zugang. Insbesondere die Thesenfindung war zentral für die Fortsetzung der Forschung und die Ausarbeitung eines roten Fadens. Ein Zeitplan mit konkreten Arbeitsschritten konnte nun ausgearbeitet und die Aufgaben konnten verteilt werden. Auch kristallisierten sich erste Themenschwerpunkte unter den Gruppenmitgliedern heraus. So musste die theoretische Basis der Forschung schon vor dem eigentlichen Forschungsbericht gesichtet, ausgewählt, relevante Aspekte extrahiert und in Zusammenhang mit unserem Thema gebracht werden, um die Formulierung von Thesen zu ermöglichen. Auch die Einarbeitung in die methodische Vorgehensweise erforderte einen „Spezialisten" unter uns, der sich mit dem weiten Feld und vielen Varianten der qualitativen Sozialforschung auseinandersetzte und den anderen Gruppenmitgliedern das relevante Wissen kompakt vermitteln konnte.

Als die Thesen feststanden, ging es an die Fragen, wie wir Interviewpartner finden, welche Interviewform wir am besten verwenden sollten und welche Informationen wir von den

Interviewpartnern benötigen und wie daher die Fragen zu formulieren seien. Beispielsweise mussten folgende Fragen von uns diskutiert und beantwortet werden. Benötigen wir nur Informationen über die Schreibarbeit oder auch über die Biographie der Interviewpartner? In welcher Form und wie konkret sollten die Fragen sein, dass wir genug und Relevantes als Antwort bekommen? Geht es uns darum, dass uns die Personen ihre Meinung zur Funktion von Selbstnarration mitteilen, oder wollen wir dies selbst herausfinden?

Wir entwickelten unter Einbezug der Thesen und der Theorie sukzessive unsere Interviewleitfäden und teilten die Zuständigkeits- und Aufgabenbereiche nach Interessen und Fähigkeiten unter den Gruppenmitgliedern auf. Als der Leitfaden stand und die Interviewpartner akquiriert waren, kamen wir zur Führung der Interviews. Wir hielten es so, dass immer zwei Gruppenmitglieder in der Interviewsituation anwesend waren, jedoch nur eines das Interview führte. So hatte die Person, die das Interview führte, „Rückendeckung", und die beisitzende Person konnte für das eigene Interview aus der Situation lernen.

Zur Auswertung der Interviews quartierten wir uns in Gruppenarbeitsräumen der Bibliothek ein, in denen eine fokussierte Arbeitsatmosphäre aufkommen konnte. Im Forschungsbericht werden die Vorgehensweisen hinsichtlich der Erstellung des Leitfadens ▶ Abschn. 2.3.2.5, der Interviewführung ▶ Abschn. 2.3.2.4 und des Auswertungsprozesses ▶ Abschn. 2.3.2.6 detailliert beschrieben.

Zusammengefasst waren die zentralen Punkte in der Forschungsvorbereitung und Durchführung die offene Themenfindung in Diskussionen, die Sichtung von passenden Theorien, die Operationalisierung der zentralen Begriffe, mit denen wir arbeiten wollten, die Festlegung eines konkreten und eingegrenzten Forschungsbereiches und die Erstellung der Thesen und Arbeitshypothesen. Inhaltlich war der entscheidende Wendepunkt die Verschiebung des Forschungsfokus weg von der Untersuchung der Bloggenden und der Bedeutung von Rückmeldung für deren Identitätsstabilisierung hin zu einem Vergleich von bloggenden und tagebuchschreibenden Personen hinsichtlich der Funktion von schriftlich fixierter Kernnarration für die Identität. Sehr geholfen haben dabei das Anfertigen von Sitzungsprotokollen, die Abklärung von Aufgabenbereichen und die Verteilung konkreter Aufgaben sowie die Erstellung eines konkreten, aufgabenbasierten Zeitplans. Das Endergebnis dieses Prozesses ist im Folgenden nun in Form unseres Lehrforschungsberichtes zu lesen.

2.1 Einleitung

In der heutigen Zeit wird unsere Gesellschaft von tiefgreifenden Transformationsprozessen durchlaufen, die das Leben, Denken und das Handeln maßgeblich beeinflussen. Der stetige Wandel ist eines der wichtigsten Merkmale unserer Gesellschaft geworden. Die Folgen des Wandels werden erst deutlich, wenn man die einzelnen Aspekte des Lebens genauer betrachtet. Eine dieser Folgen ist zum Beispiel, dass das gesellschaftliche Leben immer individualisierter wird. Demzufolge haben Individuen immer mehr mit Zukunftsängsten und auch mit Unsicherheiten in ihren Leben zu tun. Die Frage „Wer bin ich?" ist in der heutigen Gesellschaft immer schwieriger zu beantworten, und man muss sich fortlaufend mit der eigenen Identität beschäftigen, um sich in diesem stetigen Wandel nicht selbst zu verlieren (vgl. Rosa 2012).

Es ist demnach naheliegend, dass man sich durch die Individualisierung in der Moderne intensiver mit sich selbst beschäftigen muss. Ohne identitätsstiftende Traditionen und verbindliche religiöse oder politische Weltanschauungen ist ebenso die Identitätsbildung eine individualisierte und selbstverantwortliche Aufgabe geworden (vgl. Gross 1994). Zugleich eröffnen sich mit diesem Wandel aber auch neue Möglichkeiten der Selbstfindung. Durch die Nutzung des Internets ist es beispielsweise möglich geworden, seine eigene Identität im Netz zu präsentieren und diese von einem anonymen Publikum bewerten zu lassen. Aber auch Menschen, die sich im Internet nicht so gern selbst zur Schau stellen wollen, brauchen einen Ort, an dem sie sich intensiv mit sich selbst auseinandersetzen können. Die Nutzung eines Tagebuchs bietet diese Möglichkeit. In Tagebüchern können viele Lebensbereiche erfasst werden. Zum Beispiel zeichnen sie mit den Linien der Schrift den Verlauf des Lebens einer tagebuchschreibenden Person auf – seine Lebenslinie. Diese Lebenslinien enthalten die Erinnerungen an die Vergangenheit, die Probleme und Erlebnisse der Gegenwart sowie die vorgestellte Zukunft eines Menschen. Sie sind geschriebene Identität. Wenn Tagebücher über längere Zeit geschrieben werden, können sie einen roten Faden durch ein Leben ziehen. Das Tagebuch ist also ein intimer Ort eines Dialogs mit dem eigenen Ich. Beleuchtet man hier wieder die Herausforderungen der heutigen Zeit, liegt nahe, dass Tagebücher auch in (post)moderner und nicht nur in handgeschriebener Form verfasst werden können. Sie können beispielsweise an einem Computer geschrieben werden und als abgespeicherte Einträge im Internet verfasst werden. Diese öffentlichen Tagebücher im Internet werden Blogs genannt (vgl. Sperl 2010, S. 1f.).

Bei der Veröffentlichung eines Blogs im Internet gibt es immer die Möglichkeit, dass auch andere Menschen die eigenen Texte lesen und kommentieren können. Dabei entsteht wiederum die Frage, was Menschen dazu verleitet, die eigene Selbstdarstellung sowie das Privatleben und die innersten Gedanken im Internet zu offenbaren, und welche Auswirkungen die Selbstdarstellung im Internet auf die Identität hat. Es liegt nahe, diese Selbstnarration im Netz als eine spezifische Arbeit an der eigenen Identität zu betrachten. Dabei ist hinzuzufügen, dass sich in dieser modernen und individualisierten Gesellschaft auch Fremdheitserfahrungen strukturell einschreiben. Das heißt, dass Anonymität und Fremdheit zum Teil Grundlage für den Umgang miteinander geworden sind. Zugleich entwickelt sich durch die Konkurrenz der Selbstdarsteller ein vermehrtes Ringen um Aufmerksamkeit. Vor diesem Hintergrund liegt die Vermutung nahe, dass die Selbstdarstellung in einem Blog dazu dient, Feedback zu dem eigenen Identitätsentwurf zu erhalten. Diese Feedbackprozesse können dem jeweiligen Individuum beim Aufbau und Erhalt der eigenen Identität helfen. Die Reaktion des Anderen bewirkt Abgrenzungen oder Angleichungen in der eigenen Selbstdarstellung (vgl. Mönkeberg 2013).

Diese beiden Formen der Selbstthematisierung in schriftlich fixierter Form, Tagebuch und Blog, sollen im folgenden Lehrforschungsbericht untersucht werden. Dabei gilt es, Aussagen über die Bedeutung von Selbstnarration zu treffen. Mit George Herbert Meads Theorie, dass es Individuen möglich ist, sich durch einen speziellen Prozess der Selbstbewertung selbst zum Objekt werden zu lassen, soll herausgefunden werden, ob schriftlich fixierte Selbstnarration wirklich eine Art der Identitätsarbeit sein könnte (vgl. Mead 1973, S. 181). Eine weitere Annahme aus Heiner Keupps Begriff der biographischen Kernnarration ist, dass unterschiedliche Formen der Narration auch unterschiedliche Auswirkungen auf das Selbstbild, also die Identität der Erzählenden haben könnten (vgl. Keupp et al. 1999, S. 229). Spezifischer soll untersucht werden, wie sich der Aspekt der Anerkennung seitens konkreter oder verallgemeinerter Anderer auf die Selbstkonzeptionen der Erzählenden auswirkt und welche Form diese Beeinflussung haben könnte (vgl. Mead 1973, S. 193). Die Hauptaufmerksamkeit dieser Lehrforschungsarbeit liegt also auf der Kernnarration und speziell auf dem Einfluss von Anerkennung durch verallgemeinerte oder generalisierte Andere.

In dieser Lehrforschungsarbeit wird also der Unterschied zwischen öffentlicher, schriftlich fixierter Selbstnarration und privater, schriftlich fixierter Selbstnarration erforscht. Dabei werden die Interviews mit tagebuchschreibenden und bloggenden Personen in einem qualitativen Forschungsprozess analysiert und verglichen. Sind Bloggen und Tagebuchschreiben wesentliche

Tätigkeiten der Selbstobjektivierung und Identitätsarbeit und wenn ja, inwiefern wirken sich diese unterschiedlichen Tätigkeiten auf die Identität aus? Welche Rolle spielt der Einfluss von Anerkennung bei diesen Prozessen? Diese Fragen werden in der anschließenden Lehrforschungsarbeit zu klären und zu erläutern versucht.

2.2 Theoretisierung und Begriffserklärungen

Um dem Lehrforschungsbericht eine theoretische Rahmung zu geben, sollen im Folgenden die soziologischen Zusammenhänge der Identitätskonstruktion von Tagebuch schreibenden und bloggenden Personen durch intensive Beschäftigung mit schriftlich fixierter Kernnarration erläutert werden. Darüber hinaus sollen die notwendigen Begriffserklärungen für das allgemeine Verständnis der Vorgehensweise im Forschungsprozess gegeben werden.

2.2.1 Eine Definition von Identität von George Herbert Mead

Für die Beleuchtung der Identitätskonstruktion von TagebuchschreiberInnen und Bloggerinnen durch schriftlich fixierte Kernnarration ist zunächst ein Einblick in eine der wichtigsten soziologischen Identitätstheorien notwendig. George Herbert Mead verfasste in seinem Werk *Geist, Identität und Gesellschaft* eine Definition von Identität, die als Grundlage für diesen Lehrforschungsbericht dienen wird. Demnach wird Identität als kognitives und emotionales Phänomen verstanden, bei dem das Individuum ein Selbstbewusstsein über sich als soziales Objekt in der Gesellschaft erlangen kann (vgl. Mead 1973, S. 216). Wesentlich ist hierbei für eine gelingende Identitätsentwicklung der wechselseitig reflexive gesellschaftliche Prozess (vgl. Mead 1973, S. 207). Indem ein Individuum sich durch die Augen der Anderen zu betrachten lernt, lernt es die Haltungen der anderen Individuen zu verstehen.

Nach George Herbert Mead ist die Identität nicht von Geburt an vorhanden, sondern entwickelt sich in einem gesellschaftlichen Erfahrungs- und Tätigkeitsprozess. Dabei ist der Sprachprozess maßgeblich für die eigene Entwicklung der Identität (vgl. Mead 1973, S. 177). Hierbei wird zwischen verbaler und nonverbaler Sprache unterschieden. Gesten und Mimiken tragen selbst zum Entwicklungsprozess der Identität bei. Eine eigene Idee von den verwendeten Gesten des Gegenübers kann andere Haltungen gegenüber diesen Gesten im jeweiligen Individuum auslösen. Durch die Übermittlung von Gesten werden bestimmte Reaktionen bei anderen Menschen hervorgerufen, was wiederum zu einer Veränderung der eigenen Haltung führt. „Bei Identität kann es sich sowohl um ein Subjekt als auch um ein Objekt handeln." (Mead 1973, S. 178) Man kann sich also selbst zum Objekt werden lassen.

> » Wo man aber auf das reagiert, was man an einen anderen adressiert, und wo diese Reaktion Teil des eigenen Verhaltens wird, wo man nicht nur sich selbst hört, sondern sich selbst antwortet, zu sich selbst genauso wie zu einer anderen Person spricht, haben wir ein Verhalten, in dem der Einzelne sich selbst zum Objekt wird. (Mead 1973, S. 181)

Mittels reflexiver Intelligenz versucht man immer so zu handeln, dass diese explizite Handlung Teil des gesellschaftlichen Prozesses bleiben kann. So entwickeln sich infolge der verschiedenen gesellschaftlichen Reaktionen auch verschiedene Identitäten (vgl. Mead 1973, S. 184). Oder anders gesagt,

> die verschiedenen Identitäten, die eine vollständige Identität konstituieren oder zu ihr organisiert werden, sind die verschiedenen Aspekte der Struktur dieser vollständigen Identität, die den verschiedenen Aspekten des gesellschaftlichen Prozesses als Ganzes entsprechen. (Mead 1973, S. 186)

Mead orientiert sich bei der Erklärung der Entwicklung der Identität an der Tätigkeit des Spielens bei Kindern. Wenn ein Kind spielt, nimmt es Rollen ein. Wenn ein Kind für sich allein spielt, macht es dies als ein nachahmendes Rollenspiel. Es versucht, die Rollen der nahestehenden Bezugspersonen mithilfe von Gesten zu übernehmen. Wenn ein Kind in einer Gruppe spielt, muss es, um die eigene Rolle erfolgreich einnehmen zu können wissen, wie alle anderen auf diese Rolle reagieren. So muss man quasi alle möglichen Rollen gleichzeitig einnehmen, um die Haltungen und Reaktionen der anderen verstehen zu können – zwar müssen diese nicht zur selben Zeit im Bewusstsein präsent sein, jedoch muss man zu gewissen Zeitpunkten mehrere Rollen in der eigenen Haltung präsent haben (vgl. Mead 1973, S. 192ff.). Man entwickelt seine Identität also durch organisierte gesellschaftliche Beziehungen anhand eines generalisierten Anderen. Dieser ist die Summe der verallgemeinerten Haltungen, an denen man sich in einer konkreten Situation orientiert. Er wird somit zum Repräsentanten der Gesellschaft im Individuum (vgl. Mead 1973, S. 193ff.). Die erlernten Haltungen des verallgemeinerten Anderen stehen in enger Verbindung zum, »Me« – dem reflektierenden Ich. Das »Me« ist die Summe der sozialen Bilder von uns, die wir im Laufe der Beziehungen zu anderen verinnerlicht haben, also die soziale Identität. Neben dem »Me« gibt es nach Mead das »I«, das spontane Ich. Das spontane Ich reagiert auf die vielen reflektierten Ichs widerständig und verändernd, macht also Innovation möglich. Die reflektierten Ichs sind wiederum eine permanente soziale Kontrolle des spontanen Ichs. »I« und »Me« sind keine Gegensätze, sondern zwei korrespondierende Seiten des Ichs in einem Prozess. Jedoch ist das »I« kein »Me« und kann auch nicht zu einem werden (vgl. Mead 1973, S. 216ff.).

Das Selbstkonzept einer Person entsteht aus dem Wissen über sich selbst. Bei Mead kann man sich hier seines Begriffs des »Me« bedienen. Er meint in diesem Kontext das sich selbst als Objekt erfahrene Ich. Man gibt sozusagen sein »Me« in die Gesellschaft, um es verändern zu lassen. Auf dies reagiert man mit dem »I«, um die Reaktion als Erfahrung abzuspeichern (vgl. Mead 1973, S. 216ff.). Das Selbstkonzept ist demnach veränderbar und wiederum nicht verallgemeinerbar. Zudem ist es jedem Individuum anders bewusst.

Die Vollendung der Identität ist laut George H. Mead erreicht, wenn ein Individuum die Haltungen seiner organisierten gesellschaftlichen Gruppe gegenüber den gemeinsamen Tätigkeiten annehmen kann (vgl. Mead 1973, S. 197).

> Der sich seiner selbst bewußte Mensch nimmt also die organisierten gesellschaftlichen Haltungen der jeweiligen gesellschaftlichen Gruppe oder Gemeinschaft (oder eines ihrer Teile) gegenüber den gesellschaftlichen Problemen ein, die sich dieser Gruppe oder Gemeinschaft zum jeweiligen Zeitpunkt stellen und die im Zusammenhang mit den verschiedenen gesellschaftlichen Projekten oder organisierten kooperativen Unternehmen erwachsen, mit denen sich die Gruppe oder Gemeinschaft beschäftigt. (Mead 1973, S. 199)

Man regelt also sein eigenes Verhalten dementsprechend und entwickelt in diesem wechselseitig reflexiven Prozess seine Identität. Mit diesem Identitätsbegriff wird fortlaufend in dieser Lehrforschungsarbeit gearbeitet.

2.2.2 Der Begriff der Anerkennung von Axel Honneth

Im Forschungsprozess entstand die Frage nach den unterschiedlichen Schwerpunkten der Identitätsbildung von bloggenden und Tagebuch schreibenden Personen, die aus den eigenen spezifischen Selbstkonzepten resultieren. Diese Fragen sollen mit Axel Honneths Begriff der Anerkennung zu klären versucht werden. Außerdem soll mit Honneths Theorie sozialer Anerkennungsverhältnisse erläutert werden, wie es zur Wahl von spezifischen Selbstdarstellungsformen kommen kann.

Die Annahme liegt nahe, dass Personen, die im Internet einen Blog führen, diese Tätigkeit ausüben, weil sie Anerkennung oder soziale Wertschätzung suchen. TagebuchschreiberInnen geht es faktisch nicht um Anerkennung, da sie ihre Reflexionen und Selbstdarstellungen im Geheimen betreiben. Insofern lässt sich die These formulieren, dass bloggende Personen unsicherer sind als Tagebuch schreibende Personen. Mit Axel Honneths Definition der Anerkennung werden diese Annahmen im Folgenden zu stützen und zu belegen versucht.

Honneths Theorie des sozialen Kampfes um Anerkennung basiert auf der Jenaer Realphilosophie des Philosophen Georg Wilhelm Friedrich Hegel sowie in Anlehnung an die Sozialpsychologie des oben genannten George Herbert Mead. Soziale Konflikte entstehen laut Honneth aus verschiedenen Missachtungserfahrungen einzelner gesellschaftlicher Gruppen. Die in diesen Kämpfen benachteiligten Gruppen fühlen sich durch ihren geringgeschätzten Stellenwert in der Gesellschaft in ihrer Selbstachtung getroffen (vgl. Kuhlmann 1993). In Honneths Verständnis vollzieht sich

> [die] Reproduktion des gesellschaftlichen Lebens [...] unter dem Imperativ einer reziproken Anerkennung, weil die Subjekte zu einem praktischen Selbstverhältnis nur gelangen können, wenn sie sich aus der normativen Perspektive ihrer Interaktionspartner als deren soziale Adressaten zu begreifen lernen. (Honneth 1992, S. 148)

Aus dieser Grundannahme hat Axel Honneth die Muster intersubjektiver Anerkennung entwickelt. Sie umfassen die drei Dimensionen Liebe, Recht und Solidarität bzw. Wertschätzung. Honneth konstruierte diese Typologie der Anerkennungsformen anhand einer These. Er sagt, dass Formen der Missachtung durch ein Kriterium zu unterscheiden sind, nämlich inwiefern sie eine Zerstörung oder Verletzung der Beziehung zu sich selbst hervorrufen (vgl. Honneth 1992, S. 150). Darüber hinaus argumentiert er, dass es notwendig ist, zwischen verschiedenen Formen sozialer Integration zu unterscheiden. Er nimmt diese entlang von drei Interaktionssphären des gesellschaftlichen Lebens vor. Diese sind die Zuerkennung von Rechten, die Entstehung emotionaler Bindungen und die gemeinsame Orientierung an spezifischen Werten. In diesen drei Interaktionssphären wirken jeweils verschiedene Muster reziproker Anerkennung und bewirken unterschiedliche Arten der eigenen Selbstbeziehung und ein spezielles Potenzial der individuellen moralischen Entwicklung (vgl. Honneth 1992, S. 152).

Das Anerkennungsmuster Liebe fasst Honneth wie folgt zusammen:

> unter Liebesverhältnissen sollen hier alle Primärbeziehungen verstanden werden, soweit sie nach dem Muster von erotischen Zweierbeziehungen, Freundschaften und Eltern-Kind-Beziehungen aus starken Gefühlsbindungen zwischen wenigen Personen bestehen.
> (Honneth 1992, S. 153)

Für Honneth ist dieses Anerkennungsmuster essenziell, da individuelle Bedürfnisse nur durch die frühen Erlebnisse der Bestätigung und der affektiven Ermutigung stabil werden können (vgl. Honneth 1992, S. 153f.). Die erfahrene Liebe in den Primärbeziehungen ist damit von besonderer Bedeutung für die Ausbildung eines Gefühls der Selbstachtung.

Beim Anerkennungsverhältnis des Rechts geht es Honneth um die Fähigkeit, sich am Prozess der moralischen und gesellschaftlichen Meinungsbildung beteiligen zu können.

> [Die] Rechtssubjekte erkennen sich dadurch, daß sie dem gleichen Gesetz gehorchen, wechselseitig als Personen an, die in individueller Autonomie über moralische Normen vernünftig zu entscheiden vermögen. (Honneth 1992, S. 177)

Durch das intersubjektive Anerkennungsmuster des Rechts wird dementsprechend moralische Anerkennung aufgrund der Eigenschaft der moralischen Zurechnungsfähigkeit der einzelnen Individuen gewährleistet.

Die dritte Form der Anerkennung bezieht sich auf den Bereich der sozialen Wertschätzung. Diese zielt auf die „besonderen Eigenschaften, durch die Menschen in ihren persönlichen Unterschieden charakterisiert sind" (Honneth 1992, S. 197). Diese Selbstschätzung wird durch den Zustand des Erlangens von Ehre oder Würde definiert. Wenn Leistungen des Individuums dauerhaft missachtet werden, kann es zu Gefühlen der Entwürdigung führen. Dies zieht wiederum den Verlust der Anerkennung nach sich (vgl. Honneth 1992, S. 217f.).

Diese drei Anerkennungsformen der Liebe, des Rechts und der Solidarität beschreiben nach Honneth diejenigen sozialen Bedingungen aus denen

> (…) menschliche Subjekte zu einer positiven Einstellung gegenüber sich selber gelangen; denn nur dank des kumulativen Erwerbs von Selbstvertrauen, Selbstachtung und Selbstschätzung, wie ihn nacheinander die Erfahrung von jenen drei Formen der Anerkennung garantiert, vermag eine Person sich uneingeschränkt als ein sowohl autonomes wie auch individuiertes Wesen zu begreifen und mit ihren Zielen und Wünschen zu identifizieren. (Honneth 1992, S. 271)

Im Folgenden beziehen wir uns eher auf Axel Honneths Begriff der sozialen Wertschätzung, da es den bloggenden Personen in ihrer Selbstdarstellung genau um den Kampf darum zu gehen scheint.

2.2.3 Kernnarration und Identitätsarbeit

Der eigentliche Kern der theoretischen Rahmung ist der der Konstruktion von Identität, von Heiner Keupp Identitätsarbeit genannt. Wie in der Fragestellung und in den Hypothesen beschrieben, gilt es herauszufinden, inwiefern intensive Kernnarration in Form von schriftlicher Manifestation der eigenen Biographie in einem Tagebuch oder in einem Blog im Internet zu der eigenen Identitätskonstruktion beiträgt.

Für Heiner Keupp ist Identitätsarbeit ein evaluativer Prozess, in welchem das Individuum seine eigenen Erfahrungen integriert, interpretiert und auch bewertet. Darüber hinaus kann dieser Prozess zu vier weiteren Konstruktionen führen. Laut Keupp entstehen über die Reflexion von situationsgebundenen Selbsterfahrungen und deren Integration Teilidentitäten. Zudem erhält ein Individuum ein Identitätsgefühl, wenn eine Verdichtung von biographischen Erfahrungen

2.2 · Theoretisierung und Begriffserklärungen

und deren Bewertungen mit hinreichender Verallgemeinerung der Selbstthematisierung sowie der Teilidentitäten einer Person vorliegt (vgl. Keupp et al. 1999, S. 217). „Der dem Subjekt bewußte Teil des Identitätsgefühls führt zu einer narrativen Verdichtung der Darstellung der eigenen Person, den biographischen Kernnarrationen." (Keupp et al. 1999, S. 217) Keupp argumentiert, dass diese drei genannten Ergebnisse der Identitätsarbeit die Handlungsfähigkeit des Individuums ausmachen (vgl. Keupp et al. 1999, S. 217).

Das Identitätsgefühl weist Parallelen zu dem Begriff des Selbstkonzepts auf, welches George H. Mead mit dem Begriff des »Me« zu fassen versuchte.

» In unserem Verständnis enthält das Identitätsgefühl sowohl Bewertungen über die Qualität und Art der Beziehung zu sich selbst (Selbstgefühl) als auch Bewertungen darüber, wie eine Person die Anforderungen des Alltags bewältigen kann (Kohärenzgefühl). (Keupp et al. 1999, S. 226)

Ein Individuum versucht durch Selbstgefühle die eigens gesetzten Referenzpunkte beurteilend zu erkennen. Es versucht sich selbst besser zu verstehen und zu ermitteln, wie es sich im Allgemeinen fühlt, wie stimmig die eigenen Bewertungen über sich selbst sind. Es entspricht einer Evaluation des Wissens über sich selbst. Diese Selbstbeurteilungen werden wiederum als positive oder negative Selbsteinschätzungen abgespeichert (vgl. Keupp et al. 1999, S. 226).

» Positive Gefühle wie Selbstakzeptanz, Selbstwertschätzung (und auch Zufriedenheit) entstehen dann, wenn hoch bewertete Anforderungen und zentrale (selbstevaluative) Standards erfüllt wurden. (Keupp et al. 1999, S. 226)

Auf der anderen Seite entstehen Selbsthass und eigene Abwertung, wenn diese gesetzten Referenzpunkte nicht erfüllt werden konnten oder auch verfehlt wurden. Keupp versteht das Bedürfnis nach Anerkennung deshalb so, dass es die Ziele der Identitätsarbeit stabilisieren soll. Je mehr positive Erfahrungen es dabei macht, umso eher kann das Subjekt einen positiveren Bezug zu sich selbst entwickeln (vgl. Keupp et al. 1999, S. 226f.). „Das Subjekt entwickelt dabei auch ein Gefühl, inwieweit es versteht, was mit ihm passiert (inwieweit es selbst eine Identität gestaltet, welchen Einfluß äußere Prozesse haben)." (Keupp et al. 1999, S. 227) Keupp geht davon aus, dass die Verdichtungsprozesse des Selbstgefühls und des Kohärenzgefühls einem einfachen Generalisierungsvorgang entsprechen. Sie entwickeln sich anhand *zentraler* Identitätsziele. Dies impliziert, dass es über das Identitätsgefühl möglich ist, zentrale Aspekte des identitätsbezogenen Handelns durch verschiedene Motivationen erklären zu können. Über dieses Identitätsgefühl können also Identitätsanpassungen oder Veränderungen vom Individuum selbst erfasst werden.

Das Individuum speichert wiederum die Anerkennungserfahrungen aus seinen unterschiedlichen Teilidentitäten ab und verdichtet sie. Über die Summe dieser Erfahrungen bildet sich also ein generalisiertes Gefühl dafür heraus, inwieweit man sich als anerkannt erleben möchte und wie es möglich ist, diesen Beitrag der Anerkennung zu erreichen. Wenn man zum Beispiel eine negative Erfahrung in seiner Biographie abgespeichert hat, wie beispielsweise Verspottung bei sportlichen Aktivitäten in der Schule, kann dies dazu führen, dass man im späteren Lebenslauf das Gefühl anerkannt zu werden eher nicht über sportliche Tätigkeiten zu erlangen versucht.

Heiner Keupp führt zudem den Begriff der biographischen Kernnarration ein. Dabei geht er davon aus, dass Teilidentitäten oder das Identitätsgefühl komplexe Identitätsgebilde sind, welche dem Individuum jedoch nur zum Teil bewusst sind und auch nur in Ausschnitten anderen Individuen erzählt werden können (vgl. Keupp et al. 1999, S. 229).

> Bei den Kernnarrationen handelt es sich dagegen um jene Teile der Identität, in denen das Subjekt einerseits für sich selbst ‚die Dinge auf den Punkt' zu bringen versucht, zum anderen um jene Narrationen, mit denen jemand versucht, dies anderen mitzuteilen (Keupp et al. 1999, S. 229).

Laut Keupp sind die Kernnarrationen eine Ideologie von sich selbst. Diese sind ein Versuch, sich selbst und seinem Leben einen eigenen Sinn zu geben, welcher für andere verständlich und mitteilbar ist (vgl. Keupp et al. 1999, S. 229).

Der Idealtypus einer wohlgeformten Selbstnarration wird jedoch in der alltäglichen Diskurswelt nicht oft erreicht. Je näher sich aber eine biographische Kernnarration an diesen Idealtypus einer Selbsterzählung angleicht, desto größer ist deren Glaubwürdigkeit. Laut Keupp ist das der wesentliche Grundstein einer biographischen Kernnarration (vgl. Keupp et al. 1999, S. 232). „Denn sie bieten Lesarten des eigenen Selbst (‚So will ich gesehen werden' bzw. ‚Ich bin so, weil …') und dienen damit der Verständigung mit anderen." (Keupp et al. 1999, S. 232) Das Individuum bündelt seine Erzählungen oder Geschichten nicht ausschließlich für andere Individuen, sondern auch für sich selbst. Das Subjekt nutzt diese Kernnarrationen also, um sich selbst bewusst zu machen, welche die dominierende Lesart seiner Identitätsentwicklung momentan ist. Sie bieten Orientierung und haben das Ziel, der Vergangenheit des jeweiligen Individuums mit einem spezifischen Blick auf die Zukunft Sinn zu verleihen (vgl. Keupp et al. 1999, S. 232).

Bezieht man die eben erwähnten Punkte auf die zu erforschenden Fälle der Tagebuch schreibenden und bloggenden Personen, wird deutlich, dass sie das Schreiben dazu benutzen, ihre Identität narrativ zu verdichten. Sie betreiben intensive biographische Kernnarration in schriftlich fixierter Form. Die aus der Theorie extrahierbare Fragestellung lautet somit: Wie beeinflussen verschiedene Formen der Selbstnarration die Identitätsbildung? Und im Weiteren: Wie wirkt sich Anerkennung oder das Fehlen von Anerkennung bei Selbstnarrationsprozessen aus? Welche Motivation steht hinter der Wahl der Narrationsform?

2.3 Methodologischer Zugang zum Forschungsgegenstand

2.3.1 Erkenntnisinteresse und Thesen

Aus unserer zentralen Fragestellung, die auf den Einfluss von verschiedenen Formen der Selbstnarration auf die Identitätsbildung abzielt, geht hervor, dass wir die Bedeutung von Anerkennung bei der Identitätsbildung, speziell durch Kernnarration, untersuchen wollen. Wir nähern uns dieser Frage, indem wir an der Motivation für die unterschiedlichen Narrationsformen bei Tagebuchschreibern und Bloggern ansetzen. Wie in der Ausführung der Theorie schon erwähnt, lautet die zentrale Fragestellung: Wie beeinflussen verschiedene Formen der Selbstnarration die Identitätsbildung? Und im Weiteren: Wie wirkt sich Anerkennung oder das Fehlen von Anerkennung bei Selbstnarrationsprozessen aus? Welche Motivation steht hinter der Wahl der Narrationsform? Mit diesen Fragen sind wir zu folgenden Thesen gekommen:
1. Schriftlich fixierte Selbstnarration ist Identitätsarbeit.
2. Tagebuch Schreibende arbeiten an anderen Teilaspekten der Identität als Bloggende.
3. Der Schwerpunkt dieser Identitätsarbeit durch Kernnarration und die Motivation dessen resultieren aus der Unterschiedlichkeit der Selbstkonzepte der Schreiber.

Es gilt herauszufinden, ob und inwiefern das eigene Identitätsbild von Personen, die privat Selbstnarration betreiben, sich von denen unterschieden, die dies öffentlich machen. Demnach wollen wir wissen, wie die Kernnarrationsform als Tätigkeit empfunden wird in Bezug auf Identitätsarbeit und möglicherweise auf das Selbstbild. Hieraus hoffen wir Aussagen über allgemeine Bedeutung von Anerkennung durch generalisierte Andere treffen zu können. Im Mittelpunkt unserer Thesen stehen also die Begriffe Kernnarration, Narrationsform, Motivation, Teilidentität und Anerkennung. Diese gilt es in ▶ Abschn. 2.3.2 zu operationalisieren sowie Entscheidungen zu treffen über den Umfang, die Erhebungsform und die Art und Weise des Erkenntnisgewinns.

2.3.2 Methodologische Konzeptualisierung

2.3.2.1 Theoretische Vorannahmen

Sobald es um die Ermittlung von Motiven geht, liegt es nahe, diese über einen qualitativen Zugang zu analysieren. Diese Methoden sind speziell konstruiert, latente Sinnstrukturen zu rekonstruieren, und eignen sich somit für unser Vorhaben (vgl. Helfferich 2005, S. 19). Im Zentrum unseres Erkenntnisinteresses liegen latente Motive zur schriftlichen Kernnarration. Daher entschieden wir uns für ein qualitatives, rekonstruktives Verfahren.

Auch gehen wir im Folgenden von Grundannahmen der qualitativen Sozialforschung bezüglich kontrolliertem Fremdverstehen und der Indexikalität von Äußerungen aus (vgl. Bohnsack 2010, S. 19; Przyborki und Wohlrab-Sahr 2014, S. 15 f.). Das heißt, dass „sprachliche Äußerungen lediglich Hinweise auf Bedeutungsgehalte sind. Sie stehen in einem Verweisungszusammenhang" (vgl. Przyborski und Wohlrab-Sahr 2014) und sind somit durch Erhebungen mittels Interviews rekonstruierbar.

Um die handlungsleitenden impliziten Sinnstrukturen identifizieren zu können, müssen Sachverhalte und Problemstellungen innerhalb des Relevanzsystems der Erforschten und in ihrer eigenen Sprache dargestellt werden. Nur so sind sie unter den Aspekten der Indexikalität und des kontrollierten Fremdverstehens interpretierbar (vgl. Bohnsack 2010, 191 ff.; Przyborski und Wohlrab-Sahr 2014, S. 17). Dies würde ein Untersuchungsaufbau mit offenen, narrativen Interviews gewährleisten, in denen die Untersuchten durch eigene Relevanzsetzungen den Sachverhalt schildern können (vgl. Kleemann et al. 2009, S. 156).

Dabei ist zu beachten, dass nicht das Handeln oder die handlungsleitenden Motive einfach erfragt und dargestellt werden, sondern die Handlung selbst provoziert wird, um sie zu erfassen und zu verstehen (vgl. Przyborski und Wohlrab-Sahr 2014, S. 18). Dies hat den Vorteil, dass die Indexikalität der Äußerung in ihrem Kontext dargestellt und untersucht werden kann (vgl. Przyborski und Wohlrab-Sahr 2014, S. 17). Somit lässt sich auch die Gebundenheit der Forschenden an ihre Perspektive kontrollieren und dem Prinzip des kontrollierten Fremdverstehens Rechnung tragen (vgl. Przyborski und Wohlrab-Sahr 2014, S. 126).

» Bei der Auswertung wird von den Kontextuierungen der Erforschten ausgegangen und nicht – wie bei den standardisierten Verfahren – von Vorab-Konzeptuierungen durch die Forscher. D. h., die Äußerung eines Untersuchen wird z. B. im Kontext seiner Erzählung interpretiert und nicht im Kontext eines Testes oder Fragebogens, in denen bestimmte Interpretationen schon gegeben sind. (Przyborski und Wohlrab-Sahr 2014, S. 17)

Eine in unserem Rahmen gut nutzbare rekonstruktive Methode des kontrollierten Erkenntnisgewinns ist die dokumentarische Methode nach Bohnsack. Sie wird in einem eigenen Teil näher behandelt. Auch nach dieser würde es nicht genügen, die unterstellten Zusammenhänge durch Interviews lediglich abzufragen und wieder zu beschreiben. Denn das Abfragen der Theorien der Erforschten hinsichtlich der Motive ihrer Handlung gibt keinen Zugang zur Erklärung der Handlungspraxen selbst (vgl. Bohnsack 2010, S. 158 f.) Tiefergreifende sozialwissenschaftliche Arbeit sollte vielmehr die Entstehung sowie den Sinn dieser Handlungspraxen selbst untersuchen und beschreiben (vgl. Bohnsack 2010, S. 158 f.).

Wir wollen dieses handlungsleitende Erfahrungswissen ermitteln, also die inkorporierten oder atheoretischen Handlungspraxen, indem wir nicht einfach die Schilderungen der Untersuchten wiedergeben, sondern die Handlung selbst provozieren. Wir wollen Präsentationen des Selbstbildes in autobiographschen Darstellungen erzeugen, welche wir als konkrete Identitätsarbeit ansehen. Wir gehen also davon aus, dass autobiographische Selbstnarration, zum Beispiel in Form eines narrativen Interviews, eine Art der Manifestierung der Selbstkonzeption ist. Das heißt, dass wir die biographische Erzählung und Selbsteinschätzung ihrer Person als Identitätsporträt betrachten. Dieses präsentierte Selbstbild wollen wir mit der Schilderung von Bedeutung und Einfluss der narrativen Tätigkeit in Bezug setzen. So sollte es uns möglich werden, Aussagen über die Verknüpfung von Motivation, Narrationsform und Identität zu treffen.

2.3.2.2 Operationalisierung

Mit diesen Vorannahmen wollen wir herausfinden, ob und inwiefern sich Selbstkonzept und Selbstbild von Personen, die nur private Selbstnarration betreiben, sich von den Personen unterscheiden, die diese Selbstnarration vor einem größeren anonymen Publikum betreiben. Wir wollen spezifischer herausfinden, welche Motivation hinter der Entscheidung stehen könnte, sich für oder gegen Anerkennung durch konkrete oder generalisierte Andere zu entscheiden, und Hinweise darauf finden, welche Selbstkonzepte hinter solchen Kernnarrationsformen stehen könnten.

Wir brauchen also Interviews, in denen für die erste Kategorie (private Kernnarration) das Selbstkonzept oder Selbstbild erkenntlich wird, die Bedeutung der narrativen Tätigkeit sowie der empfundene Einfluss bei der Identitätsarbeit. Für die zweite Kategorie (öffentliche Kernnarration mit Anerkennung) brauchen wir dieselben Aussagen, jedoch zuzüglich einer Einschätzung der Bedeutung und des Einflusses von Anerkennung durch konkretere oder generalisierte Andere.[1]

Aus diesen Annahmen und Entscheidungen ergeben sich die relevanten Begriffe und somit das Kerninteresse. Diese Begriffe müssen aufgrund der Komplexität in einem Leitfaden operationalisiert und abgefragt werden. Das heißt, dass wir unsere Begriffe in suggestive Fragen übersetzen müssen, aber dazu mehr im Abschn. „Leitfaden". Im folgenden Abschn. „Untersuchungsaufbau" soll das Vorgehen bei der Datengewinnung näher diskutiert werden.

2.3.2.3 Untersuchungsaufbau

Wir haben uns entschieden, dass es zur Aufdeckung der handlungsleitenden Motive von Kernnarrationsformen sinnvoll ist, die Interviewten in zwei Kategorien einzuteilen. Der Idealtyp des Tagebuch Schreibenden ist so konstruiert, dass wir annehmen, er sei ein Prototyp für die

---

1 Es stellte sich heraus, dass die Fragestellung so komplex ist, dass wir sie weiter konkretisieren müssen, um die vorgestellte Systematik im Interview umzusetzen und die Vergleichbarkeit des Materials zu gewährleisten.

2.3 · Methodologischer Zugang zum Forschungsgegenstand

Narrationsformen, die unter Ausschluss der Öffentlichkeit, also ohne Möglichkeiten, Anerkennung hervorzurufen, abläuft. Daraus ergibt sich, dass wir unsere Probanden konkret fragen müssen, ob ihr Schreiben überhaupt privat ist oder nicht. Sonst wären die Selbstnarrationsformen nicht völlig unter Ausschluss der Öffentlichkeit und die Probanden wären nicht für unsere Untersuchung geeignet.

Im Gegensatz dazu nehmen wir den Idealtyp der Tätigkeit des Bloggens, bei der es darum geht, im Internet schriftliche Beiträge zu veröffentlichen und kommentieren zu lassen. Bei dieser Tätigkeit ist der Zugang für konkrete oder generalisierte Andere gewährleistet, also die Möglichkeit, Anerkennung hervorzurufen, gegeben. Bei dieser zweiten Kategorie ist von besonderer Bedeutung, dass wir unsere Probanden fragen müssen, ob ihr Blog über eine Kommentarfunktion verfügt oder sie diese zulassen. Anderenfalls wären auch sie ungeeignet für unsere Forschungsarbeit. Des Weiteren ist der Inhalt des Blogs in dem Sinne von Bedeutung, dass wir Bloggende brauchen, die in ihrem Blog Selbstnarration betreiben. Also nicht etwa über Politisches, Kulinarisches oder Lifestyle schreiben, sondern von sich selbst.

Wir müssen Probanden finden, die diesen Idealtypen möglichst nahekommen und bereit sind, sich von uns untersuchen zu lassen. Dann brauchen wir in einem ersten Schritt selbstläufige, biographische Darstellungen, um ein Bild vom Selbstkonzept des Untersuchten zu bekommen. Wir wollen dann im zweiten Schritt unsere Probanden von ihren eigenen Relevanzsetzungen im Hinblick auf die Bedeutung ihrer genutzten Narrationsform erzählen lassen. In einem dritten Schritt erfragen wir die Wirkung der Rückmeldung von den generalisierten Anderen für die Identität, um diese Aspekte komparativ in Beziehung setzen zu können.

Um Vergleichbarkeit zu gewährleisten, sollen mindestens zwei Personen exemplarisch für eine Kategorie interviewt werden. So kann in einem ersten Auswertungsschritt geprüft werden, ob es sich überhaupt um eine einheitliche Kategorie handelt. Sofern dies der Fall ist, kann ein Vergleich zwischen den Kategorien angestrebt werden. Dieser Untersuchungsaufbau ist dementsprechend durch Einschränkungen der Validität und Generalisierbarkeit charakterisiert.

2.3.2.4 Datenerhebung

Laut Przyborski und Wohlrab-Sahr ist bereits die Kontaktaufnahme mit möglichen Probanden der erste Schritt der Erhebung, weil schon die Informationen im Anschreiben über das Erkenntnisinteresse, die Art und Weise der Erhebung und das Verhalten der Interviewenden Einfluss auf das Material haben können (vgl. Przyborski und Wohlrab-Sahr 2014, S. 54). Mittels Aushängen haben wir privat Tagebuch schreibende Personen gefunden, welche sich dazu bereit erklärten, an einem Interview teilzunehmen. Die öffentlich bloggenden Personen jedoch erreichten wir über persönliche Kontakte in der Forschungsgruppe. Wobei zu bemerken ist, dass die Kontakte immer über „mehrere Ecken" hergestellt wurden, also ein direkter Kontakt von Forschenden und Erforschten ausgeschlossen werden konnte. Überraschenderweise antworteten uns relativ schnell genügend Probanden, um den Untersuchungsaufbau umsetzen zu können.

Damit Interviews in narrativer Selbstläufigkeit und unter eigener Relevanzsetzung stattfinden können, sind eine vertrauensvolle Atmosphäre, das Prinzip der Offenheit und Authentizität zu beachten (vgl. Przyborski und Wohlrab-Sahr 2014, S. 87 f.). Es schlossen sich Überlegungen an, wie die Interviews zu führen seien, um diese Grundlagen der Interviewführung zu gewährleisten. Wir haben uns entschieden, den Ort des Interviews durch die Interviewten festlegen zu lassen, da wir annahmen, sie würden die für sie angenehmste Atmosphäre wählen. So führten wir zwei Interviews in den privaten Wohnungen der Probanden und eines in den Räumlichkeiten der Universität. Da sich eine Bloggerin nicht in erreichbarer Nähe für uns befand, schlugen wir ein Telefoninterview vor und machten einen Termin im CATI-Labor (Computer-Assisted Telephone Interviewing) der FSU Jena aus.[2] Die anderen drei Interviews wurden mit Diktiergeräten aufgezeichnet.

Cornelia Helfferich diskutiert in ihrer Interviewerschulung die möglichen Verhaltensweisen des Interviewenden in verschiedenen Situationen. Nach ihrer Interviewtypologie lässt sich unser Konzept als problemzentriertes, teilmonologisches Leitfadeninterview charakterisieren. Dieses Konzept soll erzählgenerierende und verständnisgenerierende Strategien mischen, indem es narrativ auf ein Problem hinleitet, der Hauptredebeitrag und die -Relevanzsetzung jedoch vom Interviewten kommt. Die hier getroffenen Entscheidungen über die Erhebungsart und die Leitfadenform ziehen einige Verhaltensweisen der Interviewenden nach sich (vgl. Helfferich 2005, S. 26ff.). Wir positionieren uns aufgrund der teilmonologischen Struktur als zurückhaltend, wissenschaftlich, mit theoretischem Vorwissen und mit einer vordergründigen Haltung der Fremdheit gegenüber dem Erkenntnisinteresse (vgl. Helfferich 2005, S. 29f.). Trotz aller Zurückhaltung und Offenheit ist der Interviewende angehalten, den Erzählfluss schwach zu strukturieren (vgl. Helfferich 2005, S. 28f.). Des Weiteren gehen wir davon aus, dass der Gehalt der Darstellung wahr ist, sofern die Untersuchten ihn als wahr beschreiben.

Wir haben uns in Gruppengesprächen auf die Interviews vorbereitet und das Verhalten gemeinsam festgelegt. Auch haben wir uns über mögliche extreme, ungünstige oder unangenehme Interviewsituationen beratschlagt und mögliche Fehlerquellen in Leitfadeninterviews diskutiert. Aus der Überlegung heraus, dass die Interviews im Rahmen der Lehrforschung geführt werden, sind wir zu dem Entschluss gekommen, dass wir immer zu zweit in die Interviews gehen, um uns gegenseitig zu unterstützen und im Nachhinein durch gegenseitige Verbesserungsvorschläge etwas zu lernen.

2.3.2.5 Leitfaden

Wie erwähnt, haben wir uns für ein offenes, leitfadengestütztes, narratives Interview zur Ermittlung der von uns unterstellten Zusammenhänge entschieden, da der Komplexität der Fragestellung in einem rein narrativen Interview nicht Folge geleistet werden kann. Um den Sachverhalt in seiner situativen Einbettung in den sozialen, institutionellen und persönlichen Kontext sowie im Hinblick auf die subjektive Relevanz zu erschließen, ist die narrative Selbstläufigkeit der Erzählung und die eigene Relevanzsetzung der Probanden von unvergleichlicher Bedeutung (vgl. Helfferich 2005, S. 129). Dies hat den Hintergrund, dass selbstläufige Erzählungen der Rekonstruktion der kognitiven Aufbereitung des Ereignisses am nächsten kommen (vgl. Przyborski und Wohlrab-Sahr 2014, S. 80).

Um dies in der Untersuchungssituation hervorzurufen, wird empfohlen, mittels sehr allgemeiner Eingangsstimuli die Probanden zum Reden zu bringen (vgl. Helfferich 2005, S. 90; Przyborski und Wohlrab-Sahr 2014, S. 68, 85). Danach dient der Leitfaden als Korrekturhilfe, um den „roten Faden" nicht zu verlieren. Im Rahmen des Leitfadens werden immanente und exmanente Fragen gestellt, das heißt, dass erst die vom Untersuchten angesprochenen Punkte spezifiziert werden und erst daraufhin vom Gesagten abweichende Fragen gestellt werden, um die Richtung des Erzählflusses passend zum Erkenntnisinteresse nachzujustieren (vgl. Przyborski und Wohlrab-Sahr 2014, 70f., S. 126).

Im nächsten Schritt mussten die Grundbegriffe der Thesen in konkrete Fragen übersetzt werden. Unsere Grundbegriffe lauten:

---

2 Hierfür bekamen wir eigens eine Einführung in die Bedienungsweise der Apparaturen im CATI-Labor.

- Selbstkonzept oder Selbstbild (hierunter verstehen wir die autobiographische Darstellung; es geht mit Fragen nach dem Wer, Wie, Was einher; also Schilderungen über Eigenschaften, Wissen, Können, Handlungstendenzen der Probanden und der Bewertung dieses Selbstwissens),
- Selbstnarration, Selbstnarrationsform und Identitätsarbeit (hierbei spielen die biographischen Schilderungen unter besonderer Beachtung der Zeitaspekte, also Veränderungen, Ausblicke und Rückblicke sowie subjektive Begründungen eine hervorgehobene Rolle; auch Schilderungen, wie die Narrationsform empfunden wird, also die Wirkung des Schreibens),
- Motivation (Urmotivationsmoment, mit der Narrationsform zu beginnen, Anlass und Wahl der Form, Ziele und Werte, die Bedeutung des Schreibens für das Leben und die Person),
- Anerkennung bei öffentlicher Kernnarration (welche Bedeutung, Einfluss oder Folgen hat die Anerkennung durch signifikante Andere).

Um diese Grundbegriffe zu hinterfragen, haben wir sie in grobe Fragen umformuliert, in Gruppengesprächen verallgemeinert und subtiler formuliert und so maßgeblich die konkrete Form und Gestalt des Leitfadens bestimmt. Der Leitfaden ist zur Übersichtlichkeit in thematische Blöcke unterteilt (vgl. Przyborski und Wohlrab-Sahr 2014, S. 132). Hierbei soll in einem ersten Fragenblock die Auffassung von der eigenen Identität erläutert werden, sodass sich die Forschenden ein Bild des Selbstkonzepts des Untersuchten machen können. Des Weiteren sollen in einem zweiten Fragenblock die Zusammenhänge von Identität und Selbstnarration selbstläufig dargestellt werden. Damit soll festgestellt werden, ob das Identitätsbild wirklich von der Narration hergeleitet wird, also die Narrationsform als Identitätsarbeit empfunden wird. Der Fokus der Interviews wird auf der subjektiven Identitätsarbeit durch Narration liegen, also inwiefern es bei beiden Tätigkeiten zu identitätsbildenden Prozessen kommt. In einem dritten Fragenblock soll erfragt werden, welchen Stellenwert Anerkennungserfahrungen für die Identitätsarbeit haben.

Mit gutem Datenmaterial lässt sich am Ende ein Vergleich zwischen Tagebuchschreibern und Bloggern ziehen. Dies soll in semantischer Gruppenanalyse der Interviewtranskripte[3] erfolgen. Nur wenn die Gruppe sich einig ist, dass die zwei eingeführten Kategorien wiederzufinden sind, kann der letzte Schritt des Vergleiches herangezogen werden.

In sozialwissenschaftlichen Interviewstudien sind natürlich auch Formalia einzuhalten, wie zum Beispiel die Probanden über die Datenschutzbestimmungen aufzuklären und personen- oder ortsbezogene Bezeichnungen zu anonymisieren (vgl. Helfferich 2005, S. 190f.). Selbstverständlich haben wir uns auch eine Einwilligungserklärung eingeholt, um mit dem Material legal arbeiten zu können.

2.3.2.6 Auswertung

Da wir uns für ein rekonstruktives Verfahren entschieden haben und unser Erkenntnisinteresse maßgeblich auf das Verstehen der Motive fokussiert ist, bot sich für uns die dokumentarische Methode nach Ralf Bohnsack an (vgl. Bohnsack 2010). Mit seinen methodologischen Annahmen und Analyseschritten bearbeiteten wir unser Material auf der Suche nach handlungsleitenden

---

3 Transkribiert wurde wörtlich unter Berücksichtigung der Pausenlänge. Diese ist jeweils in Klammern angegeben, d. h. Pausen, die kürzer als eine Sekunde sind, werden mit (.) gekennzeichnet, alles was darüber ist mit der Sekundenzahl. Darüber hinaus sind lachend gesprochene Ausdrücke mit dem @ Zeichen markiert.c002_fn1

Mustern bei der Wahl der Form schriftlicher Selbstnarration. Im Folgenden soll die theoretische Grundlage der dokumentarischen Methode kurz dargestellt werden, um dann die Analyseschritte vorzustellen, die unsere Arbeit am Material begleiteten. Abschließend schildern wird unser Vorgehen beim Vergleich der handlungsleitenden Muster. „Wie gehandelt wird, weist immer auf unterschiedliche Ausformungen des Alltagswissens und damit auch auf unterschiedliche soziale Bedingungen der Handelnden zurück." (Kleemann et al. 2009, S. 154) Bei der dokumentarischen Methode geht es genau darum zu untersuchen, „(…) welche unterschiedliche typische Denk- und Handlungsmuster existieren, wie diese zustande kommen und welche praktischen Konsequenzen sich daraus ergeben" (Kleemann et al. 2009, S. 154). Der Weg des Erkenntnisgewinns führt hierbei über Dokumentationen der alltäglichen Praxis, welche die Beschreibung der tieferliegenden und sozial geformten Muster ermöglicht.

Diese Methode basiert im Grunde auf Webers Idealtypen und wurde von Schütz, Mannheim und Schütze weiterentwickelt. (vgl. Bohnsack 2010, S. 22f.; Kleemann et al. 2009, S. 154f.) Karl Mannheim hebt die Seinsverbundenheit des Denkens hervor, also die Gebundenheit des Alltagswissens an die Perspektive des Individuums (vgl. Bohnsack et al. 2013, S. 252). Diese individuelle Situation und Perspektive von Personen wirkt sich auf die Struktur ihres Handelns aus. Die Individuen entwickeln ein inkorporiertes Wissen über die für sie relevanten Alltagsbedingungen. Dieses Wissen wird in Spätphasen der Sozialisation selbstverständlich und verschiebt sich auf eine atheoretische, unreflektierte Ebene (vgl. Bohnsack et al. 2013, S. 250). Ziel der dokumentarischen Methode ist die Rekonstruktion dieses handlungsleitenden Erfahrungswissens, um Aussagen über das Zusammenspiel zwischen den gesellschaftlichen Strukturen und individuellen, sozialen Handlungen treffen zu können.

Bohnsack stellt im Anbetracht des soziologischen Forschungsinteresses eine praxeologische Typenbildung in den Vordergrund, welche mit einer bestimmten Abfolge von Untersuchungsschritten den Gehalt und die Tiefe des Erklärungsversuches sicherstellen soll. So sind seiner Meinung nach ikonografische Typen, also die bloße Umschreibung und Nacherzählung von dokumentierten Typen, keine Aufgabe der Soziologie (vgl. Bohnsack et al. 2013, S. 244). Die sozialwissenschaftliche Forschung sollte, sofern sie an der Rekonstruktion von handlungsleitenden Motiven interessiert ist, ikonologisch arbeiten. Damit ist gemeint, dass der Sinn und die Genese dieses handlungsleitenden Motivs durch interpretative und komparative Techniken nachvollzogen werden soll.

In der Terminologie dieser Methodologie geht es darum, die handlungsleitenden Orientierungsrahmen zu rekonstruieren (vgl. Kleemann et al. 2009, S. 157). Dies gelingt über eine Analyse und Interpretation unter Rückbezug auf die Prinzipien des Fremdverstehens im konjunktiven und kommunikativen Erfahrungsraum (vgl. Kleemann et al. 2009, S. 160). Im praxeologischen Verständnis ist die Frage nach dem Sinn einer Handlung oder Äußerung diejenige nach der Struktur, nach dem generativen Muster oder der generativen Formel, dem modus operandi des handlungspraktischen Herstellungsprozesses (vgl. Bohnsack et al. 2013, S. 248). Dabei wird zwischen sinngenetischer und soziogenetischer Typenbildung unterschieden. Die sinngenetische Typenbildung ist eine Interpretation der die Handlungspraxis generierenden Muster (Orientierungsrahmen). Die soziogenetische Typenbildung ist eine Interpretation der historischen oder sozialen Genese jener Orientierungsrahmen (vgl. Kleemann et al. 2009, S. 165f.). Diese Typenbildung erfolgt über die Rekonstruktion des handlungsleitenden Alltagswissens in Form von kontrastierenden Vergleichen, den Vergleich in der Gemeinsamkeit sowie die fallinterne und die fallübergreifende Kontrastierung (vgl. Kleemann et al. 2009, S. 163f.).

Diese Typenbildung folgt drei Auswertungsschritten, wovon die ersten zwei direkt mit der Transkription der Interviewaufnahmen und der Datenselektion entlang der Themensetzung

2.3 · Methodologischer Zugang zum Forschungsgegenstand

sowie von Sprechdynamiken beginnen. Der letzte betrifft die Analyse, welche wiederum in drei Schritte geteilt ist. Den ersten Schritt der Materialtranskription führten wir entlang der von Przyborski und Wohlrab-Sahr vorgeschlagenen Systematik durch (vgl. Przyborsk und Wohlrab-Sahr 2014, S. 162ff.). Bei dem Schritt der Sequenzierung muss man sich auf den Forschungsgegenstand und das Erkenntnisinteresse im Interview fokussieren. Diese Passagen sind durch sprachliche Auffälligkeiten wie Metaphern, Umschreibungen oder Ersatzwörter gekennzeichnet (vgl. Kleemann et al. 2009, S. 170). Bohnsack nennt diese Passagen Fokussierungsmetaphern. „In narrativen Interviews sind es die Passagen mit hoher narrativer Dichte, also hohem Detailierungsgrad, die den Charakter von Fokussierungsmetaphern annehmen." (Bohnsack et al. 2013, S. 250) Des Weiteren sollten in diesen Passagen die grundlegenden Orientierungen und die Konstruktion von Sinnsystemen enthalten sein (vgl. Kleemann et al. 2009, S. 170).

Nachdem die relevanten Sequenzen ausgewählt wurden, geht man zum letzten Auswertungsschritt der Analyse über. Dieser besteht aus folgenden Analyseschritten: formulierende Interpretation, reflektierende Interpretation, komparative Kontrastierung, Typenbildung und Vergleich der Typen (vgl. Kleemann et al. 2009, S. 173). All diese Schritte haben wir für jeweils vier Sequenzen pro Fall in Gruppenarbeit durchgeführt.

Beim ersten Analyseschritt wird die Sequenz reformuliert, um den Objektsinn der Sequenz zu rekonstruieren (vgl. Kleemann et al. 2009, S. 173). Hier wird auf das „Was" geachtet, um im nächsten Schritt der reflektierenden Interpretation auf das „Wie" zu schauen. Es werden die Passagen auf Textsorte und Zugzwänge des Erzählens hin untersucht sowie sprachlich auffällige Stellen näher betrachtet und abstrahiert. Im dritten Schritt wird durch Gegenüberstellung und Kontrastierung auf die handlungsleitenden Orientierungsrahmen abstrahiert und dann mit anderen Fakten innerhalb des Falles verglichen und somit spezifiziert (vgl. Kleemann et al. 2009, S. 163 f.).

Anschließend wird der sinngenetische Typ rekonstruiert. Durch komparative, fallinterne und fallübergreifende Kontrastierung wird untersucht, ob die handlungsleitenden Orientierungsrahmen oder Motivationen einem gemeinsamen Typus angehören. Hierbei sind die erlernten Prinzipien des kontrollierten Fremdverstehens und der Indexikalität von Äußerungen zu berücksichtigen.

Nach der Methodologie der dokumentarischen Methode würde sich nach der sinngenetischen Typenbildung die soziogenetische Typenbildung anschließen, in welcher die Einbindung der Typen in eine umfassendere Typologie zu untersuchen ist (vgl. Bohnsack et al. 2013, S. 254; Kleemann et al. 2009, S. 185). Mit der geschlechts-, bildungs-, alters- und entwicklungstypischen Spezifikation der Prototypik durch anderes Material soll die rekonstruierte Typologie überprüft werden, bis die Genese des Typus erklärt werden kann (vgl. Kleemann et al. 2009, S. 181). Diesen soziogenetische Typenbildung genannten Teil der Analyse konnten wir im Rahmen der Lehrforschung leider nicht umsetzen. Aufgrund von Zeit und Material beschränkten wir uns in der Untersuchung auf die Herleitung der handlungsleitenden Orientierungsrahmen, also der Motivationen zur schriftlichen Kernnarration durch Fallbeschreibungen, und ermittelten daraus eine Typologie mit zwei Typen. Im letzten unserer Analyseschritte werden wir diese zwei Typen gegenüberstellen und vergleichend diskutieren.

Analog zu diesem Vorgehen sind die ▶ Abschn. 2.4 und 1.5 des Lehrforschungsberichtes zum einen der Darstellung der Analyse der Motive und Orientierungsrahmen der Tagebuch Schreibenden und zum anderen der Analyse der Bloggenden, mit den jeweiligen Fallbeschreibungen gewidmet. Darauf folgen die komparative Gegenüberstellung der zwei Kategorien und ein abschließender Rückbezug auf die anfänglichen Annahmen.

2.4 Analyse der Tagebuchschreibenden

2.4.1 Überblick

In ▶ Abschn. 2.4.2 und 2.4.3 werden zwei Fälle von Tagebuch schreibenden Personen vorgestellt. Diese werden auf ihre Hintergründe und daraus resultierende Motivationen für eine spezielle Form der schriftlich fixierten Narration untersucht. Die Fälle werden vorerst einzeln vorgestellt, mitsamt ihrer spezifischen Motivation. Daraufhin werden die Gemeinsamkeiten vorgestellt, die uns Rückschlüsse darauf geben, welche Funktionen das Tagebuchschreiben erfüllt und ob diese im Zusammenhang mit Identitätsarbeit stehen.

2.4.2 Der Fall Joachim Schreiner – Tagebuchschreiben als aktive Identitätsarbeit

Joachim Schreiner befindet sich zum Zeitpunkt des Interviews in einer Umbruchphase seines Lebens. Nachdem er elf Jahre lang als Lehrer an einer Waldorfschule tätig war, was er als seinen „Traumberuf" bezeichnet, möchte er sich nun, mit 40 Jahren, seinen Herzenswunsch erfüllen und ein Philosophiestudium in einer neuen Stadt beginnen, „weil das grad anliegt." Schon nach Abschluss seines Ingenieurstudiums hat er das Gefühl, dass dies „nicht [s]ein Weg" ist und studiert einige Semester lang Philosophie, bevor er die Ausbildung zum Waldorfschullehrer beginnt, den er als einen für sich passenderen Weg beschreibt. Das Motiv der „Suche nach dem richtigen Weg" und der Glaube, dass man seinem Herzen folgen muss, um diesen für sich zu finden, ist handlungsleitend für Joachim Schreiner.

Joachim Schreiner. leidet unter Depressionen und ist überzeugt davon, „dass jede Krankheit immer nur eine Anzeige ist ‚lieber Mensch, du läufst grad in die falsche Richtung'", dass also Krankheiten generell und im Speziellen seine Depressionen ein Indikator dafür sind, dass man seinem Herzen nicht folgt. Er glaubt, dass, wenn er seinem Herzen folgt, auch seine depressiven Phasen, die ihm Energie rauben und seine Tatkraft einschränken, sich verringern werden und er sich schlussendlich, durch das Finden des für ihn bestimmten Weges, von ihnen heilen kann. Auch steht er der Zukunft positiv entgegen, denn „wenn ich genau das mach, was mein Herz mir zuruft, ja dann öffnen sich plötzlich Türen, wahrscheinlich auch Türen, die ich heute noch gar nicht kenne." Er setzt das „Herz", mit dem er den Kern seiner Persönlichkeit meint, der ihm selbst nicht gänzlich bewusst ist, der „Ratio" entgegen, welche sowohl das eigene rationale Denken als auch die verinnerlichten sozialen Normen und antizipierten sozialen Erwartungen beinhaltet. Wir können diese Trennung auf das Konzept G. H. Meads, der zwischen »I« und »Me« trennt, übertragen. Trotzdem wird die Bezeichnung Herz in dieser Darstellung weiterhin verwendet, da Joachim Schreiner diesen Begriff für sich selbst verwendet.

Joachim Schreiner. glaubt, dass es „nach dem Tod weitergeht […] und dass das, was ich seelisch, geistig entwickle, dass ich das mitnehme …" Der Glaube daran sowie die Abwesenheit einer Familie erlauben ihm auch, sein Leben als „absoluter Idealist", als den er sich selbst wiederholt bezeichnet, unabhängig und ohne große materielle Ansprüche zu leben. Er kann sich dadurch intensiv mit seiner eigenen Entwicklung beschäftigen, da er für keinen anderen als sich selbst Verantwortung trägt. Und an dieser Entwicklung arbeitet er auch aktiv, was sich unter anderem in folgendem Ausschnitt zeigt: Er studierte zum Beispiel die ästhetischen Briefe von Schiller, „für mich ganz allein, zwei Monate lang", „Ich denke gerne nach über Dinge, das Leben im Allgemeinen..

2.4 · Analyse der Tagebuchschreibenden

ahm ... hab auch meine künstlerische Ader erst die letzten Jahre entdeckt, schreibe auch Gedichte seit zwei und halb Jahren [und] musiziere".

Sein Lebensziel ist, vermutlich aus seinem Glauben an die postmortale Existenz seiner Seele heraus motiviert, sich geistig und persönlich weiterzuentwickeln, sich also auf seine Art selbst zu verwirklichen beziehungsweise sich selbst zu optimieren.

Der Drang nach Selbstentwicklung scheint in Joachim Schreiners Leben schon immer präsent gewesen zu sein. Doch vor allem in den „letzten Jahren" hat er viele Entwicklungsfortschritte gemacht. Auf die aktuelle aktive Arbeit an seiner Selbstentwicklung deutet hin, dass er erst in den „letzten Jahren" seine künstlerische Ader entdeckt hat. Auch hat er seine Depressionen immer besser im Griff, und er wird besser darin „im Moment zu leben". Zwar sagt Joachim Schreiner nicht explizit, dass diese Entwicklungen mit dem Tagebuchschreiben zusammenhängen, doch vieles deutet darauf hin, dass das Schreiben eines Tagebuchs ihm bei seiner Entwicklung durchaus eine große Hilfe ist, also eine wichtige Funktion als Werkzeug der Identitätsarbeit einnimmt.

Zum Tagebuchschreiben kommt Joachim Schreiner. erst durch einen äußeren Anstoß. Die Situation ergibt sich daraus, dass er in einer schweren depressiven Phase im Alter von 32 Jahren Hilfe benötigt. Auf den Hinweis einer Bekannten meldet er sich bei einem Seminar an, das sich mit dem Selbstdialog in schriftlicher Form beschäftigt. Jeder Teilnehmer wird aufgefordert, sich ein Tagebuch zu kaufen, um mitarbeiten zu können. Schon zuvor hat Joachim Schreiner sich im Tagebuchschreiben versucht, doch es wieder aufgegeben, da ihm das nichts „gab". Erst durch das Seminar merkt Joachim Schreiner., dass ihm das Schreiben in Form eines inneren Dialogs so wie das Wiederlesen des Tagebuchs hilft, wie im folgenden Zitat klar wird:

> » [D]a hab ich gemerkt [...] Es gibt mir was, es hilft mir, ich spinne praktisch einen inneren Dialog, ich lasse einfach fließen, was mir an Gedanken kommt und schreibs auf. Und fand das hooochspannend, wenn man es n Tag später nochmal aufschlägt, jaa, das meiste hat man dann noch so in der Erinnerung, aber dann so nachliest, das war der Einstieg für mich, Tagebuch zu schreiben, weil das äh.., da hab ich gemerkt: das hilft mir.

Joachim Schreiner schreibt anfangs, durch das Seminar motiviert, in Form eines Dialogs mit dem „inneren Kind", was für ihn gleichbedeutend mit dem „Herzen" ist. In schriftlicher Form fragt er „sein Herz", also sein Unbewusstes Dinge, über die er sich klar werden möchte, und antwortet selbst darauf. Wohlgemerkt spricht Joachim Schreiner nicht von einem Monolog, sondern einem Dialog. „Wenn man alleine ist und dann schreibt, ist man im Gespräch mit sich selber." Das bedeutet, er trennt im schriftlichen Gespräch zwischen Innen und Außen, dem »I« und dem »Me«, und nimmt jeweils deren Sichtweisen ein. Somit wird er sich selbst klarer darüber, was er wirklich will, und setzt sich in dieser dialogischen Form auch mit der Differenz zwischen innerem Bedürfnis und äußeren Anforderungen und Erwartungen an seine Person auseinander. Durch die bewusste Beschäftigung mit seinen inneren Bedürfnissen erschließt sich auch die Möglichkeit, diese zu befriedigen. Er kann das durch die schriftliche Fixierung explizierte Wissen über sich selbst auf die Gestaltung seiner Handlungen anwenden und sein Leben so besser an seinen inneren Bedürfnissen ausrichten.

Joachim Schreiner schreibt alles auf, was ihm bedeutsam erscheint, ihn berührt oder aus dem Unbewussten „hochkommt". Spannender als Erlebnisse aufzuschreiben, findet er es, Gedanken zu etwas aufzuschreiben. Die Gedanken, die ihm aus dem Unbewussten „hochkommen" und die ihm bedeutend erscheinen, muss er sofort festhalten, um sie nicht wieder zu vergessen, denn „man vergisst doch mehr als man denkt". Auch wenn er auf Reisen ist, ist es ihm sehr wichtig, das

Tagebuch mit sich zu führen. Hat er dies einmal vergessen und er erlebt etwas, was er festhalten möchte, so braucht er „schnell 'n Zettel" und schreibt es sich darauf auf. Da er es dann zu Hause ins Tagebuch übertragen „muss" und ihm das zu anstrengend ist, hat er sich selbst dazu erzogen, sein Tagebuch immer mit sich zu führen. Auch Erlebnisse schreibt er auf, wenn sie ihm bedeutsam erscheinen, denn „ich glaube nicht, dass Dinge zufällig passieren, sondern, dass, wenn Dinge einem begegnen von außen, Änderungen, [...] dann ... könnte man sagen, hat das einen Sinn, auch wenn ich ihn nicht verstehe." Hier zeigt sich der Drang, das, was ihm wichtig erscheint, festzuhalten, um es nicht zu vergessen. Das Tagebuch ist nicht ein Ort, an dem er Gefühle ablädt, sondern ein langfristig angelegter Speicher für Erlebnisse, deren Sinn er ergründen möchte, und Erkenntnisse und Gefühle, die sein Innerstes widerspiegeln.

Einerseits müssen also Gedanken schnell festgehalten werden, um sie dem Vergessen zu entziehen, sodass er diese Gedanken langfristig im Entwicklungsprozess nutzen kann, andererseits berichtet Joachim Schreiner. von einer „Verlangsamung" durch das handschriftliche Schreiben, welches eine „Selbstbewusstseinsstärkung" mit sich bringt, da man sich über seine Gedanken und Gefühle erst klar werden muss, um diese in Worte fassen zu können. Es ist ein intuitives Schreiben, da er nur subjektiv bedeutsame Dinge aufschreibt, gleichzeitig aber auch hochreflektiert, da er Emotionen und Erlebnisse so genau wie möglich festhalten möchte und sich dafür erst intensiv mit ihnen auseinandersetzen muss, bevor er sie schriftlich fixiert. Daher findet er es manchmal anstrengend sich hinzusetzen und Tagebuch zu schreiben. Doch die in vielerlei Hinsicht positive Wirkung auf ihn lässt ihn das Tagebuch vor allem wegen seiner Funktion für die Identitätsarbeit als einen „fundamentalen Bestandteil [seines] Lebens" sehen, den er nicht nur „pflegt", sondern der „metaphorisch gesprochen, [...] fast wie Atmen" für ihn ist. Wie er sagt: „ Ich brauche es. Ich brauche es!"

Joachim Schreiner hat sich, seiner Angabe nach, nie viel mit Freunden ausgetauscht, was er auf seine Introversion zurückführt. Er hat sich, bevor er mit dem Tagebuchschreiben begann, oft nur mit sich selbst in Gedanken ausgetauscht, und das ist, wie er sagt, gefährlich. Im rein mentalen Austausch mit sich selbst

> da kann man sich auch selbst betrügen, aber allein das (...) dann eben auf(zu)schreiben, dann ist man schon einen Schritt weiter, weil man dann wirklich 'was schreibe ich denn da hin, glaube ich das wirklich? Ne, passt nicht das Wort. Wegstreichen, anderes Wort.'

So kann er sich durch das Tagebuchschreiben reflexiv mit sich selbst auseinandersetzen, was ihm zuvor, ohne den Explizierungszwang der schriftlichen Fixierung und auch aufgrund des Mangels an Austauschpartnern, schwerer fiel.

Die Gedanken und der Austausch mit sich selbst werden durch die Verschriftlichung fixiert und sind ihm so auch in anderen, späteren Situationen zugänglich, anstatt in Vergessenheit zu geraten. So kann Joachim Schreiner. analysieren, was sein „Herz ihm zuruft" und dementsprechend sein Leben gestalten. Durch das Leben des richtigen Weges würden auch seine Depressionen abnehmen und er sich sozusagen „ein bisschen selber therapieren".

Für Joachim Schreiner. hat das Tagebuch demnach zweierlei Funktionen. Einerseits hilft ihm der Akt des Schreibens, sich zu verlangsamen und sich durch die erforderliche Explizierung der Gedanken seiner selbst bewusst zu werden und zu merken, was ihm im Leben wichtig ist.

Andererseits hat das Lesen des Geschriebenen zu einem späteren Zeitpunkt eine wichtige Funktion. Er liest gerne nochmals das von ihm Geschriebene. Es ist für ihn „so wie des Gefühl, man erkennt sich nochmal selber besser". Denn so kann er Dinge, die er schon vergessen hat, „weil man erlebt ja so viel im Leben, das kann man sich gar nicht alles merken", die ihm jedoch beim Aufschreiben wichtig waren, sich nochmal ins Gedächtnis rufen. Er kann sie betrachten und mit seinen jetzigen Einstellungen, Ansichten und Gefühlen vergleichen. So hat das Wiederlesen des Tagebuchs eine objektivierende Funktion und hilft ihm, seine Persönlichkeitsentwicklung und seine geistige Entwicklung zu reflektieren.

Die Motive, die ihn Tagebuch schreiben lassen, sind also zum einen, dass es ihm hilft, ein inneres Gleichgewicht zu halten, er also durch das Schreiben seine Depressionen besser kontrollieren kann, die ihm seine Energie rauben, welche er benötigt, um sich selbst zu verwirklichen. Das Tagebuchschreiben hilft ihm durch die aufmerksame Selbstreflexion, nicht in depressive Phasen abzurutschen, indem er dem früh genug entgegensteuern kann. Durch die Kontrolle der Depressionen kann er seinen Weg der Selbstverwirklichung effizienter verfolgen. In diesem Sinne hilft ihm das Tagebuchschreiben dabei zu funktionieren.

Zum anderen ist das Tagebuchschreiben ein Werkzeug, mit dem er aktiv Identitätsarbeit betreibt. Er speichert langfristig Dinge, die er nicht vergessen möchte. Durch das Reflektieren von Gedanken und Gefühlen beim Schreiben wird er sich selbst bewusster und kann diese objektiver betrachten. Durch das Wiederlesen des Geschriebenen ruft er Vergessenes wieder ins Gedächtnis und kann seine eigene geistige und persönliche Entwicklung nachvollziehen und auf einer Metaebene betrachten.

2.4.3 Der Fall Hanna Künstler – Tagebuchschreiben als Ventil

Hanna Künstler ist freischaffende Künstlerin, die momentan versucht, ihre Selbstständigkeit aufzubauen. Sie ist Ende 20 und schreibt, seit sie etwa neun Jahre alt ist, regelmäßig Tagebuch.

Hanna Künstler wächst in einer Kernfamilie auf, die jedoch viel Zeit in einer „Wochenendkommune" verbringt. Ihre Mutter leidet unter einer psychischen Erkrankung, die zahlreiche Familienkonflikte mit sich bringt. Die Mutter ist mit sich selbst und ihrer Krankheit beschäftigt, und der Vater ist oft durch die sich daraus ergebende Situation überfordert, sodass er wenig Zeit und Verständnis für seine Kinder aufbringt und zu cholerischen Ausbrüchen neigt. Hanna Künstler lernt, dass man sich für die Krankheit der Mutter schämen muss. Die erlernte Scham überträgt sie auch auf ihre eigenen Gefühle, die sie dann, auch aufgrund der Wutausbrüche, die sie provoziert, wenn sie sich dem Vater mitteilt, für sich zu behalten lernt. Die Krankheit ihrer Mutter und die Wutausbrüche ihres Vaters arbeitet sie später in einer Therapie auf und vermutet daher, dass viele Aspekte ihres Verhaltens sich aus ihrer problematischen Familiengeschichte heraus erklären lassen.

Obwohl sie viel Zeit in der Kommune verbringt, in der eine Mentalität der Gemeinschaft und des Teilens herrscht, fühlt sie sich alleingelassen und unverstanden. Auch in der Schule hat sie nicht viele Freunde, mit denen sie sich austauschen und mitteilen kann. Sie empfindet nicht nur eine soziale Kälte in der Kommune, auch die Abwesenheit von Privatsphäre macht ihr zu schaffen. Sie bezeichnet sich als verschlossen und der Umwelt gegenüber als sehr dünnhäutig. Mit Dünnhäutigkeit meint sie, dass sie äußere Einflüsse schnell internalisiert.

Hanna Künstler berichtet von drei „Metamorphosen" in ihrem Leben, die für sie prägende emotionale Umbrüche waren. Die Metamorphosen gingen immer mit einem aktiven Bruch mit ihrer sozialen Umwelt einher und mit einem daraus resultierenden Wandel des Lebensgefühls. Ein Grund für die Umbrüche ist unter anderem,

> dass ich irgendwie keine Ahnung meiner Umwelt gegenüber (2) ne gewisse Dünnhäutigkeit habe und das heißt, sehr viel angenommen habe von dem, was mich so begleitet hat in meinem Leben oder so (2) und irgendwann kam dann immer der Punkt, wo ich das einfach abstoßen wollte.

Sie löst sich durch die Metamorphosen von dem Gefühl der Fremdbestimmtheit und lebt neue Facetten ihrer Persönlichkeit aus. Obwohl diese Metamorphosen ein Kraftakt für sie sind und bedeutende Einschnitte in ihrem Gefühlsleben darstellen, kann sie sich weder an den genauen Anlass erinnern, noch was genau diese Metamorphosen beinhalteten.

In ihrer Erzählung bezieht sie sich, aus oben genannten Gründen, oft auf ihre Biographie. Vor allem die Abwesenheit eines Gesprächspartners, dem sie sich mitteilen kann, und das partielle Aufwachsen in einer Kommune, in der sie keinerlei Privatsphäre hat und sich nicht geborgen fühlt, tauchen immer wieder auf.

Die Abwesenheit eines Gesprächspartners oder einer Vertrauensperson lässt sie im Alter von etwa neun Jahren ihren ersten Tagebucheintrag verfassen. Sie bezeichnet die Geschichte dazu als eine lustige und niedliche Anekdote. Diese ist jedoch in einen traurigen Kontext eingebettet: Da sie mit ihrer Geigenlehrerin nicht zurechtkommt, schwänzt sie den Unterricht. Sie hat Angst, dies jemandem anzuvertrauen, da „ […] keiner da war, dem ichs erzählen konnte". Ihre Eltern waren zu sehr mit sich selbst beschäftigt und an Freunden, denen sie es erzählen kann, mangelt es ebenfalls. Also greift sie zu einem Buch und schreibt hinein: „heuute (.) sch-schwänze ich den Geigenunterricht, ich habs niemanden erzählt." Danach fühlt sie sich erleichtert.

Dies ist für sie der Einstig ins Tagebuchschreiben, was sie danach weiterführt, denn sie merkt, dass sie dort „alles das was ich gerne woollte äääh (.) erzählen wollte vielleicht auch, oder was ich loswerden wollte oder (1) um mir da auch vielleicht ne Sicherheit zu geben" loswerden kann.

Sie schreibt ab diesem Zeitpunkt vor allem, wenn sie sich in emotionalen Hoch- oder Tiefphasen befindet, mit denen sie umgehen muss. In Phasen, in denen sie sich unsicher fühlt und sich aufgrund der in der Kindheit erlernten Scham niemandem mitteilen kann, schreibt sie vermehrt, denn das Tagebuchschreiben ist für sie „immer auch so ne (.) bestimmte Selbstvergewisserung".

Das Tagebuchschreiben ist für Hanna Künstler keine Pflichterfüllung oder gar Anstrengung, sondern das Gegenteil. Es ist ihr ganz privater Raum, wo sie sie selbst sein kann. Es gibt ihr Sicherheit. Sie kann hier alle Emotionen und Gedanken, „so dieses alles das was ich mich nicht getraut habe zu sagen", ungefiltert und unreflektiert „rauslassen", ohne jemanden dadurch zu verletzen oder dem Urteil anderer ausgesetzt zu sein, weil sie das Tagebuch allein für sich selbst schreibt. Wenn sie etwas so sehr beschäftigt, dass es sie in ihrem Handeln behindert, nimmt sie sich Zeit für sich und schreibt es in ihr Tagebuch. Durch das Aufschreiben externalisiert sie störende Gefühle und Gedanken. Des Weiteren wird sie sich ihrer eigenen Meinung und ihrer Gefühle beim Schreiben bewusster. Ohne sich von anderen Stimmen beeinflussen zu lassen, kann sie sich mental mit ihren eigenen Gedanken und Einstellungen zu Dingen beschäftigen und sich darüber klar werden, was sie will. Die Betrachtung der eigenen Meinung stärkt ihr Selbstbewusstsein, wenn sie sich unsicher fühlt. Das Tagebuchschreiben hat somit auf der emotionalen Ebene eine reinigende und befreiende, auf der kognitiven Ebene eine klärende und ordnende Funktion.

Den Gedanken, dass jemand das Geschriebene lesen könnte, vermeidet sie, da sie sich das beim Schreiben nicht verstellen möchte. Sie möchte so ehrlich wie möglich schreiben können.

> Und ich versuche (.) möglichst so schnell zu schreiben, dass ich mir gar nich bewusst mache, was ich schreibe.

Durch das Erlernen der *ecriture automatique*, des automatischen Schreibens, muss sie nicht mehr darüber nachdenken, was sie aufs Blatt bringt, sondern kann ihre Gedanken und Gefühle

2.4 · Analyse der Tagebuchschreibenden

ohne die Barriere der rationalen Kontrolle direkt aus dem Unterbewussten auf das Blatt fließen lassen. Oder wie sie sagt: „Schneller zu schreiben als (.) wie ich mich beobachten kann, damit ich endw-endlich mal alles zur Sprache bringe sozusagen". So schließt sie auch eine automatische Selbstzensur aus. So „kanns du was abladen, du kanns dich befrein, du fühls dich gut danach."

Manchmal erstaunt es sie selbst, was sie aufs Blatt bringt. Sie schreibt alles auf, was sie gerade beschäftigt und was sie rauslassen muss. Nur die Anfänge einer neuen Beziehung hält sie niemals schriftlich fest, das ist die einzige Einschränkung, die sie sich auferlegt.

> ers wenn alles in Sack un Tüten war, dann wurde wieder aufgeschriebn. Genau. As-auch n Ritual im Prinzip aba. (2) Genau, da war so die- (.) diese Ehrfurcht da vor dem Woort (I: mhm), vor dem (1) etwas zu fest schon beschreibn. Etwas (.) szu sehr haben wollen, oder keine Ahnung irgendwie so.

Sie bezeichnet dies als Aberglauben. Die Ehrfurcht vor dem Wort ist die Ehrfurcht vor der Macht des Wortes, als selbsterfüllende Prophezeiung zu wirken. Die Angst, etwas zu sehr haben zu wollen, vielleicht Gefühle durch das Aufschreiben schon zu festigen, kommt hier zum Ausdruck.

Wenn sie alles „losgeworden" ist, legt sie das Tagebuch weg und damit den Inhalt vorerst ad acta. Auch das Beenden eines Tagebuches empfindet sie als Erleichterung, den Beginn eines neuen Buches als einen euphorischen Moment. Sie kann das vollgeschriebene Tagebuch „wegschließen" und „ad acta" legen, mitsamt ihren darin festgehaltenen Gefühlen. Mit einem neuen Tagebuch beginnt ein neuer Abschnitt. Im Tagebuch ist noch nichts festgehalten, nichts ist verbalisiert, und alle Möglichkeiten stehen noch offen.

Zwar liest sie manchmal später das Geschriebene nochmal durch, nachdem sie emotionalen Abstand dazu gewonnen hat oder es, wie in der Therapie, aktiv aufarbeiten will. Doch ist das Wiederlesen des Tagebuchinhalts generell kein zentraler Bestandteil ihres Umgangs mit dem Tagebuch. Da sie angibt, in Umbruchphasen besonders viel zu schreiben, und aussagt, dass sie sich nicht daran erinnern kann, deutet darauf hin, dass sie die betreffenden Passagen im Tagebuch tatsächlich nicht nochmal gelesen hat. Sie hat alle damit verbundenen Gefühle und Erinnerungen ad acta gelegt. Sie schreibt das Tagebuch vorrangig für den Moment, um sich zu ordnen und Dinge abzulegen. Die Wirkung ist kurzfristig.

Hanna Künstler trennt stark zwischen Innen und Außen und kontrolliert, was sie anderen gegenüber ausdrückt. Ihr Innerstes will sie nicht etwa wie Joachim ergründen, um sich danach auch in ihrer Lebensweise zu richten, sondern möchte es externalisieren und wegschließen, sodass es sie nicht weiter in ihrem Leben beeinflusst. Sie kann sich durch das Schreiben selbst besser „hören". Das Tagebuch ist das Ventil für ihr Innerstes. Es vermittelt ihr die Sicherheit, sich selbst, vor allem hinsichtlich ihrer Emotionen, kontrollieren zu können.

> Wenn ich wusste ich habs dabei, dann wusst ich (.) wenn ich jetz mit irgndner Situation nichklarkomme (I: mhm) oder irgendn kon- irgendwas (.) weiß ich nich, schlägt mir auf diee (1) Leber oder wie auch immer. Dann wusst ich, oh ich kann mich abends hinsetzen un kann da ma kurz was reinschreibn un ma (.) Frust ablassen.

Sie verwendet es, um Dinge loszuwerden, die sie im Alltag behindern und gedanklich sowie emotional beschäftigen, und um sich zu ordnen. Das Tagebuchschreiben hilft ihr demnach, in ihrer sozialen Umwelt zu funktionieren.

2.4.4 Fallvergleich

Da die Motivationen hinter dem Tagebuchschreiben differieren, unterscheidet sich bei den beiden vorgestellten Fällen, Joachim Schreiners und Hanna Künstlers, auch der Umgang mit dem Tagebuch.

Hanna Künstlers Motivation zu schreiben ist es, einen Raum für sich zu haben, der ihr eine gewisse Sicherheit gibt und in dem sie alles, was sie sich im Umgang mit anderen Menschen nicht traut zu formulieren, aufschreiben kann. Hanna Künstler kommt aus eigener Motivation heraus zum Tagebuchschreiben, da sie ihr Mitteilungsbedürfnis befriedigen muss und sich mangels einer Vertrauensperson und eines Gesprächspartners dem Buch anvertraut. Das Tagebuchschreiben hilft ihr, sich zu kontrollieren, und das gibt ihr Sicherheit. Denn wenn sie unsicher ist oder eine Situation sie überfordert, kann sie sich hinsetzen und ihren „Frust rauslassen", um danach wieder zu funktionieren.

Sie bezeichnet sich als cholerisch, kann aber die eigene Wut nicht ausleben, da sie durch die Wutanfälle ihres Vaters geprägt ist, und so neigte sie früher zu Autoaggressionen. Durch die Externalisierung ihrer Gefühle im Tagebuch kann sie diese einerseits von einer diffusen, irrationalen Ebene auf eine rationale Ebene bringen und sortieren. Andererseits kann sie diese durch das Aufschreiben verarbeiten und „ad acta" legen. Es hilft ihr also, sich zu ordnen sowie sich zu kontrollieren, indem sie überschüssige Emotionen hineinschreibt und das Tagebuch als Ventil nutzt.

Da die Funktion des Tagebuchs darin liegt, zu ordnen, zu kontrollieren, als Ventil zu dienen und ihr beim Funktionieren in ihrem sozialen Umfeld hilft, ist auch der Prozess des Schreibens wie auch der Inhalt ein anderer als bei Joachim Schreiner.

Hanna Künstler schreibt so unreflektiert und unbewusst wie möglich. Zu diesem Zweck hat sie das automatische Schreiben erlernt, welches es ihr durch die hohe Schreibgeschwindigkeit schwer macht, sich selbst beim Schreiben zu kontrollieren. Sie schreibt ihre Gedanken unkontrolliert, direkt aus dem Unbewussten heraus auf. So vermeidet sie Selbstzensur. Das Tagebuch ist der einzige Raum, in dem sie alles aussprechen kann, was sie möchte, und dies auch ungehemmt tun will. Hier kann sie ihre Rollen ablegen und nur sie selbst sein.

Hanna Künstler erwähnt auch, dass das Tagebuchschreiben eine „entschleunigende" Wirkung hat und dass sie es nutzt, um ihre Gedanken zu ordnen und sich über Dinge klar zu werden sowie zu sich selbst eine Distanz zu gewinnen. Doch im Fokus steht immer das Loswerden von Gedanken und vor allem von störenden Gefühlen, die sie sonst nirgendwo abladen kann. Deswegen ist das Tagebuchschreiben für Hanna Künstler keineswegs ein Kraftakt oder eine lästige Pflichterfüllung wie für Joachim, sondern das Gegenteil. Sie fühlt sich danach erleichtert.

Auch das wiederholte Lesen ist kein Bestandteil ihres Umgangs mit dem Tagebuch. Sie möchte nicht unbedingt wieder lesen, was sie geschrieben hat. Sie will sich nicht mehr damit beschäftigen müssen. Der Effekt, den sie damit erreicht, ist ein kurzfristiger. Inhaltlich geht es bei Hanna Künstler im Gegensatz zu Joachim meist um Emotionen, nicht um abstrakte Gedanken.

Im Gegensatz dazu stehen Joachims Motive, die ihn zum Tagebuchschreiben bringen. Joachim Schreiner. kommt nicht aus eigener Motivation heraus zum Tagebuchschreiben, sondern muss dies erst in einem Seminar lernen, bei dem er merkt, dass ihm das Schreiben in dialogischer Form hilft, sich selbst besser kennenzulernen. Seine Motivation ist von vornherein, dass er sich aktiv therapieren will. Dazu kommt sein Drang, sich persönlich sowie geistig weiterzuentwickeln und Erkenntnisse über sich und die Welt zu erlangen. Das Tagebuchschreiben nutzt er dazu, Gedanken und Dinge, die ihm subjektiv bedeutsam erscheinen, festzuhalten, um sie nicht zu vergessen. Er möchte diese nicht wie Hanna Künstler ihre Gefühle loswerden oder irgendwo ablegen, sondern sie festhalten, um sie später nochmal betrachten zu können. Seine Motivation zu schreiben liegt darin, seine Gedanken und Gefühle zu reflektieren und sich dieser bewusst zu werden. Er will sich selbst besser kennenlernen, sich weiterentwickeln und sich mithilfe des erlangten Selbstwissens selber „heilen", indem er sich in der Weise selbst verwirklicht, die seinem Innersten entspricht.

Joachim schreibt deshalb ganz im Gegensatz zu Hanna Künstler sehr reflektiert. Bevor er seine Gedanken oder Gefühle aufschreibt, macht er sich diese bewusst. Das Schreiben hilft ihm sich zu verlangsamen, sich über sich selbst und Dinge bewusst zu werden und zu merken, was er, beziehungsweise sein Innerstes, sein Herz, wirklich im Leben will. Der Effekt, den das Tagebuchschreiben auf ihn hat, ist langfristig. Es hilft ihm, sein Leben so zu leben, wie es für ihn richtig ist, indem er es an seinen innersten Bedürfnissen auszurichten versucht. Für ihn ist das Tagebuchschreiben zwar „wie atmen", jedoch empfindet er es manchmal, im Gegensatz zu Hanna Künstler, als anstrengend, sich hinzusetzen und einen Eintrag zu verfassen.

Da ein Grundmotiv bei Joachim das „Bewusstwerden" ist, was sich schon im Schreibprozess widerspiegelt, ist ihm auch das Wiederlesen des Geschriebenen wichtig. Er kann durch das Lesen alter Tagebücher seine persönliche und geistige Entwicklung nachvollziehen. Seinen inhaltlichen Fokus legt er auf Gedanken zu einem Thema, nicht unbedingt auf emotionale, sondern eher geistige Inhalte, was ihn wiederum von Hanna Künstler unterscheidet.

Es gibt jedoch auch Gemeinsamkeiten. Bei beiden ist auffällig, dass eine Psychopathologie vorliegt, die sie versuchen, mithilfe des Tagebuchs zu therapieren. Der Ausdruck „therapieren" wird von beiden wörtlich verwendet. Bei Joachim Schreiner. bezieht sich das Therapieren auf seine Depression, bei Hanna Künstler auf Probleme, die aus ihrer Kindheit und Jugendzeit resultieren. Ebenso bezieht sich das Therapieren auf ihre Diskrepanz zwischen Innen und Außen, die sie, vor allem durch die Ventilfunktion des Tagebuchs, besser kontrollieren und aufrechterhalten können. Auch schreiben beide aus Mangel an Gesprächspartnern, denen sie intime Gefühle und Gedanken anvertrauen konnten oder wollten. Beide nutzen das Tagebuch, um zu sich selbst durch das Schreiben Distanz zu bekommen, vor allem dadurch, dass sie Emotionen, die vage und diffus vorhanden sind, auf eine rationale Ebene bringen und somit besser betrachten und kontrollieren können. Joachim Schreiner möchte sich verstehen, weil er die Hoffnung hat, so seinen Depressionen beizukommen, die ihn an der Verwirklichung seiner Ziele, seiner persönlichen Weiterentwicklung hindern, da sie ihm Energie rauben. Hanna Künstler dagegen will sich selbst besser kontrollieren und verstehen, um mit sich selbst, aber auch mit anderen Menschen besser zurechtzukommen. Beide nutzen das Tagebuchschreiben also auf ihre Weise, um besser zu funktionieren.

2.5 Analyse der Bloggerinnen

2.5.1 Einleitung

Im Folgenden werden zwei Fälle bloggender Personen vorgestellt. Diese werden bezüglich ihres jeweiligen Hintergrundes und der daraus entstehenden Motivation für die Narrationsform des Bloggens untersucht. Beide Fälle werden zunächst einzeln vorgestellt, wobei das Hauptaugenmerk auf der jeweiligen Herangehensweise, der Motivation und dem Umgang mit Öffentlichkeit liegt. Daraufhin werden wiederum Gemeinsamkeiten und Unterschiede gesucht, welche uns Rückschlüsse darauf geben sollen, welche Funktionen das Bloggen erfüllt und ob diese im Zusammenhang mit Identitätsarbeit stehen.

2.5.2 Fall 3: Nadja Weiß – „Beschäftigt euch mit mir"

Nadja Weiß beginnt ihre Erzählung auf die Frage, was sie als Person ausmache, mit der Behauptung jemand zu sein, der Freude am Leben hat und auch gut mit Menschen könne. Sie beschreibt sich des Weiteren als „super organisiert" und „unstet" zugleich. Letzteres liege vor allem daran, dass sie, trotz ihrer Zuverlässigkeit, „ganz schnell was langweilig finde(t)". Dementsprechend gibt sie auch an, Veränderungen in der Regel positiv gegenüberzustehen, jedenfalls solange sie diese selbst herbeiführt bzw. kontrollieren kann. Dieser Widerspruch scheint ihr aber bewusst zu werden, woraufhin sie gegen Ende des Erzählabschnittes noch einmal das von ihr Gesagte auf folgende Weise zusammenfasst:

> keine Ahnung, also alle, ich find Veränderungen dann unheimlich, wenn man nich so richtig weiß was passiert. (I: mhm) Was wahrscheinlich aber Veränderung definiert, also (2) man weiß ja, also wenn man was entscheidet und sich verändert dann weiß man nie obs was wird oder nich (.) aber prinzipiell find ich Veränderung erstma gut, ja, und geh damit auch glaub ich gut um, also ich kann die gut annehmen, weil ich kanns ja eh nicht ändern (I:mhm), kann ja nur was draus machen, und das mach ich dann.

Hier deutet sich schon an, was im weiteren Verlauf des Interviews offensichtlicher wird: Nadja Weiß versucht sich darzustellen als jemand, der alles im Blick hat. Etwaige Fehler werden, sofern bemerkt, sofort korrigiert beziehungsweise, um vorzubeugen, an einigen Stellen sogar relativiert, beispielsweise im letzten Satz des Interviews: „jeder darf sich widersprechen und ich darf das auch". Im Gespräch gelingt ihr dies nicht immer überzeugend, so fällt ganz zu Beginn des Interviews bereits auf, wie sehr ihr daran gelegen ist, die richtigen Worte zu finden: „also ich glaube ich bin jemand deeer (2) reeelativ, ne relativ lass ich weg das is immer blöd". Der gewünschte Verzicht auf das Wort „relativ" deutet an, dass sie sich stark darum bemüht, sicher zu wirken. Allerdings steckt in diesem Beispielsatz noch eine zweite Relativierung: „ich glaube", eine häufig in diesem Interview anzutreffende Phrase. Dass sie nicht aus Zurückhaltung oder Bescheidenheit gebraucht wird, sollte im Verlauf dieses Berichtes sichtbar werden. Doch zunächst soll der Frage nachgegangen werden, was das alles mit einem Blog zu tun hat.

Nadja Weiß gibt an, irgendwann im Laufe ihres Studiums, im November 2009, das Bedürfnis gehabt zu haben, Dinge aufzuschreiben, die sie wahrnehme:

> und das hatte schon viel mit dem Philosophiestudium zu tun, weil ich irgendwie (2) weils mich genervt hat das an der Uni sone Käseglocke drüber is und Philosophie son sehr elitäres Studium is un mir das aufn Keks ging (.) und ich irgendwie Lust hatte (2) Dinge einfach runterzubrechen auf das was sie sin mitnem philosophischen Ansatz, sprich irgendwie Alltagsphilosophie zu machen.

Bemerkenswert hier ist ihre Unterteilung in Alltags- und elitäre Hochschulphilosophie, welche sich in ihren Augen maßgeblich dadurch unterscheiden, dass letztgenannte in einer Darreichungsform angeboten wird, die nicht jeder verstehen kann. Sie empfindet es als ihre Aufgabe, da sie ihr Studium ja gerne teilen und die schwer genießbaren Brocken der Hochschulphilosophie in besser verdauliche, mundgerechte Stücke verwandeln möchte, „so dass es (.) jeder verstehen kann, das war so der Ansatz". Im Verlauf dieser Passage fällt auch das Wort „persönlichkeitsbildend". Nadja Weiß gibt an, dass der Prozess der Aufbereitung von Studieninhalten für ihren Blog dazu geführt habe, „sich echt Gedanken über sich [zu] machen". Auch habe sie viel über

2.5 · Analyse der Bloggerinnen

sich gelernt. Es war, ihren Worten folgend, „identitätsstiftend". Trotz der Verwendung dieses Wortes ist sie auf Nachfrage erst einmal der Meinung, dass sich bei ihr nichts durch das Bloggen verändert habe, räumt nach einer kurzen, viersekündigen Überlegung jedoch ein „dadurch m- meistens en bisschen aufgeräumter" zu sein, da man sich ja auch intensiv mit sich beschäftige. Nadja Weiß grenzt sich selbst von politisch oder gesellschaftlich motivierten Bloggern ab, da sie mit ihren Texten ja „sehr @egoistisch@" sei, da sie sich ja nur mit sich befasse.

Bei allem bisher Gesagten fehlt noch ein entscheidender Punkt, mit dem man sich als BloggerIn auseinandersetzen muss, das öffentliche Auditorium. Nadja Weiß scheint sich anfangs nicht klar gewesen zu sein, wie sie mit Kommentaren umgehen kann und dass diese sich nicht nur in Form von Texten in ihrem Blog finden lassen, sondern auch in alltäglichen Interaktionen. Auf die Frage nach Veränderungen, welche durch das Bloggen Einzug in ihr Leben gehalten haben, erwähnt sie, nach anfänglichem Zögern und mehrmaligem Bekräftigen, dass sich nichts verändert habe, dann doch:

» dass ichs am Anfang unangenehm fffffand, was total bescheuert is eigentlich, wenn mich dochma jemand drauf angesprochen hat und das vielleicht auch gelobt hat, dann hab ich gemerkt eigentlich will ich das gar nicht @die sollen eigentlich mich da gar nicht drauf ansprechen@.

Es scheint hier so, als sei ihr dies zu Beginn gar nicht bewusst gewesen, und erst mit der Konfrontation kam auch das Wissen „ok, du bist jetzt irgendwie dadurch (.), naja angreifbar". Plötzlich wurde sie zu Themen ihres Blogs befragt, vermutlich von Leuten, denen gegenüber sie bestimmte Gedanken vorher nie geäußert hatte, woraufhin sie „halt automatisch im Dialog" war. Diese Erfahrung und damit verbunden das Gefühl, lieber gar nicht darauf angesprochen zu werden, brachte sie jedoch weder davon ab, weiterhin Blogeinträge zu verfassen, noch die Kommentarfunktion abzuschalten. Aber warum? Bei dieser Frage braucht Nadja Weiß nicht lange überlegen:

» Na weil der Austausch schon mir irgendwie wichtig ist, also ich möchte schon ähm, (4) wissen ob, oder was heißt wissen, es muss ja niemand was schreiben, ne, also das is ja auch, steht ja jedem frei, wenn ers doof findet findet ers doof und wenn ers gut findet findet ers gut und wenn ers sacht ises auch OK.

Auffällig ist hier zum einen der Kontrast zum vorher Erwähnten, „die sollen eigentlich mich da gar nicht drauf ansprechen", zum anderen aber der Satzabbruch nach einer viersekündigen Pause. Hier blieb die Frage offen, was sie denn wissen möchte und welche Hilfe sie sich dabei von der Kommentarfunktion verspricht, doch wird die Sequenz durch eine Anekdote fortgesetzt, die beispielhaft ein kleines Duell nachzeichnet, welches der Erzählung zufolge innerhalb des Blogs über die Kommentarfunktion ausgetragen wurde. Hervorstechend ist hier besonders folgender Auszug:

» also der hat sich offensichtlich die Arbeit gemacht und da lange Texte geschrieben um mir zu sagen dass ich falsch liege und hat sich aber mit mir beschäftigt @in der Zeit@, das fand ich ganz äh beeindruckend, was son kleiner Text kann.

Bemerkenswert, dass es ihr, allem Anschein nach, nicht um den Inhalt der Kritik ging als vielmehr um die Bestätigung und Gewissheit, dass ihre Gedanken wahrgenommen werden. Die Kommentarfunktion bietet ihr den Beweis. Verstärkt wird dieser Eindruck durch die Formulierung „mit mir beschäftigt", wodurch sie klar macht, dass es ihr weniger um den Inhalt der Sendungen geht als darum, dass diese von ihr stammen. Hinzu kommt der im Vorherigen zitierte Absatz, in welchem sie indirekt angibt, nicht unbedingt an positiven Kommentaren interessiert zu sein („also das is ja auch, steht ja jedem frei, wenn ers doof findet findet ers doof und wenn ers gut findet findet ers gut"), und so den Schluss zulässt, dass es um solche auch gar nicht geht.

Wie bereits erwähnt, scheint Nadja Weiß großes Augenmerk darauf zu legen sich darzustellen. Aus dieser Perspektive ist es umso interessanter, dass das zugrunde liegende Interview in zwei Abschnitte geteilt ist. Interessanterweise und obwohl oben bereits gezeigt wurde, dass ihr die Kommentare inhaltlich nicht allzu viel bedeuten, wird hier gleichwohl deutlich: Egal sind ihr diese trotzdem nicht:

> auch schon durch die Tatsache dass es en öffentlicher Blog is, hmm, (3) macht man sich auch immer en Stück weit an-greif-bar oder, (…) das jetz auch so negativ klingt, aber (2) wenn de was (.) laut hinausrufst, weisste dsas es jemand hörn kann (I: mhm) und du weißt auch, dsas der sich da vielleicht, dass der halt was zurückrufen kann. Das is ja immer, das is ja immer alo das sollte jedem bewusst sein. Dass das passieren kann. Aber wenn dir das bewusst is, bin ich davon überzeugt, willst du das auch, sonst machstes nich. (2) Also w- will ich schon Resonanz, offensichtlich. (6) Aber es soll mich bitte trotzdem niemand drauf ansprechen @@.

Hier werden zwei Dinge besonders deutlich, zum einen die Sorge, es könne negativ klingen, was sie da sagt, und zum andern die Relativierung am Ende, welche von einem Auflachen unterstrichen wird. Interessant ist aber auch die Konklusion, es scheint geradezu, als könne man ihr beim Denken zuschauen, wenn sie sich selbst beweist, dass sie die „Resonanz" braucht, aber diese doch bitte nicht direkt auf andere Teile ihres Lebens, jene außerhalb des Blogs, einwirken mögen. Die Rolle, die sie in diesem Teilsystem ihres Lebens einzunehmen hat, wird ihr zunehmend bewusster, was auch der Grund für einen Aufruf gewesen sein könnte, den sie in Verlaufe ihrer Bloggerinnenkarriere startete und der nicht so recht zu ihren sonstigen Aussagen passen möchte. So gab Nadja Weiß mehrfach an, nicht auf Kommando schreiben zu können:

> mir kommt was in Sinn und dann merk ich wie son (2) sprudeln, das muss ich dann rauslassen. Also ich hab ich kann mich zum Beispiel nicht hinsetzen und sagen ich schreibe jetzt einen Text zum Thema (.) Regen, das kann ich nicht, also ich muss schon irgendwie das Bedürfnis haben das niederzuschreiben und dann geht das los (.).

Bloggen scheint für Nadja Weiß also etwas Spontanes zu sein. Wenn die Quelle sprudelt, wird sie genutzt, aber erzwingen kann sie nichts, denn ihr Anspruch an ihre Texte ist dieser:

> es muss also immer lebendig sein es muss eben immer echt sein, in dem Moment, ich kann n-nich äh, entscheiden was ich schreibe. Weil ich schreibe halt was m- was mein Bedürfnis is und (.) ich könnte mich dann zwingen, aber dann würd ich mich damit nich wohlfühlen.

Umso überraschender, aber bereits angedeutet, folgende Passage:

> dann hat ich auch mal, also das war mir auch wichtig, da hatte ich irgendwie son Aufruf gestartet, dass mir Leute eben Themen schicken sollen worauf die Lust haben oder was oder die sollten mich was fragen und ich wollte mich dann damit auseinander setzen und das fand ich auch sehr schön, weil ähm, weil ich halt mag we- ich mag so diese ganz schnöde

2.5 · Analyse der Bloggerinnen

Leben, das gefällt mir am meisten irgendwie so, weiß ich nich. (.) So Alltäglichkeiten, aufstehen, frühstücken, Zähne putzen.

Hier widerspricht sie sich nur scheinbar. Zum einen passt so ein Aufruf nicht ganz zum Bild vom freien, unbeeinflussten Schreiben. Doch wie bereits erwähnt, scheint sie sich ihrer Rolle bewusst zu sein und ist auch bereit diese auszufüllen, ihren Teil beizutragen, um Resonanz erfahren zu können. So ist ein Aufruf dieser Art in der Bloggerinnenszene auch nichts Ungewöhnliches. Und gibt man in eine bekannte Suchmaschine die Worte „get ready with me" ein, so findet man Massen an Beiträgen, in welchen Menschen ihren ganz normalen Tagesablauf, das „schnöde Leben", posten, in Form von Beschreibungen, Bildern oder ganzen Videotagebüchern. Obwohl Nadja Weiß nicht erwähnt hatte, selbst einmal so ein „get ready with me" veranstaltet zu haben, so hat sie diese Geschichte vielleicht nicht zufällig erzählt. Nadja will „Resonanz", und sie weiß, was sie dafür tun muss. Sie braucht die Leser ihres Blogs nicht, um Inspiration zu erfahren, sondern Gewissheit darüber zu haben, wahrgenommen zu werden. Diesem Verlangen steht ein anderes zur Seite, das des Mitteilens. Bloggen ist für sie auch eine Art des Ausdrucks und des sich Darstellens, „weil ich kann nich malen also muss ichs in Worte packen". Nadja Weiß möchte etwas in den Menschen auslösen, einen Denkanstoß geben, so sagt sie:

» und ich will auch damit äh erzeugen dass jemand sagt ‚das find ich jetzt blöd' (.) oder dass jemand vielleicht zu Hause denkt ‚Ok, vielleicht hat sie ja recht'. Also ich hab glaub ich auch wirklich das Bedürfnis äh bei andern Leuten so was ähm, (.) zu verändern.

2.5.3 Fall 4: Sarah Christ – „Sähet und erntet"

Auch Sarah Cchrist möchte sich mitteilen, ihre Motivation ist jedoch eine andere. Im Gegensatz zu Nadja W. scheint Sarah sich stärker auf die Vermittlung einer Botschaft zu konzentrieren. Auch ihr Vorgehen wirkt strukturierter, so erstellte sie beispielsweise zur Vorbereitung auf den Hauptblog im Vorfeld einen Übungsblog, in welchem sie die Möglichkeiten des Mediums und ihre eigenen Schreibkompetenzen auszuloten versuchte. Erst als dies zu ihrer Zufriedenheit gelang, begann sie mit dem Betreiben des eigentlichen Blogs. Ihren Angaben zufolge war der Grund dafür ihre Bachelorarbeit, wobei die Ziele, welche sie damit verfolgen wollte, nicht eindeutig zu fassen sind. Im frühen Verlauf des Interviews scheint es noch so, als würde sie in ihm in erster Linie Professionalisierungsbestrebungen ausleben, dafür spräche der von ihr erwähnte konkrete Anlass und die damit verbundene Vermutung, dass sie gezielten Austausch suchte, eventuell auch, um ihre Thesen auf den Prüfstein zu stellen und sich durch Kritik und Inspiration anderer zu einer besseren Leistung zu bringen. Allerdings bemerkt Sarah Christ,

» also wenn ich das mache [die B.A. verfassen] dann möcht ich aber auch (.), dass das irgendwelche Früchte trägt(.) (I: Ja), so dass es Leute lesen (.)". Diese Aussage lässt den Eindruck, es ginge hier nur um Selbstoptimierung, verschwimmen, vielmehr drängt sich der Verdacht auf, dass es Sarah Christ, vor allem darum geht, ihre Mitteilungen in der Welt zu wissen. Unterstützt wird dies durch ihre Aussage, „dass ich eben gesacht hab Leute sollen was davon haben oder ich äh möchte nicht nur fürs Archiv schreiben, sondern (I: Jaa) @für die Welt@.

Ein weiterer Grund für ihr öffentliches Schreiben liegt in ihrem Studienfach. Sarah Christ studiert Religionspädagogik und wird „ja Gemeindereferentin [werden]", eine Formulierung, deren Bestimmtheit gerade in der spätmodernen Gesellschaft nicht häufig anzutreffen ist (vgl. Rosa 2012, S. 248). Ihr Glaube ist ihren Angaben zufolge eng mit ihrem Leben verbunden. Er bildet einen festen Anker und ist gleichsam Bestimmung und Orientierung. Es kann gar nicht anders werden, als ihr Lebensplan es vorgibt, und dieser ist durch den Glauben und ihre daraus erwachsene Aufgabe geprägt. Das zu verdeutlichen, soll hier mithilfe des folgenden Auszugs geschehen:

> da könnt ich mir gut vorstellen, dass ich da auch (.) über das was ich als Gemeindereferentin mach und was ich erlebe in gewissem Rahmen (.) dann auch öh bloggen könnte also des des wär jetz öööhm nicht nur für die Bachelorarbeit oder für (.) für für wen zum Spasss öhh, sondern auch für zum Beruf (I: Mhm) wichtig also (3) auch um (2) jaa (2) zu verkündigen (I: Ja) also ebn um dann religiösen Kontext (wenn wieder) Verkündigung und da könnt ich mir das beim beim Blog auch gut vorstellen.

Dieses von Sarah Christ gezeichnete Zukunftsszenario zeigt deutlich die Richtung an, in die es für sie gehen wird, und, vielleicht für diesen Bericht entscheidender, es zeigt die eigentliche Funktion ihres Blogs, nämlich die des Verkündigens religiöser Gedanken. Im Vorfeld dieser eben gesehenen Passage ging Sarah Christ aber noch spezieller auf ihr Mitteilungsbedürfnis und die Notwenigkeit des Bloggens ein.

> Ja gut ja is mir wichtig, genau alsoo, weil ich mich ebn mitteilen kann und darauf auch Leute antworten können (.) und ich nich diese (2) dieses Mitteilungsbedürfnis irgendwo in meinem engen Freundeskreis, der natürlich auch also ich kenn ja @meine Freunde@ die öhm da kann ich manchmal weiß ich genau welche Antwort mich zu erwarten hat (I: Mhm) (.) und des das brauch ich dann nich unbedingt (1) also mir is der Blog insofern auch wichtig, dass ich eben noch noch weitere öööh Positionen kennenlerne (1) odda (.) um andere Leute zu erreichen (.).

Das Offensichtliche für einen Blog, aus dem eine Bachelorarbeit entstehen soll, also die Möglichkeit, durch Kommentare neue Positionen kennenzulernen, wird hier ergänzt durch das hintergründigere Anliegen, auch „andere Leute zu erreichen". Sarah Christ braucht ihre Verkündigung nicht in einer Gruppe zu verbreiten, die ähnliche Werte und Vorstellungen teilt wie sie, sie muss auf anderen Äckern säen, nicht nur um fruchtbaren Boden zu finden, sondern vor allem auch, um eine möglichst reiche Ernte einzufahren. Dass sie ihre Freunde so gut einschätzen kann, dass ihre Antworten vorhersehbar geworden sind, ist für Sarah Christ kein Grund zur Freude, sondern wird von ihr als wenig brauchbar beschrieben. Hier braucht sie nicht mehr wirken, sondern muss sich langsam nach neuen Böden umschauen, auf welchen ihre Saat Früchte tragen könnte. Musste man früher unter Umständen noch weite Strecken überwinden, um den Menschen auch in entlegensten Winkeln der Erde noch die christliche Kunde zu bringen, nachdem man sich dazu bereit gefühlt hatte, so hat auch in der christlichen Welt die digitale Revolution ihre Spuren hinterlassen, und auch hier ist die Erde ein ganzes Stück kleiner geworden. Um wirken zu können, braucht es nicht mehr den Raum der Kirche, sondern einen funktionierenden Blog, und der ist dann sicher nicht „für wen zum Spasss öhh, sondern auch für zum Beruf".

Im Folgenden soll nun ein genauerer Blick darauf gerichtet werden, ob und inwiefern die Tätigkeit des öffentlichen Schreibens denn auch bei ihr Veränderungen ausgelöst hat und wie sich all dies im Vergleich mit Nadja Weiß darstellt.

2.5.4 Vergleich innerhalb der Gruppe der Bloggerinnen

Der Gegensatz zu Nadja Weiß ist schon zu Beginn des Interviews nicht übersehbar, und obwohl sich Nadja Weiß selbst als strukturiert und organisiert beschreibt, hinterlässt ihr Vorgehen doch eher den Eindruck einer kindlichen Naivität und steht dadurch im Kontrast zu Sarah Christs durchgeplanter Herangehensweise. Diese charakterisiert sich, wie bereits oben erwähnt, schon durch das Erstellen eines Übungsblogs, geht aber noch darüber hinaus. So gibt sie beispielsweise an, „erstmal (1) aufmmm Computer türlich vor bei (1) bei Word in der Regel" vorzuschreiben und sich auch darüber Gedanken zu machen, was wie gesagt werden könnte, auch in Bezug auf die mögliche, breite Leserschaft. Dahinter liegt das Bewusstsein, dass

> also wenns im Internet steht dann ja @@ (I: Mhm) eher selten, kann man ja () was zurücknehmen und dann muss man schonn überlegen (.) also ich glaub schon, dass ich da öh so son bisschen gelernt habe son bisschen diskret auch was auszudrücken.

Eine Lehre, welche Sarah Christ, so sagt sie, aus der Tatsache zog, dass sie „angefangen habe für andere Leute zu schreiben". Auch hierüber, so scheint es, war sich Nadja Weiß nicht im Klaren, als sie anfing zu bloggen. Vielmehr musste sie feststellen, dass durch öffentliches Schreiben unter Umständen auch in anderen Teilen des Lebens die Entscheidung darüber, mit wem man worüber ins Gespräch kommt, beeinflusst werden könnte. Dies nimmt sie zwar eher als Nachteil des Bloggens wahr, versucht aber damit zurechtzukommen, „weil (.) eben wenig [tiefes Einatmen/Seufzen] Zeit is um irgendwas zu bezweifeln, also ich das dann und äh (2) ich glaube ich mach Dinge erst und dann zweifel ich dran". Diese Aussage steht in Widerspruch zum Titel ihres Blogs, „heißt auch ‚@Name des Bloggs'". Wie erwähnt, lässt ihre Selbstbeschreibung zu großen Teilen eine andere Reihenfolge ihrer Handlungen erahnen, was sie aber im gleichen Satz zu bemerken scheint und eine alternative Reihenfolge anbietet: „also, (3) man könnts auch ‚@Name des Blogs' nennen, aber das Schreiben kommt immer zum Schluss". Bloggen allerdings als Teil ihres Lebens anzusehen, der, nachdem praktiziert, auch bei ihr eine Veränderung im Denken auslösen könnte, darauf kommt sie nur indirekt und auf Nachfrage, ob denn auch Kommentare bei ihr einen Denkanstoß auslösen könnten:

> Also ich hab immer das Gefühl wenn mir jemand was schreibt, dann grieg ich ä was geschenkt. (2) En Gedanken, un das find ich, also ich will, also ich finde Austausch einfach ganz (.) toll. Und der is mir wichtig und das ähm (.) das machtsss irgendwie, also dadurch entsteht irgendwie soen (2) also ich find wieder dieses Wort, sowas Befruchtendes weil ich dann darüber nachdenke und, ähm, (.) mich vielleicht auch hinterfrageee, odermm sich meine Meinung stabilisiert (3) ja.

Es fällt auf, dass Nadja Weiß in den meisten Passagen ausgesprochen strukturiert redet und verhältnismäßig wenige Unterbrechungen in ihrer Erzählung zu finden sind. Beim eben Zitierten verhält es sich anders. Hier bringt sie Sätze nicht zu Ende, zieht auffällig viele Worte in die Länge und legt häufiger Pausen ein, als bisher von ihr gewohnt. Grund dafür könnte auch hier die latent abwertende Haltung gegenüber den Kommentaren sein, die sie nicht offen zeigen kann. Befruchtend wäre etwas ja nur dann, wenn daraus auch Neues entstehen würde. Diese Möglichkeit schließt Nadja Weiß zwar nirgendwo kategorisch aus, jedoch scheint ihr Anliegen in diesem Abschnitt wieder eine Darstellung ihrer selbst als „der beste Mensch" zu sein, der eben auch gut mit anderen kann. Dazu gehört natürlich auch, dass sie die Reaktionen auf ihre Texte als positiv, weil befruchtend, beschreibt und diesen sogar zutraut, jedenfalls versucht sie diesen Eindruck zu erwecken, bei ihr etwas wie Veränderung hervorzurufen. Was sie als befruchtende Wirkung beschreiben will, scheint ihr, bevor sie es dann ausspricht, nicht ganz klar zu sein, so zögert sie das Ende des Wortes „hinterfrageee" ungewöhnlich lange hinaus und setzt davor sogar noch ein vielleicht. Dies könnte allerdings auch darauf zurückzuführen sein, dass sie hier glaubt, Gefahr zu laufen, selbst das Bild des „besten Menschen" zu sabotieren oder anzukratzen. Was jedoch klar wird, ist, dass sie einen Unterschied der Wirkung des von ihr Geschriebenen und des an sie Adressierten macht. Das von ihr Verbreitete soll Leute dazu bringen, sich mit ihr zu beschäftigen, das an sie Gerichtete bringt sie allerdings nicht dazu, sich mit den Sendern zu beschäftigen, sondern mit sich selbst: „ich bin halt mein Nabel der Welt", sagt sie an anderer Stelle.

Der Nabel von Sarah Christs Welt ist ihr Glaube. Diesen suchte sie nicht nur in ihrem Studium für sich zu finden, sondern dachte spätestens im Zuge ihrer Bachelorarbeit über dessen Verbreitung nach. Zwar ist der Hauptzweck ihres aktuellen Blogs ein rein funktionaler, jedoch wurde vor seiner Entstehung das Feld inspiziert und sowohl auf Sarah Christs eigene Fähigkeiten als auch bezüglich der Möglichkeiten des Mediums hin geprüft. Dies geschah durch langsames Herantasten mithilfe eines anderen Blogs, dessen Inhalt eine geringere Priorität für sie hatte. Ein weiterer Unterschied in ihrer Motivation besteht in der erhofften Auswirkung des Geschriebenen selbst. Nadja Weiß etwa ist davon überzeugt, etwas bei ihren Lesern auslösen zu können, in Form eines Anstoßes zum Denken oder auch einfach durch die Aufbereitung philosophischer Themen. Sarah Christ hingegen will religiöse Inhalte vermitteln und mithilfe des Blogs auch Leute erreichen, welche keine räumliche Nähe mit ihr teilen oder unter Umständen aus anderen Milieus kommen. Während Nadja Weiß allerdings in erster Linie um sich selbst kreist, die Inhalte ihrer Einträge als „egoistisch" bezeichnet und die „Resonanz", die sie sich verspricht, schlicht „amtlich" machen soll, dass andere sich mit ihr beschäftigen, ist Sarah Christs Anliegen die Missionierung. Darin vielleicht nicht weniger egoistisch, ist dies jedoch nicht auf ihre Person, sondern ihre Aufgabe und den späteren Beruf bezogen, zu dessen effizienter Ausübung bereits ein neuer Blog in Planung ist.

Hinter diesem Unterschied verbirgt sich allerdings auch eine, wenn auch vollkommen naheliegende Gemeinsamkeit; beide Bloggerinnen wollen mit ihrer Tätigkeit andere erreichen, wollen ausstreuen, was ihnen persönlich wichtig ist, und bestenfalls sogar überzeugen, von sich oder von ihrem Glauben. Beide wollen sie auf andere wirken.

In ▶ Abschn. 2.6 wird ein Vergleich zwischen der Gruppe der bloggenden und der der Tagebuch schreibenden Personen gezogen. Abschließend werden die erzielten Ergebnisse auf die zugrunde gelegten Thesen zurückbezogen.

2.6 Vergleich: Tagebuch – Blog

Im nun folgenden Textabschnitt wird ein Vergleich zwischen TagebuchschreiberInnen und Bloggerinnen vorgenommen. Daraufhin folgt der Rückbezug unserer Interpretationsergebnisse auf die eingangs vorgestellten Thesen. Schließlich soll aufgezeigt werden, ob und wie die von uns gefundenen konkreten Ergebnisse sich in das abstrakte Gebäude der soziologischen Identitätstheorien einfügen lassen.

Selbstverständlich ist eine gewisse Vorsicht bei der Generalisierung der Ergebnisse angebracht, in Anbetracht der natürlichen Grenzen, die der Rahmen einer Lehrforschung mit sich bringt. Doch wenn auch die Verallgemeinerbarkeit begrenzt ist, so bleiben doch Impulse, die beispielsweise für eine Bachelorarbeit oder größer angelegte Studie genutzt werden könnten.

2.6.1 Funktionen der schriftlich fixierten Selbstnarration

In ▶ Abschn. 2.4 und 2.5 wurden jeweils zwei Interviews vorgestellt und interpretativ auf Gemeinsamkeiten und Unterschiede untersucht. Die gefundenen Ergebnisse wurden abstrahiert und so auf eine übergeordnete Form gebracht. Dasselbe Vorgehen lässt sich nun auch auf einer höheren, abstrakteren Ebene durchführen. Hier geht es jedoch zusätzlich darum, die Funktionen des Tagebuchschreibens sowie des Bloggens zu systematisieren. Ziel ist hier, die Motive der schriftlich fixierten Selbstnarration im Hinblick auf die Art der Identitätsarbeit zu kategorisieren.

2.6.1.1 Das Ich als Objekt

Die erste Gemeinsamkeit ist die wohl offensichtlichste: Unabhängig vom dazu gewählten Medium haben sowohl TagebuchschreiberInnen als auch Bloggerinnen einen Gewinn aus der schriftlich fixierten Selbstnarration gezogen. Der Grund dafür ist, dass das Verschriftlichen der eigenen Gedanken eine Reihe besonderer Möglichkeiten eröffnet, welche eine nur mentale oder verbalisierte Selbstnarration nicht bieten kann. Diese Möglichkeiten werden von den SchreiberInnen und Bloggerinnen gezielt funktionalisiert, um so bestimmte Zwecke zu verfolgen.

Zum einen lässt sich Aufgeschriebenes, wenn gewünscht, immer wieder zu beliebigen Zeitpunkten nachlesen. Das Gedächtnis einer ErzählerIn und der ZuhörerInnen ist ungenau und vergisst vieles. Auch tendieren Erinnerungen dazu, mit zunehmendem Abstand zum Ereignis (in diesem Fall zur Narration) ungenau zu werden. Details verschwimmen und verschwinden schließlich, ebenso werden neue Details hinzugefügt. Sukzessive ersetzen „falsche" Erinnerungen die ursprünglichen. Gerade bei einer Narration, die das Selbst betrifft, ist die Gefahr einer nachträglichen Beschönigung oder Verfälschung der Erinnerung besonders hoch, denn entdeckte Unstimmigkeiten oder persönliche Makel können schwer verunsichern und damit ein ganzes Selbstbild erschüttern. Die Verschriftlichung schützt demnach vor dieser Art des Selbstbetrugs (vgl. Joachim Schreiner). Zum anderen werden Gedanken beim Prozess des Aufschreibens quasi materialisiert und externalisiert. Dies ermöglicht, die verschriftlichten Gedanken und Gefühle wie einen Gegenstand zu behandeln und damit tatsächlich auch im wörtlichen Sinne zu objektivieren. Das analoge beziehungsweise digitale Dokument kann somit beispielsweise ganz real versteckt, verschenkt oder vernichtet werden. So besteht die Möglichkeit, mit den eigenen Gedanken auf räumlich-körperlicher Ebene, ja sogar sinnlich erfahrbar zu interagieren.

2.6.1.2 Ordnung schaffen

Auf diese Weise lässt sich ein Bedürfnis, welches TagebuchschreiberInnen mit Bloggerinnen teilen, angemessen befriedigen: der Wunsch nach Ordnung und Struktur. Die schriftliche Fixierung dient dazu, das eigene innere wie auch äußere Leben effizienter zu „verwalten". Durch das Niederschreiben und Externalisieren innerer Prozesse lässt sich Distanz erzeugen. Es entsteht eine Versachlichung, die das professionelle „Bearbeiten" der jeweiligen „Situationen" erleichtert. So ist es nicht weiter erstaunlich, dass sich in allen vier Interviews wiederholt Formulierungen und Metaphern aus der Welt der Bürokratie finden. So spricht Hanna Künstler beispielsweise davon, ihre Tagebücher „ad acta" legen zu können (vgl. Hanna Künstler), die Bloggerin Nadja Weiß. macht ihre Gedanken durch die Niederschrift „amtlich" (vgl. Nadja Weiß). Diese Formulierungen lassen direkt an Verwaltungstätigkeiten denken.

Bloggerinnen und TagebuchschreiberInnen führen im wörtlichsten Sinne Buch, die schriftlich fixierte Narration dient also (unter anderem auch) der Selbstverwaltung. Sowohl das Tagebuch als auch der Blog werden gleichsam als Werkzeug genutzt, sich selbst und seine Angelegenheiten effektiver zu organisieren und zu verwalten.

2.6.1.3 (Aus)zeit für Selbstreflexion

Eine weitere Möglichkeit, die die schriftlich fixierte Selbstnarration eröffnet, ist das gesteigerte Potenzial zur Reflexion. Durch das Verschriftlichen können implizite Zusammenhänge explizit gemacht werden, Unbewusstes bewusst. Joachim umschreibt dies mit dem „Gefühl man erkennt sich nochmal selber besser" und spielt damit auf die Möglichkeit an, sich durch das Verschriftlichen und eventuelle Wiederlesen der eigenen Gedanken sich seiner selbst bewusster zu werden. Ebenso bei den Bloggerinnen. Nadja Weiß berichtet beispielsweise von dieser „Zeit für sich selbst", in der man sich „sehr intensiv mit sich selbst [beschäftigt]". Die Momente des Schreibens sind hochgradig reflexiv, eine Zeit, in der man sich mit sich und den eigenen Beziehungen zur Umwelt auseinandersetzt.

Im Prozess der Reflexion wird die eigene Identität als etwas Formbares erfahren. Wandlungen von Einstellungen und Fähigkeiten sowie emotionale Entwicklungen werden sichtbar gemacht. Das führt in nächster Konsequenz dazu, sich als Subjekt seiner Sozialisation und genetischen Prägung nicht mehr nur als passiv ausgeliefert zu fühlen. Vielmehr eröffnet sich so die Möglichkeit, selbst aktiv in den Prozess der Gestaltung eingreifen zu können. „Das hat schon sowas Selbstformendes, man macht sich selber zu nem Projekt", beschreibt Nadja Weiß diese Arbeit.

2.6.2 Gegenüberstellung der Motivlagen

Schriftlich fixierte Selbstnarration ist also eine besonders intensive Methode der Selbstformung. Sie zielt insgesamt darauf ab, ehrlicher mit sich selbst zu werden, die Vielfalt der Einflüsse und Erfahrungen in eine Ordnung zu bringen und den eigenen Entwicklungsweg besser verfolgen zu können. Doch wie bei jedem Werkzeug kann auch dieses eingesetzt werden, um ganz unterschiedliche Zwecke zu verwirklichen. Genau in diesem Punkt unterscheiden sich die TagebuchschreiberInnen wesentlich von den Bloggerinnen. Sie erzielen dieselben Effekte, aber aus verschiedenen Gründen und um andere Bedürfnisse zu befriedigen.

2.6.2.1 Reflexionsprozess versus Reflexionsprodukt

Zunächst fällt auf, dass die oben erwähnte Reflexion bei den TagebuchschreiberInnen während des Schreibens stattfindet, bei den Bloggerinnen aber kurz davor. Anfängliche Vermutungen unsererseits, Bloggerinnen erreichten mithilfe der Kommentare einen höheren Grad von Reflexivität, indem sie Anmerkungen in ihre selbstbezogenen Überlegungen einbauten, ließen sich am Material nicht bestätigen. Sie präsentieren den LeserInnen ihres Blogs ihre Ausführungen als ein bereits fertiges Produkt. Bereits vor dem eigentlichen Bloggen sind sie über andere Wege zu ihren Ansichten gekommen und machen diese anschließend nur noch ihrer Online-community zugänglich. Diese zeitliche Verzögerung widerspricht nicht der im Abschn. „(Aus)zeit für Selbstreflexion" aufgeführten Funktion, zeugt jedoch von einem unterschiedlichen Niveau der Selbstreflexion. Im Tagebuch wird noch Unklares ausgehandelt, und gefundene Antworten werden wieder hinterfragt, im Blog dagegen wird etwas bereits Festgelegtes veröffentlicht. „Indem ich irgendwas denke und das aufschreibe mach ich's für jedermann zugänglich und der kann [...] das dann prüfen" (Nadja Weiß). Selbstsicher wird von einer BloggerIn ihre Weltsicht zur (Schein) Diskussion gestellt. Entsprechend anders liest es sich beim Tagebuchschreiber Joachim Schreiner: „Was schreibe ich denn da hin, glaube ich das wirklich? Ne, passt nicht das Wort. Wegstreichen, anderes Wort". Die Selbstnarration wird nicht als etwas Fertiges zur Schau gestellt, sondern befindet sich während des Schreibens noch in der Aushandlung.

Aus dieser ersten Differenz ergeben sich weitere Verschiedenheiten. Die selbsterforschende und selbstformende Wirkung zielt zwischen den Kategorien in diametral entgegengesetzter Richtung. Es findet eine scharfe, wenn auch nicht undurchlässige Trennung zwischen Innen und Außen statt. Das meint eine Aufteilung von Sachverhalten in Privatangelegenheiten, die nur mit sich, innerhalb des Individuums ausgehandelt werden, und solche, die auch für die Anderen sind und damit in sozialer Interaktion thematisiert werden können. Die TagebuchschreiberInnen nutzen die Effekte ihrer Tätigkeit innerhalb dieser Grenzziehung. Eigenständig tritt der oder die Schreibende in Kontakt nur mit sich selbst, alles wird ohne den Austausch mit anderen autonom bearbeitet. Joachim Schreiner schildert, dass, wenn er Tagebuch schreibt „man sich mit seinen eigenen Gedanken, die man selber produziert hat nochmal beschäftigt". Das Tagebuch ist ein in sich geschlossenes Universum und bildet so einen geschützten und zugleich schützenden Raum. In diesem hält der oder die Tagebuchschreibende seine oder ihre Selbstnarration schriftlich fest. Folglich lehnen die TagebuchschreiberInnen es ab, andere Personen in ihren Aufzeichnungen lesen zu lassen, weil deren Inhalt privat ist.

Dem gegenüber stehen die Bloggerinnen. Gerade was sie in ihrem Blog veröffentlichen, ist ja für die Öffentlichkeit bestimmt. Die Effekte der schriftlich fixierten Selbstnarration werden nach außen gerichtet, die Inhalte sind ausdrücklich dazu aufgezeichnet worden, von anderen gelesen zu werden. „Also wenn ich das mache, dann möcht ich aber auch, dass das irgendwelche Früchte trägt. So, dass es Leute lesen" (Sarah Christ). Der Blog wird als Medium genutzt, um mit anderen Menschen in Interaktion zu treten. Charakteristisch für das Bloggen ist der Fremdbezug, kennzeichnend für das Tagebuch der Selbstbezug. Das Tagebuch wirkt begrenzend, indem es andere aus der Selbstbeschäftigung ausschließt. Der Blog wirkt öffnend, indem er andere dazu einlädt, sich mit der Selbstbeschäftigung der BloggerIn zu befassen.

2.6.2.2 Andere als Beschränkung versus Andere als Erweiterung

Diesen beiden unterschiedlichen Wirkungsweisen liegen zwei grundverschiedene Wahrnehmungen der Stellung im sozialen Raum zugrunde. TagebuchschreiberInnen haben ein anderes Selbstverständnis hinsichtlich ihrer sozialen Einbettung als Bloggerinnen, sie fühlen sich in einer anderen Position zu ihrer Umwelt. Diese differenten Empfindungen des „In-die-Welt-gestelltsein" (vgl. Rosa 2012, S. 7f.) ließen sich wiederum in anderem Rahmen aus den jeweiligen biographischen Erfahrungen herleiten. Aus dieser reziproken Selbstverortung resultiert auch der Schwerpunkt der Auseinandersetzung mit sich und der Umwelt. Aus der Schwerpunktsetzung ergibt sich wiederum die Entscheidung für die Art der schriftlich fixierten Selbstnarration.

Die TagebuchschreiberInnen beschreiben sich als zurückgezogen und sozial gehemmt. „Vom Typ her bin ich introvertiert. Das heißt, ich hab auch nie viel mich [sic!] im Gespräch mit Freunden ausgetauscht, immer nur mehr ich mit mir selber", berichtet so Joachim Schreiner. Sich durch das Tagebuch dem Innen zuzuwenden bedeutet dabei aber gleichzeitig auch, sich vom Außen abzuwenden. Die Anderen werden als fremd, möglicherweise sogar bedrohlich wahrgenommen. Die Interaktion mit der sozialen Umwelt gefährdet daher potenziell das Selbst. In ihrem Selbstverständnis empfinden sich TagebuchschreiberInnen als tendenziell weniger zugehörig, als andersartig und fremd. Aus diesem Grund wird auch die Interaktion mit den Anderen als unzuverlässig und brüchig erlebt. So wird das Tagebuch zu einer Schutzwand, hinter der das Individuum ohne äußere Einflüsse gewollt auf sich allein gestellt ist, „[…] um mir da auch vielleicht ne Sicherheit zu geben […]" (Hanna Künstler). Gleichzeitig können hinter dieser Wand auch Dinge zurückgehalten werden, um so die Interaktion zumindest von der eigenen, also kontrollierbaren Seite her zu stabilisieren.

Ganz anders ist der Umgang der Bloggerinnen mit ihrer Umwelt. Auch bei ihnen geht ihre soziale Praxis mit der Selbstwahrnehmung Hand in Hand. Aber die Anderen werden nicht als Bedrohung des Selbst, sondern vielmehr als potenzielle Erweiterung des eigenen Ichs wahrgenommen. Dementsprechend erfüllt das gewählte Medium der Selbstnarration nicht den Zweck, sich zu verschließen, sondern sich im Gegenteil zu öffnen und aktiv Interaktion zu provozieren. Die Bloggerinnen sehen zwar, dass ihre Öffnung vor anonymen Lesern sie potenziell verletzbar macht. Aber da sie ein völlig anderes Verständnis von sich und ihren Beziehungen zur Umwelt haben, wird dieses Risiko dennoch nicht als Bedrohung aufgefasst. „Ok, du bist jetzt irgendwie dadurch angreifbar, aber du […] teilst deine Gedanken und dadurch biste irgendwie präsenter […]" (Nadja Weiß).

2.6.2.3 Funktionieren versus Wirken

Die von uns interviewten TagebuchschreiberInnen haben das Gefühl, dass mit ihnen etwas nicht stimmt. Interaktion mit anderen Menschen fällt ihnen schwer und wird als Belastung empfunden. Sie befanden oder befinden sich wegen teilweise hohen persönlichen Leidensdrucks in psychotherapeutischer Behandlung. Doch haben sie das Tagebuch für sich entdeckt, und es hilft ihnen dabei, ihre spezifischen Probleme zu bewältigen. „[D]as hat auch einen therapeutischen Charakter könnte man sagen, man tut sich selber ein bisschen therapieren." (Joachim Schreiner) Die Umwelt wird als furchteinflößend und unkontrollierbar erlebt, die Grenzen des Selbst sind die Grenzen der Einflussnahme. Die Umwelt aktiv zu verändern, scheint ihnen unmöglich, und so wird das Tagebuch zum Werkzeug der Selbstkontrolle, um zumindest auf diese Weise einen beherrschbaren Raum zu schaffen, der Sicherheit gibt. Zudem kann dieser geschützte Raum als Ventil und Auffangbecken für sozial unerwünschte Persönlichkeitszüge dienen. Somit schöpfen TagebuchschreiberInnen das Potenzial des von ihnen als beeinflussbar Empfundenen voll aus, wenn sie mithilfe des Tagebuchs an sich arbeiten, um im Kontakt mit den Anderen besser zu funktionieren.

Bei den Bloggerinnen hingegen verhält es sich genau andersherum. Selbstsicher sind sie von ihrer Möglichkeit, aktiv gestaltend in die Umwelt einzugreifen, überzeugt. Die Anderen sind für sie nicht Beschränkung oder Bedrohung ihres Selbst, sondern Erweiterungen. Menschen, auf die sie Einfluss ausüben können, die nach der Lektüre ihrer Blogeinträge vielleicht sogar ihre Einstellung ändern werden. Dementsprechend stellen sie ihre Texte nicht zu einer ergebnisoffenen Diskussion, um von den Lesern abweichende oder eventuell richtigere Denkansätze zu übernehmen. Es geht den Bloggerinnen nicht darum, in einen wechselseitigen Austausch zu kommen. Stattdessen geht es darum, die eigenen Gedanken in der Welt zu verbreiten. „Leute sollen was davon haben oder ich äh möchte nicht nur fürs Archiv schreiben sondern für die Welt" (Sarah Christ). Wir vermuteten vor Beginn unserer Forschungsarbeit, Bloggerinnen nutzten die Kommentare ihrer Leser als erweiterte Selbstreflexion und erreichten so möglicherweise ein tieferes und sichereres Bild ihrer selbst. Nach der Auswertung des von uns erhobenen Materials kristallisierte sich allerdings heraus, dass die Kommentare für die Bloggerinnen eine andere, viel narzisstischere Bedeutung haben. „Also der hat sich offensichtlich die Arbeit gemacht und da lange

2.6 · Vergleich: Tagebuch – Blog

Texte geschrieben um mir zu sagen dass ich falsch liege und hat sich aber mit mir beschäftigt in der Zeit" sagt Nadja Weiß, als sie von Reaktionen ihrer Leser berichtet. Die Kommentare sind nur ein Beweis dafür, dass Leute ihre Texte lesen, und gleichzeitig ein Gradmesser, wie intensiv diese sich mit deren Inhalten auseinandersetzen. Der Blog ist dabei ein geeignetes Medium, die Selbsterzählung der Bloggerinnen möglichst vielen anderen mitzuteilen, um auf diese Einfluss zu nehmen. Die Kommentarfunktion ist also insofern wichtig für die Bloggerinnen, da so geprüft werden kann, wie gut diese Einflussnahme bei den Anderen wirkt (und sich so von der eigenen Selbstwirksamkeit zu überzeugen).

Die Bloggerinnen sind sich ihrer selbst tatsächlich sicherer, sie haben ein gefestigteres Selbstbild, das sie weniger infrage stellen. Dies ist allerdings nicht das Resultat des Bloggens, sondern vielmehr seine Voraussetzung und der entscheidende Punkt, sich für dieses Medium zu entscheiden. Gleiches gilt umgekehrt für die TagebuchschreiberInnen.

2.6.3 Thesenbezug

2.6.3.1 (Schriftlich fixierte) Selbstnarration ist Identitätsarbeit

Die erste von uns aufgestellte These lautet „Schriftlich fixierte Selbstnarration ist Identitätsarbeit". Wie bereits angedeutet, fanden wir dies gleich unter vielerlei Aspekten bestätigt. Das Niederschreiben der Gedanken hilft Abstand zu gewinnen und sich rationaler mit seiner so objektivierten Narration auseinanderzusetzen. So wird eine im Äußeren sicht- und nachvollziehbare Struktur geschaffen, die dabei hilft, im Inneren das Gewirr aus sozialen Rollen, fremden Erwartungen, eigenen Wünschen, Ängsten und Hoffnungen usw. wirksam zu ordnen. Diese Objektivierung wiederum führt zu einer wesentlich erhöhten Selbstreflexion, da durch das Ausformulieren Unbewusstes bewusst, bislang Unsichtbares sichtbar gemacht wird. Auch lassen sich alte Aufzeichnungen im Nachhinein erneut lesen, was zu einem Bewusstsein über die eigene Entwicklung führt. So wird in einem selbstreflexiven Prozess den SchreiberInnen deutlich, dass Identität etwas Flexibles und ihre Veränderung beeinflussbar ist. So wird das Ich zum Projekt gemacht, und das Tagebuch oder der Blog sind die hilfreichen Werkzeuge bei dieser Identitätsarbeit.

Die Schreibenden sind gezwungen, für bisher nur diffuse Gefühle und schwammige Empfindungen während des Schreibens Worte zu finden. An einem Zitat von Hanna Künstler lässt sich anschaulich nachvollziehen, wie schriftlich fixierte Selbstnarration als Identitätsarbeit funktioniert. Sie berichtet, dass sie sich immer zu Beginn einer romantischen Beziehung ausdrücklich die schriftliche Fixierung aller diesbezüglichen Gedanken verbietet.

> Da hab ich immer nicht Tagebuch geschrieben, ganz rigoros, weil ich immer dachte, das darf ich nicht verbalisieren. Das darf nicht ins Wort gefasst werden. (Hanna Künstler)

Sie tut dies aus „Ehrfurcht vor dem Wort, vor dem etwas zu fest schon zu beschreiben. Etwas zu sehr haben wollen". Um dies zu verstehen, muss man sich das Gegenteil vorstellen, also was passiert, wenn etwas verschriftlicht wird. Dahinter findet man den grundlegenden Mechanismus, warum schriftlich fixierte Selbstnarration Identitätsarbeit ist und wie sie wirkt.

Subjektive Beobachtungen sozialer Phänomene sind immer sehr vieldeutig interpretierbar (vgl. Przyborski und Wohlrab-Sahr 2014, S. 16). Gleiches gilt für Gedanken bezüglich der Beziehung zu sich selbst und der Umwelt. Ein Gefühl oder inneres Empfinden ist mehrdeutig, und so bestehen immer mehrere Möglichkeiten einer Deutung zugleich. Ist also in Hanna

Künstlers Fall der romantische Kontakt eine sich anbahnende Beziehung oder doch eher nur eine kurzfristige Angelegenheit? Sobald sie darüber schreibt, ist sie gezwungen sich aus dem vor-schriftlichen Zustand der Gefühle und Gedanken für eine eindeutige Zuschreibung zu entscheiden. Das fast infinite Potenzial wird zu einer momentanen Realität verwirklicht, indem es in Worte gefasst und verschriftlicht wird. Wann immer man also Selbstnarration betreibt, legt man sich, wenn auch vielleicht nur für den Augenblick, auf eine Möglichkeit zu sein fest. Selbstnarration ist damit immer eine konkrete Antwort auf die Frage nach der Identität und damit Identitätsarbeit.

2.6.3.2 Tagebuchschreiben arbeitet an anderen Teilaspekten der Identität als Bloggen

Die zweite These lautet: „TagebuchschreiberInnen arbeiten an anderen Teilaspekten der Identität als Bloggerinnen". Wie bereits gezeigt wurde, unterscheiden sich TagebuchschreiberInnen von Bloggerinnen im Gebrauch, im Anwendungszweck der Funktionen ihrer schriftlich fixierten Selbstnarration. Dieses Vorwissen zusammen mit der Bestätigung der ersten These zeigt bereits, dass beide Gruppen verschiedene Schwerpunktsetzungen in ihrer Identitätsarbeit haben. Die TagebuchschreiberInnen gehen sozusagen in Konklave, bearbeiten ihre inneren Problematiken und Hemmungen, um in sozialer Interaktion besser funktionieren zu können. Die Bloggerinnen hingegen nutzen ihre Verschriftlichung nicht als Rückzugsort, sondern als Sprachrohr, um andere erreichen und beeinflussen zu können.

Die Entscheidung zwischen Blog und Tagebuch muss jedoch kein strenges Entweder-oder sein. So können auch Bloggerinnen beispielsweise noch zusätzlich ein privates Tagebuch führen und umgekehrt. Dennoch bleibt die klare inhaltliche Zuweisung von Tagebuch-Funktionieren-Innen und Blog-Wirken-Außen bestehen. Die gesicherten und sendungsbereiten Aspekte werden in einem solchen Fall über den Blog verbreitet, die unsicheren und nicht gesellschaftsfähigen Themen im Tagebuch versteckt und bearbeitet. Genau so verfährt auch Sarah Christ:

> Dadurch, dass ich das so stark trenne was ich wo reinschreibe is beides sehr wichtig. Also der Blog für die ... Sachen, die ich Leuten gerne mitteilen möchte [...] und im Tagebuch das is ja tatsächlich nur für mich [...].

Es sind getrennte Sphären der Identitätsarbeit, die aber dennoch beide gleichzeitig in einer Person vorkommen können.

2.6.3.3 Die unterschiedlichen Schwerpunktsetzungen der Identitätsarbeit resultieren aus der Biographie

Mit der dritten These wurde vermutet, die Schwerpunktsetzung in der Identitätsarbeit aus biographischen Ereignissen heraus erklären zu können. Dabei sollten die individuellen Prägungen innerhalb der Kategorien einer übergeordneten Gemeinsamkeit zuordenbar sein. Für TagebuchschreiberInnen und Bloggerinnen gäbe es demnach also jeweils typische Ereignisse in der Lebensgeschichte, die dazu führten, dass sie sich für die jeweilige Art der schriftlichen Fixierung entschieden haben.

Um dies plausibel bestätigen zu können, sind die von uns erhobenen Daten allerdings leider nicht ausreichend. Die Fallzahl ist zu gering, um allgemeinere Aussagen treffen zu können, und die Interviewpartner sind größtenteils wenig auf die konkrete und ausführliche Thematisierung ihrer

2.6 · Vergleich: Tagebuch – Blog

Biographie eingegangen. Dennoch kann man sagen, dass sich der Verdacht weiter erhärtet hat, wenn auch (noch) keine konkreteren Aussagen getroffen werden können. So scheinen zumindest die Interviews mit den TagebuchschreiberInnen auf Probleme im Umgang mit den signifikanten Anderen (vgl. Mead 1973, S. 192f.) und daraus resultierend die Abwendung von äußeren Bezugspersonen und Fokussierung auf das Selbst hinzuweisen. Die Bloggerinnen machten auffällig wenig konkrete Aussagen über ihre schon länger zurückliegende Vergangenheit, wie Kindheit und Jugend. So bleibt nur weiterhin zu vermuten, ihr Mitteilungsbedürfnis und dauerhafte Überprüfung der Selbstwirksamkeit könnten aus Ohnmachtserfahrungen herrühren (vgl. Honneth 1992, S. 217f.).

2.6.4 Theoriebezug

Nun gilt es abschließend noch die aus der sozialen Praxis destillierten Aussagen und Befunde wieder mit den eingangs erwähnten soziologischen Identitätstheorien abzugleichen. Hierbei lässt sich nachträglich die Anwendbarkeit der ausgewählten Theoretiker für unsere Fragestellung bemessen. Gleichzeitig zeigen sich eventuell Aspekte, die von uns durch den beschränkten Rahmen der Lehrforschung nicht tiefer erörtert werden konnten und so vielleicht einen Ausblick auf weitergehende Untersuchungen geben. Der aufmerksame Leser wird vielleicht schon aus den Andeutungen seine eigenen Rückschlüsse auf die unter ▶ Abschn. 2.2 angesprochenen Theorien gezogen haben. Diese sollen nun noch einmal kurz explizit erwähnt werden.

2.6.4.1 Praxisbezug Keupp

Schriftlich fixierte Selbstnarration ist Identitätsarbeit im Sinne Keupps. Die TagebuchschreiberInnen und Bloggerinnen bieten sich (und eventuell anderen Lesern) eine besondere Lesart des eigenen Selbst an (vgl. Keupp et al. 1999, S. 232). Im Prozess des Schreibens werden die eigenen Gedanken in die Gesamterzählung integriert, interpretiert und emotional bewertet (vgl. Keupp et al. 1999, S. 226). Die schriftlich festgehaltene Selbstnarration führt zu einer Verdichtung des Identitätsgefühls (vgl. Keupp et al. 1999, S. 217), die Schreiber bringen so ihre Identität auf den Punkt (vgl. Keupp et al. 1999, S. 229). Die Art und Weise, wie im Tagebuch oder beziehungsweise im Blog für die jeweiligen Fälle typische Identitätsziele verfolgt werden, deckt sich mit den situationsgebundenen Teilidentitäten, die im jeweiligen Medium ausgelebt und bearbeitet werden können. Das Schreiben hilft dabei, die individuellen Bedürfnisse zu befriedigen: den TagebuchschreiberInnen besser zu funktionieren und den Bloggerinnen besser zu wirken, also die zentralen Identitätsziele zu erreichen (vgl. Keupp et al. 1999, S. 226). So wird ein aktives Einwirken auf die eigene Identitätsformung ermöglicht (vgl. Keupp et al. 1999, S. 227).

2.6.4.2 Praxisbezug Honneth

Zunächst sei angemerkt, dass für eine tiefer gehende Auseinandersetzung mit der Anerkennungsthematik Ähnliches gilt wie für die Beantwortung der dritten These. Um das Bedürfnis nach Anerkennung fundiert herzuleiten, hätte man im Sinne Honneths dieses auf Missachtungserfahrungen der Individuen zurückführen müssen. Dies war aufgrund des Materials in den meisten Fällen nicht möglich und stellt somit bezüglich Axel Honneths Theorie des Kampfs um Anerkennung eine Lücke dar.

Dennoch liegen nach Honneths Theorie viele Schlüsse nahe. Wenn auch die Genese unklar ist, so ist doch offenkundig, dass sich die Bloggerinnen sehr um soziale Wertschätzung bemühen (vgl. Honneth 1992, S. 197). Sie wollen gezielt Reaktionen auf ihre Selbstnarration erzeugen und fühlen sich allein schon durch die Tatsache, wahrgenommen zu werden, bestätigt. Nicht, was die Leser schreiben, zählt, sondern dass sie überhaupt schreiben. Dass sie sich also quasi bewiesenermaßen mit der BloggerIn beschäftigen, erzeugt bei diesen eine große Befriedigung. Die TagebuchschreiberInnen hingegen leiden im Sinne Honneths am ehesten unter Missachtungserfahrungen im Bereich der Liebe. Sie erzählen von beeinträchtigten Primärbeziehungen, haben beispielsweise wenige bis keine engen Freunde und/oder eine äußerst konfliktgeladene Eltern-Kind-Beziehung (vgl. Honneth 1992, S. 153). Anstatt nun aber diese verwehrte Anerkennung der Liebe einzufordern, haben sie sich nach innen gekehrt und eine starke Trennung aufgebaut, um sich so vor weiteren Missachtungserfahrungen zu schützen.

2.6.4.3 Praxisbezug Mead

Wie bereits dargestellt, ermöglicht das Niederschreiben der eigenen Gedanken, sich von diesen zu distanzieren. Dies passt genau zu Meads Beschreibung, die eigene Identität zum Objekt zu machen (vgl. Mead 1973, S. 178). Identität ist etwas, was nicht a priori feststeht, sondern offen einem andauernden Gestaltungsprozess unterliegt. Die schriftliche Fixierung macht diese Tatsache den Schreibenden sichtbar. Nach Mead ist dabei der reziproke Austausch mit der Umwelt für diesen Prozess unabdingbar.

Nach dieser Theorie ist bei den Bloggerinnen also leicht erklärbar, wie diese mithilfe ihres Blogs ihre Identität ausbilden. Die schriftlich fixierte Selbstnarration ist der Entwurf eines »Me«, das in die Gesellschaft gebracht wird, darauf erfolgen Rückmeldungen der „verallgemeinerten Anderen", also der anonymen Leser des Blogs. Es entsteht ein doppelt-reflexiver Prozess, in dem der oder die BloggerIn ihre Identität formt und formen lässt.

Schwieriger lässt sich dieses Modell auf die TagebuchschreiberInnen anwenden. Sie scheinen sich der sozialen Aushandlung ihrer Identität entziehen zu wollen, sehen sich dafür vielleicht nicht bereit. Vielleicht wollen sie sich auch vor allzu harscher Kritik an ihren eigenen Identitätsentwürfen schützen. Da aber auch ihre Identitätsbildung trotzdem einen sozialen Austauschprozess benötigt, greifen sie auf das Tagebuch als Behelf zurück. Auf diese Weise können sie ihre nicht gesellschaftsfähig/sozial erwünschten Identitätsaspekte einem sozialen Wechselspiel unterwerfen, wenn auch nur mit sich selbst.

2.7 Fazit

Schriftlich fixierte Selbstnarration ist, wie von uns gezeigt werden konnte, tatsächlich eine Form von Identitätsarbeit. Indem sie gezwungen sind, die passenden Worte für vage Gedanken und Gefühle zu finden, legen die SchreiberInnen sich auf eine Lesart ihrer selbst fest. So wirkt die Selbsterzählung identitätsstiftend. Ein weiteres Ergebnis dieser Lehrforschungsarbeit ist, aufgezeigt zu haben, auf welche unterschiedlichen Arten und Weisen diese schriftlich fixierte Selbstnarration dazu genutzt werden kann, unterschiedliche Teilaspekte der eigenen Identität zu bearbeiten. Im Wesentlichen zeigten sich hier Unterschiede beim Bezug auf Andere als auch bei der Zielsetzung. TagebuchschreiberInnen sind unsicherer im Umgang und zielen durch das Schreiben auf Selbstkontrolle. Sie wollen als Mensch funktionieren, weil sie sich ständig von außen bedroht fühlen. Bloggerinnen beziehen sich positiv auf die Umwelt als Anerkennungsfeld. Sie sind in gewisser Hinsicht stabiler und zielen darauf ab, als Menschen zu wirken. Die schriftlich fixierte Selbstnarration hilft den Personen, sich selbst zu objektivieren und durch Selbstreflexion oder

2.7 · Fazit

Fremdreflexion sich ihrer Identität bewusster zu werden, ein klareres Selbstkonzept zu bekommen und somit ihre Identität in der heutigen, schnelllebigen und sich permanent wandelnden Welt zu stabilisieren. Als stabilisierend kann man die Formen der Selbstnarration in den Kategorien des Tagebuchschreibens und des Bloggens bezeichnen, da diese Arten der Selbstnarration es den Schreibenden ermöglichen, sich selbst zu objektivieren und im Kontext ihrer Umwelt sowie ihrer eigenen Entwicklung zu sehen. Durch die schriftliche Narration können sie rückblickend eine Entwicklungslinie ihres Lebens spinnen, die sie zur aktuellen Situation geführt hat, und auf Basis ihres durch Reflexion oder Rückmeldung gewonnenen und stabilisierten Selbstbildes auch ihre Zukunft planen.

Von unseren im Vorfeld aus der Theorie generierten Thesen konnten wir im Verlauf unseres Forschungsprozesses, wie oben ausgeführt, die ersten beiden bestätigen. Wir können die schriftlich fixierte Selbstnarration in Form von Tagebuchschreiben und Bloggen als Identitätsarbeit genauer fassen. Hierbei bedienen die beiden verschiedenen von uns betrachteten schriftlichen Narrationsformen verschiedene Bereiche der Identitätsarbeit und sind auf verschiedene Motivationen zurückzuführen.

Die weiterführende dritte These wurde wie folgt formuliert: Der Schwerpunkt der Identitätsarbeit durch Kernnarration und die Motivation dahinter resultieren aus der Unterschiedlichkeit der Selbstkonzepte der Schreiber in den Kategorien Tagebuch und Bloggen.

Diese These konnte von uns im Rahmen unserer Lehrforschung nicht beantwortet werden, da wir in unseren leitfadengestützten Interviews zwar einen Teil der Ergründung biographischer Umstände sowie dem Selbstkonzept der Interviewten widmeten, jedoch diese Fragestellungen von den Tagebuch schreibenden und bloggenden Personen verschieden aufgegriffen und beantwortet wurden. Die Differenz im Antwortverhalten, dass unsere Tagebuch schreibenden InterviewpartnerInnen viel stärker auf die Fragen nach der Biographie und nach persönlichen Eigenschaften eingingen, wohingegen die bloggenden InterviewpartnerInnen wenig über ihre Person und ihr Leben preisgaben, ist jedoch bereits als Ergebnis zu werten. Das Verletzliche und Unsichere des eigenen Selbst, die negativen Erfahrungen werden von Bloggerinnen nicht preisgegeben, während TagebuchschreiberInnen so sehr davon geprägt sind, dass es auch für ihre verbale Selbstdarstellung im Interview essenziell ist. In einer weiteren Untersuchung sollten jedoch noch mehr Fälle betrachtet werden, als uns dies im Rahmen der Lehrforschung möglich war. Zudem sollte der Leitfaden expliziter auf die Biographie sowie das Selbstkonzept der Schreibenden eingehen und erfragen. Zugleich könnte bei der Analyse stärker auf den Unterschied in der Selbstdarstellung im Interview geachtet werden. So könnte man die aus den Selbstkonzepten der Schreibenden resultierende Motivation, die die Wahl des Narrationsmediums erklärt, stärker herausarbeiten. Wir vermuten, dass hier mit Honneths Theorie der Anerkennung einige Aspekte der unterschiedlichen Motivationen erklärt werden können.

Auch ganz allgemein ließen sich die von uns skizzierten Ergebnisse mit einer größeren Fallzahl weiter ausbauen. Aufgrund der Beschränkungen im Untersuchungsaufbau ist die Generalisierbarkeit unserer Befunde stark eingeschränkt. Die soziogenetische Typenbildung, mit dem umfassenden Prüfen der Daten mit anderen Merkmalen und Kategorien, würde die Befunde wahrscheinlich schärfen. Von einer theoretischen Sättigung, bei der die relevanten Differenzen im Feld abgebildet sind und „idealtypisch" keine Überraschungen mehr auftreten können, kann in dieser Lehrforschungsarbeit nicht gesprochen werden (vgl. Przyborski und Wohlrab-Sahr 2014, S. 186f.). „Wenn sich bei der weiteren Suche im Material nichts Neues mehr ergibt, das zur Ergänzung oder Veränderung des Konzeptes beitragen würde, ließe sich aber auch die externe Validität der von uns gefundenen Ergebnisse weiter bestätigen." (Przyborski und Wohlrab-Sahr 2014, S. 200)

Insgesamt lässt sich jedoch auch aus unseren Forschungsergebnissen plausibel die Aussage treffen, dass schriftlich fixierte Selbstnarration, sowohl in Form eines Tagebuchs wie auch als Blog, einen starken positiven Effekt auf Selbstfindungsprozesse hat. Gerade in unserer heutigen Zeit sind diese also geeignete Mittel, den gesellschaftlichen Ansprüchen gerecht zu werden. Der alles durchdringende Imperativ zur Individualität lässt sich mithilfe eines Blogs oder Tagebuches besonders verwirklichen, denn die Beschäftigung damit ist die Beschäftigung mit dem Selbst und eine Auseinandersetzung mit sowie Versicherung der eigenen Individualität. Besonders auch die gesellschaftliche Forderung nach Authentizität lässt sich durch und mit diesen Medien erlernen und austesten. So können die Individuen mithilfe der Selbstnarration als Identitätsarbeit eine Identität formen und stabilisieren, die den Formen des postmodernen Zusammenlebens gerecht wird.

- **Was wir alles falsch gemacht haben**

Das Erarbeiten und Durchführen einer eigenen Forschung ermöglicht die Entwicklung von unerlässlichen Kompetenzen der Soziologie bezüglich Forschungsabläufe und typischer Probleme des Mess- und Machbaren. Es ist sozusagen *learning by doing*. So begannen wir, wie alle anderen Gruppen auch, mit der Suche nach einem geeigneten Thema. Dieses musste bearbeitbar sein, durfte also weder zu umfangreich noch zu eng gewählt werden. Das gab uns zu Anfang einige Rätsel auf, die sich aber im Arbeitsprozess vollständig lösen ließen.

Es ist sicher nachvollziehbar, dass wir als Anfänger auf dem Gebiet der qualitativen Forschung Schwierigkeiten hatten uns vorzustellen, was wie viel Zeit kosten wird und welchen Platz wir den jeweiligen Punkten am Ende einräumen können oder müssen. Doch diese Erfahrung war wichtig, zwang sie uns doch Überlegungen diesbezüglich anzustellen und zu verstehen, wie solch ein Forschungsbericht aufgebaut werden könnte und welche Abschnitte am Ende wie viel Raum und Zeit brauchen. Aber auch das sehr frühe Eingrenzen und Präzisieren unseres Vorhabens war von Bedeutung, nicht bloß für das Zeitmanagement, sondern auch für die Zusammensetzung der Forschungsgruppe, denn bereits im zweiten inhaltlichen Treffen stellte sich heraus, dass sich das ursprüngliche Team in zwei Gruppen spalten wird. Grund dafür war, dass die Auswahl der Forschungsmethode bzw. der zugrunde liegenden Theorie und das daraus resultierende weitere Vorgehen nicht mit den Vorstellungen aller Teilnehmer überein zu bringen war, auch wenn die Grundkonzeption der Forschungsfrage für jeden gleichermaßen attraktiv gewesen sein dürfte. Am Ende war es für alle Beteiligten sicher von Vorteil, auf den Versuch zu verzichten, die unterschiedlichen Ansätze unter einen Hut zu bringen, und stattdessen lieber getrennte Arbeiten anzufertigen.

Dieses Problem ergibt sich natürlich nicht, wenn es sich um ein vorgegebenes Forschungsprojekt handelt, in welchem sowohl die Methode als auch das Vorgehen feststehen. Doch es war eine wichtige Erfahrung, und wir glauben, vom Konzept der „radikalen Freiheit", wie es die Dozent_innen formulierten, sehr profitiert zu haben. Besonders hilfreich war das Erlernte in Bezug auf die Vorbereitung anstehender Abschlussarbeiten, da diese in den meisten Fällen kein vorgegebenes Thema verfolgen und man bei der Entwicklung einer Fragestellung sehr schnell die Übersicht verlieren kann. Ein weiteres Argument für das Konzept der Lehrforschung liegt, nach eben Gesagtem, auf der Hand; in einem solchen Projekt ist man nicht allein verantwortlich und kann auf unerwartete Probleme als Gruppe reagieren, was neben dem psychologischen Vorteil (man sitzt nicht allein in der Patsche) auch ganz praktische Möglichkeiten bietet, mit problematischen Situationen umzugehen (auf zehn Schultern lässt sich Last besser verteilen als auf zwei). Allgemein hat es sich als sinnvoll erwiesen, dass wir von Anfang an sehr eng als Gruppe zusammengearbeitet haben. Natürlich ist so etwas nicht immer möglich, da sich etwa Termine überschneiden, man an unterschiedlichen Orten lebt oder einfach lieber getrennt arbeiten möchte. In unserem Fall jedoch hat es nicht bloß den naheliegenden Vorteil gehabt, immer zu wissen woran die anderen gerade arbeiteten und somit jeder einen guten Überblick über den Fortschritt des gesamten Projekts hatte, es konnten bei aufkommenden Fragen auch gleich mehrere Gehirne nach einer Lösung suchen. Durch diese enge Zusammenarbeit wurden auch ganz pragmatische Verbindlichkeiten geschaffen, die wiederum der gefährlichen Prokrastination entgegengewirkt haben und der Zeitplan so nie allzu sehr in Verzug geraten konnte.

Natürlich haben wir auch viele Fehler gemacht, der größte scheint gewesen zu sein, dass wir recht naiv auf die Suche nach Interviewpartnern gegangen sind und leichte Zeitprobleme bekamen, als sich einfach niemand auf unsere Aushänge melden wollte. Dies zwang uns dazu, die Suche aktiver zu gestalten und nicht mehr nur über die bloße Masse an Aushängen zu versuchen, infrage kommende Personen zu finden, sondern gezielt Orte ausfindig zu machen, welche von eben jenen Leuten aufgesucht werden könnten, die für unsere Forschung von Interesse waren. Es stellte sich heraus, dass bezüglich der Tagebuchschreiber etwa Orte in der Natur oder an „Ruheoasen" den gewünschten Erfolg brachten und Bloggende eher über Foren oder durch direktes Anschreiben akquirierbar waren. Im Gegenzug wurde auch klar, dass Aushänge im Supermarkt wenig Resonanz erwarten lassen. Dort laufen zwar täglich hunderte Menschen vorbei, aber von diesen hat kaum einer die Muße oder Zeit, sich das schwarze Brett anzuschauen, wenn er gerade gar nichts sucht, was er dort zu finden glaubt. Allem anderen aber, was uns hätte das Genick brechen können, konnten wir durch Disziplin und Beharrlichkeit entgegenwirken; so mussten wir uns bspw. immer wieder auf die eigentliche Forschungsfrage und die dazugehörigen Hypothesen rückbesinnen, um bei der Menge an Daten die Übersicht nicht zu verlieren und schlimmstenfalls am Ende eine völlig andere Arbeit abzuliefern, als anfangs geplant war. Doch darüber wollen wir hier nicht zu viele Worte verlieren, denn jeder wird in einem solchen Projekt auf spezifische Probleme stoßen, mit denen in dieser Form vorher nicht zu rechnen war, und dementsprechend ist der beste Rat sehr schnell gegeben: Strukturiertes Vorgehen, die Hypothesen nicht aus dem Blick verlieren und sich immer wieder rückversichern, ob das, was man grade beforscht, auch Teil der Arbeit ist, sind die Schlüssel zu einer gelingenden Forschungsarbeit.

Dank sei an dieser Stelle noch einmal den Dozent_innen ausgesprochen, deren Engagement und Unterstützung maßgeblich zum reibungslosen Ablauf und erfolgreichen Abschluss unseres Projekts beigetragen und deren Mut hinsichtlich der „radikalen Freiheit" eine Lehrforschung ermöglicht hat, die den Rahmen bot, sich selbst von einem eigenen Forschungsinteresse leiten lassen zu können und jeden Aspekt einer solchen Arbeit hautnah mitzubekommen.

Literatur

Bohnsack, R. (2010). *Rekonstruktive Sozialforschung. Einführung in qualitative Methoden*. Opladen: Budrich & Farmington Hills.

Bohnsack, R., Nentwig-Gesemann, I., & Nohl, A (Hrsg.). (2013). Die dokumentarische Methode und ihre Forschungspraxis. In *Grundlagen qualitativer Sozialforschung*. Wiesbaden: VS Springer Fachmedien.

Gross, P. (1994). *Die Multioptionsgesellschaft*. Frankfurt am Main: Suhrkamp.

Helfferich, C. (2005). *Die Qualität qualitativer Daten. Manual für die Durchführung qualitativer Interviews*. Wiesbaden: VS Verlag für Sozialwissenschaften.

Honneth, A. (1992). *Kampf um Anerkennung. Zur moralischen Grammatik sozialer Konflikte*. Frankfurt am Main: Suhrkamp.

Keupp, H. et al. (1999). *Identitätskonstruktionen. Das Patchwork der Identitäten in der Spätmoderne*. Reinbek bei Hamburg: Rowohlt.

Kleemann, F., Krähnke, U., & Matuschek, I. (2009). *Interpretative Sozialforschung. Eine praxisorientierte Einführung*. Wiesbaden: VS Verlag für Sozialwissenschaften.

Mead, G. H. (1973). *Geist, Identität und Gesellschaft*. Frankfurt am Main: Suhrkamp.

Przyborski, A., & Wohlrab-Sahr, M. (2014). *Qualitative Sozialforschung. Ein Arbeitsbuch*. München: Oldenbourg.
Rosa, H. (2012). *Weltbeziehungen im Zeitalter der Beschleunigung. Umrisse einer neuen Gesellschaftskritik*. Frankfurt am Main: Suhrkamp.
Sperl, I. (2010). *Geschriebene Identität – Lebenslinien in Tagebüchern*. München: Herbert Utz Verlag.

Internetquellen

Kuhlmann, A. (1993). Posttraditionale Solidarität. „Kampf um Anerkennung": Zu Axel Honneths Sozialphilosophie. http://www.zeit.de/1993/15/posttraditionalesolidaritaet; Zugegriffen: 14 Mai 2015.
Mönkeberg. (2013). Das Web als Spiegel und Bühne: Selbstdarstellung im Internet. http://www.bpb.de/apuz/157546/das-web-als-spiegel-und-buehne-selbstdarstellung-im-internet?p=all. Zugegriffen: 14 Mai 2015.

Wie schafft man Bewusstsein für eine Abwesenheit? – Ursachen und Folgen der Stigmatisierung von Asexualität aus der Perspektive Betroffener

Katharina Aßmann, Anne Jasmin Bobka, Anna Frieda Kaiser, Anna Klaudat, Sophia Koch

3.1	Einleitung: Die Stilisierung von Asexualität als außergewöhnliches Thema – 58	
3.2	**Theorie – 61**	
3.2.1	Die Stigmatisierung asexueller Menschen – 62	
3.2.2	Das Sexualitätsdispositiv errichtet die Norm des Sexes – 66	
3.2.3	Konstruktion des Geschlechts und des Begehrens in der heteronormativen Matrix – 69	
3.3	**Methodologie der Arbeit – 73**	
3.3.1	Herleitung der Forschungsfrage – 73	
3.3.2	Qualitative Sozialforschung – 74	
3.3.3	Interviewform – 75	
3.3.4	Teilnehmer*innenfindung – 77	
3.3.5	Auswertungsmethode – 78	
3.4	**Auswertung – 80**	
3.4.1	Stigmatisierung von Asexualität aufgrund von Heteronormativität – 80	

© Springer-Verlag GmbH Deutschland 2018
D. Lindner, A. Gregor (Hrsg.), *Identitätsforschung in der Praxis*,
DOI 10.1007/978-3-662-54587-4_3

3.4.2	Die Unsichtbarkeit von Asexualität – 87	
3.4.3	Wunschgemeinschaft(en) und Verworfenheit(en) – 94	
3.4.4	Asexualität und queere Geschlechtsidentitäten – 101	
3.5	**Schlussbetrachtung: Ergebnisse und Ausblicke – 103**	
	Literatur – 108	

- **Wie wir unser Thema fanden**

Im Anschluss an die theoretische Einheit im Rahmen unserer Lehrforschung „Identitäten" suchten wir uns ein eigenständiges Thema. Hierfür eröffneten uns die Dozent_innen die Möglichkeit, unsere Ideen untereinander zu diskutieren. Wir sammelten zunächst die Themenvorschläge aller Kursteilnehmer*innen in einer Mindmap. Daraufhin fanden wir uns entsprechend der (gemeinsamen) Interessen in Kleingruppen zusammen, um uns über die Themen und Ideen auszutauschen und schließlich Forschungsgruppen zu bilden.[1]

Das Thema „Asexualität" schlug eine Kommilitonin aus unserer zukünftigen Gruppe vor: Durch Vorträge und Workshops in der Queer-Szene, die sie besucht hatte, war sie auf das Thema aufmerksam geworden. Sie stellte YouTube-Videos vor, um einen ersten Input zum Thema „Asexualität" zu geben und das Interesse potenzieller Mitforschender zu wecken. Die Videos zeigen Menschen, die sich als asexuell bezeichnen und über ihre Outing-Erfahrungen sprechen. In der ersten konstituierenden Diskussion in der zukünftigen Gruppe wurde außerdem deutlich, dass Asexualität als sexuelle Orientierung in der Queer-Szene zwar vereinzelt angesprochen wird, jedoch aktuell unterrepräsentiert und in der Wissenschaft bisher unerforscht ist. In öffentlichen Web-Logs, Video-Blogs und diversen sozialen Netzwerken berichten asexuelle Menschen im Internet über ihre Erfahrungen, in denen es häufig darum geht, nicht ernst genommen und mit Respektlosigkeit und Unverständnis konfrontiert zu werden.

Diese erste Auseinandersetzung zeigte die Sensibilität des Themas, der wir fortan respektvoll begegnen wollten. Die Schwierigkeit eines sensiblen Umgangs zeigte sich beim ersten Brainstorming: Wir setzten uns zu fünft zusammen und schrieben diverse Fragen auf, die sich in Bezug auf „Asexualität" und „Identitäten" spontan ergaben. Schnell zeigte sich, dass eine gänzlich unstigmatisierende Sprache in unserer Gruppe vor der Forschung aufgrund unseres mangelnden Wissens noch nicht vorhanden war. Wichtig war hier eine „Fehlertoleranz", um sich überhaupt orientieren und dann reflektieren zu können, welche Begriffe/Formulierungen angebracht sind und welche nicht. Es kam beispielsweise die Frage auf, wann eine Person *entdeckt*, dass sie asexuell ist. Die Formulierung erschien uns von Anfang an nicht richtig, doch war zunächst unklar, wie wir anders darüber kommunizieren könnten. Mit Voranschreiten des Forschungsprozesses erschloss sich mehr und mehr, dass Identität ein fließendes dynamisches Konstrukt ist und kein festes Gerüst, innerhalb dessen Menschen etwas suchen und „entdecken" könnten.

Das unbefangene Sammeln von Äußerungen offenbarte neben unserem Umgang mit Sprache auch unsere eigenen Vorannahmen. Wir stellten verschiedene Überlegungen beispielsweise darüber an, wie sich das Nicht-Begehren auf die geschlechtliche Identität auswirken könnte. Dabei ließen wir unreflektierte Äußerungen zu, um uns selbst keine Grenzen im Denken, etwa aufgrund von Tabus oder Dogmatismus, zu setzen. Dadurch erfassten wir Vorstellungen, die vom Alltagswissen geprägt und nicht (wissenschaftlich) distanziert sind vom in der Gesellschaft herrschenden heteronormativen Denken. Das (theoretische) Wissen und der Reflexionsgrad des eigenen Denkens und Sprechens der einzelnen Gruppenmitglieder unterschieden sich, doch herrschte insgesamt eine große Offenheit für Diskussionen und Reibungen. Eine tiefere Reflexion wurde im Gruppenprozess durch die zunehmende Auseinandersetzung mit dem Thema, Diskussionen zu einzelnen Begriffen sowie den Austausch mit unserer Betreuerin angeregt. Am Ende des Prozesses stand ein erheblicher Erkenntnisgewinn, und es eröffnete sich eine neue, differenziertere Sprachwelt. Unsicherheiten im Umgang mit dem Thema konnten nach und nach

---

1 Zum konkreten Ablauf der Lehrveranstaltung und deren didaktischer Rückkopplung s. Einleitung des Buches durch die Dozent_innen.

abgebaut werden. Die zu Beginn vorhandene Motivation der Gruppe entwickelte sich zu wissenschaftlich formuliertem Erkenntnisinteresse.

Wir wollten dem Thema Asexualität mehr wissenschaftliche Sichtbarkeit verschaffen, gleichzeitig sollte unser Umgang der oben bereits angesprochenen Sensibilität des Themas angemessen sein. Hierzu schien es naheliegend, asexuelle Personen selbst qualitativ zu befragen. Sie sollten aus ihrer Perspektive die Stigmatisierung von Asexualität schildern. Unsere Befragung sollte nicht nur asexuelle Menschen aus dem queeren Spektrum erreichen, über die der Zugang zum Thema geleistet worden war, sondern einen möglichst breiten Querschnitt von Menschen ansprechen, die sich in dieser Selbstbezeichnung wiederfinden. Durch die kritische Auseinandersetzung mit unseren eigenen Vorannahmen stellte sich heraus, was für uns von besonderem Interesse war: das Coming-in, das Coming-out und die Verbindung zur Queer-Szene sowie zur geschlechtlichen Identität. Anhand dieser Überlegungen entwickelten wir unsere Forschungsfrage. Die nächste Herausforderung bestand nun darin, Interviewteilnehmer*innen zu finden. Da wir mit dem Thema selbst Neuland betraten, konnten wir kaum einschätzen, ob oder wie viele Personen sich für eine Befragung bereiterklären würden. Eine unserer Sorgen bestand darin, dass sich niemand für ein Interview bereiterklären und wir keine Grundlage für eine Forschung erhalten würden. Aus diesem Grund entwickelten wir einen „Plan A" und einen „Plan B". Der „Plan A" beinhaltete einen Leitfaden für narrative Interviews, zur Befragung potenzieller Teilnehmer*innen. „Plan B" sollte im Falle ausbleibender Interviewteilnehmer*innen greifen: Er sah vor, öffentlich zugängliches Material wie Beiträge und Videos von asexuellen Menschen inhaltlich zu analysieren, um somit an Erfahrungsberichte zu gelangen. Unsere Sorge erwies sich als unbegründet: Durch E-Mail-Verteiler, die Menschen des queeren Spektrums ansprechen, fanden wir schließlich zahlreiche Menschen aus ganz Deutschland, die Interesse an einer Teilnahme äußerten, und unsere Forschung verlief nach „Plan A", wie sie im Folgenden dokumentiert ist.

3.1 Einleitung: Die Stilisierung von Asexualität als außergewöhnliches Thema

In den öffentlichen Medien, in Internet-Foren und auf Blogs tritt das Thema *Asexualität* zunehmend in Erscheinung. Sofern die Beiträge aus der Perspektive asexueller Menschen geschrieben sind, fordern sie eine gesellschaftliche Anerkennung von Asexualität ein: Denn genau diese *Anerkennung* ist es, die asexuellen Menschen *fehlt*. So äußert eine asexuelle Person im Leser*innenartikel einer etablierten deutschen Wochenzeitung: „Das einzig Unangenehme an der Asexualität ist, dass die meisten Leute sie nicht verstehen und entsprechend ignorant reagieren" (Schneider 2015). Asexuelle Menschen berichten, häufig seien sie mit Unverständnis und Respektlosigkeit konfrontiert, wenn andere von ihrer sexuellen Orientierung erfahren. Diese Erfahrungen werden in Beiträgen von nicht-asexuellen Personen, die *über* Asexualität schreiben, nicht (oder nur teilweise) reflektiert: Doch der*dem kritischen Leser*in fällt in solchen Artikeln auf, dass die Abgrenzungen reproduziert werden, die viele asexuelle Menschen anprangern. Sowohl in Boulevardblättern als auch in wissenschaftlicher Literatur wird über asexuelle Menschen geschrieben, als seien sie eine ausgefallene Spezies (die es zu entdecken gilt). Eine geläufige Analogie vergleicht asexuelle *Menschen* mit Amöben oder Tieren (vgl. Klaue 2013, S. 44). Selbst dann, wenn die Intentionen der Autor*innen gut gemeint sind, bauen ihre Annahmen häufig auf einem unhinterfragten Naturalismus auf. Asexualität wird so zu etwas „Widernatürlichem" stilisiert, das eine erklärungsbedürftige Abweichung sei. Auch Versuche, die „positiven Aspekte" von Asexualität zu betonen, verzerren den Blick auf asexuelle Realitäten, denn asexuelle Menschen werden hier

3.1 · Einleitung: Die Stilisierung von Asexualität

dennoch als „sonderbare Wesen" thematisiert (Vitzthum 2008). Zudem wird sich über Asexualität lustig gemacht oder werden asexuelle Menschen nicht ernst genommen. Ein grundlegendes Problem ist es, dass Asexualität nicht als sexuelle Orientierung anerkannt wird. Dies wiederum resultiert aus fehlerhaften Darstellungen über Asexualität. Besonders unangebrachte und verletzende Aussagen sind, wie üblich, in den Kommentarspalten von Artikeln im Internet zu lesen.

Aufgrund der verbreiteten Unkenntnis oder verzerrten Vorstellung von Asexualität stehen asexuelle Menschen permanent unter dem Druck, sich für ihre sexuelle Orientierung rechtfertigen zu müssen: „Wenn man nicht heterosexuell ist, ist das Leben ein ständiges Coming-out" (Schneider 2015). Asexuelle Menschen weisen immer wieder darauf hin, dass Asexualität keine Krankheit sei; stets müssen sie erklären, keinen Leidensdruck zu verspüren und betonen, glücklich zu sein. In Zeitungsartikeln ist es gängig hervorzuheben, dass asexuelle Menschen „trotzdem" eine romantische Beziehung wollen.

Die geschilderten Begebenheiten werfen Fragen auf: Warum ist es überhaupt notwendig erklären zu müssen, dass auch asexuelle Menschen Beziehungen führen wollen? Und was ist mit all jenen Menschen, die kein romantisches Beziehungskonzept leben wollen – gelten diese weiterhin als pathologisch? Wieso wird unterstellt, dass asexuelle Menschen unter ihrer sexuellen Orientierung leiden? Weshalb wird angezweifelt, dass asexuelle Menschen glücklich sein können?

Zu Beginn unserer Lehrforschung motivierten uns solche Fragen, Asexualität und Stigmatisierung eingehender zu untersuchen. Unser Interesse obliegt nicht einer Schaulust oder einer Inszenierung von Asexualität, sondern im Gegenteil: Gerade aus der Perspektive asexueller Menschen sind die sexuellen Normen der Gesellschaft, die als selbstverständlich vorausgesetzt werden, zu erkennen. Daher ist es uns wichtig, asexuellen Menschen eine Stimme zu geben und nicht den Fehler zu begehen, ihre Sichtweise zu unterschlagen. Unsere Arbeit wird nicht das „Phänomen" Asexualität an sich erklären, sondern nimmt ihren Ausgang bei der Frage, *was die Ursachen und Folgen von Stigmatisierung für asexuelle Menschen sind.* Unsere Forschung beschäftigt sich zudem damit, *welche Wirkung Ereignisse wie das Coming-in[2] und das Coming-out auf die Konstitution ihrer Identität ausüben und wie diese Faktoren mit der Geschlechtsidentität zusammenhängen.*

Ziel unserer Forschung ist es, die Mechanismen von Stigmatisierung zu untersuchen, das heißt ihre Quellen sowie den Einfluss, den sie auf das Individuum nimmt. Schließlich soll auch der Umgang mit stigmatisierenden Erfahrungen und möglichen Überwindungsstrategien analysiert werden. Das Coming-out ist dabei für uns besonders interessant, da es einen wichtigen Punkt im Leben darstellt. Es gibt verschiedene Voraussetzungen, die für ein Coming-out erfüllt sein müssen. Eine davon ist, den Begriff der Asexualität zu kennen und sich erfolgreich damit identifiziert zu haben. Die Identifikation mit Asexualität könnte selbst schon ein Schlüsselereignis im Leben asexueller Menschen sein. Unsere Vorüberlegungen diesbezüglich sind ambivalent: Einerseits könnte die Identifikation mit dem Begriff eine positive Erfahrung sein, die Erleichterung

---

2   Den Begriff „Coming-in" entlehnen wir Anja Gregors Arbeit zu Intergeschlechtlichkeit: Sie definiert „das COMING IN in die peer group" als „[…], die oft als intensives emotionales Erlebnis geschilderte Identifikation mit anderen als Ähnliche und die Erkenntnis, dass ein_e nicht der einzige intergeschlechtliche [in vorliegender Untersuchung ‚asexuelle' Anm. A.J.B.)] Mensch auf der Welt ist und es stattdessen andere gibt, mit denen sich ein_e identifizieren kann" (Gregor 2015, S. 272)[25]. Gregor betont die Erfahrung von Kollektivität beim Coming-in, welche auch für unser Verständnis eine entscheidende Rolle spielt. Mehr beschäftigt uns jedoch dessen Bedeutung für das Individuum: Das Coming-in bedeutet, sich einen Teil der eigenen Identität anzueignen; damit meinen wir jenen Punkt in der Biographie, in der sich unsere Befragten erstmals mit Asexualität identifizierten. Das „Coming-in" geht deshalb dem ‚Coming-out' notwendig zeitlich voraus. Zudem stellte sich, ähnlich wie in Gregors Arbeit, die Bedeutung des Internets als wichtiges Medium zur Identifikation mit Asexualität heraus (vgl. ebd.).

hervorruft, weil man einen Namen dafür gefunden hat, wie man sich fühlt; andererseits könnten innere Ablehnung und Angst vor Stigmatisierung die Folge sein.

Wir fragten uns also, welche Auswirkungen die Selbsterkenntnis, asexuell zu sein, in den Menschen auslöst, ob sie zum Beispiel mit Verunsicherungen oder Orientierungslosigkeit einhergeht. Von besonderem Interesse sind für uns außerdem die Reaktionen anderer Menschen, wenn sie davon erfahren, dass ihr Gegenüber asexuell ist. Darüber hinaus interessiert uns, in welcher Verbindung die Stigmatisierungen asexueller Menschen mit ihrer Geschlechtsidentität stehen. Die antreibende Frage ist dabei: In welchem Zusammenhang steht die Behauptung der eigenen Geschlechtsidentität mit der mehr oder weniger fehlenden sexuellen Anziehung zu anderen? Und gibt es geschlechtsspezifische Trennlinien?

Der Feminismus, der *sex* als Basis für *gender* setzt, ist mit Judith Butlers Begründung der Queer-Theory in den 1990er-Jahren in Deutschland ins Wanken geraten. Sie begründete damit einen Paradigmenwechsel und zugleich ein Paradoxon in den Geschlechterstudien. Dass nicht nur „gender", sondern auch das „sex" immer schon eine soziale Konstruktion sei, wurde zunehmend zum neuen Ausgangspunkt in der Geschlechterforschung – doch die Vorstellung eines „natürlichen Geschlechts", die auch das Alltagswissen dominiert, lässt sich, manchmal explizit, oft implizit, weiterhin in diversen feministischen Forschungen nachweisen. Die vorliegende Untersuchung geht im Sinne Judith Butlers davon aus, dass Zweigeschlechtlichkeit und damit „sex" soziale Konstruktionen sind, und versucht zugleich den Bogen zum Feminismus zu spannen. Queer und feministisch – mündet diese Zusammenführung nicht unweigerlich in ein Paradoxon? Oder liegt die Antwort auf die Komplexität der sozialen Welt nicht gerade in dieser Widersprüchlichkeit?

In bisherigen Forschungen über Asexualität werden nur „männliche" und „weibliche" Geschlechtsidentitäten berücksichtigt: Wir wollen einen Beitrag leisten, in dem die Vielseitigkeit von Geschlecht berücksichtigt wird, indem sie nicht in einem binären Geschlechtersystem zu erfassen versucht wird. Zugleich wollen wir die Wirkmächtigkeit der herrschenden dichotomen Ordnung nicht unterschlagen: Eine „naive Dekonstruktion", wie sie Regine Gildemeister (Gildemeister 2001, S. 78) unter anderem anprangert, liegt uns also ebenso fern wie eine naturalistische Reduktion von Geschlecht.

Bisher gibt es nur sehr wenige wissenschaftliche Untersuchungen zu Asexualität. Meist sind Forschungen auf diesem Gebiet aus dem amerikanischen Sprachraum. Anthony Bogaert ist einer der wenigen Wissenschaftler, der beständig an diesem Thema arbeitet. Sein 2012 erschienenes Werk *Understanding Asexuality* versucht einen umfassenden Überblick zu geben, von der Definition über Erklärungsversuche geschlechtlicher Unterschiede bis hin zur Pathologisierung von Asexualität. Sein Versuch einer historischen Darstellung von Asexualität mündet eher in einer Analyse aktueller Medien. Tiefergehende historische Untersuchungen zu Asexualität gibt es unseres Wissens nicht: Das ist sehr schade, denn eine Analyse des historisch-juristischen oder medizinischen Diskurses wäre für die Analyse gesellschaftlicher Stigmatisierung von Asexualität hilfreich. Die einzige uns bekannte Studie, die Stigmatisierung von Asexualität untersucht, ist von Cara C. MacInnis und Gordon Hodson (MacInnis und Hodson 2012). Unter dem Titel „Intergroup bias toward ‚Group X': Evidence of prejudice, dehumanization, avoidance, and discrimination against asexuals" dokumentieren sie eine quantitative Untersuchung, die die Einstellungen in der allgemeinen Bevölkerung gegenüber asexuellen Menschen erforscht. Es folgen weitere knappe, meist psychologische Studien, um Asexualität als Phänomen zu erfassen, wie „Asexuality: A Mixed-Methods Approach" von Lori Brotto und Kolleg*innen (Brotto et al. 2010) oder „Asexuality: Classification and Characterization" von Nicole Prause und Cynthia Graham (Prause und Graham Cynthia 2007). Bereits Alfred Kinsey erfasste in den 1950er-Jahren in seinen legendären Sexual-Reports *Sexual Behavior in the Human Male* (Kinsey et al. 1948) und *Sexual*

3.2 · Theorie

Behavior in the Human Female (Kinsey et al. 1953) die „Gruppe X". Bis heute fehlen jedoch Langzeitstudien rund um das Thema Asexualität.

Ein Anliegen dieser Arbeit ist es, Asexualität in die deutschsprachige wissenschaftliche Forschung einzubringen, da sie als sexuelle Minderheit von der Wissenschaft bisher vernachlässigt worden ist. Eine bessere Repräsentation von Asexualität im wissenschaftlichen Diskurs könnte dazu beitragen, Vorurteile abzubauen und Stigmatisierung zu reduzieren. Unsere qualitative Analyse von Interviews soll mögliche Ansätze für spätere Forschungen aufzeigen; sie bildet beispielsweise entlang des Materials Kategorien, welche die weitere Arbeit in diesem Bereich erleichtern könnten.

In ▶ Abschn. 3.2 werden die theoretischen Bezüge erläutert, die dieser Arbeit zugrunde liegen. Sozialkonstruktivistische und psychoanalytische Theorien werden herangezogen, um die Auswirkungen von Stigmatisierungen auf die Identität zu erklären. Die Theorie des Sexualitätsdispositivs von Michel Foucault verdeutlicht, wie sich die Norm, ein sexuelles Begehren zu haben, in unserer Gesellschaft konstituierte. Schließlich wird mit dem theoretischen Modell der heteronormativen Matrix von Judith Butler die Wechselwirkung zwischen Geschlechtsidentität und Begehren erklärt. In ▶ Abschn. 3.3 werden die methodischen Ansätze erläutert, die herangezogen wurden, um unsere Forschungsfrage zu beantworten. Es wird auf die Wahl der qualitativen Forschungsrichtung, der narrativen Interviewform und des gruppenhermeneutischen Verfahrens als Auswertungsmethode eingegangen. Zudem findet eine Reflexion der Werbung unserer Teilnehmer*innen statt und eine erste Beschreibung unserer Befragten. ▶ Abschn. 3.4 stellt die Auswertung unserer Interviews dar. Hierbei beginnen wir mit der Stigmatisierung asexueller Menschen durch heteronormative Strukturen. In diesem Zusammenhang soll auf die Pathologisierung von Asexualität sowie auf die Auswirkungen der Heteronormativität auf die Lebens- und Identitätsentwürfe asexueller Menschen eingegangen werden. Darauf folgt ein Abschnitt zur Unsichtbarkeit von Asexualität. An dieser Stelle wird insbesondere die Bedeutung des Coming-in und die Reaktion der Existenzanzweiflung auf ein Coming-out unserer Befragten hervorgehoben. Außerdem zeigen sich hierbei die verschiedenen Vermeidungsstrategien, die unsere Teilnehmer*innen anwenden, um ihre Identität zu schützen. Anschließend widmen wir uns dem Thema der jeweiligen Wunschgemeinschaft(en) unserer Befragten. Insbesondere werden wir einen Blick auf die Verwerfungslinien innerhalb der pluralen „linken Szene" und der Queer-Community werfen. *Bezüglich der Queer-Community erwarten wir eine Verworfenheit von Asexualität aufgrund der dort verbreiteten Sexpositivität.* Verwerfungsmechanismen, die selbst in der queeren Szene greifen, zeigen, wie stark Sexualität im Normengefüge unserer Gesellschaft verankert ist. Abschließend betrachten wir den Zusammenhang zwischen Asexualität und den Geschlechtsidentitäten trans* und agender.

3.2 Theorie

Im Folgenden werden unsere theoretischen Annahmen erläutert. Diese sind im gesamten Prozess unserer Lehrforschungsarbeit entstanden. Im Verlauf unserer Arbeit entwickelten wir Theorien weiter, sowohl um (Vor-)Annahmen zu begründen, als auch gewonnene Erkenntnisse zu erklären. In diesem Abschnitt erläutern wir unser Verständnis von „Asexualität". Die Definition von „Asexualität" bildet eine wichtige Grundlage, um die Stigmatisierung zu verstehen, von der Menschen betroffen sind, die sich mit „Asexualität" identifizieren. Die Auswirkungen von Stigmatisierung wird anhand sozialer Prozesse der Identitätsbildung deutlich (▶ Abschn. 3.2.1). Eine nähere Erklärung, warum Asexualität gesellschaftlich stigmatisiert ist, liefert ein Blick in Michel

Foucaults Überlegungen zum „Sexualitätsdispositiv" (▶ Abschn. 3.2.2). Im Anschluss an Judith Butlers Theorie der „heteronormativen Matrix" werden Zusammenhänge des Begehrens und der Geschlechtsidentität erläutert sowie potenzielle Auswirkungen der heteronormativen Strukturen auf die (Geschlechts-)Identität asexueller Menschen erörtert (▶ Abschn. 3.2.3).

3.2.1 Die Stigmatisierung asexueller Menschen

> „Some people would question that anyone could be truly asexual."
> Anthony Bogaert

Stigmatisierung gegenüber Menschen, die einer Minderheit angehören, entsteht häufig aus Unwissenheit: Dies trifft besonders auf die Diskriminierung asexueller Menschen zu. Während Homosexualität ein etabliertes Forschungsfeld darstellt und in der allgemeinen Bevölkerung zumindest deren Existenz bekannt ist, beginnen Wissenschaft und Öffentlichkeit sich gerade erst für Asexualität zu interessieren. Aus dem bisherigen Desinteresse resultiert eine weitverbreitete Unklarheit darüber, was sich hinter dem Begriff verbirgt. Ein asexuelles Coming-out ist häufig damit verbunden, erst einmal erklären zu müssen, was Asexualität ist.

Mit Asexualität identifizieren sich Menschen, die keine oder nur eine geringe sexuelle Anziehung auf andere richten. Einige asexuelle Menschen empfinden zu anderen Menschen eine romantische Anziehung – ohne diese jedoch in Form von Sexualität ausdrücken zu wollen. Offenbar muss Liebe oder der Wunsch nach Bindung(en) nicht mit Sex in einer selbstverständlichen Verbindung stehen, wie sie häufig in modernen westlichen Gesellschaften vorausgesetzt wird.[3] Viele asexuelle Menschen führen romantische Zweier-Beziehungen oder konsensuelle nicht-monogame Beziehungen[4] mit gleich- oder gegengeschlechtlichen Partner*innen. Aus technischem Interesse oder Mitfreude daran, dem*der allosexuellen[5] Partner*in Befriedigung zu verschaffen, werden in manchen dieser Beziehungen gemeinsame sexuelle Handlungen vollzogen. In anderen Beziehungen identifizieren oder verhalten sich alle Beteiligten asexuell. Andere asexuelle Menschen ziehen es vor, keine (romantischen) Beziehungen zu führen. Es gibt asexuelle Personen mit sexuellen Erfahrungen und andere, die nie Sex wollten. Manche asexuelle Menschen masturbieren: Asexualität heißt nicht automatisch, keine (physische) Erregung verspüren zu können, sondern diese ist für asexuelle Menschen nichts Aufregendes und kein Grund, mit anderen in Interaktion zu treten (vgl. Bogaert 2012, S. 11ff.; http://asexyqueer.blogsport.de/ueber-asexualiaet/).[6]

Offenbar sind nicht alle asexuellen Menschen gleich, so wie auch nicht alle hetero- oder homosexuellen Menschen innerhalb ihrer Gruppen gleich sind. Asexualität ist eine sexuelle

---

3   Das Konzept der romantischen Liebe entstand in Europa und Amerika um 1800 als Produkt eines bürgerlichen Selbstverständnisses in Abgrenzung von älteren ständisch-instrumentellen Heiratspraktiken (vgl. Hahn 2008, S. 40ff.)[26].

4   Bekannter ist hierfür der Begriff „Polyamorie". Da Liebe („Amorie") als einschränkendes Konstrukt der Moderne in der Kritik ist und zur Abwertung von Promiskuität dient, ist der Begriff umstritten, sodass sich einige nicht-monogam lebende Menschen hiervon bewusst abgrenzen (vgl. Klesse 2005, S. 123ff.)[36].

5   „Eine Person ist allosexuell, wenn er*sie sexuelle Anziehung gegenüber anderen Menschen verspürt. Damit ist allosexuell das Gegenteil zu Asexualität." (Queer Lexikon 2015)[65]

6   Eine*r unserer Befragten verglich den Masturbationsvorgang damit, dass es „so eine physische Sache [ist] wie Nase schnauben, wenn sie läuft." Diese Metonymie verdeutlicht den gewöhnlichen physischen Vorgang der Erregung, zu dessen Abhandlung keine weitere(n) Person(en) nötig sind.

Orientierung, hinter der sich, für manche unerwartet, ein breites Spektrum verbirgt: Gray-,[7] homo-, hetero-, pan-asexuell oder -romantisch und demisexuell[8] bilden eine unabgeschlossene Liste der Selbstdefinitionen innerhalb asexueller Vielfalt. Die Definition von Asexualität als „keine, oder nur eine geringe sexuelle Anziehung zu anderen" stellt eine Minimaldefinition dar, die offen für zukünftige Veränderungen sein soll. Für die wissenschaftliche Forschung betont Bogaert zudem die Unterscheidung zwischen Anziehung (*attraction*) und Begehren (*desire*). Das Begehren subsumiere die Bestandteile „attraction, arousal, behavior, cognition, identity and pleasure", sodass Anziehung also nur ein Teilelement des Begehrens neben weiteren Aspekten darstellt (Bogaert 2012, S. 22, 24). Die vorliegende Forschung befasst sich zum größten Teil mit dem Aspekt der Identität; die Unterscheidung zwischen den Bestandteilen des Begehrens ist für die folgende Untersuchung von Bedeutung, um der Vielfältigkeit gerecht zu werden.[9]

Die Diskriminierung asexueller Menschen heftet sich häufig an ein eindimensionales Bild von Asexualität: Dabei wird Asexualität auf ein einheitliches Nicht-Begehren reduziert, das heißt, die genannten Dimensionen des Begehrens werden gleichgesetzt. So kommt es beispielsweise zum Infragestellen der Asexualität einer Person, wenn sie masturbiert – als sei Masturbation ein Indikator dafür, nicht asexuell zu sein. Derlei Kategorienfehler offenbaren die Unkenntnis über die Bedeutung von Asexualität. Unsere Befragten berichten davon, dass die von ihnen erlebte Asexualität nicht ernst genommen werde. *Der Unglaube der anderen, welcher asexuellen Menschen beim Coming-out begegnet, kann zu Verunsicherungen in ihrer Identitätsentwicklung führen.* Diese These kann durch zahlreiche psychoanalytische und sozialkonstruktivistische Ansätze untermauert werden. So stellt beispielsweise Heiner Keupp et al. (1999) den „permanenten Aushandlungsprozeß zwischen dem Subjekt und seinem sozialen und gesellschaftlichen Umfeld" (Keupp et al. 1999, S. 241) als bedeutsam für die Weiterentwickelung von Teilidentitäten einer Person heraus. Der Psychoanalytiker Jacques Lacan untersucht diesen Prozess genauer. Er führt in seiner Theorie des Spiegelstadiums die Bedeutung „der Anderen", zum Beispiel der Eltern, für die Identitätsentwicklung des Kindes aus: Die Spiegelbildreflexion dient dem Kind, sein „Ich" als Einheit zu fingieren, es den Anderen zu präsentieren, welche ihm seine Imago bestätigen, indem

---

7   „Bei manchen Menschen wechseln sich sexuelle und asexuelle Phasen ab. Einige bezeichnen sich als ‚gray A' [Kurzform für gray-asexual; A.J.B.], was bedeuten kann, dass sie ab und zu jemandem gegenüber sexuelle Anziehung verspüren oder dass sie diese zwar verspüren, aber kein Bedürfnis haben, diese auszuleben oder auch, dass sie nur unter ganz bestimmten Umständen Sex mit anderen genießen können." (http://asexyqueer.blogsport.de/ueber-asexualiaet/)[66]

8   „Als demisexuell bezeichnen sich Menschen, die sich erst dann von jemandem sexuell angezogen fühlen, wenn sie eine enge emotionale Beziehung mit diesem Menschen aufgebaut haben." (http://asexyqueer.blogsport.de/ueber-asexualiaet/)[66]

9   Obwohl die Unterscheidungen für Forschungen bezüglich Asexualität sinnvoll sind, möchten wir uns dennoch von einigen Erklärungen Bogaerts zu einzelnen Bestandteilen des Begehrens distanzieren, da sie einen unhinterfragten Biologismus implizieren (zum Beispiel: Bogaert 2012, S. 52, 70, 78)[2]. Zudem könnten auch andere oder weitere Kriterien eine Rolle spielen, besonders um Aromantik von Asexualität besser abzugrenzen. Deutlich wird, dass von der Forschung mehrere Ebenen berücksichtigt werden müssen, schon um Asexualität überhaupt erfassen zu können. Beispielsweise spiegelt das Verhalten (*behavior*) asexueller Menschen nicht unbedingt ihre Asexualität wider: Ob jemand eine Beziehung führt oder wie oft jemand Sex hat, erfasst nicht zwangsläufig Asexualität. Auf der anderen Seite ist zu bedenken, dass sowohl in der Alltagssprache als auch in sozial-philosophischen Theorien der Unterscheidung zwischen Anziehung und Begehren keine Relevanz zukommt – es sich also nur um eine Prävalenz zum Begriff des Begehrens handelt.

sie versichern: „Das bist Du".[10] Für eine stabile Identitätsentwicklung ist es folglich notwendig, über die Anderen verifiziert zu werden: Sie (an)erkennen die Identität des „Ich" (vgl. Hammermeister 2008, S. 25, 65ff.; Lacan 1949, S. 63ff.). Dass die Antwort anderer über eine bloße Anerkennung von Leistung hinausgeht, betont Erik Erikson:

> » Denn es ist für die Identitätsbildung des jungen Menschen sehr wesentlich, daß er eine Antwort erhält und daß ihm Funktion und Stand zuerkannt werden als eine Person, deren allmähliches Wachsen und sich Wandeln Sinn hat in den Augen derer, die Sinn für ihn zu haben beginnen. (Erikson 1973, S. 138)

Bei der Vergewisserung der eigenen Identität bieten „die Anderen" also wesentlichen Halt (vgl. Erikson 1973, S. 138, 140). Daneben eröffnen sich in Eriksons Aussage noch zwei weitere Dimensionen: Die Sicherheit des Identitätsgefühls ist nicht über beliebige Andere einholbar, sondern wird maßgeblich über Menschen gewonnen, die der Person etwas bedeuten (vgl. Erikson 1973, S. 147).[11] Die gegenseitige Vermittlung basiert auf Sprache: Nicht erst in der Antwort, sondern schon in der Anrufung *definiert* Sprache die Person als ein bestimmtes Wesen (vgl. Erikson 1973, S. 142). Sprache ist ein existenzieller Faktor: Sie fördert oder stört die Ausbildung einer stabilen Identität (vgl. Erikson 1973, S. 143). „[Das] gesprochene Wort ist ein *Pakt*: was man gesagt hat, wird von anderen erinnert und erwirbt damit einen Aspekt des Unwiderruflichen." (Erikson 1973, S. 143; Herv. i. O.)

In Anbetracht der fundamentalen Bedeutung von Sprache wird deutlich, in welch prekärer Lage asexuelle Menschen stecken: Obwohl nach Bogaerts Schätzung mindestens einer Person unter 100 die sexuelle Anziehung zu anderen „fehlt", ist der Begriff „Asexualität" weitgehend unbekannt (vgl. Bogaert 2012, S. 41ff., Bogaert 2004, S. 279).[12] Vielen asexuellen Menschen mangelt es zunächst an einer Begrifflichkeit, um ihre sexuelle Orientierung beschreiben zu können – erst, wenn sie auf das etablierte Internet-Forum für Menschen des asexuellen Spektrums (d. i. AVEN) stoßen, identifizieren sie sich mit diesem Begriff. Ohne die *Worte*, mit denen sich asexuelle Menschen definieren, fehlt ihnen die Möglichkeit, sich identifizieren (Coming-in) und gegenüber anderen beschreiben zu können (Coming-out): Das heißt, die Unbekanntheit

---

10 Lacan beschäftigt sich in seinem Aufsatz „Das Spiegelstadium als Bildner der Ichfunktion" die Frage, wie sich ein Subjekt selbst erkennt. Später formuliert er die Beziehung zwischen „ich" und „anderen" (wofür die Spiegelbildreflexion steht) mit dem „Schema L" genauer aus. Das Kind identifiziert sich mit seinem Bild im Spiegel; es sagt: „Das bin ich". Einerseits reflektiert das Spiegelbild seine Identität, die eine Imagination ist, andererseits erscheint sein Bild als ein äußerliches Gegenüber, von dem es sich unterscheidet: Diese Alterität wird durch die Illusion seiner Ganzheit (die im Spiegel reflektiert wird) übertüncht (vgl. Hammermeister 2008, S. 43)[27]. So entwirft das „Ich" eine Idealvorstellung von sich selbst, bei der es Spaltungen verkennt (etwa fehlende motorische Fähigkeiten), um die Illusion der Ganzheit aufrechtzuerhalten. Diese narzisstischen Projektionen bezeichnet Lacan im Schema L als „andere" (bzw. Objekte klein a): „Diese Form des anderen hat die größte Beziehung zu seinem Ich" (vgl. Lacan/Miller 1991, S. 310). Die Phase, in der sich ein Kind im Spiegel selbst erkennt, liegt zwischen dem 6. und 18. Lebensmonat (vgl. Lacan 1949, S. 63)[43]. Die Aspekte des Spiegelstadiums gelten aber ebenso für die Identitätsweiterentwicklung von erwachsenen Personen (vgl. Hammermeister 2008, S. 43). Das Kind steht in diesem Sinne exemplarisch für das Individuum, das im Verhältnis zu signifikanten Anderen beziehungsweise Gesellschaft steht. Lacan betont die Sprachlichkeit dieses (Selbst-)Verhältnisses: Es sind die Anderen, die das Kind/Individuum in die symbolische Ordnung einweisen (vgl. Hammermeister 2008, S. 54)[27].

11 Weiterverfolgt wird dieser Gedanke in der Analyse in ▶ Abschn. 3.4.4

12 Bogaert bezieht sich bei seiner Schätzung auf mehrere etablierte Erhebungen und berücksichtigt dabei diverse statistische Kriterien der Validität und Reliabilität. Er betont, dass es sich um eine Mindestschätzung handelt und die wirkliche Zahl asexueller Menschen wahrscheinlich höher liegt (vgl. Bogaert 2012, S. 49)[2].

des Wortes „Asexualität" erschwert den Identifikationsprozess. Die Identitätsentwicklung wird besonders dann beeinträchtigt, wenn sie statt auf Rückversicherung auf Unglauben treffen. In ▶ Abschn. 3.4.2 wird auf dieses Thema eingegangen.

Mitleid ist eine weitere unangebrachte Reaktion, auf die asexuelle Menschen beim Coming-out stoßen: Ebenso wenig, wie Homosexuelle darunter leiden, sich zu gleichgeschlechtlichen Menschen hingezogen zu fühlen, leiden asexuelle Menschen unter ihrer sexuellen Orientierung – wenn sie leiden, dann deshalb, weil sie in der Gesellschaft nicht respektiert werden. Eine verbreitete Abwertung trifft asexuelle Personen, die nie das Interesse hatten, Sex auszuprobieren: Ihnen wird unterstellt, dass sie angeblich nicht wissen könnten, dass sie keinen Sex wollen.[13] Überdies berichten asexuelle Menschen davon, dass ihre (romantischen) Beziehungen von Außenstehenden als Freundschaften abgewertet werden – mit der Begründung, dass sie keinen Sex implizieren. Diese Aufzählung von Stigmatisierungen ließe sich noch weiter fortsetzen – die antreibenden Fragen für die vorliegende Forschung sind dabei: Woher rühren diese Vorurteile? Auf welchen Prämissen bauen sie auf? Worauf ist dieses Unverständnis, diese Abwertung, dieser Unglaube gegenüber asexuellen Menschen zurückzuführen?

Um zu erklären, warum Asexualität mit derartigen Stigmata besetzt ist, reicht es nicht aus, allein auf die Unkenntnis über diese sexuelle Orientierung zu verweisen. Cara MacInnis und Gordon Hodson (MacInnis und Hodson 2012) untersuchten in einer quantitativen Studie mit heterosexuellen Menschen die Einstellungen gegenüber asexuellen Menschen. Sie stellten fest, dass asexuelle Menschen im Vergleich zu anderen sexuellen Minderheiten (zunächst Homo- und Bisexualität) am stärksten „entmenschlicht" werden. Das heißt: Asexuellen Menschen werden menschliche Wesenszüge, menschliche Eigenschaften und menschliche Emotionen abgesprochen (vgl. MacInnis und Hodson MacInnis und Hodson 2012, S. 731, 735). Darüber hinaus stellten sie in einem zweiten Durchgang ihrer Studie heraus, dass Asexualität nicht (nur) wegen des geringen Bekanntheitsgrades so stark diskriminiert werde, sondern hierfür ideologische Muster zugrunde lägen (vgl. MacInnis und Hodson MacInnis und Hodson 2012, S. 734, 738).[14]

Unsichtbarkeit von Asexualität ist inhärenter Teil eines übergeordneten Ganzen: Foucault nennt es das „Sexualitätsdispositiv", Butler spezifiziert es in ihrer Theorie der „heteronormativen Matrix". In ▶ Abschn. 3.2.2 und 3.2.3 werden beide Theorien herangezogen, um auf die Mechanismen und Wirkungsweisen einzugehen, die asexuelle Identitäten ausschließen. Aus den obigen Ausführungen geht bereits hervor, dass bestimmte Normen vorherrschen, die Menschen dazu anhalten, Sex zu haben, um ernst genommen zu werden, einen anerkannten Beziehungsstatus vorweisen zu können oder nicht bemitleidet zu werden. Heteronormative Strukturen bringen bestimmte, vereinheitlichte Geschlechter und Sexualität(en) hervor, sodass die Subjekte dem subtilen Zwang unterliegen, ihnen zu folgen, wodurch wiederum eben diese Strukturen reproduziert werden. Vorstellungen davon, nur in Verbindung mit Sex eine glückliche Beziehung und

---

13 Bogaert zieht bezüglich eines etwas anderen Aspekts eine Metapher heran, die an dieser Stelle weiterhilft, um die Perfidität dieser Vorstellung zu offenbaren: Es gibt viele Leute, die kein Interesse daran haben, Fallschirm zu springen: Um zu wissen, dass sie kein Fallschirmspringen wollen, müssen sie es nicht erst ausprobieren (vgl. Bogaert 2012, S. 113f.)[2].

14 Im ersten Durchgang wurden heterosexuelle Studenten und Studentinnen zu ihren Einstellungen gegenüber Homo-, Bi- und Asexualität befragt. Im zweiten Durchgang befragten sie nicht nur eine allgemeinere heterosexuelle Bevölkerungspopulation, sondern sie zogen außerdem einen Kontroll-Indikator heran: Indem eine weitere sehr unbekannte sexuelle Minderheit – sapiosexuals „those sexually attracted to the human mind" – auf dem Fragebogen hinzugefügt wurde, konnte ausgeschlossen werden, dass allein Unkenntnis ausschlaggebend für die Diskriminierung ist.

ein glückliches Leben führen zu können und als vollwertiges Mitglied der Gesellschaft zu gelten, sind Ausdruck von Normen, die sich in der „strukturierten" und „strukturierenden Struktur" der Gesellschaft bilden (Bourdieu 1980, S. 98). Diese „Dualität der Struktur" beschreibt auch Giddens. Sie bildet einen begrenzenden Rahmen für die Handlungen der Akteure, während diese ihrerseits die Struktur reproduzieren und transformieren: Die Akteure sind also weder absolut losgelöst, noch vollkommen determiniert von den gesellschaftlichen Strukturen (vgl. Giddens 1984, S. 77).

3.2.2 Das Sexualitätsdispositiv errichtet die Norm des Sexes

In der modernen Gesellschaft bestehen Normen, nach denen Sex auf eine bestimmte Weise stattfinden soll: unter der Voraussetzung, dass zwei Personen mit je einem eindeutigen Geschlecht eine monogame, heterosexuelle (Liebes-)Beziehung miteinander führen. Asexualität stellt eine Abweichung von dieser Norm dar, weil sexuelle Anziehung nicht auf andere gerichtet wird. Darüber hinaus möchte noch einmal betont werden, dass diese Norm die Erwartung impliziert, *überhaupt* Sex haben zu müssen.

Eva Illouz untersucht die Transformation der Liebe in der neoliberalen Gesellschaft. In ihren Untersuchungen geht sie unter anderem auf die Kommerzialisierung des „sexuellen Feldes" ein, das Konkurrenz- und Akkumulationsbedingungen unterliege (vgl. Illouz 2011, S. 432). Sie charakterisiert Sexualität als ein permanentes Bewertungskriterium (vgl. Illouz 2011, S. 432).[15] Menschen, die ihr „erotisches Kapital"[16] erfolgreich auf den Markt bringen, gewinnen sozialen Status und Selbstwert. Erfolg innerhalb des „sexuellen Feldes" sei also entscheidend, um Anerkennung zu erlangen: Dementsprechend sei das Selbstwertgefühl und die eigene Identität jener Menschen gefährdet, die sich hier nicht durchsetzen können (vgl. Illouz 2011, S. 434). Auch Goffman stellt den „sehr direkten Effekt auf die psychologische Integrität des Individuums" heraus, welcher durch „Versagen oder Erfolg beim Aufrechterhalten" von Normen auftritt (Goffman 1963, S. 158). Asexuelle Menschen wollen sich auf dem „sexuellen Feld" nicht durchsetzen, mit der Folge, dass ihnen respektlos und xenophob begegnet wird. Doch woher kommt die Norm, die die Menschen unter Druck setzt, Sex haben zu müssen? Wie ist dieser sexuelle Maßstab entstanden, der herangezogen wird, um Menschen einzuteilen, zu bewerten und zu diskriminieren? Einen Ansatz zur Erklärung bietet das Foucault'sche Sexualitätsdispositiv.

Die Vorstellung des Menschen als genuin sexuelles Wesen ist ein Wissen, welches sich in der Gesellschaft historisch formiert hat: Das Wechselspiel der Machtrelationen brachte dieses Wissen mit der Zeit hervor. Zudem wirken Wissen und Macht über Technologien der Disziplinierung auf die Subjekte ein. Weil sich Machtrelationen im Zeitverlauf verschieben, ändert sich das gesellschaftlich anerkannte Wissen dementsprechend. Das bedeutet, eine verbindliche „Wahrheit" herrscht immer in einem bestimmten Zeitrahmen. Sie gilt so lange als wahr, bis die hegemoniale Durchsetzung des bisherigen Wissens brüchig wird und sich neues Macht-Wissen konstituiert. Das Subjekt ist bedingt durch diesen Komplex aus Wissen und Macht: Als vergesellschaftetes Wesen unterliegt es den Gesetzen der gesellschaftlich anerkannten „Wahrheit". Um seinen Platz

---

15 „Auf einem sexuellen Feld konkurrieren die Akteure miteinander (1) um die sexuell begehrenswertesten Partner, (2) darum, möglichst viele Partner zu sammeln, sowie (3) darum, die eigene sexuelle Attraktivität und Leistungsfähigkeit zur Schau zu stellen." (Illouz 2011, S. 432)[31]

16 „Das erotische Kapital bezeichnet, wie attraktiv wir für andere sind, die Menge unserer sexuellen Erfahrung, die Zahl unser Sexualpartner – und wie wir all das in soziales Kapital konvertieren können." (Kruse und Illouz 2011)[42]

3.2 · Theorie

in dieser Welt zu finden und darin zu funktionieren, muss es sich zwangsläufig in die vorgegebenen Strukturen einordnen. Indem sich das Subjekt den gegebenen Verhältnissen anpasst, reproduziert es wiederum selbst die Norm (vgl. Kajetzke 2008, S. 33ff.).[17]

Die Ausrichtung der Subjekte an sexuelle Normen lässt sich als Folge der Wirkung der Bio-Macht nach Foucault (1976) in aller Kürze wie folgt beschreiben (vgl. Kajetzke 2008, S. 139): Im 17. und 18. Jahrhundert bildeten sich zwei neue Spielarten der Macht heraus (vgl. Kajetzke 2008, S. 135). Entgegen der vormodernen repressiven Souveränitätsmacht richteten sich die Disziplinarmacht und die Bio-Macht nicht mehr auf den Tod. Die zunächst wirksame Disziplinarmacht begann eine umfassende Kontrolle und Überwachung auszuüben. Im Gegensatz zur etwas später aufkommenden Bio-Macht richtete sie sich auf die einzelnen Individuen. Die Bio-Macht hingegen strebt zusätzlich eine Regulierung der gesamten Gattung an und beinhaltet zudem die gesamte Bandbreite an zuvor vorhandenen Disziplinartechniken. Durch sie wird ein Wachstum angestrebt, das menschliche Kräfte optimal ausnutzt und sich (produktivitäts-)steigernd auswirkt (vgl. Kajetzke 2008, S. 132, 134, 136). Sexualität stellt den wichtigsten Zugang zur Bio-Macht her: Sie ist das Verbindungsstück zwischen der „Disziplinierung der Körper" und der „Regulierung der Bevölkerung" (vgl. Kajetzke 2008, S. 135, 140, 142).

Die Disziplinierung wirkt auf die Körper der Subjekte, indem ihre Kräfte bewertet, intensiviert, verteilt und aufeinander abgestimmt werden (vgl. Kajetzke 2008, S. 137, 140). Institutionen wie das Gefängnis, die Schule, die Armee, die Familie oder die Individualmedizin sind Orte der Disziplinierung: Die Überwachung geht dabei nicht nur von den jeweiligen Autoritätspersonen aus, denn es handelt sich um eine geschickte, subtile, dezentrale Machtformierung (vgl. Foucault 1975, S. 258). Mit der Inkorporation der Norm ist das Subjekt zugleich Ziel als auch Träger der Machtverhältnisse. Macht geht folglich nicht von einer Person aus und richtet sich nicht auf Einzelne, sondern wird potenziell von allen Gesellschaftsmitgliedern getragen. Foucault beschreibt diese dezentrale Organisation der Macht mit dem Modell des Panopticons von Bentham: Mit dessen spezieller Architektur wird es möglich, (die Illusion) eine(r) dauerhafte(n) Überwachung zu erzeugen, die in einer permanenten Selbstkontrolle der Subjekte mündet (vgl. Foucault 1975, S. 258). Mit einem Blick auf die Institutionen wird deutlich, dass eine Wissensvermittlung hinsichtlich asexueller Aufklärung nicht oder kaum stattfindet; in der Schule beispielsweise beherrscht meist eine konservative Vermittlung heteronormativer Werte und Normen den Unterricht. Ein weiteres Beispiel des Ausschlusses asexueller Praxis stellt die „eheliche Pflicht" dar: Bis zur Reform des Ehe- und Familienrechts 1976 war es ein rechtlicher Scheidungsgrund, wenn kein Sex (mehr) in der Ehe stattfand (vgl. Bundesgesetzblatt 1976, S. 1421ff.; Lamprecht 1987).

Die Regulierung ist auf die Kontrolle der Bevölkerung ausgerichtet, indem „die Fortpflanzung, die Geburten- und die Sterblichkeitsrate, das Gesundheitsniveau, die Lebensdauer [...] zum Gegenstand eingreifender Maßnahmen" wurden (Foucault 1976, S. 135). Das Leben wird rechnerisch geplant mit den Instrumenten der Verwaltungs- und Gesundheitssysteme (vgl. ebd.: 139). Wissens- und Machtstrategien kontrollieren und modifizieren die demografische Entwicklung (vgl. ebd.: 137). Resultat der Macht über das Leben ist die Normalisierungsgesellschaft (vgl. ebd.: 139). Die Regulierung unterdrückt die Vielfalt von Sexualitäten „die mit den Hegemonien der Heterosexualität, der Fortpflanzung und des medizinisch-juristischen Diskurses bricht" (Butler 1991, S. 41). Da der Sex sowohl „zum Leben des Körpers" mit den Disziplinartechniken als auch „zum

---

17 Hierbei soll nicht unterschlagen werden, dass die gegebenen Strukturen zugleich die Voraussetzung zur Handlungsfähigkeit der Subjekte darstellen, wodurch potenzielle Fähigkeiten zum Verschieben von Normen eröffnet werden.

Leben der Gattung" (Foucault 1976, S. 141) über die Regulierungsprinzipien den Zugang eröffnet, wird Sexualität seit dem 19. Jahrhundert eingehend wissenschaftlich untersucht. Mit dem Beginn der Thematisierung der Sexualität wird ein Wissen generiert, das Ein- und Ausschlüsse produziert: Unter anderem findet durch die Medizin und Psychologie eine Pathologisierung bestimmter sexueller Praktiken statt. Als erstes Standardwerk der neuen Sexualwissenschaft erschien 1886 die *Psychopathia sexualis* von Richard von Krafft-Ebing (vgl. Brede 1984, S. 18). In seinen genauen Kategorisierungen „krankhafter" Sexualitäten erwähnt Krafft-Ebing unter dem Begriff „Anaestesia sexualis" auch Asexualität (Krafft-Ebing 1984, S. 54ff.). Das Wissen über die menschliche Sexualität wurde über das Wissen der menschlichen Fortpflanzung legitimiert, sodass die Fortpflanzung zum Normalitätsprinzip für die sexuellen Lüste, Verhaltensweisen und Körper erhoben wurde (vgl. Foucault 1976, S. 149). Die dementsprechend psycho-pathologisch aufgeladenen Kategorien lenken gesellschaftliche Identitätsangebote in vorgefertigte Bahnen. So wird nur Heterosexualität als „normal" bewertet und als universaler Orientierungspunkt für die Subjekte hervorgebracht. Das machtvolle Wissen unterwirft die Subjekte unter die Norm – es wirkt jedoch nicht einfach nur repressiv.

Mit der Errichtung des Sexualitätsdispositivs geht ein Paradox einher: Der Glaube an die Unterdrückung der Sexualität bringt hervor, dass die Menschen den Sex überbewerten. Die Geschichte der Sexualität sei nicht eindimensional durch Repression gekennzeichnet, sondern sie habe die Menschen dazu gebracht, „vom Sex zu reden" und ihre Aufmerksamkeit auf ihn zu richten (vgl. Foucault 1976, S. 143, 152). Die Wendung von einer tabuisierten Sexualität hin zu einer Sexualität, die durch produktive Macht gesteuert wird, ist längst geschehen (vgl. Foucault 1976, S. 150). Dabei ist die Rede von der Unterdrückung des Sexes der Antriebsmotor für seine Überbewertung: Aus der Abwehr eines vermeintlichen Tabus resultiert die Glorifizierung des Sexes. Die Ironie des Sexualitätsdispositives liege genau darin, uns glauben zu machen, dass es um unsere „Befreiung" ginge (vgl. Foucault 1976, S. 152): Das Sexualitätsdispositiv hat

» den ‚Sex' als begehrenswert konstituiert. Und dieses ‚Begehrens-Wert' des Sexes bindet jeden von uns an den Befehl, ihn zu erkennen, sein Gesetz und seine Macht an den Tag zu bringen. Dieses ‚Begehrens-Wert' macht uns glauben, daß wir die Rechte unseres Sexes gegen alle Macht behaupten, während es uns in Wirklichkeit an das Sexualitätsdispositiv kettet, das aus unserer Tiefe wie eine Spiegelung, in der wir uns zu erkennen meinen, den schwarzen Blitz des Sexes hat auffahren lassen (Foucault 1976, S. 151).

Das Sexualitätsdispositiv hat die „Idee des Sexes" (Foucault 1976, S. 147) als etwas Begehrenswertes geschaffen: mit der Vorstellung, dass hinter ihm das faszinierende „Geheimnis" des Menschen läge (Foucault 1976, S. 149). Darüber hinaus erhebt das Sexualitätsdispositiv den Sex zu einem Ideal, mit dem Versprechen, dass der Sex jedem Menschen Zugang zur „Selbsterkennung", zur „Totalität seines Körpers" und zu seiner „Identität" verschaffen würde (Foucault 1976, S. 150). Das Sexualitätsdispositiv binde an die Pflicht, dem Sex „die Wahrheit zu entlocken" (Foucault 1976, S. 153), das Geheimnis zu lüften und die Erkenntnis des Sexes zu enthüllen (vgl. Foucault 1976, S. 153). Die Vorstellung einer scheinbar unterdrückten Sexualität treibt das Begehren der Menschen nach Sex an und lenkt sie nun gerade unter die produktive Macht des Sexualitätsdispositivs.

Die Idealisierung des Sexes stellt eine Norm dar: Sie legitimiert die Abwertung asexueller Menschen und setzt zugleich jedes Gesellschaftsmitglied unter Druck, sein „sexuelles Kapital" unter Beweis zu stellen. Auch manche allosexuelle Menschen erleichtert es, wenn sie von Asexualität erfahren; Bogaert beschreibt, sie würden dann von der Last befreit werden, hypersexuelle Wesen darstellen zu müssen (vgl. Bogaert 2012, S. 51). Dies zeigt einerseits, welch enormer Druck in der

Gesellschaft herrscht, sexuell sein zu müssen. Andererseits zeigt es zugleich, wie sich in Abgrenzung zu Asexualität als „normal" positioniert wird: Die Erleichterung allosexueller Menschen stellt sich dadurch ein, dass sie ihr Sexleben im Vergleich zu asexuellen Menschen als aktiv einordnen können (vgl. Bogaert 2012, S. 51). Der verworfene Pol der Asexualität bestätigt also einer allosexuellen Person ihre scheinbare „Normalität". Dies verdeutlicht zudem, dass sich bestimmte Bewertungen zwar verschieben können, sie aber nicht aus dem gesellschaftlichen Kontinuum herauszulösen sind.

3.2.3 Konstruktion des Geschlechts und des Begehrens in der heteronormativen Matrix

Abschließend soll die Konstruktion von Geschlechtsidentität erläutert sowie der Zusammenhang mit der Konstruktion von Begehren hergestellt werden: Laut der Theorie der heteronormativen Matrix nach Butler bringen sich beide Modi gegenseitig hervor. Dieser Zusammenhang bildet einen zentralen Punkt der vorliegenden Forschung, denn aus ihm ergibt sich die Frage, wie eine kohärente Geschlechtsidentität aufrechterhalten werden kann, wenn es *keine* oder nur geringe sexuelle Anziehung gibt, die auf andere gerichtet ist.

Die Überlegung, dass Natur und Kultur gleichursprünglich sind, erklärt, warum *sex* immer schon *gender* sei (vgl. Butler 1991, S. 24; Gildemeister und Wetterer; Gildemeister and Wetterer 1992, S. 216). Da es für den Menschen nichts *Vor*kulturelles geben kann, entlarvt sich die Vorstellung eines „natürlichen Geschlechts" als eine Täuschung. Die Annahme der Natur als Ursprung geschlechtlicher Differenz ist eine bloße Unterstellung. Nietzsches Postulat „Gott ist todt! Gott bleibt todt! Und wir haben ihn getödtet!" verdeutlicht ein Umlenken des Glaubens: Der Ursprung liegt nicht mehr bei Gott, sondern bei den Naturwissenschaften – womit nun nicht länger metaphysische Spekulationen galten, sondern nur noch die von Menschen betriebene Wissenschaft von der Natur (Nietzsche 1887, § 125). Doch genau diese Wissenschaft enthält selbst unreflektierte Postulate vom Sein der Natur. Diese Blindheit ist Produkt seiner Geschichte. In die Naturerklärungen schleichen sich gesellschaftliche Ordnungsmuster ein und werden naturalisiert. Bereits Marx kritisierte diese Tendenz zur Enthistorisierung menschlicher Angelegenheiten: „Die Menschen machen ihre eigene Geschichte, aber sie machen sie nicht aus freien Stücken, nicht unter selbstgewählten, sondern unter unmittelbar vorgefundenen, gegebenen und überlieferten Umständen" (Marx 1852, S. 226). Damit beschreibt er die Wechselwirkung zwischen gesellschaftlicher Struktur und individueller Einbindung in die historischen Umstände. Foucault griff diesen Gedanken auf: Die Menschen können aufgrund ihrer vernetzten Historizität nicht linear auf *einen* unberührten Ursprung zugreifen, sondern sie seien einer Vielzahl von ungleichen Anfängen ausgesetzt (vgl. Foucault 1971, S. 169). Aufgrund der Unmöglichkeit, das Sein auf einen Ursprung zurückzuführen, lehnte die Biologin Anne Fausto-Sterling bereits Mitte der 1980er-Jahre die Suche nach „Letztursachen" hinsichtlich der Geschlechter ab, stattdessen sei das Verhältnis in den Blick zu nehmen (vgl. Fausto-Sterling 1985, S. 22).

---

18 Aus diesem Grund kommt es auch zu einem theoretischen Paradoxon zwischen queerer Theorie und Feminismus: Die Kategorie „Frau" ist unumgänglich, um geschlechtsbezogene Ungleichheit innerhalb der bestehenden Gesellschaftsstrukturen aufzuzeigen. Gleichzeitig reproduziert die Bezugnahme auf diese Kategorie jedoch die binäre Differenz zwischen „Mann" und „Frau". Vielfach wird der Begriff „Frau" deshalb mit dem Symbol des Sterns (*asterisk*)* versehen, um darauf hinzuweisen, dass ein Bewusstsein für dieses Dilemma besteht.

Die Unterscheidung zwischen *sex* (als biologisches Geschlecht) und *gender* (als kulturelles Geschlecht) manifestiert die Illusion einer Trennbarkeit beider Terme, statt ihre unweigerliche Verknüpfung aufzuzeigen.[18] Mit der Vorannahme eines „natürlichen Geschlechts" wird übersehen, dass die Natur immer nur in kulturellen Definitionen erfasst werden kann: Sprachliche Kategorien werden damit verwechselt, „natürliche Substanzen" zu sein (vgl. Butler 1991, S. 46). Die Differenzierung zwischen „männlich" – „weiblich" und ihre Zuordnungen

männlich	weiblich
Geist	Körper
Subjekt	Objekt
rational	emotional
aktiv	passiv
allosexuell	asexuell

etc. sind nicht natürlich, sondern werden über kollektive Übereinkünfte hergestellt, die sich in sprachlichen Konventionen ausdrücken. Die Unterscheidung zwischen Natur und Kultur ist selbst eine solche Konvention; sie bildet die Legitimationsbasis im hegemonialen Diskurs, über den „die Geschlechter-Hierarchie produziert, aufrechterhalten und rational gerechtfertigt" wird (Butler 1991, S. 31). Die Klassifizierung führt zu Ausschlüssen, die darüber legitimiert werden, angeblich natürlichen Ursprungs zu sein, sodass die gesellschaftliche Konstruktion verschleiert wird (vgl. Gildemeister und Wetterer 1992, S. 240, 242).

Die binäre Struktur der Sprache formt den Vorstellungshorizont der Menschen, wodurch Geschlechtsidentitäten auf die Dichotomie eingeschränkt werden (vgl. Butler 1991, S. 27). Da sich die Aufteilung in einem binären Muster erschöpft, wird Vielseitigkeit unzulässig: Es besteht der subtile Zwang, sich und die Mitmenschen in das Eine *oder* das Andere einzuordnen. Durch die Norm, eine *kohärente* Identität darzustellen, verfestigt sich die Geschlechtsidentität auf einer Seite der vorgefertigten Kategorisierung: Vielseitige Attribute werden zwanghaft in die scheinbar kohärenten Reihungen gepresst (vgl. Butler 1991, S. 48). Um der Kategorie „Frau" zu entsprechen, müssen Attribute ausgeschlossen werden, die der entgegengesetzten Seite zugeordnet sind, die für die Kategorie „Mann" bestimmt sind. Eine Person bestätigt ihre „eigene Geschlechtsidentität genau in dem Maße, wie er/sie nicht die andere ist, wobei diese Formel die Beschränkung der Geschlechtsidentität auf dieses binäre Paar voraussetzt und zur Geltung bringt" (Butler 1991, S. 45).

Die Negation des Entgegengesetzten findet auf allen Ebenen der Geschlechtskonstruktion (d. i. Sex-gender-desire-Praxis) statt, während die Dichotomie für das Begehren vorausgesetzt wird, um ein gegenseitiges Aufeinander-Bezogen-Sein zu instituieren. Die Konstitution der heterosexuellen Matrix setzt, was als normal gelten darf: Die Regulierung zielt darauf ab, dass sich sowohl ein Subjekt mit einer der beiden vorgegebenen Kategorien identifiziert, als auch sein Begehren auf die jeweils anders Kategorisierten richtet. Die Fiktion einer *einheitlichen* Identität stellt dabei den Antrieb für die Geschlechtsidentifizierung und das Begehren dar. Um als Person intelligibel zu sein, wird eine *eindeutige* Zuordnung in das geschlechtliche Raster eingefordert. So bedienen Menschen wiedererkennbare Muster der Geschlechterkategorien, um die verschiedenen Ebenen der Geschlechtsidentität in Übereinstimmung zu bringen (vgl. Butler 1991, S. 37). Widersetzt sich eine Person dieser Norm eines „festen" Geschlechts, riskiert sie, nicht (an)erkannt zu werden, sodass ihr soziale Sanktionierung droht:

> ‚Intelligible' Geschlechtsidentitäten sind solche, die in bestimmtem Sinne Beziehungen der Kohärenz und Kontinuität zwischen dem anatomischen Geschlecht (sex), der Geschlechtsidentität (gender), der sexuellen Praxis und dem Begehren stiften und aufrechterhalten. (Butler 1991, S. 38)

3.2 · Theorie

Die eingeforderte Einheit zwischen den Modi der Geschlechtsidentität stellt aber eine Fiktion dar, das heißt, die Norm ist ein Ideal, das unerreichbar ist. Da alle Menschen nur „Kopien ohne Original" sind, reproduziert sich die Geschlechtskonstruktion aus dieser Leerstelle: Gerade die Unmöglichkeit, diese Kohärenz zu erreichen, stellt als andauernder Versuch den Antrieb seiner Reproduktion dar (vgl. Butler 1991, S. 58; Butler 1993, S. 37).

Mit der immer wiederholenden Zitation geschlechtlich markierter Handlungen wird die Geschlechtsidentität performativ hergestellt. Eine performative Äußerung ist „diejenige diskursive Praxis, die das vollzieht oder produziert, was sie benennt" (Butler 1993, S. 36). Sie gelingt nur, indem sie einen kollektiven Code wiederholt, das heißt, sie ist abhängig vom Wiedererkennungswert, deshalb spricht Butler vom Zitieren der regulierenden Norm (vgl. Butler 1993, S. 36). Die Subjekte unterwerfen sich der heterosexuellen Norm, um intelligibel zu sein, und reproduzieren sie auf diese Weise selbst. Mit der dauernden Wiederholung des Erlaubten schreibt sich die Norm in die Körper ein, das heißt, die Performativität bewirkt mit der Zeit eine Materialisierung (vgl. Butler 1993, S. 21f.). Mit der Benennung „Es ist ein Mädchen" wird das Kind zum Mädchen *gemacht;* diese Anrufung wird im Laufe des Lebens immer wieder an es herangetragen („Du bist eine Frau") und darüber hinaus mit bestimmten Konventionen verbunden („und deshalb hast du Kinder zu bekommen") (vgl. Butler 1993, S. 29). Mit der Selbstidentifikation einer geschlechtlichen Kategorie geht die Zurichtung des eigenen Körpers und Begehrens nach Maßgabe der entsprechenden Normen einher: So wird „Frauen" vielleicht eher nahegelegt, statt Kraftsport und Proteinzufuhr Aerobic auszuüben beziehungsweise Salat zu essen. An diesem plakativen Beispiel wird ein weiteres Mal deutlich, dass es konnotative Handlungsweisen sind, die Geschlecht hervorbringen: Über sozial (vor)bestimmte Handlungsweisen muss die Geschlechtsidentität immer wieder, sich selbst und den anderen gegenüber, versichert werden: Die fiktive Einheit der Geschlechtsidentität drängt immerfort unter Beweis gestellt zu werden.

Mit dem Prinzip der konstruierten Gegenüberstellung einer entgegengesetzten Einheit wird die Illusion der eigenen geschlechtlichen Einheit aufrechterhalten, sodass das Subjekt begehrt, was es selbst nicht sein darf (vgl. Butler 1991, S. 45). Diese heteronormative Begehrensstruktur *bestätigt* dem Subjekt seine Geschlechtsidentität und wird als Folie herangezogen, mit der die Menschen sich gegenseitig einordnen.[19] Das normative Muster ist darauf ausgerichtet, dass „das Begehren die Geschlechtsidentität widerspiegelt und zum Ausdruck bringt – ebenso wie umgekehrt die Geschlechtsidentität das Begehren" (Butler 1991, S. 46). Es entsteht also ein reflexives Verhältnis, in dem das heterosexuelle Begehren die geschlechtliche Differenzierung voraussetzt, reproduziert und letztlich verfestigt.

Auf Grundlage der Theorie der heteronormativen Matrix von Butler werden wir die Wechselwirkung zwischen Geschlechtsidentität und Begehren genauer untersuchen: Die Frage ist, wie sich Asexualität auf die Kohärenz der Geschlechtsidentität auswirkt. Da sich Geschlechtsidentität und Begehren gegenseitig hervorbringen, wären folgende vier Punkte naheliegend:

---

19 Normen sind in Bezug auf das Subjekt präexistente Handlungsmuster: Das Subjekt sozialisiert sich innerhalb des Orientierungsrasters nicht frei wählbarer Normen. Normen werden ihrerseits in normalisierendem Prozess hergestellt. Der Normalismus ist somit aufgrund seines Produktionscharakters im Vergleich zur Norm postexistent (vgl. Jäger 2012, S. 53)[32].

1. Mit der Abwesenheit sexueller Anziehung wäre eine mögliche Verunsicherung der (Geschlechts-)Identität zu erwarten.
2. Darüber hinaus ist zu überprüfen, inwiefern asexuelle Menschen ihre Geschlechtsidentität nicht über ihr sexuelles Begehren bestätigen und gegenüber anderen absichern, sondern andere Wege der Verifizierung ihrer Identität suchen. Wie in ▶ Abschn. 3.1 beschrieben, ist laut Bogaert das Begehren aus verschiedenen Elementen zusammengesetzt. Daher wäre es interessant, die verschiedenen Bestandteile des Begehrens zu berücksichtigen: Möglicherweise verlagert sich der Rückbezug der Geschlechtsidentifikation auf einen bestimmten Bestandteil des Begehrens. Zudem wäre es naheliegend, wenn beispielsweise heteroromantische asexuelle Menschen ihre Identität über ihren romantischen Bezug zum „anderen Geschlecht" herstellen.
3. Aufgrund des Wechselverhältnisses zwischen Geschlechtsidentität und Begehren ist es denkbar, dass asexuelle Menschen eine ageschlechtliche Identität bevorzugen.[20] Die Untersuchungen Bogaerts unterstützen unsere These: „Interestingly, although the majority of asexual people seem to identify as male or female, there is evidence that a surprisingly high percentage do not want to categorize themselves in this way" (Bogaert 2012, S. 77). In Lori Brottos Studie zu Asexualität haben sich rund 13 % der Befragten geweigert, sich in eine der vorgegebenen Kategorien „Mann" oder „Frau" einzuordnen (vgl. Brotto et al. 2010, S. 601, 615).[21] In Anbetracht der geringen Identifikation mit Ageschlechtlichkeit in der Gesamtbevölkerung (1–2 %) ist der Anteil innerhalb der marginalisierten Gruppe der asexuellen Menschen sehr hoch: Bogaert schließt daher auf einen signifikanten Zusammenhang zwischen Asexualität und nicht-traditioneller Geschlechtsidentität (vgl. Bogaert 2012, S. 77).
4. Vor dem Hintergrund der sozialkonstruktiven Geschlechterdifferenz wird untersucht, wie sich die unterschiedlichen sexuellen Ansprüche auf asexuelle Menschen auswirken, die sich mit der Kategorie „Mann" oder „Frau" identifizieren. Studien zeigen, dass die sexuellen Doppel-Standards auf subtile Weise nach wie vor wirksam sind: Für „Frauen" gelten strengere Restriktionen, während ein frivoles sexuelles Verhalten von „Männern" erwartet wird (vgl. Crawford und Popp 2003, S. 13). „Frauen" werden für sexuelle Aktivität eher bestraft als „Männer". In einer Studie wurden 165 heterosexuelle Studentinnen über ihre Einstellungen zu promiskuitivem Verhalten befragt: 93 % von ihnen glauben, dass „Frauen" dafür, viele Sexualpartner*innen zu haben, verurteilt werden. Die Teilnehmerinnen assoziieren ‚Frauen' dann mit Worten wie „„Schlampe", „leichtes Mädchen" und „billig" (Milhausen und Herold 1999, S. 365; Übers. A.J.B.). Hingegen nehmen 48 % der Befragten an, dass „Männer" für gleiches Verhalten belohnt werden; assoziiert werden sie dann eher mit Worten wie „erfahren" und „selbstsicher" (Milhausen und Herold 1999, S. 365; Übers. A.J.B.). Gegenüber den geschlechtlich unterschiedlichen Einstellungen zu Promiskuitivität beschäftigt sich unsere Frage damit, wie sich die sexuellen Doppel-Standards auf die Reaktionen bezüglich asexuellen Verhaltens auswirken.

---

20 Anm. I: Uns geht es hierbei selbstverständlich nicht darum, Menschen ihre Geschlechtsidentität abzusprechen, sondern gerade im Gegenteil: Ausgangspunkt für die Untersuchung ist die Identität, der sich die Befragten selbst zuordnen. Anm. II: Diese These entstand auch aufgrund von nicht-wissenschaftlichen Alltagsbeobachtungen: Eine Überschneidung zwischen Neutrois und Asexualität ist auf einschlägigen Websites sichtbar – zum Beispiel im Zine ‚Wer a sagt muss nicht b sagen' und auf der Website http://asexyqueer.blogsport.de[66][67].

21 Da diese Möglichkeit in Brottos Studie vorher nicht bedacht wurde, blieben alle, die sich nicht in das binäre Geschlechtsmuster einordneten, in der Studie unberücksichtigt, das heißt, aus den ursprünglich 214 Befragten wurden 27 Personen ausgeschlossen.

3.3 Methodologie der Arbeit

3.3.1 Herleitung der Forschungsfrage

Nachdem Einigung darüber erfolgt war, sich mit asexuellen Identitäten zu beschäftigen, musste der Forschungsfokus weiter spezifiziert werden. Zu diesem Zweck wurde zunächst ein Brainstorming in der Gruppe durchgeführt, um den Wissensstand anzugleichen, sich kritisch mit möglichen Vorurteilen auseinanderzusetzen und Ideen zu generieren. Auf diese Weise entstand bald Konsens über die Themenkomplexe, für welche wir uns am meisten interessierten: Coming-out und Stigmatisierung. Dabei war immer wieder von einem „Bruch" in der Identität die Rede. Ohne diesen weiter zu spezifizieren, war es ein Ausdruck für einen fundamentalen Wandel in der Identitätsentwicklung. Wir fragten uns, ob ein asexuelles Coming-out[22] oder Stigmatisierungserfahrungen einen solchen „Bruch" herbeiführen können, kamen aber zu der Überzeugung, dass es sich dabei um einen zu starken Begriff handelt. Daher entwickelten sich zunächst folgende Forschungsfragen: *Inwiefern wird die Konstitution von asexuellen Identitäten durch Stigmatisierung oder Schlüsselereignisse in der Biographie geprägt? Wie hängen diese Faktoren mit der Geschlechtsidentität zusammen?* Durch unsere Vorüberlegungen bezüglich prägnanter Ereignisse wie der Identifikation mit Asexualität (Coming-in) oder den Coming-outs (s. oben) konkretisierten sich diese zu folgenden Forschungsfragen: *Was sind Ursachen und Folgen von Stigmatisierung asexueller Menschen, und wie wirken sich Ereignisse wie das Coming-in und das Coming-out auf die Konstitution ihrer Identität aus? Wie hängen diese Faktoren mit der Geschlechtsidentität zusammen?*

Um unsere Forschungsfrage zu beantworten, wäre ein *Mixed Methods-Ansatz* angemessen. Schnell wurde jedoch klar, dass dies ein zu umfangreiches und zeitaufwendiges Verfahren für den Rahmen der Lehrforschung darstellt. Mit einem qualitativen Forschungsdesign sind sowohl Makro- als auch Mikroebene erfassbar: Da der Mensch ein gesellschaftliches Wesen ist, spiegeln sich gesellschaftliche Normen in den Erfahrungen des Einzelnen wider. Daher wird auch dieser Ansatz unserer Fragestellung gerecht: Bisher gibt es nur wenig (soziologische) Forschung im Bereich der Asexualität, insbesondere im deutschen Sprachraum. Daher sollte die Vorgehensweise durch Erkenntnisoffenheit und Flexibilität charakterisiert sein. Außerdem ist für die gewählte Forschungsfrage die subjektive Sichtweise asexueller Personen ausschlaggebend. Ausführliche Interviews sollten es ermöglichen, diese Sicht zu rekonstruieren und individuelle Erfahrungen einzubeziehen. So zielt die gewählte Interviewform auf „eine möglichst unvoreingenommene Erfassung individueller Handlungen sowie subjektiver Wahrnehmungen und Verarbeitungsweisen gesellschaftlicher Realität" (Witzel 2000, S. 1). Auf die Form der Interviews sowie deren Durchführung wird in ▶ Abschn. 3.3.3.2 noch eingegangen. Zunächst soll die qualitative Vorgehensweise näher erläutert und ihre Wahl begründet werden.

---

22 Dabei handelt es sich jedoch meist nicht um *ein* signifikantes Coming-out, sondern um mehrere Coming-outs in unterschiedlichen Kontexten. „'Coming out' is commonly defined as a revelation or acknowledgment that one is a member of a sexual minority" (Tamashiro 2004)[64].

3.3.2 Qualitative Sozialforschung

Laut Przyborski und Wohlrab-Sahr (2014) werden in den Methoden der qualitativen Sozialforschung zwei Sinnebenen unterschieden. Ausgangspunkt ist die Annahme, dass Menschen die alltäglichsten Handlungen ausführen, ohne darüber nachdenken zu müssen, denn

> die Sozialwelt ist nicht ihrem Wesen nach ungegliedert. Sie hat eine besondere Sinn- und Relevanzstruktur für die in ihr lebenden, denkenden und handelnden Menschen. In verschiedenen Konstruktionen der alltäglichen Wirklichkeit haben sie diese Welt im voraus gegliedert und interpretiert, […] sie verhelfen den Menschen in ihrer natürlichen und soziokulturellen Umwelt ihr Auskommen zu finden (Schütz 1971, S. 6).

Diese Sinnstruktur der alltäglichen Wirklichkeit stellt dabei die erste Sinnebene dar. Schütz argumentiert weiter, die Annahmen, welche von Sozialwissenschaftler*innen über das Handeln von Menschen getroffen würden, seien demnach „Konstruktionen zweiten Grades: es sind Konstruktionen jener Konstruktionen, die im Sozialfeld von den Handelnden getroffen werden" (Schütz 1971, S. 7).

Die zweite Sinnebene „ist auf das praktische, habituelle Handeln[23] sowie auf den „objektiven Sinn" beziehungsweise den „Dokumentsinn" bestimmter Äußerungen gerichtet" (Przyborski und Wohlrab-Sahr 2014, S. 20). „Diese Analyseeinstellung hat dann nicht – wie es im Alltag meist der Fall ist – das im Blick, was jemand meint oder sagen will, sondern die Sinnstruktur, die seinem Handeln zugrunde liegt." (Przyborski und Wohlrab-Sahr 2014, S. 19f.) Strukturelle normative Zwänge, welche von Geburt an auf das Individuum einwirken, schlagen sich in seinem Denken nieder und beeinflussen so sein Handeln. Ein Beispiel dafür ist das Konzept der Heteronormativität (s. ▶ Abschn. 3.2.3). Die Auswirkungen dieses Normengefüges zu untersuchen, ist ein Ziel der vorliegenden Forschung.

Um den größtmöglichen Erkenntnisgewinn zu gewährleisten, wurde auf das Generieren von Prüfhypothesen vor dem Auswertungsprozess verzichtet. Der Blick auf die Daten sollte nicht durch zuvor formulierte Annahmen eingegrenzt werden, sondern Interpretationen einen weiten Spielraum bieten. Unvermeidlich ergab sich aus dem zuvor angeeigneten Wissen über Asexualität eine Reihe von Vorüberlegungen. Wie sich noch zeigen wird, decken sich die im Material gefundenen Thesen weitestgehend mit diesen Vorüberlegungen. Des Weiteren ist ein theoretischer Hintergrund nötig, um die entstandenen Deutungen zu unterfüttern. Er „[dient] der Schärfung des Erkenntnisinteresses und [muss] mit den Ergebnissen in Verbindung gebracht werden, da nur so ein allgemeiner Erkenntnisfortschritt möglich wird" (Przyborski und Wohlrab-Sahr 2014, S. 30). Wir begannen den Auswertungsprozess mit dem Anspruch, dieses Wissen zunächst möglichst unberücksichtigt zu lassen. Gemäß der Zirkularität des qualitativen Forschungsansatzes werden jedoch nach und nach Deutungen mit theoretischen Befunden in Zusammenhang gebracht. So stehen Theorie und Auswertung in Wechselwirkung.

---

23 Habituellem Handeln liegen „objektiv klassifizierbare Praxisformen" (Bourdieu 1982, S. 277)[3] zugrunde, durch welche jede Person im *Raum der Lebensstile* positioniert wird. „Der Habitus ist", wie bereits oben angemerkt, „nicht nur strukturierende, die Praxis wie deren Wahrnehmung organisierende Struktur, sondern auch strukturierte Struktur" (Bourdieu 1982, S. 279)[3].

3.3.3 Interviewform

In der qualitativen Sozialforschung existiert ein breitgefächertes Spektrum an unterschiedlichen Interviewformen. Die Bezeichnungen sind nicht immer eindeutig, da Wissenschaftler*innen die verschiedenen Formen selbst unterschiedlich definieren und verordnen (vgl. Helfferich 2011, S. 34). Eine der populärsten Interviewformen ist das von Fritz Schütze entwickelte narrative Interview (vgl. Schütze 1983). Seine Ansätze gehen auf den symbolischen Interaktionismus zurück: „Methodisch zog Schütze […] aus dieser interaktionstheoretischen Fundierung die Konsequenz, dass soziologische Forschung selbst sich kommunikativer Verfahren bedienen muss" (Przyborski und Wohlrab-Sahr 2014, S. 79). Also bot sich das narrative Interview als Forschungswerkzeug an.

Die in dieser Arbeit verwendete Form des Interviews kann als eine Mischform aus narrativem und problemzentriertem Interview bezeichnet werden. Die Rekonstruktion der gesamten Biographie mithilfe eines autobiographisch-narrativen Interviews wäre zu umfangreich und für die Beantwortung der Forschungsfrage nicht unbedingt zielführend gewesen. Daher wurde ein Leitfaden entwickelt, um dem Interview ein Thema und einen roten Faden zu geben. Narrativ war das Interview insofern angelegt, als Erzählstimuli verwendet wurden, um umfangreiche und offene Narrationen zu erhalten. Außerdem interessierten uns durchaus Prozessstrukturen, beispielsweise die Entwicklung der Identität im Zuge der Identifikation mit Asexualität und den Coming-outs. Allerdings sollte sich das Interview der Forschungsfrage entsprechend mit gesellschaftlichen und biographischen Problemen befassen. Die Entscheidung fiel deshalb auf eine Form des Interviews, welche darauf zugeschnitten und stärker durch Nachfragen beeinflussbar ist.

Das problemzentrierte Interview wurde 1982 von Andreas Witzel entwickelt. Witzel schlägt für die Durchführung einer qualitativen Untersuchung mithilfe eines problemzentrierten Interviews einen Kurzfragebogen, den Leitfaden, die Tonbandaufzeichnung sowie ein Postskriptum als Hilfsmittel vor (vgl. Witzel 1985, S. 236). Der Kurzfragebogen dient zur Erfassung demografischer Daten zu Beginn des Interviews, das Postskriptum zum Festhalten persönlicher Eindrücke und Notizen nach der Durchführung des Interviews.

Der Leitfaden[24] eines solchen Interviews besteht aus Erzählstimuli, welche am Anfang eines jeden thematischen Blocks stehen und die interviewte Person dazu anregen sollen, möglichst frei und ausführlich alles zu berichten, was für sie relevant ist. Im Anschluss daran stehen im jeweiligen Block zusätzlich Detailfragen bezüglich ausgelassener oder wenig ausführlich behandelter Aspekte, welche für die Beantwortung der Forschungsfrage essenziell erscheinen. Durch sie kann die befragende Person den Fokus immer wieder auf das zu untersuchende Problem lenken, um eine möglichst vollständige Narration zu erreichen (vgl. Helfferich 2011, S. 36; Witzel 1985, S. 236f.). Das genaue Vorgehen bei der Erstellung dieses Leitfadens soll im Folgenden erläutert werden.

3.3.3.1 Leitfadenerstellung

Nachdem die Forschungsfrage im Gruppenprozess entwickelt und die passende Erhebungsmethode ausgewählt wurde, richteten wir uns bei der Erstellung des Leitfadens nach dem

---

24 Witzel verwendet das Wort „Leitfaden" nur ungern, er versteht darunter vielmehr eine Hilfestellung zur Gesprächsführung. Er ist demnach flexibel einzusetzen und soll als Überblick über Themen und mögliche zu stellende Fragen dienen. Der „Gesprächsfaden" soll jedoch durch die interviewte Person bestimmt werden (vgl. Witzel 1985, S. 236)[60].

SPSS-System von Cornelia Helfferich (2011, S. 182): Sammeln, Prüfen, Sortieren und Subsumieren. Zunächst wurden alle der Forschungsfrage entsprechenden möglichen Interviewfragen gesammelt, dabei sollte die Liste so umfangreich wie möglich sein. Im zweiten Schritt wurden alle Fragen gestrichen, welche nicht den Anforderungen des Leitfadens gerecht wurden, beispielsweise Faktenfragen oder solche, die bestimmte Erwartungen implizierten. Die übrig gebliebenen Fragen sortierten wir nach Themenblöcken: Der erste handelte vom Coming-in. Er zielte darauf ab, wie die Befragten dieses empfinden, und fragte nach auslösenden Faktoren. Der zweite Block beschäftigte sich mit Coming-out-Erfahrungen. Hierbei bezog sich eine Fragestellung auf die geschlechtliche Identität. Im letzten Themenblock sollte herausgefunden werden, wie asexuelle Menschen die geringe Aufklärung bezüglich ihrer sexuellen Orientierung in der Öffentlichkeit empfinden und welche Wünsche sie diesbezüglich haben. Im letzten Schritt der Leitfadenerstellung wurden diese Blöcke noch einmal subsumiert, das heißt, dass für jeden Block ein Erzählstimulus ausgewählt wurde. Es sollte „ein guter, das heißt möglichst erzählgenerierend wirkender und möglichst wenig Präsuppositionen enthaltender Impuls" (Helfferich 2011, S. 185) sein. Ihm untergeordnet wurden potenzielle Nachfragen, die gestellt werden konnten, um den Gesprächsverlauf zu lenken oder bereits angesprochene Aspekte zu vertiefen.

3.3.3.2 Ablauf der Interviews

Unter Berücksichtigung des zeitlichen Rahmens sowie des thematischen Umfangs des Leitfadens wurde die Anzahl der Interviews auf fünf festgelegt. Jede der Forscher*innen führte jeweils ein Interview, während ein zweites Gruppenmitglied hospitierte. So konnte der Lerneffekt für die Forschenden maximiert werden und die Zahl der Anwesenden blieb auf eine zumutbare Zahl reduziert, um die Offenheit und das Vertrauen der interviewten Personen nicht durch unnötig viele Zuhörer*innen einzuschränken. Die Interviews dauerten zwischen 35 und 90 Minuten. Die interviewten Personen waren ausnahmslos mit einer Tonaufzeichnung einverstanden. Bei der Gesprächsführung richteten sich die Befragenden nach dem im Vorfeld gemeinsam entwickelten Leitfaden.

Die Forschungsperspektive, welche dieser Arbeit zugrunde liegt, stellt das Konzept der Heteronormativität infrage. Das sollte im Umgang mit den Teilnehmer*innen berücksichtigt werden und durch den Gebrauch einer Sprache deutlich werden, die versucht, der Vielfältigkeit von Geschlecht gerecht zu werden. Methodisch stellte uns dies vor Herausforderungen, da wir uns auch für Stigmatisierungserfahrungen interessierten, welche mit Geschlecht in Verbindung stehen. Daraus ergab sich die Aufgabe, die geschlechtliche Identität[25] abzufragen, ohne von einem binären Kategoriensystem auszugehen. Wir verfolgten den Lösungsansatz, die Teilnehmer*innen zu bitten, ihre geschlechtliche Identität deskriptiv oder mit eigenen Kategorien so darzulegen, wie sie diese empfinden. Dieser Ansatz erwies sich bei den interviewten Personen als fruchtbar.

---

25 Dabei muss unterschieden werden zwischen dem Geschlecht, welches von außen zugeschrieben wird, und dem selbst empfundenen. Zunächst wird jede Person im Alltag den normativen Kategorien entsprechend als „Mann" oder „Frau" eingelesen. Die geschlechtliche Identität, die das Individuum selbst empfindet, kann jedoch davon abweichen. Es war uns wichtig, diese Identität besonders zu respektieren und sie daher gesondert abzufragen. Geschlechtsbezogene Stigmatisierung hat also zwei Seiten. Die Relevanz dieser Unterscheidung wird umso deutlicher, wenn man in Betracht zieht, dass ein Trans*mann zu den Interviewten gehörte.

3.3.4 Teilnehmer*innenfindung

Um Teilnehmer*innen für die Interviews zu finden, verfassten wir eine Anfrage, in der wir über unser Vorhaben informierten und gleichzeitig unsere Solidarität[26] betonten sowie das Ziel, zur Sichtbarkeit von Asexualität beizutragen. Aufgrund der Vorüberlegungen bezüglich des queeren Ansatzes unserer Forschung suchten wir auch in der Queer-Szene nach möglichen Teilnehmer*innen. Die Anfrage wurde an E-Mail-Verteiler verschickt, hauptsächlich solche, die sich thematisch mit queeren oder LSBTI*-Kontexten befassen. Auch beim deutschsprachigen AVEN-Forum[27] fragten wir an, ob der Aufruf zum Interview eingestellt werden könne. Zunächst erhielten wir vom Ansprechpartner des Forums keine Antwort, woraufhin eine am Interview interessierte Person anbot, den Aufruf ins Forum zu stellen. Nachdem die Rückmeldungen von Interessierten zunächst langsam anliefen, wurde die Resonanz schnell größer. Überraschend war, wie viele asexuelle Personen sich meldeten, die auch bereit waren, ein Interview zu führen. Schließlich mussten neben den fünf Zusagen an die Personen, die wir interviewen wollten, leider auch einige Absagen erteilt werden. Die Entscheidung wurde hauptsächlich aufgrund der Erreichbarkeit der Personen getroffen, um die Kosten und den zeitlichen Aufwand möglichst gering zu halten. Da die Rückmeldungen aus dem AVEN-Forum erst später erfolgten, fiel die Wahl hauptsächlich auf Personen, die sich auf die Anfrage aus den Queer-Verteilern zurückgemeldet hatten. Es ist also kein Zufall, dass die meisten Teilnehmer*innen aus diesem Kontext kommen.

Alles in allem war die Resonanz trotz des begrenzten Rahmens, in dem wir versuchten, Teilnehmer*innen zu finden, recht groß. Dies deutet nicht nur darauf hin, dass es mehr asexuelle Menschen gibt, als man zunächst annehmen mag. Es zeigt auch, dass es ihnen durchaus ein Anliegen ist, mehr Sichtbarkeit zu schaffen und andere über diese sexuelle Orientierung aufzuklären.

Bei den interviewten Personen handelt es sich um Menschen, die sich nach eigener Definition im asexuellen Spektrum verorten. Im Kurzfragebogen, welcher vor dem Interview bearbeitet wurde, sollte unter anderem beschrieben werden, wie die Person ihre geschlechtliche Identität empfindet. Diese Selbstbeschreibung war für verschiedene Aspekte der Auswertung äußerst relevant, da Stigmatisierung im Fokus des Erkenntnisinteresses steht und von der Norm abweichende geschlechtliche Identitäten oft damit konfrontiert werden.

Allgemein war eine deutlich kritische Einstellung zur Binarität der Geschlechter bei allen Teilnehmern*innen zu erkennen. Durch ihre Ausführungen wurde ersichtlich, dass sie das Konzept der geschlechtlichen Identität reflektiert hatten und das binäre System hinterfragten. Daher ist es nicht verwunderlich, dass die meisten Interviewten beruflich oder privat in der Queer-Szene aktiv sind. Eine starke Auseinandersetzung mit gesellschaftlichen Normen, insbesondere Heteronormativität, aber auch mit Machtverhältnissen und daraus resultierenden Ausgrenzungsmechanismen ist für die Befragten durchaus relevant. Hinzu kommt die Kritik an Naturalisierungen „und zwar in dem Sinn, dass Normalität zur Natur beziehungsweise Natürlichkeit erhoben wird" (Degele 2008, S. 52).

Die befragten asexuellen Menschen teilen demnach viele Ansichten der Queer- und LSBTI*-Szene. Sie kritisieren die mit Sexualität verbundenen Normalitätsvorstellungen der Gesellschaft. Die Vermutung liegt nahe, dass die Identifikation mit den Zielen der Szene(n) zur Assoziation mit queer geführt hat und vorangegangene Stigmatisierungserfahrungen dabei eine Rolle spielten.

---

26 Zur Verortung wissenschaftlicher Forschung als solidarische vgl. Mecheril (2001).
27 Größtes deutsches Forum für asexuelle Menschen: http://asexuality.org/de/

Möglich ist auch eine Partizipation an der Szene aufgrund einer vorübergehenden Identifikation mit Homosexualität. Diese wird als vermeintliche Antwort auf das mangelnde heterosexuelle Interesse gesehen, noch bevor eine Selbst-Identifikation mit Asexualität erfolgt.[28] Dadurch verschiebt sich das Alter, in dem es zu einem asexuellen Coming-in kommt. Bei den Teilnehmer*innen lag dieser Zeitpunkt zwischen dem 20. und 30. Lebensjahr. Des Weiteren besteht die Möglichkeit, den Begriff der Asexualität erst durch den Eintritt in die Queer-Szene zu entdecken und sich daraufhin damit zu identifizieren, wie es bei dem Befragten Johnny geschah. Der Zusammenhang zwischen Asexualität und der Tendenz zur queeren Szene wird in der Auswertung genauer betrachtet.[29] Für eine bessere Nachvollziehbarkeit der Auswertung sollen nun einige Details zu den jeweiligen Teilnehmern*innen erläutert werden.

Die asexuelle Teilnehmerin *Lena* beschrieb sich als „weiblich", stellte jedoch das gesellschaftliche Bild der „Frau" an sich infrage. Sie engagiert sich öffentlich für die Sichtbarmachung von Asexualität und ist die Einzige der Befragten, die sich nicht in queeren Kontexten bewegt. Auch *Luca* bezeichnete sich als „weiblich", betonte jedoch die Notwendigkeit, ein binäres Konstrukt abzulehnen und stattdessen von der Fluidität von Geschlecht auszugehen. Ihre sexuelle Orientierung beschreibt sie als weitestgehend graysexual, wobei sie es teilweise auch in Betracht zieht, sich als demi-sexual zu bezeichnen. *Alex* bezeichnet sich als agender, ist jedoch mit dem weiblichen Pronomen einverstanden. Sie gibt an, aromantisch und asexuell zu sein. Beruflich betreibt sie Bildungsarbeit im queeren Kontext. *Johnny* versteht sich als Trans*mann. Das Coming-out bezüglich seiner Trans*Identität geschah biographisch vor seiner Identifikation mit Graysexuality.[30] Privat engagiert er sich stark in der queeren sowie in der „linken Szene". *Jasper* beschreibt sich als asexuell und gray-romantic, ordnet sich nicht geschlechtlich ein und möchte anstelle eines Pronomens mit Jasper angesprochen werden. Das Engagement in der queeren Szene ist auch bei Jasper stark ausgeprägt.

3.3.5 Auswertungsmethode

Nach der Interviewführung wurden die Interviews zunächst transkribiert. Dabei richteten wir uns nach der Vorlage für ein einfaches Transkriptionssystem nach Dresing und Pehl (2013). Dabei werden betonte Wörter durch Großschreibung gekennzeichnet, Unterbrechungen durch einen Schrägstrich. Pausen werden durch Auslassungspunkte in Klammern gekennzeichnet: Die Zahl der Punkte steht dabei für die Länge der Pause in Sekunden, ab 4 Sekunden steht die entsprechende Zahl der Sekunden in Klammern. Nonverbale Reaktionen oder emotionale Äußerungen stehen ebenfalls in Klammern. Die Auswertung der transkribierten Interviews wurde relativ offen gestaltet. Anstatt streng auf einer Methode zu beharren, erschien es sinnvoller, hilfreiche Praktiken aus verschiedenen Auswertungsverfahren anzuwenden. Als übergeordnete Strategie entschieden wir uns für ein gruppenhermeneutisches Verfahren. Alle fünf Interviews wurden

---

28 Jasper spricht beispielsweise von einem „semi lesbische[n] Coming-out". Dabei handelt es sich nicht um eine homosexuelle, sondern vielmehr um eine asexuelle Orientierung, die noch nicht so benannt worden ist: „'Wenn ich es mir vorstelle, fände ich Sex mit Frauen weniger ekelig als Sex mit Männern.' Woraufhin dann irgendwie so die Person [meinte, Anm. AJB] (.) war auch okay ähm (.) ich bin anscheinend jetzt lesbisch, sonst irgendetwas, aber in Wahrheit war es so ein ‚DER Sex ist weniger ekelig als DER Sex'". Darauf wird im Abschn. „Auswirkungen der Heteronormativität auf Lebens- und Identitätsentwürfe" noch einmal Bezug genommen.

29 Siehe Abschn. „Die Queer-Community und Asexualität".

30 Darauf wird in der Auswertung noch Bezug genommen: Abschn. Trans*Identität und Asexualität".

3.3 · Methodologie der Arbeit

von allen Forscher*innen der Gruppe zusammen ausgewertet. So konnten die meisten Deutungen generiert und gleichzeitig von verschiedenen Standpunkten kritisch hinterfragt werden. Die unterschiedlichen Verständnishintergründe der Gruppenmitglieder ermöglichten stets angeregte und fruchtbare Diskussionen. Im Folgenden wird die genaue Vorgehensweise bei der Auswertung des Datenmaterials näher erläutert.

Das Ziel sollte das Erstellen einer grundlegenden Forschungsarbeit zu asexuellen Identitäten sein, welche von der Wissenschaft bisher weitestgehend außer Acht gelassen wurden, mit dem Anspruch, mögliche Ansätze für weiterführende qualitative und quantitative Forschung aufzuzeigen. Die Grounded Theory (Methodologie) nach Glaser und Strauss[31] stringent zu verfolgen, um eine neue, eigenständige Theorie zu entwickeln, war daher nicht zielführend und stellte schon in Anbetracht des zeitlichen Rahmens keine realistische Option dar. Allerdings erwiesen sich einige methodische Werkzeuge aus der Grounded Theory-Methodik durchaus als nützlich.

Unsere Vorgehensweise war angelehnt an die Methode des Kodierens aus der Grounded Theory. Sie besteht aus drei Schritten: dem *offenen*, dem *axialen* und dem *selektiven Kodieren*. Diese Schritte werden nicht einfach chronologisch abgearbeitet, sondern wechseln sich während der Analyse ständig ab. Wir werden hier nur eine kurze Beschreibung dieser Methode liefern, um ihre Wahl zu begründen, und uns dabei auf die Aspekte beschränken, welche für das angewandte Vorgehen relevant sind.

Beim *offenen Kodieren* werden die Daten zunächst konzeptualisiert (vgl. Strauss und Corbin 1996, S. 45). Konzepte sind „Bezeichnungen oder Etiketten, die einzelnen Ereignissen, Vorkommnissen oder anderen Beispielen für Phänomene zugeordnet werden" (Strauss und Corbin 1996, S. 43). Hat man bestimmte Phänomene in den Daten gefunden, kann man die dazugehörigen Konzepte gruppieren. Bei dieser „Klassifikation von Konzepten" (Strauss und Corbin 1996, S. 43) handelt es sich um Kategorien. Das *axiale Kodieren* zielt darauf ab, diese Kategorien zu verfeinern, sie im Hinblick auf Ursachen und Kontext des zugrunde liegenden Phänomens zu untersuchen sowie auf „die *Handlungs- und interaktionalen Strategien*, durch die es bewältigt, mit ihm umgegangen oder durch die es ausgeführt wird; und die *Konsequenzen* dieser Strategien" (Strauss und Corbin 1996, S. 76, Herv. i. O.). Die dabei entstehenden Präzisierungen heißen Subkategorien. Intervenierende Bedingungen, zu denen beispielsweise Zeit, Kultur, sozial-ökonomischer Status und die individuelle Biographie gehören, wirken sich auf diese Strategien aus (vgl. Strauss und Corbin 1996, S. 82) und dürfen daher bei der Auswertung nicht außer Acht gelassen werden. Beim *selektiven Kodieren* wird eine Kernkategorie ausgewählt, mit anderen Kategorien verbunden und das ganze Kategoriensystem noch weiter verfeinert.

Dies ist die vereinfachte Darstellung der Methode. Verfolgt man das eigentliche Ziel der Grounded Theory, so würde man den Prozess so lange und intensiv fortführen, bis man eine fundierte Theorie entwickelt hat. In der vorliegenden Forschungsarbeit diente sie als Werkzeug, welches sich im Laufe des Auswertungsprozesses zur Erzeugung von Schlüsselkategorien als hilfreich erwies: Zunächst wurde eines der Interviews ausgewählt, welches exemplarisch besonders ausführlich bearbeitet wurde. Dabei kristallisierten sich bereits vielfältige Konzepte und erste grobe Kategorien im Sinne von Strauss und Corbin (1996) heraus, welche sich im Zuge der Interpretation weiterer Interviews verfestigten. Durch den ständigen Vergleich der betreffenden Interviewpassagen wurden diese Kategorien weiter analysiert und verfeinert. Die Zirkularität des qualitativen Forschungsprozesses spielt bei diesem Vorgehen eine große Rolle, ihre Bedeutung für

---

31 Siehe bspw.: Glaser und Strauss (2010).

das Verfahren der Grounded Theory wird von den Autoren nicht zufällig akzentuiert.[32] Frühere Deutungsergebnisse wurden immer wieder hinterfragt, zum Teil verworfen oder beim Vergleich von Fällen modifiziert. So ergaben sich schließlich folgende Kernkategorien, die den Auswertungsprozess nach und nach strukturierten: *Heteronormativität, Pathologisierung, Unsichtbarkeit, Begrifflichkeit, Vermeidungsstrategien, Wunschgemeinschaft(en) und Verworfenheit(en)* sowie *Asexualität und queere Geschlechtsidentitäten*. Dementsprechend wird auch der folgende Auswertungsteil nach diesen Bereichen strukturiert.

Aufgrund des Umfangs und der Dichte des Materials war es wichtig, sich die Forschungsfragen immer wieder ins Gedächtnis zu rufen: *Was sind Ursachen und Folgen von Stigmatisierung asexueller Menschen, und wie wirken sich Ereignisse wie das Coming-in und das Coming-out auf die Konstitution ihrer Identität aus? Wie hängen diese Faktoren mit der Geschlechtsidentität zusammen?* Mit diesem Fokus wurden die relevanten Phänomene der vorliegenden Daten identifiziert. Dabei handelt es sich vor allem um (direkte oder indirekte) Ursachen und Folgen von Stigmatisierung.

3.4 Auswertung

3.4.1 Stigmatisierung von Asexualität aufgrund von Heteronormativität

Im Laufe unserer Lehrforschung kristallisierte sich recht früh heraus, dass Stigmatisierung von Asexualität oft in Zusammenhang mit Normen steht, die sich auf Liebesbeziehungen und Sexualverhalten beziehen. Normen wirken auf alle Lebensbereiche der Menschen. Sie bieten ein Repertoire an Verhaltensweisen, an denen sich das Individuum orientieren muss, um an der Gesellschaft teilhaben zu können. Das bezieht sich ebenso auf den privaten Sektor, in welchem die Hetero- und Sexnormativität dem*der Einzelnen vorgeben, wie ein gesellschaftlich erwünschtes Verhalten auszusehen hat. Es werden normative Vorstellungen von „gesunder Körperlichkeit" und „angemessenes Sozialverhalten, sowie normalisierende Identitätszuschreibungen" (Hartmann 2007, S. 9) transportiert. Alle Formen von Interaktionsprozessen suggerieren dem Individuum stets, welche Verhaltensweisen gesellschaftlich legitimiert sind und welche tendenziell keine Anerkennung erfahren würden. Mead erklärt in dem Zusammenhang, dass die Identität sich in einem gesellschaftlichen Prozess entwickelt, wodurch das Individuum grundsätzlich in einem Austausch mit den „Mitgliedern der Gruppe" steht (Mead 1934, S. 207). Es wird sich im Folgenden zeigen, dass in unserer Gesellschaft inoffizielle und offizielle Regeln und Normen darüber herrschen, ab welchem Alter und nach welcher Dauer der Beziehung sexuelle Aktivität in einer Beziehung erwünscht ist. „Offiziell" und „inoffiziell" meinen in diesem Zusammenhang, ob die Normen direkt von außen an das Individuum herangetragen werden oder sie dadurch transportiert werden, dass das Individuum sich mit dem Rest der Gruppe in Relation setzt. Als asexuelle Person kann es somit passieren, dass man sich – beispielsweise in der Phase der Pubertät – mit dem normativen Ideal vergleicht und feststellt, dass dieses sehr wenig mit der eigenen Lebens- und Erfahrungswelt zu tun hat.

---

32 Siehe beispielsweise Glaser und Strauss (2010, Kapitel V): „Die Methode des ständigen Vergleichs in der qualitativen Analyse".

Mit diesem Aspekt ist auch das Thema der Heteronormativität eng verflochten. Es existieren sowohl eine allgemeine Norm des Sexualverhaltens als auch ganz grundlegende Vorstellungen darüber, wie Liebesbeziehungen auszusehen haben. So entsteht bei dem Begriff „Beziehung" im Alltagsdenken oftmals die erste Assoziation von einem Paar, welches zunächst aus „Mann" und „Frau" besteht. Für die beiden Beteiligten der Beziehung ist ein recht geradliniger monogamer Weg vorgegeben, der angibt, welche Schritte nach welchen Zeiteinheiten zu gehen sind. Auch das Verhalten der Partner*innen zueinander ist durch Normen strukturiert; damit können beispielsweise verschiedene Ausformungen romantischer Handlungen gemeint sein.

In den geführten Interviews sind entlang der jeweiligen biographischen Entwicklungen verschiedene prägnante Situationen zu erkennen, durch welche sich klare Muster von Stigmatisierung ableiten lassen. Als „Orte" dieser Stigmatisierungen lassen sich die Familie, Schule, Peergroup, Medien und Arztbesuche identifizieren. Im Folgenden werden wir auf die verschiedenen Formen der Stigmatisierung und ihre Auswirkungen eingehen. Sowohl das Prinzip der Pathologisierung wird näher beleuchtet als auch die potenziellen Auswirkungen der Heteronormativität auf Lebens- und Identitätsentwürfe asexueller Personen. Darauf aufbauend soll gezeigt werden, inwieweit Mechanismen der Stigmatisierung asexuelle Menschen in Rechtfertigungszwang drängen können.

3.4.1.1 Pathologisierung von Asexualität

Anhand des Forschungsmaterials lässt sich erkennen, dass die Pathologisierung eine besondere Art der Stigmatisierung darstellt. Sie entsteht, wenn die allgemeine Norm als das „Gesunde" anerkannt und alles von ihr Abweichende mit Krank-Sein in Verbindung gebracht wird. An dem Mechanismus der Pathologisierung zeigt sich auch das überwiegend biologisierte Denken in unserer Gesellschaft. Jasper berichtete von einer recht prägnanten Coming-out-Erfahrung, die sich auf die biographische Entwicklung auswirkte. Es wurde uns eine Situation auf einer Party geschildert, in welcher Jasper im Laufe eines Gespräches mit fünf Bekannten erwähnte, asexuell zu sein. Daraufhin wurde verschiedenartig stigmatisierend reagiert. Zunächst wurde allgemein angezweifelt, dass Jasper überhaupt asexuell sein kann, nicht ausschließlich aufgrund der Unsichtbarkeit des Themas, sondern auch aufgrund einer nicht weiter hinterfragten Annahme über Asexualität an sich:[33] „und eine Person, die ich irgendwie am wenigsten kannte, aber trotzdem, hat sie mir gesagt: ‚Das ist SEHR unwahrscheinlich richtige Asexualität. Richtige Asexualität ist sehr sehr selten'". Im weiteren Verlauf wurde diskutiert, ob Asexualität ein „evolutionäres Phänomen" sei oder ein „Symptom von Überbevölkerung", ebenso wurde ein Vergleich mit Asexualität bei Pandas gezogen. Hier lässt sich recht deutlich ableiten, welcher Stigmatisierung asexuelle Menschen ausgesetzt sein können. Dieses Abgleichen mit „der Natur" ist fragwürdig, denn es gilt zu bedenken, dass sich der Mensch als soziales Wesen in sozialen Strukturen befindet und dennoch menschliches Verhalten als „natürliches" Verhalten legitimiert beziehungsweise illegitimiert werden soll. Darüber hinaus bleibt in der Rede von scheinbar reinen „natürlichen Verhältnissen" unreflektiert, dass dem Menschen ein unmittelbarer Zugang zur Natur frei von sozialen Einflüssen versperrt ist. Des Weiteren ist an diesem Ereignis abzulesen, dass man als Person, die von der allgemeinen Norm abweicht, einen direkten Ausschluss aus einer Gruppe

---

33 Die Stigmatisierung aufgrund der Unsichtbarkeit von Asexualität wird in ▶ Abschn. 3.4.2 genauer ausgeführt.

erfahren kann. Ab dem Moment des Coming-outs wird Jasper durch die Bezeichnung von Asexualität als „Symptom" oder „Phänomen" in gewisser Weise objektiviert.[34]

Ein weiteres Beispiel der Pathologisierung zeigte sich bei Luca. Sie berichtete von ihrer ersten Beziehung, in welcher sie des Öfteren der Situation ausgesetzt war, sich für ihr Nicht-Begehren rechtfertigen zu müssen, und darüber, dass zwischen ihr und ihrem Partner Spannungen auftraten. Hierin verdeutlicht sich der in der Heteronormativität implizite Druck, Sex haben zu müssen, der auf beide Beteiligten der Beziehung wirkt: „der hat mich nie gedrängt oder so was zu irgendwas, das war einfach, dass er gesagt hat ‚Nimm dir die ZEIT'". Der Ausdruck, sich die Zeit nehmen zu können, zielt in gewisser Weise darauf ab, dass irgendwann die Zeit kommen muss: Die Norm der Heterosexualität wirkte hier insofern, als klar war, dass irgendwann innerhalb einer Liebesbeziehung Geschlechtsverkehr fest in die Verhaltensweisen eingeschrieben ist und es nur eine Frage der Zeit sein soll, wann er praktiziert wird. Die Pathologisierung leitete das Ende der Beziehung ein: „Was auch so bisschen, ich sag jetzt mal das Ende der Beziehung markiert hat, war, dass er dann zu mir irgendwie so meinte ‚Na ja, vielleicht solltest du dich mal untersuchen lassen, vielleicht stimmt mit dir irgendwas nicht'". Der Vorschlag, Luca solle sich ärztlich untersuchen lassen, zeigt deutlich, dass Asexualität als sexuelle Orientierung in diesem Denken keine Option war, sondern eine direkte Verknüpfung von asexuellem Verhalten und Krankheit stattfand. In dem Zusammenhang fiel hier und auch in den anderen Interviews der Begriff der „Hormonkrankheit" (Jasper).

Die Pathologisierung nimmt auch aus dem Grund eine besondere Form der Stigmatisierung ein, weil sie direkt in jeweiligen Situationen bevormundend wirkt und asexuelle Personen in die Position drängen kann, diesen Teil der Identität verteidigen zu müssen. Lena schilderte eine Situation bei ihrem Psychiater, in welcher sie einen Fragebogen ausfüllen sollte, unter anderem mit der Frage nach Lustlosigkeit. Als sie angab, nie Lust zu verspüren, unterstellte der Psychiater direkt eine „Appetenzstörung" (Lena). Jedoch wies Lena darauf hin, dass Asexualität nicht als Krankheit gelten dürfe; mit dem Verweis auf die Debatte über die Zugehörigkeit von Asexualität als „Appetenz-Störung" im DSM (Diagnostic and statistical manual of mental disorders). Lena zitierte diesbezüglich ihren Psychiater:

» Na, das ist ja gerade das Problem mit diesen [...] Appetenz-Gestörten, die haben keinen Leidensdruck, deshalb ist das auch so KRASS SCHWER, die zu therapieren. Aber das ändert NICHTS daran, dass sie KRANK sind.

An dieser Aussage werden Fremdzuschreibungen deutlich. In der therapeutischen Interaktion von Patient*in und Psychiater*in sollte eigentlich ein sicherer Raum geschaffen werden, um frei sprechen zu können. Stattdessen wird Lena durch den Psychiater zum einen eine Krankheit unterstellt, zum anderen wird sie zu einer Art imaginären Gruppe der Appetenz-Gestörten zugeordnet – die Fremdzuschreibung ist somit offengelegt. Auffällig ist, dass der Psychiater in diesem Szenario Asexualität als eine Krankheit definiert, obwohl Lena sich selbst nicht als krank versteht: Er spricht ihr die Selbstbestimmung über ihr eigene sexuelle Orientierung ab. Statt ihre Selbstdefinition anzuerkennen, orientiert er sich an allgemeinen Normen und somit an der Aufteilung „normal" vs. „krank". Diese Gegenüberstellung von „Norm entsprechend" und „abweichend von

---

34 Goffmann (1963)[24] schreibt hierzu über das Prinzip der Stigmatisierung, welches Menschen dazu veranlasst, Stigma-Träger als „nicht ganz menschlich" (Goffman 1963, S. 13)[24] zu betrachten und darauf aufbauend verschiedene Formen der Diskriminierungen zu legitimieren.

3.4 · Auswertung

der Norm" führt dazu, dass Asexualität als Krankheit bewertet und ausgegrenzt wird. Eine weitere pathologisierende Stigmatisierungserfahrung machte Lena im Kreis ihrer Familie:

> Ach, meine ELTERN: ‚Was haben wir falsch gemacht? Ich glaube, du bist in der Pubertät stecken geblieben, gab es da ein traumatisches Erlebnis. Ja, es MUSS ein traumatisches Erlebnis geben, du hast es nur vergessen, das passiert ganz oft, dass man Missbrauchserfahrungen vergisst.'

Diese Unterstellung der Asexualität als Ausdruck von Trauma-Erfahrungen vonseiten der Eltern spitzte sich so stark zu, dass Lena sich nach einem bestimmten Erlebnis dazu gezwungen sah, den Kontakt abzubrechen, um diesen Teil ihrer Identität schützen zu können:

> Meine Mutter wollte mich immer HEILEN, stimmt. Sie hatte immer das Gefühl, dass sie irgendwas falsch gemacht hat und sie wollte die Schuld sozusagen von sich nehmen, indem sie mich irgendwie heilt.

Die „Heilung" durch die Mutter fand darin Ausdruck, Lena in einen Whirlpool mit vielen „Männern" zu setzen, die sie körperlich bedrängten. Der Gedanke, eine asexuelle Person durch eine Form von Hypersexualisierung einer Situation „heilen" zu wollen, erinnert hier recht stark an das Prinzip des *corrective rape*, bei welchem homosexuelle Menschen (in der Regel Lesben) zu heterosexuellem Sex gezwungen werden mit dem Ziel beziehungsweise unter dem Vorwand, die Person zu einer heterosexuellen Orientierung zu bewegen. Dieser Grundgedanke fand sich auch in den anderen Interviews wieder, zum Beispiel bei Luca:

> Also die negativen Reaktionen das waren eben meistens Männer, die dann/da kamen halt dann so diese typischen Sprüche so na ja so also: ‚Wenn du mit mir schon mal im Bett gewesen wärst, dann wärst du nicht mehr asexuell'.

In dem Zusammenhang äußert sich auch ein Bild von „Männlichkeit", welches sich darin ausdrückt, sexuell aktiv und potent sein zu müssen. Das Verständnis von einer „Frau", die auf sexueller Ebene nicht verfügbar ist, ist in dieser Vorstellung nicht existent und kann zu stigmatisierenden Situationen führen, in welcher die Pathologisierung zusätzlich als Deckmantel für sexuelle Belästigung genutzt wird. Die Reproduktion von Männlichkeitsbildern spiegelt sich in dem Beziehungsgefüge von Lucas erster Beziehung wider:

> Ja vor allem in dem ERSTEN Jahr, in dem überhaupt nichts lief, ähm, da hab ich auch ähm, mh mitbekommen zufällig, dass er sich, also da hatte er gerade telefoniert, er wusste nicht, dass ich da gerade, ähm, im Nebenzimmer bin, ähm, dass er sich da mit seinem Freund eben unterhalten hat und, irgendwie dann auch so meinte: ‚Ja, ich weiß schon, langsam wär es mal Zeit' und irgendwie so ‚Ich würde ja gern' und so weiter, ähm, oder dass er teilweise auch irgendwie meinte, sich rechtfertigen zu müssen irgendwie.

Wie im Theorieteil dieser Arbeit bereits angesprochen, existieren sogenannte geschlechtlich markierte Handlungen, welche die eigene geschlechtliche Identität herstellen und bestätigen sollen. Der Freund findet sich in einer Situation wieder, in der er sich mit den „Männern" in seinem Freundeskreis vergleicht und durch seine sexuelle Inaktivität feststellt, nicht dem allgemein suggerierten Ideal von „Männlichkeit" entsprechen zu können beziehungsweise es nicht bestätigen zu können. Dadurch gerät er in eine Art Rechtfertigungszwang und versucht deutlich zu machen, dass die Situation nicht an ihm läge, sondern die Verantwortung bei Luca sei.

Entlang der geschilderten Szenen ist zu rekonstruieren, dass Pathologisierung in der Interaktion mehrere Dimensionen aufweist. Sie stellt eine Fremdzuschreibung dar, bewirkt den Ausschluss von asexuellen Menschen und führt so zu Mechanismen der Verteidigung der eigenen Identität. Eine weitere Dimension, die sich hier zeigt, betrifft das Bild der Männlichkeit, in welchem „Frauen" sexuell für den „Mann" verfügbar sein müssen, damit er seine „Männlichkeit" auch dem Ideal nach demonstrieren und bestätigen kann.

3.4.1.2 Auswirkungen der Heteronormativität auf Lebens- und Identitätsentwürfe

Heteronormativität bezieht sich im Allgemeinen aber nicht bloß auf die Verhaltensweisen zwischen „Mann" und „Frau" innerhalb einer Partnerschaft, sondern gibt auch ein Ideal eines Lebensentwurfes vor, welcher darauf ausgelegt sein soll, den*die eine*n richtige*n Partner*in für den Rest des Lebens zu finden. Durch die allgemeine Verknüpfung von Sex und Liebe kann daher eine Art Orientierungslosigkeit für asexuelle Menschen entstehen, wenn es darum gehen soll, Vorstellungen von der eigenen Zukunft zu entwickeln. Ein Beispiel hierfür bietet Lena, welche nach ihrer Identifizierung als asexuelle Person nicht nur über ihre sexuelle Orientierung reflektierte, sondern ganz allgemein ihren Lebensverlauf infrage stellte: „Also, wo ich erst mal diese TRAUER verwinden musste, dass ich offensichtlich keine KINDER haben würde und keine FAMILIE haben würde und ganz ALLEINE sterben würde […]". Asexualität wurde hier zunächst direkt damit verknüpft, gar keine Beziehungen mehr haben zu können. Ein Lebensentwurf, der den heteronormativen Ideen entspricht, scheint somit die einzige valide Option beziehungsweise wird nur dieser dem Individuum überhaupt zur Auswahl gestellt. Hier wird deutlich, welche Aspekte zusammengefügt werden müssen, um diesem Ideal entsprechen zu können: Es muss ein monogames, sexuelles und romantisches Verhältnis zwischen „Mann" und „Frau" bestehen (vgl. Hartmann und Klesse 2007, S. 9) – durch Asexualität kann dieser Punkt der sexuellen Praxis entfallen und passt dadurch nicht in das normativ gegebene Raster. Lena fasste das insofern auf, als sie davon ausging, auch die restlichen Aspekte dieser Norm nicht mehr erfüllen zu können, und geriet somit zuerst in eine Form der Orientierungslosigkeit.

Ein weiteres Beispiel für diesen Zusammenhang von Asexualität und Orientierungslosigkeit im Hinblick auf den eigenen Lebensentwurf zeigt sich auch bei Alex. Offiziell wurden von ihrem näheren Umfeld keine Wünsche an ihren Lebensentwurf an sie herangetragen. Vielmehr führte der Vergleich mit normativen Verhaltensweisen der Gesellschaft zu einer Art Druck, diese auch aufweisen zu müssen: „Dieses anders sein/fühlen und das nicht so unbedingt sein wollen. Also irgendwie schon DOCH dazu gehören wollen so. Alle heiraten irgendwann. Oder alle haben wenigstens PARTNERschaften so" (Alex). Im Kontrast zu Lena strebt Alex keine romantischen Beziehungen an. Auch hier zeigt sich, dass die Norm bloß *eine* Option statt einer Vielfalt bereithält, für die man sich entscheiden kann, um dem gesellschaftlichen Ideal zu entsprechen. In diesem Ideal ist nicht vorgesehen, dass ein Mensch *allein* ein glückliches Leben führen kann, sondern es muss noch ein zweiter vorhanden sein, um den anderen „vervollständigen" zu können. Die Norm setzt somit auch in gewisser Weise voraus, dass Menschen allein ohne einen Partner unvollständig sind, und suggeriert auf diese Weise, dass die Zeit ohne eine feste Partnerschaft bloß eine Zwischenphase darstellen sollte, während der man trotzdem noch auf der Suche nach der zweiten Person ist. Speziell in dem Zusammenhang liegt die Überlegung nahe, dass „Frauen" noch deutlicher als „Männern" die „Option" aufgedrängt wird, irgendwann Kinder haben zu müssen

3.4 · Auswertung

und zu wollen. Lenas Mutter sagte zu ihr: „ein Leben ohne Beziehung und ohne Kinder wäre ja ÜBERHAUPT nichts"' (Lena). Es lässt sich folglich festhalten, dass speziell in das „Frau"-Sein ein Lebensentwurf eingeschrieben ist, der die Fortpflanzung unmittelbar einbezieht.

Die eben aus der Orientierung an der Heteronorm abgeleitete Orientierungslosigkeit muss sich jedoch nicht nur auf die Lebensplanung beziehen. Sie kann auch Auswirkungen darauf haben, welche Identitätsentwürfe naheliegender sind, um sich ihnen zuzuordnen. Im Zusammenhang mit der sexuellen Orientierung kann dies bedeuten, dass man sich in der Regel zuallererst als heterosexuell versteht, ohne sich aktiv einzuordnen beziehungsweise ohne diese sexuelle Orientierung direkt zu hinterfragen. Das heißt, dass die Heteronorm direkt über Medien, Schule und Familie usw. transportiert wird, sodass Kindern bereits im frühen Alter die Beziehungsstruktur von „Mann" und „Frau" projiziert wird, was sich mit dem Begriff der „Zwangsheterosexualität" (Butler 1991, S. 11) zusammenfassen ließe. Dies lässt sich anhand einiger Beispiele in unseren Interviews ablesen: „Aber das war mein semi-lesbisches Coming-out [...]. Wenn ich es mir vorstelle, fände ich Sex mit Frauen weniger eklig als Sex mit Männern [...] ich bin anscheinend jetzt lesbisch [...]" (Jasper). Auffällig ist bei dieser Schilderung, dass Jasper sich nicht die Frage gestellt hat, ob Jasper überhaupt Geschlechtsverkehr praktizieren möchte, sondern zunächst überlegte, welches Geschlecht dafür eher infrage käme und welches eher nicht. Dies zeigt auch die Norm in unserer Gesellschaft, welche vorgibt, dass Menschen ab einem gewissen Alter sexuell aktiv zu sein haben, wozu zunächst auch kein festes Beziehungskonstrukt notwendig sein muss. Dies zeigt sich auch bei Johnny: „Aber damals war sozusagen (..) ähm, die Begründung eher so: Aha okay, ich will halt mit IHM keinen Sex haben, weil ich ja offensichtlich LESBISCH bin. Das war so: Ah SUPER, Problem geklärt".[35] Auch hier wurde zunächst, als Johnny sich noch „weiblich" identifizierte, von einer heterosexuellen Orientierung ausgegangen und diese insofern infrage gestellt, als man sich zunächst einer homosexuellen Orientierung zuordnete. Asexualität scheint somit als Identitätsentwurf nicht so naheliegend, da grundsätzlich die Norm nicht die Option bietet, ganz auf die sexuelle Praxis verzichten zu können. Dies entsteht wahrscheinlich mitunter auch durch das allgemeine Bild eines „gesunden Menschen" mit einer „gesunden Sexualität", was wiederum Rückschlüsse auf die Entstehung der Pathologisierung bietet.

3.4.1.3 Rechtfertigungszwang unter heteronormativen Strukturen

Durch die heteronorme Verknüpfung von Sex und Liebe kann auch eine Art Rechtfertigungszwang für asexuelle Menschen entstehen, durch die sie gedrängt werden, ihre Zuneigung zu Partner*innen anderen Menschen erklären zu müssen, wenn sie mit diesen keinen Geschlechtsverkehr praktizieren mögen. Dies entsteht auch dadurch, dass generell sexuellen Liebesbeziehungen ein gesellschaftlich sehr hoher Wert beigemessen wird, aufgrund der unterstellten starken Emotionalität und zwischenmenschlichen Verbundenheit, die damit assoziiert wird. So scheinen zwischenmenschliche Beziehungsstrukturen, die von diesem Bild abweichen, diesen zunächst untergeordnet: „Ich glaube ich habe irgendeiner RANDOM Person von meinem Beziehungskonzept erzählt und die meinte dann, ich habe nur FREUND*INNEN So also, weil: Ich habe ja KEINEN SEX mit irgendwem" (Johnny). Hier fand eine direkte Abwertung von Johnnys Beziehungen statt und auch eine starke Form der Fremdzuschreibung, da die Person seine Beziehungen

---

35 Siehe auch Alex: „Dann hatte ich zwei Beziehungen mit Männern und hab festgestellt, dass es das nicht IST. So. Und dachte, ich bin HOMOSEXUELL. Dann hatte ich Kontakte mit FRAUEN und hab festgestellt, dass es das AUCH NICHT IST."

aufgrund der Asexualität auf die Freundschaftsebene stellte, welche er jedoch als feste Beziehung einordnet. Ähnlich zeigt sich dieser Mechanismus bei Luca:

> Dass er sich irgendwie gefriendzoned gefühlt hat, irgendwie, dass er meinte ‚Ja irgendwie. Keine AHNUNG, das ist keine BEZIEHUNG, wenn man keinen Sex hat'. Ähm was natürlich überhaupt nicht gestimmt hat und ich wusste auch nicht, wie ich das irgendwie richtigstellen soll.

An dieser Situation zeigt sich direkt die potenzielle Notwendigkeit für asexuelle Menschen, sich für die eigene Gefühls- und Bedürfniswelt rechtfertigen zu müssen. Luca scheint für ihr Gegenüber intensivere und womöglich romantische Gefühle zu haben, welche sich jedoch der Norm nach u. a. durch sexuelles Verlangen hätten ausdrücken müssen, was hier aber nicht der Fall ist. Der Wunsch, dem Gegenüber die eigene Zuneigung zu verdeutlichen, dies aber nicht über körperliches Begehren zu kommunizieren, hat somit eine Diskrepanz zwischen dem Bedürfnis nach einer Liebesbeziehung und der Fehlinterpretation des Gegenübers zur Folge. Es scheint somit durch die Norm im Alltagsdenken verankert zu sein, dass zwischenmenschliche Beziehungen, in denen keine sexuellen oder romantischen Handlungen stattfinden, emotional nicht auf gleicher Ebene stattfinden können wie Beziehungen, in denen dies der Fall ist.

Die allgemeine Herabwürdigung von asexuellen Beziehungen kann sich mitunter auch darin zeigen, dass asexuelle Menschen potenzielle Partner*innen gewissermaßen „vorwarnen" möchten oder das Gefühl haben, dies zu müssen. Die Heteronorm wirkt demnach mit einer solchen Intensität, dass Sexualität in einer Beziehung derart vorausgesetzt wird, dass dann Klärungsbedarf entsteht, wenn sich abzeichnet, dass die Beziehung asexuell sein wird: „weil ich einfach gesagt habe, also irgendwie, das muss von Anfang an/das muss ich ihm halt einfach sagen" (Luca). Es herrscht ab dem Beginn einer Beziehung zwischen zwei Partnern*innen eine unausgesprochene Vereinbarung darüber, welche Regeln und welche Verhaltensweisen innerhalb der Beziehung zu befolgen sind. Bei den Befragten wird deutlich, dass Asexualität nicht in das allgemeine Bild von Liebesbeziehung zu passen scheint oder nicht den Erwartungen an eine Beziehung entspricht. Im Zusammenhang mit konsensualen Mehrfachbeziehungen spricht Johnny davon, dass er Asexualität im Verlauf des Kennenlernens „einfach gleich mit ERWÄHNEN" würde. „Ich würde das halt nie einer Person NICHT sagen". Johnny empfindet die Notwendigkeit, seine Graysexuality vor einer Beziehung mitzuteilen. Asexualität scheint als etwas Negatives aufgefasst zu werden, auf welche der*die Partner*in sich einrichten oder überhaupt erst überlegen muss, ob er*sie mit ihr zurechtkommen kann.

Auch in Hinblick auf alternative Beziehungskonzepte und damit verbundene Lebensentwürfe kann eine Herabwürdigung stattfinden. Allgemein entstand im Laufe der Lehrforschung der Eindruck, dass asexuelle Personen durch das Aufbrechen des heteronormativen Konstrukts oft die Gelegenheit wahrnehmen, alternative Formen von Beziehungskonzepten für sich zu finden. Die Auseinandersetzung mit den Normen kann somit dazu führen, sich von ihnen zu lösen und danach möglicherweise freier in der Wahl der L(i)ebensweisen zu sein. Das Konzept der Poly*-Beziehung[36] kann hier mehr an Relevanz gewinnen. Die Herabwürdigung oder Stigmatisierung von alternativen Beziehungskonzepten zeigte sich beispielsweise bei Lena in einem Gespräch mit ihrer Mutter: „ja, aber sie will doch bloß, dass ich glücklich bin [,] ‚ich kann mir natürlich immer

---

36 Der Begriff der Poly*-Beziehung meint in diesem Zusammenhang, dass es eine Vielfalt an Beziehungskonzepten gibt, die weder Monogamie noch Sexualität oder Romantik mit einbeziehen müssen.

einreden, dass das meine Kinder sind, aber das sind sie nicht". Im Zitat zeigt sich, wie stark die Mutter die Normen von ein,m „glücklichen Leben" inkorporiert hat, und auch ihre klare Herabsetzung von alternativen Familienkonzepten. Derzeit scheinen Konzepte, die nicht Monogamie und/oder Sexualität miteinschließen, keine Normalität darstellen zu können. In Bezug auf ihre Eltern schilderte uns Luca:

> Also sie gehen davon aus, dass das eine ganz normale Beziehung ist, also (.) was sie ja nicht ist (lacht) irgendwie. Ich hatte ja auch in der Mail [an die Forscher*innen, K.A.] schon geschrieben, dass das ja auch keine/dass das ja auch eine Poly-Beziehung [ist].

3.4.1.4 Zwischenfazit

Zusammenfassend kann man sagen, dass man als Teil einer Gesellschaft – ob man sich nun explizit mit ihr identifiziert oder nicht – ihren Normen unterworfen ist und diese auf und in das Individuum wirken. Finden Abweichungen von diesen Normen statt, kann das vielseitige Formen der Stigmatisierung zur Folge haben.

In Bezug auf die Stigmatisierung asexueller Personen lässt sich sagen, dass die *Pathologisierung* eine besondere Form darstellt. Es scheint eine Art Hierarchie der Wissenschaften vorhanden zu sein, in welcher die Naturwissenschaften die oberste Position einnehmen. So entsteht ein Vokabular in unserer Gesellschaft, nach welchem die Norm als „das Gesunde" angesehen wird und die Abweichungen von ihr automatisch mit einer Art „Krank"-Sein assoziiert werden. Asexuelle Menschen können demnach durch Pathologisierung einen Ausschluss aus der Gesellschaft erfahren. Die Pathologisierung birgt eine Fremdzuschreibung und beraubt asexuelle Personen ihres Rechts auf Selbstbestimmung. Des Weiteren sind die Normen der Heterosexualität eng gefasst und stellen bestimmte Lebensentwürfe als gültig und richtig heraus. Asexuelle Menschen können deshalb zunächst eine Art *Orientierungslosigkeit* verspüren, die sie in Bezug auf ihre alternativen Lebensentwürfe verunsichern kann. Durch das Aufbrechen des Beziehungskonzeptes und Finden von neuen individuellen Beziehungsstrukturen kann diese Verunsicherung beseitigt und für Stabilität in der Identität gesorgt werden. Jedoch kann es auch danach wichtig sein, im sozialen Umfeld, wie zum Beispiel der Familie, Anerkennung zu bekommen. Die strukturelle Heteronormativität kann asexuelle Menschen in Situationen bringen, ihre eigenen Beziehungen *rechtfertigen* zu müssen, weil Beziehungen ohne sexuelle Praxis nicht der Vorstellung „normaler" Liebesbeziehungen entsprechen und nicht ohne Weiteres als solche (an)erkannt werden. Auch werden zwischenmenschliche Beziehungen, in denen keine Sexualität vorkommt, generell als Freund*innenschaften bewertet, wodurch asexuelle Menschen in die Situation kommen können, sich selbst und ihr Verständnis von Zuneigung rechtfertigen zu müssen.

All diese Aspekte der Stigmatisierung können in der biographischen Entwicklung asexueller Menschen zu Verunsicherungen in der Identität führen, worauf individuelle Strategien der Identitätsstabilisierung folgen können.

3.4.2 Die Unsichtbarkeit von Asexualität

Trifft man einen Menschen auf der Straße, beginnt bereits eine Kategorisierung. Daraufhin liest man die geschlechtliche Identität ein. Ist diese nicht eindeutig „Mann" oder „Frau", kommt es zur Stigmatisierung. In Hinblick auf jene erste Kategorisierung beruft sich Regine Gildemeister auf die interaktionstheoretische Soziologie, der zufolge im Prozess der Interaktion „ein Zwang zur kategorialen und individuellen Identifikation der Interaktionsteilnehmer, zur Kategorisierung als männlich oder weiblich, als ‚Frau' oder ‚Mann'" (Gildemeister 2007, S. 64) entsteht.

Die sexuelle Orientierung ist auf den ersten Blick nicht zu erkennen, sie bleibt in der Öffentlichkeit zunächst unsichtbar. Die Verwendung von Symbolen, wie zum Beispiel Regenbogenfarben für Homosexualität oder der schwarze Ring bei Asexualität, tragen die sexuelle Orientierung nach außen, wodurch wiederum die Möglichkeit von Stigmatisierung besteht. Personen nutzen diese Symbole jedoch insbesondere, um sich zugehörig zu fühlen. Solche Symbole bieten die Möglichkeit, etwas sichtbar zu machen, was ansonsten unsichtbar bleibt – beispielsweise in Form von Tätowierungen, Graffiti oder Emoticons. Jasper trug das Symbol des Asses unter anderem als Button, um Asexualität sichtbar zu machen.

Den Wunsch nach Sichtbarkeit äußern alle Befragten. Damit ist gemeint, dass „es WICHTIG [ist; S.K.], dass Leute sich damit befassen" (Jasper), jeder mit dem Begriff etwas anfangen können soll oder ihn zumindest einmal gehört haben sollte. Dadurch könnten negative und von Vorurteilen geprägte Reaktionen verhindert werden, denn diese führen zur Stigmatisierung und erschweren es asexuellen Personen, sich zu outen. Bei einem Coming-out können intime und für die asexuelle Person sehr bedrängende Fragen gestellt werden, davon berichten neben Jasper sowohl Johnny als auch Alex. Diese sind nicht immer bewusst abwertend, treffen die Befragten aber dennoch. Sie finden sich in einer Position wieder, in der sie sich rechtfertigen oder sogar verteidigen müssen. Um diesen negativen Erfahrungen zu entgehen, entscheiden sie sich vor allem im privaten Umfeld für die Unsichtbarkeit. Im Abschn. „Die Rolle des Begriffs ‚Asexualität' für die Befragten" wird dies genauer untersucht.

Allerdings gibt es auch Strategien, mit der Aufklärung über Asexualität Sichtbarkeit für das Thema zu schaffen. Eine Möglichkeit, die vor allem von Johnny und Alex gewählt wird, ist die Nutzung von Allegorien. Damit versuchen sie, ein für nicht-asexuelle Personen schwer verständliches Thema erklärbar zu machen. Dass das nicht einfach ist, erfahren wir von Alex, die davon spricht, dass es wichtig ist, einen „Agenten" zu haben, der übersetzt. Grund dafür sei, dass nicht-asexuelle und asexuelle Menschen aus unterschiedlichen „Welten" (beide: Alex) kämen. Sie schildert, dass asexuelle und nicht-asexuelle Menschen Aussagen oder Situationen unterschiedlich interpretieren würden, wodurch es zu Verständnisproblemen kommen könne. Auch Jasper sieht dieses Problem und bekommt Unterstützung bei der „Übersetzung" (Jasper) von PERSON X. In der Rolle eines „Agenten" war auch Johnny in einer bestimmten Situation. Er nutzt folgendes Beispiel, um zu zeigen, wie er anderen von Asexualität erzählt:

> Meiner Oma hab ich's erklärt mit Eiskunstlaufen: Es gibt unglaublich viele Leute, die gehen gerne irgendwie Eislaufen, und denen macht das viel Spaß. Und es gibt Leute die können da richtig fancy Sachen und andere nicht. Und es gibt Leute die gucken sich das gerne an (lacht). Es gibt Leute, die WISSEN gern alles über Eislaufen, aber würden selbst nie einen Fuß aufs Eis setzen. Und ich weiß gern alles über das Eislaufen, aber ich muss eigentlich nicht Eislaufen. So ist das halt. (lacht). Das ist halt einfach so ein Thema, das finde ich super interessant. Das ist ja auch menschliche Interaktion und so. Warum nicht?

3.4.2.1 Die Rolle des Begriffs „Asexualität" für die Befragten

Sichtbarkeit schafft man nicht nur durch Symbole oder Allegorien, sondern auch durch die Verwendung des Begriffs Asexualität selbst. Es zeigte sich, dass die Verwendung eines Begriffes die Identität insofern stabilisieren kann, als sie das eigene Verhalten legitimiert. Mit der offiziellen Benennung einer Sache öffnet sich eine Kategorie, sodass man sich mit einer Gruppe identifiziert

3.4 · Auswertung

und mit dem eigenen Verhalten nicht mehr alleine ist. Was für die Befragten also zunächst ein verschwommenes Gefühl war, konnte durch den Begriff der Asexualität Form gewinnen. Welche Rolle der Begriff für die Befragten genau spielt, wird im Folgenden erklärt.

Johnny erklärt, welche Erleichterung es ist, „wenn man das irgendwie in WORTE fassen kann". Was bei dieser Aussage deutlich wird und auch bei den anderen Interviews mehrmals zur Sprache kam, ist, dass der Begriff eine tragende Rolle bei der Entwicklung der Identität spielt. Durch das Wort Asexualität bekommt ein zu Beginn unklares Gefühl eine Bedeutung und auch eine Art von Berechtigung. Jasper drückt das folgendermaßen aus:

> Es ist irgendwie total erleichternd in dem Moment, weil so viel Druck von dir einfach wegfällt, dadurch, dass du dir sagst ‚Okay (..), es ist anscheinend eine valide Option'.

Was hier mitschwingt, ist die gesellschaftliche Stigmatisierung, wenn man sich nicht wie die Norm verhält. Der empfundene „Druck" wird durch gesellschaftliche Erwartungen erzeugt. Man möchte der Norm entsprechen, um mit niemandem anzuecken. Die „Option" asexuell zu sein wird „valide", da sie, mit Butler gesprochen, durch die Benennung intelligibel wird: Ein zuvor undefiniertes Gefühl kann nun adressiert werden und wird dadurch anerkennbar. Luca benutzt das Wort „Daseinsberechtigung", um dasselbe Gefühl auszudrücken. Und auch bei Alex und Lena wird dieser Punkt deutlich, wenn es um ihre Coming-in-Erfahrung geht.

Teil der Coming-in-Erfahrung ist es, sich seiner Identität bewusst zu werden. Wenn nun der Begriff dazu geführt hat, dass die Befragten ihre Coming-in-Erfahrung hatten, dann führt der Begriff auch dazu, dass sie ihre Identität weiterentwickeln. Eine These, die sich daran anschließend formulieren lässt, ist: *Die Identifikation mit dem Begriff Asexualität festigt die Identität asexueller Menschen.* Alex sagt dies in ihrem Interview sogar direkt: „Also ERST mal bin ich in meiner eigenen Identität DEFINIERTER geworden". In diesem Zusammenhang spricht sie davon, dass der Begriff eine Stütze ist: Dies zeigt, welche Rolle der Begriff spielt.

Welche Bedeutung der Begriff hat, wird auch dadurch deutlich, wie die Befragten sich vor dem Finden gefühlt und verhalten haben. Ihnen ist selbst aufgefallen, dass sie anders als ihre Mitmenschen auf sexualisiertes Verhalten reagieren, und sie waren teilweise irritiert. Bei Luca zum Beispiel hat es damit begonnen, dass sie nicht erkennen konnte, was ihre Freund*innen an Schauspieler*innen attraktiv fanden. Dadurch entwickelte sich ein Gefühl des Anders-Seins. Diese Punkte werden später im Abschn. „Existenzanzweiflung als Reaktion" noch erläutert. Für Luca hatte der Begriff dann nicht nur die Funktion, die eigene Identität zu verstehen und zu festigen, sondern auch zu zeigen, dass es noch andere Menschen gibt, die dasselbe fühlen. Aus der anfänglichen Situation, in der sie sich offensichtlich unwohl und irritiert gefühlt hat, hatte sich nun das Gefühl entwickelt, dass es auch andere in der vergleichbaren Situation gab. Daraus resultiert das Gefühl, anerkannt und akzeptiert zu werden. Auch Alex beschreibt ein Gefühl „UNGLAUBLICHE[R] Erleichterung", das sie mit der Sagbarkeit verknüpft. Sich anderen mitteilen zu können, bietet die Möglichkeit, dafür anerkannt zu werden, wer man ist. Wie wichtig es ist, den Begriff zu haben und damit auch intelligibel zu sein, wird von Lena an einer Stelle im Interview klar formuliert. Sie beschreibt die Situation eines siebzigjährigen Pärchens:

> Die haben NIEMALS über Sex GEREDET. Also SIE identifiziert sich jetzt als asexuell und er NICHT. Und für die war es ganz klar, die Frau musste einfach HERhalten, also da gibt es kein Wenn und Aber. Und da wird auch nicht darüber geredet wie die sich dabei FÜHLT oder sowas in der Richtung.

Die „Frau", welche in ihrer Beziehung nie über das Thema Asexualität sprechen konnte, musste ihrem „Mann" sexuell zur Verfügung stehen. Die Angst davor, abgewiesen zu werden oder sich alleine zu fühlen, ist möglicherweise ein Grund dafür, sich auf sexuelle Handlungen einzulassen, obwohl kein sexuelles Verlangen besteht. Asexualität benennen zu können, stellt für Lena einen ausschlaggebenden Faktor für die Kommunikation dar.

Die Unsichtbarkeit und Unsagbarkeit von Asexualität hingegen kann einen sozialen Rückzug und ein Verstecken des eigenen Körpers zur Folge haben. Dies wird bei Lena deutlich:

» Ich hab mich auch anders gekleidet, also immer sehr SCHWARZ, vermummt so, also weibliche Reize total ÜBERHAUPT nicht und es war sehr schwierig/Ich hatte auch ganz DICKE Brillengläser und keinen Schmuck und das war alles sehr schwierig.

In Bezug auf diese Stelle sagt sie später, „Ich dachte echt, ich wäre keine Frau, weil so FRAUsein so eine gewisse sexuelle (.) irgendeine Sexualität eben GEHÖRT".[37] Wie bereits in ▶ Abschn. 3.2.3 erläutert, kann es zu einer Verunsicherung der geschlechtlichen Identität kommen, wenn das Begehren diese nicht rückversichert. Dadurch stellen vor allem Lena und Luca ihre „Weiblichkeit" infrage. Luca spannt dabei den Bogen zu Agender, da sie die Verknüpfung von Sexualität und „Weiblichkeit" als fest gegeben versteht. Der Begriff „Agender" meint in dem Zusammenhang, dass eine Person sich als geschlechtslos versteht und somit keine geschlechtliche Identität hat. Welche Rolle Agender bei dem Thema Asexualität genau spielt, wird im Abschn. „Agender und Asexualität" noch deutlich. An dieser Stelle soll allerdings gesagt sein, dass Lena und Luca, vor allem durch den Begriff, wieder einen Bezug zu ihrer weiblichen Geschlechtsidentität finden. Dadurch beenden sie das zuvor genannte Verbergen ihrer „weiblichen" Merkmale. Lena sagt dies ganz deutlich:

» ‚Ich bin asexuell und das ist gut so', in dem Moment brauchte ich diese ganzen ZEICHEN nicht mehr, alles was ich an ABLEHNUNG sozusagen nach außen geströmt habe, das brauchte ich nicht mehr, weil ich hatte ja dieses Wort, ich konnte sagen; ‚Ich bin asexuell, ich trage kurze Röcke. Ich bin asexuell, ich trage hohe Stöckelschuhe'.

Diese Erfahrung zeigt, welche Rolle der Begriff für die Befragten hatte, aber auch, welche Normen in der Gesellschaft bestehen. Denn an dem „Frau-Sein" hängen neben Erwartungen in Bezug auf ihre Sexualität auch Erwartungen in Bezug auf ihr Aussehen. Demnach verlagern sich die Prioritäten der Darstellung von „Frau-Sein". Lena vollzieht diesen Prioritätenwandel. Sie setzt für sich einen viel stärkeren Bezug auf Äußerlichkeiten, wenn es darum geht, sich als „Frau" zu fühlen.

» ‚Moment, ich bin genauso Frau wie jede andere', also, ich bin halt eine ASEXUELLE Frau, so wie es LESBISCHE Frauen gibt und wie es HETEROsexuelle Frauen gibt und da würde auch niemand die weibliche Identität in Frage stellen, so.

Demnach hat der Begriff Asexualität einen wesentlichen Anteil daran, dass sich Lenas Identität gefestigt hat. Diese Bedeutung sehen nicht alle Befragten so. Luca zum Beispiel spricht an

---

37 Was Lenas Gefühl dabei möglicherweise fördert, ist, dass Sexualität von „Frauen" an sich ein eher unsichtbares Thema ist. Wie ▶ Abschn. 3.2.3 mit den sexuellen Doppel-Standards bereits beschrieben wurde, wird ein freizügiges sexuelles Verhalten bei „Frauen" sanktioniert, während bei „Männern" eine aktive Sexualität vorausgesetzt wird (vgl. Crawford und Popp 2003, S. 13)[10][10].

3.4 · Auswertung

einer Stelle davon, dass sie es nicht für notwendig hält, allem einen Namen zu geben. Ein paar Sätze zuvor allerdings spricht sie im Zusammenhang mit dem Begriff davon, dass der Name eine „Daseinsberechtigung" schafft. Dabei wird ein Widerspruch deutlich. Für die Befragten selbst ist es häufig von großer Bedeutung, den Begriff für sich zu haben, damit sie darin bestätigt werden, dass sie nicht alleine sind. Aus Lucas Aussagen lässt sich herauslesen, dass sie den Namen beziehungsweise den Begriff nicht für wichtig hält, da sie mögliche Coming-out-Situationen aus dem Weg gehen will.[38]

Wenn für etwas kein Begriff vorhanden ist, so kann es auch kein Coming-out geben. Mit dem Begriff kommen demnach auch die Sagbarkeit und damit die Möglichkeit, es anderen zu erzählen und anerkennbar und akzeptierbar zu werden (Intelligibilität). Mit dem Coming-out gehen für die Befragten Erfahrungen einher, die einen großen Einfluss darauf hatten, wie sie später mit potenziellen Coming-out-Situationen umgingen. Dabei lässt sich erkennen, dass stark negative Erfahrungen (s. beispielsweise Abschn. „Pathologisierung von Asexualität") dazu geführt haben, dass die Befragten spätere Coming-out-Situationen vermieden, wie sich im Abschn. „Die Nutzung der Vermeidungsstrategie" herausstellen wird.

3.4.2.2 Die Nutzung der Vermeidungsstrategie

Auch wenn die Option besteht, sich zu outen, wird dieser Weg nicht immer gewählt. Ein wichtiger Grund ist die Angst vor Stigmatisierung. Eine Aussage, die in diesem Zusammenhang etwa von Jasper und Alex gemacht wird, ist, dass es eine Person oder Personengruppe nichts angeht. Was sich in diesen Sätzen jedoch lesen lässt, ist der Wunsch, eine direkte Konfrontation zu vermeiden. Diese Vermeidungsstrategie wird von vier unserer fünf Befragten in unterschiedlichen Räumen genutzt. Der Grund, so ließ sich interpretieren, ist häufig die drohende Stigmatisierung, die aufgrund früherer Erlebnisse antizipiert wird.

Interessant ist hierbei, wieso Lena diese Form der Vermeidung nicht praktiziert. Durch ihre *Sichtbarkeitsarbeit* im Mainstream wissen die meisten von ihr, dass sie asexuell ist. An einer späteren Stelle im Interview spricht sie davon, welche Gefahren es birgt, einem*r Partner*in nichts von der eigenen Asexualität zu erzählen. Um sich vor diesen Gefahren zu schützen, wählt Lena die Option, es jedem zu sagen und eventuellen Stigmatisierungen entgegenzutreten. Nicht ganz unwichtig ist an dieser Stelle, dass Lena älter ist als unsere anderen Befragten. Auch sie hat Erfahrungen mit Stigmatisierung gemacht. Allerdings scheint sie in ihrer Identität so gefestigt zu sein, dass die Stigmatisierung sie nicht mehr so stark beeinflusst.

Luca hingegen sieht zum Beispiel bei ihrer Familie die Gefahr, dass die Eltern sie stigmatisieren könnten, wenn sie von ihrer Asexualität wüssten. Deutlich wird dies, wenn sie davon erzählt, welche Rolle ihre Beziehung zu einem „Mann" hat. „Ich weiß nicht so durch meine Beziehung bin ich so ein bisschen, ich sag jetzt mal GESCHÜTZT". Indem sie ihrer Familie einen „männlichen" Partner präsentiert, entgeht sie möglichen heteronormativ motivierten Stigmatisierungen. Luca schützt sich mit dieser Praxis vor den möglichen Vorurteilen ihrer Familie, da sie diese nicht als einen sozialen Raum sieht, an dem sie sich outen kann.

Auch andere Befragte nutzen bestehende Normen für sich, um der Stigmatisierung zu entgehen. Jasper zum Beispiel nutzt die Erklärung einer „asketischen Phase", um gesellschaftlich akzeptiert auf Alkohol und Sex zu verzichten. Damit wird ein Raum erzeugt, der Sicherheit generiert

---

38 Hinter der Aussage steckt der Wunsch, dass es keine Kategorien gibt. Dies ist allerdings in der Gesellschaft, in der wir leben, nicht realisierbar. Man benötigt diese Begriffe, um miteinander zu kommunizieren.

und in dem Jasper sich vor möglicher Stigmatisierung verstecken kann. An einer späteren Stelle im Interview formuliert Jasper dies ganz deutlich: „Es ist eine Frage von SICHERHEIT einfach. Wie sicher bin ich". Diese Aussage trifft genau den Punkt, den auch die anderen Befragten äußern. Sie nutzen die Vermeidung, da sie sich nicht sicher fühlen. Eine (immer relative) Sicherheit durch Anerkennung und Akzeptanz kann jedoch erst gewährleistet werden, wenn Asexualität gesellschaftlich sichtbar ist. Ein möglicher Weg zur Sichtbarkeit und damit zur Sicherheit ist, es wie Lena jedem zu sagen. Da häufige Reaktionen darauf aber die Existenzanzweiflung und unangenehme Nachfragen sind, wählen alle Befragten außer Lena die Option, es nur in Kreisen zu sagen, in denen sie sich vor Stigmatisierung sicher fühlen. Dadurch kommt es zu einem „Teufelskreis", in dem die Angst vor Stigmatisierung die Unsichtbarkeit bedingt. Die Befragten nutzen für ihr Coming-out demnach ein frei gewähltes Umfeld, bei dem es sich meist nicht um Schulen, Universitäten oder Familien handelt, sondern um eines, bei dem sie sich sicher vor Stigmatisierung fühlen. In diesem ist häufig eine grundsätzliche Offenheit vorhanden und womöglich Asexualität bereits ein Begriff.

3.4.2.3 Existenzanzweiflung als Reaktion

Die Unsichtbarkeit von Asexualität hat viele Folgen, eine ist, dass auf ein Coming-out mit der Existenzanzweiflung von Asexualität reagiert wird. Johnny fragt sich: „wie schafft man irgendwie ein BEWUSSTSEIN für eine ABWESENHEIT von etwas?", und genau darin liegt das Problem. Asexualität wird vermeintlich als Abwesenheit von Sexualität verstanden, und dies macht sie für viele schwer begreiflich. Sie interpretieren dann Asexualität als ein im Tierreich vorkommendes Phänomen, welches bei Menschen nicht existieren kann. Wenn das lang gelernte Bild gestört wird, so reagieren die Leute ungläubig. Sie bezweifeln, dass so etwas existieren kann, oder behaupten, dass es sich um Krankheiten handelt (s. Abschn. „Pathologisierung von Asexualität").

Durch Interaktion werden die Normen weiterverbreitet. Das führt dazu, dass nicht nur andere die Existenz von Asexualität bezweifeln. Auch die Befragten hatten dieses Gefühl. Luca zum Beispiel fühlte sich wie ein „exotisches Tier" angestarrt und bezeichnete sich als „kaputt". Beide Urteile sind Folgen häufiger Stigmatisierungen, die Luca erlebt hat. Ebenso hätte es auch Alex geholfen, hätte sie bereits früher erfahren, dass es mehrere Möglichkeiten der sexuellen Orientierung gibt. Sie formuliert es folgendermaßen: „weil ich dachte das MUSS so sein und dass einfach mit mir irgendwie was nicht in Ordnung ist so".

Dieses Gefühl des Nicht-in-Ordnung-Seins ist darin begründet, nicht der Norm zu entsprechen. Die Normen der Heterosexualität, wie sie in der Auseinandersetzung mit Foucault und Butler beschrieben wurden, sind vielfältig, und die Reaktionen können nicht nur auf eine Norm zurückgeführt werden. So spielt in dieser Situation Heteronormativität eine wichtige Rolle. Wie diese auf Asexualität abzielt, wurde in dem vorangegangenen Abschn. „Auswirkungen der Heteronormativität auf Lebens- und Identitätsentwürfe" erläutert. Doch es lässt sich sagen, dass das Gefühl, anders zu sein, durch das Anzweifeln von Asexualität noch einmal verstärkt wird. Denn nach dem ersten Schritt, in dem die Befragten ihre Existenzzweifel ablegten, folgt der Zwang, sich vor anderen erklären zu müssen. Dafür ist es von großer Bedeutung, dass bereits eine gefestigte Identität vorhanden ist. Denn nur mit einer solchen Identität ist es möglich, mit der Unwissenheit der Gesellschaft umzugehen und Vorurteilen entgegenzutreten. Welche Möglichkeiten unsere Befragten gefunden haben, um vorhandene Unwissenheit aufzulösen, und mit welchen Vorurteilen sie konfrontiert wurden, wird im nächsten Abschn. „Unwissenheit und damit verbundene Vorurteile" erklärt.

3.4.2.4 Unwissenheit und damit verbundene Vorurteile

Unsichtbarkeit und Unwissenheit bedingen sich gegenseitig. Denn vergleichbar mit dem Teufelskreis bei der Vermeidungsstrategie existiert die Unwissenheit, da Asexualität unsichtbar ist. Sie wiederum ist unsichtbar, da es kein gesellschaftlich weithin anerkanntes Wissen darüber gibt, was Asexualität ist. Deshalb treffen asexuelle Menschen, wenn sie ihr Coming-out haben, neben der Existenzanzweiflung auch auf andere Reaktionen, wie zum Beispiel, dass ihnen zu wenig Erfahrung unterstellt wird. Lena zählt einige solcher Reaktionen auf, die ihr nach ihrem Coming-out entgegengebracht wurden:

» Wie kannst du es wissen, wenn du es noch nicht probiert hast', ,Der Richtige wird schon noch kommen', ,Gibt es denn nicht eine Pille dagegen', ähm, ,Kann man bestimmt therapieren', (…) ähm, ,Du wirst niemals einen Freund kriegen' (.), ähm, ,Ja, aber willst du denn allein sterben?', ,Ja, jetzt hast du dich ja schon REINGESTEIGERT, jetzt ist auch nichts mehr zu retten.

Viele der Reaktionen haben auch die anderen Befragten erlebt. Sie alle legen Normen und Erwartungen der Gesellschaft offen, die asexuelle Menschen erfüllen sollten, aber nicht (immer) wollen oder können. Gleichzeitig sind diese Reaktionen ein Ausweis dafür, wie unsichtbar Asexualität ist und wie wenig darüber bekannt ist.

Aber welche Möglichkeiten gibt es, dieser Unwissenheit entgegenzuwirken? Alex, Jasper und Johnny nutzen die politische Arbeit in der Queer-Szene, um für Aufmerksamkeit zu sorgen, wünschen sich aber, in Schulen das Thema Asexualität bereits zu behandeln. Grund dafür ist vor allem, dass es ihnen den Coming-in- und danach auch Coming-out-Prozess erleichtert hätte. Die Vielfalt des asexuellen Spektrums zu zeigen, darf dabei allerdings nicht vernachlässigt werden. Es könnte dazu kommen, dass asexuelle Personen, obwohl sie bereits den Begriff gefunden und ihre Identität gefestigt haben, ihre Asexualität wieder anzweifeln, wenn sie nicht bestimmten Vorstellungen von Asexualität entsprechen.[39]

Die Vielfalt von Asexualität gilt es ebenso sichtbar zu machen wie den Begriff an sich, denn dadurch kann Vorurteilen begegnet werden. Eines, das bei Alex am stärksten hervortritt, ist das Vorurteil, asexuelle Personen würden keine Emotionen empfinden. Dieses Vorurteil entsteht vor allem dadurch, dass sich nicht-asexuelle Personen häufig nur schwer vorstellen können, keine sexuelle Anziehung zu verspüren. Deren „Abwesenheit" lässt viele vermuten, dass auch andere Emotionen weniger deutlich spürbar sind und – um eine Verknüpfung mit der Pathologisierung zu schaffen – auch, dass asexuelle Personen womöglich autistisch seien. Alex beispielsweise war damit konfrontiert, dass ihr keine Emotionen zugestanden wurden und somit auch für den Menschen vermeintlich wichtige soziale Kompetenzen, für die Emotionen von Bedeutung sind. Dass allerdings die sexuelle Anziehung als wichtige Emotion angesehen wird, wird auch durch ihren Stellenwert in den Medien deutlich. Luca sagt dies auch in ihrem Interview: „GAR keine Sexualität, das geht irgendwie nicht und, äh, da baut ja auch die ganze Werbung und so weiter auf, das nach dem Prinzip ‚Sex

---

39 Im ▶ Abschn. 3.2.3 wurde bereits erläutert, dass von mehreren Bestandteilen des Begehrens auszugehen ist. „Asexualität" *als Ideal* setzt die Kohärenz zwischen den Bestandteilen „attraction, arousal, behavior, cognition, identity and pleasure" (Bogaert 2012, S. 22)[2] voraus: Diese Kohärenz ist aber, ähnlich wie es Butler für die Einheit der Geschlechtsidentität beschreibt, eine Fiktion (vgl. Butler 1991, S. 58)[8]. An diesem unerreichbaren „idealen asexuellen Menschen" messen sich auch die Befragten.

sells' irgendwie". Die Medien veröffentlichen, was sich gut verkauft. Und etwas verkauft sich gut, wenn es dafür einen Markt und dementsprechend auch die Nachfrage gibt. Diese Nachfrage wird durch die Gesellschaft erzeugt und ist mit gesellschaftlichen Normen verknüpft. Jene Normen zeigen sich jedoch nicht nur in den Medien, sondern auch auf der Mikroebene in sozialen Interaktionen.

So berichtet Alex zum Beispiel von einem Spieleabend, an dem ein Trinkspiel gespielt wird, bei dem es um das Thema Sex ging. Alex entzog sich dieser Situation mit der Begründung, dass es „einfach ÖDE war". Was mitschwingt, ist allerdings die Einsicht, dass Stigmatisierung für sie schon normal geworden ist. Das Prinzip „Sex sells", welches auch Luca angesprochen hat, bezieht sich hier auch darauf, dass es auch immer wieder soziale Situationen gibt, bei denen asexuelle Menschen mit Sex konfrontiert werden. Sex, so könnte man allgemeiner formulieren, ist von allgemeinem Interesse, bei Trinkspielen im Freundeskreis ebenso wie in der Werbung: Dort werden viele Produkte mit Sexualität beworben, die per se nichts mit Sex zu tun haben. Wenn beispielsweise in der Mezzo-Mix-Werbung geworben wird mit dem Slogan „Cola küsst Orange" und zwei Menschen in Szene gesetzt werden, die sich stark sexualisiert küssen, wird hier eine Verbindung von Sex und Produkt hergestellt.

In den vorliegenden Interviews ist dieses Thema nur marginal angesprochen worden, doch lassen sich zwei Möglichkeiten interpretieren, wie die sexualisierte Werbung auf asexuelle Personen wirkt. „Also nach einer Weile (.) IGNORIERT man das halt einfach so", beschreibt es Alex. Die erste Möglichkeit ist demnach, dass man sich dieser Flut an sexualisiertem Interesse entzieht. Das im Umkehrschluss rekonstruierbare Desinteresse an nicht-sexuellen Thematiken ist ein Hinweis auf Stigmatisierung, der durch gesellschaftliche Nicht-Repräsentation vermittelt wird. Eine zweite Möglichkeit könnte sein, dass es asexuellen Personen nicht auffällt und sie deshalb auch nicht darauf reagieren. Alex Erzählung von den unterschiedlichen „Welten" würde diese Interpretationsweise nahelegen. Das Problem der Missverständnisse besteht demnach wechselseitig.

3.4.3 Wunschgemeinschaft(en) und Verworfenheit(en)

Wie vorab im theoretischen Teil dieser Untersuchung beschrieben, wirkt innerhalb der Gesellschaft die heteronormative Matrix. Darauf aufbauend wurden in diesem Kapitel bereits die Stigmatisierungserfahrungen asexueller Menschen geschildert und auf die in der Gesellschaft herrschende Heteronormativität zurückgeführt. Außerdem zeigten unsere Ausführungen zur (Un)Sichtbarkeit von Asexualität, dass die Anerkennung und Akzeptanz von Asexualität ein zentrales Anliegen unserer Befragten ist. Im Folgenden werfen wir deshalb zunächst einen Blick darauf, inwiefern unsere Befragten aus diesem Wunsch heraus aktiv für die Sichtbarkeit von Asexualität eintreten und in welchen sozialen Kontexten sie sich jene Anerkennung und Akzeptanz im Besonderen wünschen. Im Anschluss daran entwickeln wir den Begriff der „Wunschgemeinschaft(en) ". Hierbei betrachten wir, welche Bedeutung diesen zukommt und wie der (un)erfüllte Wunsch nach Anerkennung und Akzeptanz durch die eigene Wunschgemeinschaft auf die Identität unserer Befragten wirkt. Abschließend beschäftigen wir uns in diesem Abschnitt damit, wie Asexualität in der „linken Szene„ und der Queer-Community – den von uns herausgearbeiteten Wunschgemeinschaften unserer Befragten – verhandelt wird und welche Formen der Stigmatisierung hier zu finden sind.

3.4.3.1 Sichtbarkeitsarbeit im Mainstream und die Verworfenheit von Queerness

Die in diesem Kapitel herausgearbeiteten Hintergründe der Stigmatisierungen asexueller Menschen geben Anlass dazu anzunehmen, dass auch die Sichtbarkeitsarbeit für Asexualität von der heteronormativen Matrix beeinflusst wird. Davon ausgehend, geht es im vorliegenden Abschnitt um die Frage, inwiefern die bereits ausgeführten Mechanismen den Wunsch nach Sichtbarkeitsarbeit und letztendlich diese selbst innerhalb des Mainstreams beeinflussen. Hierbei stellten sich zwei Strategien heraus, die nachfolgend entlang der Schilderungen von Lena und Johnny kontrastierend dargestellt werden.

Lena verfolgt bei ihrer Sichtbarkeitsarbeit für Asexualität das Ziel, „dass jeder das [Asexualität; A.F.K.] wenigstens einmal gehört hat". Als Motivation dafür äußert sie klar die Gefahren, welche die Unsichtbarkeit von Asexualität ihrer Meinung nach birgt. Darüber hinaus nimmt sie eine geringe Präsenz asexueller Menschen zur Sichtbarmachung ihrer sexuellen Orientierung innerhalb des Mainstreams wahr:

> Ich weiß ganz viele andere Asexuelle, die machen halt diese ganzen Queer-Magazine. Find ich auch SUPER, und vor allem sind die auch wirklich FIT, also die diese Interviews mit den Queer-Magazinen machen; […] die sind CHARMANT, die sind WORTGEWANDT; die sind perfekt, die werden super, aber KEINER geht in die Mainstream-Medien.

An dieser Stelle unterscheidet Lena ganz klar zwischen der Queer-Community und dem Mainstream. Mit ihrer Bezeichnung der Interviews in Queer-Magazinen als „charmant", „wortgewandt" und „perfekt" verdeutlicht sie, dass hier im Vergleich zum Mainstream schon eine gewisse Sensibilität für das Thema herrscht. Der Umgang mit Asexualität innerhalb des Mainstreams unterscheidet sich folglich merklich von jenem in queeren Gemeinschaften. Doch was passiert, wenn Lena für Sichtbarkeit von Asexualität innerhalb der Mainstream-Medien eintritt?

> Und dann mache ich mal so ein Interview […] und ‚Ich bringe meine Geschichte' und mittlerweile bin ich eine absolute KUNSTfigur, die auf JEDEN Fall KINDER will und auf JEDEN Fall einen FREUND hat, schon seit fünf Jahren glücklich mit dem Freund zusammen ist und FRAG mich was. Also, HAUPTSACHE Mainstream, also Hauptsache, ich passe da in dieses scheiß Raster rein.

Das „scheiß Raster", das Lena hier beschreibt, ist die heteronormative Matrix. Die herrschende Heteronormativität führt dazu, dass eine asexuelle Person im Mainstream als ein Mensch inszeniert werden muss, der dieser zumindest in einigen Punkten entspricht: Eine langjährige, monogame, gegengeschlechtliche, romantische Beziehung mit Kinderwunsch wird so dargestellt, als sei sie existent und erfüllt. Bei diesem Versuch, die Kohärenz trotzdem herzustellen, findet eine klare Verwerfung von Lenas Identität statt. Dass Lena sich selbst als „Kunstfigur" bezeichnet, weist auf ihr Bewusstsein um die Notwendigkeit dieser Anpassung an die Norm hin, um Asexualität im Mainstream sichtbar machen zu können.

Johnny setzt genau an diesem Punkt mit seiner Kritik am Mainstream an: Der Umgang mit und die Darstellung von asexuellen Menschen innerhalb des Mainstreams sei, seiner Auffassung nach, durch einen „Mangel an Queerness" gekennzeichnet. Als Johnny davon erzählt, wie er die öffentliche Thematisierung von Asexualität wahrnimmt, kommt er zu dem Schluss: „Ja, Queerness fällt GENERELL raus, so". Er kritisiert insbesondere die Unsichtbarkeit queerer Geschlechtsidentitäten, der verschiedenen Arten und Weisen romantischer Anziehung und der von der Norm der Monogamie abweichenden Beziehungskonzepte. Johnnys Kritikpunkte decken sich mit Lenas Erfahrung der Angleichung ihres Selbst an die im Mainstream herrschenden Normative, wenn sie in den Mainstream-Medien ein Interview gibt. Doch im Gegensatz zu Lena, die weiterhin für die Sichtbarkeit von Asexualität im Mainstream eintritt, zieht Johnny aus der Verworfenheit von Queerness innerhalb des Mainstreams die Konsequenz sich abzuwenden.

Diese Kontrastierung von Lena und Johnny zeigt: Sichtbarkeitsarbeit für Asexualität innerhalb des Mainstreams erfordert eine gewisse Anpassung an die Heteronormativität. Die Reaktion auf diese Auswirkung des normativen Drucks innerhalb des Mainstreams ist allerdings individuell. Lena reflektiert über die Verwerfung ihres Selbst, nimmt diese jedoch zugunsten der großen Reichweite ihrer Sichtbarkeitsarbeit in Kauf. Johnny hingegen kritisiert die Art und Weise, wie asexuelle Menschen in den Mainstream-Medien porträtiert werden. Die dabei stattfindende Anpassung an die Normen, die einen Ausschluss queerer Personen im Mainstream zur Folge hat, findet er „UNANGENEHM": „,Das MUSS doch nicht sein'". Aufgrund dessen möchte er sich nicht persönlich für Sichtbarkeit innerhalb des Mainstream einsetzen. Seine Zielgruppen sind vielmehr die Queer-Community und aufgrund seiner allgemeinen Gesellschaftskritik insbesondere auch „linke" Gemeinschaften.

Trotz der Gegensätzlichkeit der Strategien von Lena und Johnny mit den im Mainstream der Gesellschaft herrschenden Normen, darf nicht außer Acht gelassen werden, dass beide Befragten über ihren Handlungspräferenzen reflektieren, „die andere Seite" mitdenken und diese auch als sinnvoll anerkennen. Johnny und Lena ziehen also eine Grenze zwischen „Queer" und „Mainstream", die auch auf der Ebene gesellschaftlicher Sichtbarkeitsarbeit besteben bleibt. Doch folgt aus dieser und den persönlichen Handlungspräferenzen für sie keine Hierarchisierung, sondern eine Anerkennung und Nutzung der Ergänzung beider Arten von Sichtbarkeitsarbeit.

Die dargelegte individuelle Zielgruppenauswahl von Lena und Johnny ist insofern mit deren Identitäten verbunden, als hier jeweils eine Zielgruppe gewählt wird, die einen Kreis von Menschen repräsentiert, zu dem sich die jeweilige Person zugehörig fühlt oder fühlen möchte. In diesem Zusammenhang entwickelten wir den Begriff der *Wunschgemeinschaft*.

3.4.3.2 Wunschgemeinschaft(en): Bedeutungen und Effekte

Wir verstehen unter „Wunschgemeinschaft" eine individuell gewählte Gemeinschaft, zu der sich eine Person zugehörig fühlt und/oder fühlen möchte. Sie identifiziert sich mit dieser und wünscht sich die Anerkennung der Gemeinschaft für diese Selbstidentifikation. Vergleichbar ist dieser Begriff mit der Definition von „Bezugsgruppe" des Lexikons zur Soziologie von Klima in Fuchs-Heinritz et al. (2007): Eine Bezugsgruppe ist im Sinne einer Identifikationsgruppe eine „Bezeichnung für eine Gruppe, mit der sich eine Person identifiziert, an deren Normen und Wertvorstellungen sie ihr eigenes Verhalten misst und deren Ziele, Meinungen, Vorurteile usw. sie zu ihren eigenen macht" (Klima 2007a, S. 97). Doch im Unterschied zu „Bezugsgruppe" liegt unser Fokus auf dem *Wunsch*, zu einer *Gemeinschaft* zu gehören; die gewählten Begriffe sind definitorisch weiter gefasst: Im Gegensatz zu einer Gruppe, deren Mitglieder in „direkten und häufigen Beziehungen zueinander stehen" (Klima 2007b, S. 508), sprechen wir eher von einer Gemeinschaft im Sinne einer Szene, in der keine persönlichen Kontakte aller Beteiligten bestehen müssen (vgl. Fuchs-Heinritz 2007, S. 654). Damit ist eine Gemeinschaft diffuser und weitläufiger als eine Gruppe: Sie ist mehr „als die jeweilige Summe ihrer Teile" (Hegner 2007, S. 224).

3.4 · Auswertung

Johnny bewegt sich in seinen Freizeitkontexten vor allem in der Queer-Community, die insbesondere auch politisch links einzuordnen ist. Er betont, dass ihm ein „linker" Kontext wichtig ist. Ebenso identifizieren sich Alex und Jasper, die auch beide aktiv für Sichtbarkeit von Asexualität in queeren Kontexten eintreten, als „queer". Luca erzählt uns von ihrer Wahrnehmung der Ablehnung asexueller Personen innerhalb der Queer-Community. Auf unsere Nachfrage hin, ob sie uns eine konkrete Ablehnungserfahrung berichten könne, schildert sie eine Situation auf dem CSD, aus der ein klarer Ausschluss asexueller Menschen hervorgeht. Es gibt Hinweise darauf, beispielsweise in der Beschreibung ihres Freundeskreises, dass auch sie sich mit der Queer-Community identifiziert oder zumindest identifizieren möchte. Lena ordnen wir keiner Wunschgemeinschaft zu. Sie setzt sich zwar aktiv für Sichtbarkeit und Anerkennung von Asexualität im Mainstream ein, jedoch geht aus ihrem Interview nicht hervor, dass sie sich selbst mit dem Mainstream identifiziert oder identifizieren möchte. Die Wunschgemeinschaften unserer Teilnehmer*innen sind folglich die Queer-Community und die „linke Szene". Diesbezüglich ergaben sich aus unserem Material zwei Thesen:

1. Der Anschluss an die eigene Wunschgemeinschaft stabilisiert durch die gewonnene Anerkennung der Asexualität die eigene Identität.
2. Stigmatisierungen durch die eigene Wunschgemeinschaft wirken sich, aufgrund der höheren Erwartungen an diese, verstärkt auf die Identität asexueller Personen aus.

Zu 1.: Vergleichbar zur Identifikation mit der Begrifflichkeit „Asexualität" spielt bei der Wunschgemeinschaft einer Person das Gefühl der Zugehörigkeit eine zentrale Rolle. Alex beschreibt es als „total spannend" und „schön" sich mit anderen über ihre Asexualität auszutauschen „und sich auch irgendwie ZUGEHÖRIG zu fühlen". Der Austausch mit Menschen, „denen es ÄHNLICH geht" wie ihr, ist für sie „eine ziemlich große Unterstützung". Auch Johnny und Jasper erwähnen Aspekte der Zugehörigkeit in Form des Akzeptiert- und Angenommen-Werdens durch ihre Wunschgemeinschaft.

> Die können es auch einfach akzeptieren. Wow. Wow. Oh du meine Güte. So fühlt sich das an, das ist toll.

Mit dieser Aussage bringt Jasper das Gefühl, innerhalb eines queeren Kontextes akzeptiert zu werden, zum Ausdruck und beschreibt dieses Erlebnis selbst als „MAGISCH". Auch Johnny erzählt von einem Erlebnis mit seiner Wunschgemeinschaft der Queer-Community und empfindet es als angenehm, wenn in dieser „so Sachen eher so ANGENOMMEN werden". Diese von unseren Befragten geschilderte Anerkennung durch die eigene Wunschgemeinschaft wirkt *identitätsstabilisierend*. Luca zum Beispiel findet im Zusammenhang mit der Entdeckung des Begriffs „Asexualität" im AVEN-Forum eine Gruppe, der sie sich zugehörig fühlt. Diese Identifikations- und Anerkennungserfahrung, die sie „gerade mit den anderen Forums-Teilnehmern" macht, beeinflusst ihre biographische Entwicklung insofern, als sie ihre vorherigen Pathologisierungsgedanken ablegen und sich selbst akzeptieren kann. Diese Erfahrung prägt sie sehr positiv und empowert sie außerdem: „und das hat mich dann so ein bisschen gePUSHT, wo ich dann dachte ‚Ja, das ist endlich mal bisschen Positivität bei dem Thema', genau". Auch Jasper gewinnt durch die „prägende Erfahrung" der Akzeptanz während eines Workshops Motivation für weitere Sichtbarkeitsarbeit und Vertrauen in sich selbst. Für Johnny ist es unter anderem eines der schönsten Erlebnisse bezüglich seiner Asexualität, „eine GEMEINSCHAFT zu haben, die einen auch irgendwie AUFFÄNGT". Damit beschreibt auch er den Effekt der *Identitätsstabilisierung durch die Anerkennung seiner (Wunsch)Gemeinschaft*.

Zu 2.: Im Zusammenhang mit dem Konflikt zwischen Asexualität und der Queer-Community, der nachfolgend ausführlicher beleuchtet werden soll, spricht Luca offen über ihre Enttäuschung von der Queer-Community:

> Ähm (..) und, wo ich halt dann denke, wenn GERADE die QUEER-Community das schon so ablehnt irgendwie und schon so/so/so intolerant gegenüber dem ist, was sollen denn dann, ich sag jetzt mal NORMALE Menschen oder so, die noch viel WENIGER, ähm, ähm, ja Anschlusspunkte dazu haben irgendwie, was sollen die dann, ähm, davon halten irgendwie?

Luca unterscheidet hier klar zwischen dem Mainstream der Gesellschaft und der Queer-Community. Sie hierarchisiert ihre Erwartungen an diese, indem sie sich auf deren Anknüpfungspunkte zu Asexualität bezieht. Die queere Gemeinschaft müsse deshalb im Vergleich zum Mainstream asexuellen Menschen offener und toleranter gegenüberstehen.

> Wo man ja eigentlich denken sollte, dass sie äh tolerant (äh?) sind und auch irgendwie, das KENNEN so, nicht ernst genommen zu werden und so sich erstmal so beWEISEN zu müssen und irgendwie, ja so was.

Luca spricht hier von der Verworfenheit queerer Personen im Mainstream. Jene kennen folglich die Position der Verworfenen, wonach es ihrer Meinung nach paradox erscheint, dass Verworfene andere Menschen verwerfen. Daraus ergibt sich ihre höhere Erwartung der Inklusion von asexuellen Menschen an ihre Wunschgemeinschaft, die Queer-Community, im Vergleich zu ihrer Erwartung an den Mainstream. Johnny sagt während der Erzählung seiner Wahrnehmung der Verworfenheit von Asexualität in der „linken Szene":

> Und (.), das tut dann schon irgendwie MEHR WEH, weil das eine Gruppe ist wo ich eigentlich sage: ‚Da würde ich mich gern WOHLFÜHLEN irgendwie', in der ich auch viel mehr ARBEITE.

Vor diesem eben zitierten Ausdruck seiner Verletzung durch die Verwerfung von Asexualität in der ‚linken Szene' spricht Johnny über den Mangel an Queerness im Mainstream. Sein hier geäußertes „Mehr" an Verletzung bezieht sich also vergleichend auf die Stigmatisierungserfahrungen innerhalb des Mainstreams. Doch mit diesem habe er als gesellschaftskritischer Mensch „eh schon ein bisschen ABgeschlossen". Johnny wendet sich also vom Mainstream der Gesellschaft ab und wählt die „linke Szene" als seine Wunschgemeinschaft. Mit dieser Wahl geht seinerseits, aufgrund seines persönlichen „linken" Bildungsanspruchs, eine höhere Erwartung an die „linke Szene" (im Vergleich an den Mainstream) einher, Asexualität anzuerkennen.

Lucas und Johnnys höhere Anerkennungserwartung bezüglich Asexualität an „die linke Szene" beziehungsweise die Queer-Community im Vergleich zum Mainstream, welche sich aus deren Enttäuschung und Verletzung schließen lässt, impliziert die Existenz der Verworfenheit von Asexualität in beiden Gemeinschaften. Deshalb widmen wir uns in den folgenden zwei Abschn. „Die ‚linke Szene' und Asexualität" und „Die Queer-Community und Asexualität" der Herausarbeitung jener bisher nur behaupteten Verwerfungslinien von Asexualität in „der linken Szene" und der Queer-Community.

3.4.3.3 Die „linke Szene" und Asexualität

Johnny übt in seinem Interview mit uns deutliche Kritik an der Art und Weise, wie sich „die Linke" dem Thema Asexualität annimmt: „Schön, dass sich ‚die Linke' mal damit BESCHÄFTIGT –

3.4 · Auswertung

NICHT SO – FALSCHER ANSATZ!". Sein struktureller Kritikpunkt an der Art und Weise, wie Asexualität thematisiert wird, ist, dass dies „SEHR THEORETISIERT getan wird UND von Leuten, die sich nicht als ASEXUELL definieren". Damit kritisiert Johnny einen Mangel an Queerness in der „linken Szene".[40] Für ihn gehört Queerness zu einer „linken" Gesellschaftskritik dazu, denn anderenfalls sehe er darin eine Reproduktion des gesellschaftlichen Abbilds, von dem seiner Meinung nach keine Gesellschaftskritik ausgehen könne. Johnny plädiert dafür, dass „JEDE[R] Art von unterdrückter Minderheit" eine Stimme zukommen müsse, da gerade diese gesellschaftliche Repression erlebe und Gesellschaft analysieren könne. Inhaltlich kritisiert Johnny die Pathologisierung von Asexualität und die Aberkennung der Selbstbestimmung, womit er auch auf inhaltlicher Ebene ein Mangel an Queerness anspricht. Namentlich bezieht Johnny sich im Zusammenhang mit seiner Kritik an der „linken Szene" auf Aussagen von Magnus Klaue: Dieser schrieb 2013 in der Zeitschrift *Konkret* den Artikel „Das gelebte Nichts" über Asexualität. Darin kritisiert er klar das Prinzip der queeren Gemeinschaft, dass jede*r die Hoheitsgewalt über sich selbst innehabe:

» Gemäß der als ‚Definitionsmacht' kodifizierten Regel, daß jeder Wahn respektiert werden muß, solange die von ihm Befallenen an ihn glauben, ist man der Definition von ‚AVEN' zufolge asexuell, ‚wenn man sich selbst so sieht' (Klaue 2013, S. 46).

Klaues Kritik am queeren Prinzip der Definitionsmacht geht mit einem Vergleich von Asexualität mit einem „Wahn" einher. Damit untermauert diese Aussage Johnnys Wahrnehmung, dass Klaue asexuellen Menschen sagt, was an deren Identität falsch sei. An anderer Stelle spricht Klaue in seinem Artikel asexuellen Menschen jegliche Emotionalität ab und stigmatisiert sie somit abermals in Form von Pathologisierung:

» Solche Menschen, deren Babysprech den Grad ihrer Individuation angemessen spiegelt, haben sich tatsächlich freiwillig längst zu Einzellern gemacht, die mit anderen Lebewesen allenfalls ‚interagieren' können, denen sonst aber humanoide Eigenschaften wie Empathie, Mitleid, Trauer, Fähigkeit zum Glück und zur Wahrheit abhanden gekommen sind (Klaue 2013, S. 46).

Die Verwendung des Ausdrucks „Babysprech" mit Verweis auf „den Grad ihrer [der asexuellen Menschen; A.F.K.] Individuation" impliziert seine Ansicht, dass asexuelle Menschen auf der Entwicklungsstufe eines Kindes stehen geblieben wären. Außerdem spricht er ihnen in seiner Reproduktion des Vorurteils „Asexuelle Menschen haben keine Emotionen" ihre Menschlichkeit ab, da er von „humanoiden Eigenschaften" spricht, die asexuellen Menschen seiner Ansicht nach fehlen.

Diese Gegenüberstellung der Aussagen von Klaue und Johnnys Wahrnehmung zeigt, dass es innerhalb linker Strömungen Verwerfungslinien von Asexualität gibt. Diese werden durch eine Verwerfung von Queerness produziert und finden ihren Ausdruck in Form von Pathologisierungen.

---

40 Johnnys Kritik richtet sich im Verlauf des Interviews weniger gegen das gesamte linke Spektrum, vielmehr spricht er von der *antideutschen* Strömung. Teile der Antideutschen verstehen sich selbst nicht (mehr) als „links", wenngleich sie aus einer Abspaltung der radikalen Linken erwuchsen. Positionen der Antideutschen lösten zentrale Kontroversen innerhalb der linksradikalen Szene aus.

3.4.3.4 Die Queer-Community und Asexualität

Das Verhältnis der Queer-Community zu Asexualität ist ambivalent: Inklusion und Exklusion stehen sich gegenüber. Die wichtigsten Faktoren, die zur Verwerfung von Asexualität in der Queer-Community führen, sind nach der Analyse unseres Materials Unsichtbarkeit, Unwissenheit und Sexpositivität.

Jasper erzählt von einem Erlebnis auf einem queeren Seminar: Auf diesem wurde ein „Queer-Alphabet" ausgearbeitet, das heißt jedem Buchstaben im Alphabet wurde(n) mindestens ein spezielles, queeres Wort zugeordnet. Asexualität tauchte darin nicht auf. „Dann haben wir natürlich Asexuelle dazugeschrieben. […] Aber SO unbekannt ist es einfach". Jaspers Betonung des Wortes „so" akzentuiert den Grad der *Unsichtbarkeit* von Asexualität. Jasper ist erstaunt darüber, dass selbst die Queer-Community Asexualität an dieser Stelle noch nicht aufgenommen hatte. Jaspers Aussage verdeutlicht aber auch, dass eine Bereitschaft zur Inklusion besteht, denn das „Dazuschreiben von Asexuellen" stieß auf keine Widerstände in der Gruppe, sondern wurde schlichtweg getan. Lena beschreibt den Umgang der Queer-Community mit asexuellen Menschen in Interviews als „charmant" und „perfekt". Mit dieser Beschreibung der Interviews mit asexuellen Menschen in der Queer-Community bringt auch sie deren im Vergleich zum gesellschaftlichen Mainstream höhere Inklusionsbereitschaft von Asexualität zum Ausdruck.

Trotz dieser Bereitschaft zur Inklusion fehlt in der Queer-Community auch ein Bewusstsein und Wissen über Asexualität; Johnny beschreibt die Reaktion der Queer-Community auf den Hinweis, Asexualität inkludieren zu müssen, wie folgt: „Ach, die Reaktionen in, in DER Community sind tatsächlich so: ‚Ah ja, MIST, haben wir vergessen!'" und „‚Ah ja, wir wollten eh darauf mehr RÜCKsicht nehmen.' Aber sie wussten eher nicht WIE. Also, DAS ist so die Frage". *Unwissenheit* und fehlendes Bewusstsein über Asexualität tauchen folglich auch in der Queer-Community auf und führen zu Verwerfung von asexuellen Personen. Doch die spezifischste Verwerfungslinie von Asexualität in queeren Kontexten ist die darin herrschende Sexpositivität. Diese wirkt, wie Johnny im Zusammenhang seines Coming-outs als asexuell erzählt, auf die Identität asexueller Menschen:

> Und es hat MICH persönlich auch ein bisschen mehr so von einem DRUCK schon befreit. Der irgendwie in der, sagen wir mal, queeren Community schon so ein bisschen da ist; mit: ‚Hey, wir unterhalten uns jetzt alle darüber irgendwie was man jetzt tolles alles SEX-TECHNISCH machen kann. Und wir haben unglaublich viele SEX-WORKSHOPS. Und wir bauen zusammen SEX-TOYS'.

Der von Johnny hier explizit angesprochene Druck, der von der *Sexpositivität* in der Queer-Community ausgeht, kommt bei ihm auch an anderer Stelle implizit zum Ausdruck. Johnny bezeichnet sich selbst als „Sex-Nerd", wobei er klar zwischen Sex-Theorie und Sex-Praxis unterscheidet. Auf theoretischer Ebene sieht er sich als Nerd an, da ihn diese Ebene sehr interessiert, doch ergibt sich daraus für ihn keine Praxis. Die Tatsache, dass er diese Unterscheidung macht und sich auf theoretischer Ebene eindeutig als Sexpositivist darstellt, zeigt die Wirkung des Drucks der Sexpositivität in der queeren Gemeinschaft. Johnny stellt somit klar, dass „asexuell" nicht gleich zu setzen ist mit „antisexuell". Dieses Abgrenzungsmoment taucht ebenfalls bei Alex und Luca auf. Alex betont, sie bemühe sich um eine klare, unmissverständliche Wortwahl, um nicht den Eindruck entstehen zu lassen, sie stünde Sex oder Liebe abwertend gegenüber. Vor dem Hintergrund, dass sie sich selbst als queer versteht und in queeren Kontexten arbeitet, deuten wir diese explizite Äußerung ihrer positiven Haltung gegenüber Sex und Liebe als Reaktion auf die in der Queer-Community normative Sexpositivität. „Es gibt ja auch, ich sag jetzt mal, antisexuelle

Asexuelle", erklärt uns auch Luca und grenzt sich durch ihre passive Formulierung „es gibt" eindeutig von jenen ab. Auch hier wird also eine sexpositive Haltung markiert.

Johnny erzählt davon, dass die Safer-Sex-Workshops „inzwischen […] SO umgestaltet [wurden] im Team, dass es auch irgendwie ACEfreundlich ist". Diese Veränderungen implizierten vor allem die Entsexualisierung der Texte, die in den Workshops Verwendung finden. Er verweist in diesem Zusammenhang auch darauf, dass es nicht nur für asexuelle Personen, sondern auch für andere Menschen mit unterschiedlichen sozialen und kulturellen Hintergründen unangenehm sein kann, wenn sehr viel, sehr explizit über Sex gesprochen wird.

3.4.4 Asexualität und queere Geschlechtsidentitäten

Ein zentrales Anliegen unserer qualitativen Forschung war die Betrachtung der Verbindung von Asexualität und Geschlechtsidentität. Der Zusammenhang von Asexualität und „Weiblichkeit" wurde in diesem Kapitel bereits thematisiert. In diesem Abschnitt wird nun der Zusammenhang von Asexualität und queeren Geschlechtsidentitäten betrachtet. Unser Material eignet sich ideal für eine Einzelfallbetrachtung. Exemplarisch widmen wir uns im Folgenden Johnny sowie Alex, um Zusammenhänge zwischen Trans*Identität und Asexualität beziehungsweise Agender und Asexualität herauszustellen.

3.4.4.1 Trans*Identität und Asexualität

Johnny antwortet auf unsere Frage nach dem Zusammenhang seiner Trans*Identität und seiner Graysexuality zunächst aus der Perspektive eines kritischen Gesellschaftsbeobachters. In der Gesellschaft bestünde das Vorurteil, dass Trans*menschen, da sie „eh schon irgendwie weird" sind, von niemandem begehrt werden würden. „Und dass man [Trans*menschen; A.F.K.] dann irgendwie nicht SEX mit irgendwem haben will, erscheint nach (..) sozusagen (.) eine ‚LOGISCHE Schlussfolgerung' von VORURTEILEN". „Generell", so Johnny, wird Trans*menschen „eine GESUNDE Sexualität irgendwie, die sie FÜR SICH haben wollen, ABGESPROCHEN". Die eben dargelegten Aussagen verdeutlichen, dass sich Johnny in Zusammenhang mit seinem Trans*Coming-out sehr stark mit der gesellschaftlichen Sicht auf Trans*menschen auseinandersetzte. Er machte sich aber in dieser Zeit auch Gedanken über den Einfluss seiner Trans*Identität auf seine Sexualität. Diesbezüglich beschloss er damals: „Ähm, ich habe dann einfach SEXUALITÄTS-begrifflichkeiten (.) über BORD geworfen. Und mir gedacht so: ‚Ach, ok, solange niemand ankommt, mit dem ich jetzt gerade irgendwie SEX haben will, muss ich dafür auch KEIN WORT finden', so". Zwar spricht Johnny hier explizit nur über sein eigenes Begehren eines anderen Menschen und nicht darüber, nicht begehrt zu werden, doch ist davon auszugehen, dass die gesellschaftlichen Vorurteile über Trans*menschen in dieser Phase durchaus Auswirkungen auf ihn hatten. Denn er spricht etwas später davon, dass er seine Trans*Identität und seine Graysexuality „inzwischen sehr, sehr UNABHÄNGIG voneinander BETRACHTEN" kann. Mit dem Wort „inzwischen" verrät er, dass es einen Zeitpunkt gab, an dem er das noch nicht konnte.

Johnny sagt, dass er zwischen seiner Identifikation als trans* und der als graysexual mindestens ein Jahr Zeit hatte, über sich selbst nachzudenken. Wir interpretieren dieses Jahr als Zeitraum, in dem sich seine Trans*Identität festigte. Erst nach dieser Stabilisierung – so unsere These – konnte er seine eigene, vom Einfluss der gesellschaftlichen Vorurteile abgelöste Sicht auf den Zusammenhang seiner Graysexuality und seiner Trans*Identität entwickeln und diese als unabhängig voneinander betrachten. Auf der Grundlage seiner gefestigten Trans*Identität konnte er dann „Lücken" bezüglich seiner sexuellen Orientierung füllen und sich als graysexual identifizieren: „das [seine Identifikation als graysexual; A.F.K.] FÜLLT glaube ich eher inzwischen so LÜCKEN, die irgendwie OFFEN geblieben sind". Durch Johnnys Trans*-Coming-out verschob sich folglich seine Auseinandersetzung mit seiner Graysexuality.

Neben dieser Verschiebung kommt es zu einer Überdeckung seiner Graysexuality durch seine Trans*Identität: „Ähm, (.) das (..) aber (.) BEI MIR ist es halt tatsächlich so, dass, wie gesagt, das TRANS*-Ding ist für mich halt immer (.) SCHWERWIEGENDER". Diese Überdeckung zieht sich durch das gesamte Interview mit ihm. An einer Stelle erklärt Johnny, weshalb für ihn seine Trans*Identität im Vordergrund steht: „Ich mache halt viel so TRANS*-Workshops, wo es tatsächlich MEHR GRUNDregeln gibt, die man zu beachten hat, wenn man irgendwie mit Leuten redet oder sonst was". Sein hier angesprochenes „Mehr an Grundregeln" bezieht sich vergleichend auf die „Regeln" gegenüber asexuellen Menschen. Denn nach dieser eben zitierten Äußerung spricht er über die Schwierigkeit, die er bei der Schaffung eines Bewusstseins für ACE, das „durch eine ABWESENHEIT von etwas beschrieben wird", sieht. Der Blick, den Johnny an dieser Stelle auf Asexualität hat, beschreibt die Unsichtbarkeit von Asexualität als „in-der-Sache-selbst-liegend" und verdeutlicht so noch einmal, weshalb für ihn seine Trans*Identität seine Graysexuality überdeckt: Diese ist öffentlich sichtbarer als seine Graysexuality.

3.4.4.2 Agender und Asexualität

Lena, so wurde bereits im Abschn. „Die Rolle des Begriffs ‚Asexualität' für die Befragten" ausführlich dargelegt, bestätigt ihre „Weiblichkeit" über Kleidung und Accessoires anstatt über ihr Begehren. Der Entwicklung dieses Weges der Bestätigung ihres Geschlechts ging eine Phase voraus, in der sie ihre „Weiblichkeit" stark anzweifelte. Ihre Gedanken in dieser Phase folgten der Logik der Theorie der Heteronormativen Matrix bezüglich der Wechselseitigkeit des Geschlechts und des Begehrens: Ohne Begehren sei sie „ein asexuelles Neutrum". Unsere Teilnehmer*in Alex, die sich „schon IMMER weder als Mann noch als Frau gefühlt" hat, bringt diese Logik in ihrer Antwort auf unsere Frage, welche Auswirkungen ihre Asexualität auf ihr agender hat, ebenfalls zum Ausdruck:

> Es hat für mich noch logischer gemacht, warum ich mich GESCHLECHTSLOS fühle. Mhm. Weil (atmet aus) (..) das worüber wir uns normalerweise oder worüber sich VIELE Menschen irgendwie schon als geschlechtlich definieren sind GENITALIEN. So. Und die erfüllen für mich keinen Zweck.

Alex bezeichnet hier sexuelles Begehren beziehungsweise den sexuellen Akt als „Zweck" der Genitalien, den sie bei sich nicht erfüllt sieht. Damit spricht sie genau von jener Bestätigung des eigenen Geschlechts über das eigene Begehren: Ihre Geschlechtslosigkeit wurde demzufolge durch ihre Asexualität „logischer", also bestätigt. Diese Bestätigung der Abwesenheit von Geschlecht durch die Abwesenheit von Sexualität zeigt sich auch in der Reaktion anderer Menschen auf Alex' Erklärung ihrer Geschlechtslosigkeit: „Also ich hab eher den Eindruck, dass Menschen ganz gut nachvollziehen können, warum (.) warum ich agender bin. Wenn ich denen halt zum Beispiel erkläre, dass meine Genitalien nun mal nicht so von mir genutzt werden". Dass andere Alex' Geschlechtslosigkeit „ganz gut nachvollziehen" können, wenn sie in ihrer Erklärung auf die Funktion ihrer Genitalien zurückgreift, anhand derer in der Gesellschaft Menschen in der Regel geschlechtlich eingelesen werden, zeigt einerseits noch einmal, wie tief die Wechselseitigkeit des Geschlechts und des Begehrens gesellschaftlich verankert ist. Andererseits wird dadurch deutlich, dass sich in den Augen der Menschen, denen sich Alex so erklärt, ihre Geschlechtslosigkeit und ihre Asexualität wechselseitig bestätigen.

Abschließend können wir festhalten, dass unser Material den von Bogaert festgestellten signifikanten Zusammenhang zwischen Asexualität und nicht-traditioneller Geschlechtlichkeit widerspiegelt. Denn nur zwei unserer Teilnehmer*innen, Lena und Luca, geben an, „weiblich" zu sein, und tun dies – biographisch gesehen – auch erst nach einer Phase der Verunsicherung in ihrer „Weiblichkeit".

3.5 Schlussbetrachtung: Ergebnisse und Ausblicke

Unserer Forschung zu Asexualität lagen drei Fragen zugrunde: Sie beziehen sich auf (1) Ursachen und Folgen von Stigmatisierung asexueller Menschen, (2) auf Auswirkungen von Ereignissen wie Coming-in und Coming-out auf die Konstitution ihrer Identität sowie (3) auf den Zusammenhang dieser Faktoren mit der Geschlechtsidentität.

Unsere Analysen zeigen, dass asexuelle Menschen aufgrund der in der Gesellschaft herrschenden Heteronormativität Stigmatisierung erfahren. Die Pathologisierung von Asexualität stellt in diesem Zusammenhang eine besondere Form der Stigmatisierung dar. Hierbei wird asexuellen Menschen ihr Recht auf Selbstbestimmung abgesprochen, indem ihnen durch andere eine „Krankheit" zugeschrieben wird. Den Aussagen unserer Teilnehmer*innen ist zu entnehmen, dass diese Form der Stigmatisierung unter anderem im Kontakt mit Psychiater*innen auftaucht. Die Unterscheidung zwischen „normal" und „krank" beschränkt sich allerdings nicht nur auf den Bereich der Medizin, sondern weitet sich auf die Gesellschaft aus: Asexuelle Personen sind teilweise auch in intimen Beziehungen mit der Fremdzuschreibung „krank" konfrontiert.

Eng verbunden mit der Pathologisierung ist die Stigmatisierung asexueller Menschen, indem die Existenz von Asexualität bestritten wird. Die Existenzanzweiflung von Asexualität geht oft mit dem Vorurteil einher, das auf Unwissenheit bezüglich Asexualität zurückgeführt werden kann: Asexuelle Menschen hätten keine Emotionen. Hierbei kommt es zu einer Entmenschlichung asexueller Menschen, welche ebenfalls eine Art der Pathologisierung darstellt. Dass viele Menschen die Existenz von Asexualität anzweifeln, liegt maßgeblich an der Unsichtbarkeit von Asexualität. Aus der Unkenntnis über Asexualität folgt eine Stigmatisierung asexueller Menschen. Diese kann ihrerseits einen Rückzug asexueller Menschen zur Folge haben, um erneute Stigmatisierungen zu vermeiden: Es entsteht ein Teufelskreis, aus dem heraus sich die Unsichtbarkeit von Asexualität in der Gesellschaft reproduziert.

Die Identifikation mit dem Begriff „Asexualität" (Coming-in) liefert eine Ausdrucksmöglichkeit für das eigene Empfinden asexueller Menschen. Sie schafft eine Daseinsberechtigung der eigenen Identität und geht, wie wir vermuteten, mit einer Stabilisierung der Identität und einem Gefühl der Erleichterung einher. Unsere Vorüberlegung, dass es auch zu einer inneren Ablehnung kommen kann, bestätigte sich jedoch nicht. In Bezug auf die von uns vermutete Angst vor Stigmatisierung aufgrund der Selbstidentifikation als asexuell bedarf es einer differenzierten Betrachtung: Die Angst vor Stigmatisierung folgt nicht aus der Identifikation mit dem Begriff, sondern erst aufgrund von Stigmatisierungserfahrungen nach einem Coming-out. Daraufhin entwickeln die Befragten Vermeidungsstrategien. Dies wird außerdem durch den Zusammenhang zwischen der Sicherheit vor Stigmatisierung und der Entscheidung unserer Teilnehmer*innen, sich zu outen, gestützt: Je sicherer der Raum, desto eher wählen asexuelle Personen die Option, sich zu outen; je unsicherer, desto eher kommt es zu Vermeidungsstrategien, um die eigene Identität zu schützen.

Die mit der Heteronormativität einhergehende Verknüpfung zwischen Sex und Liebe sowie die Vorstellung, eine*n ideale*n Partner*in für den Rest des Lebens zu finden, kann zu einer Orientierungslosigkeit asexueller Menschen hinsichtlich des eigenen Lebenskonzepts führen. Doch – so zeigen unsere Interviews – kann diese Verunsicherung und Orientierungslosigkeit durch das Aufbrechen des engen heteronormativen Beziehungskonzepts aufgehoben werden. Individuelle Beziehungsstrukturen, die ein erweitertes Liebesverständnis beinhalten, welches nicht mit Sex verknüpft ist, stabilisieren die Identität asexueller Menschen. Eine Folge der Heteronormativität und ihrer impliziten Aufforderung, in Beziehungen Sex haben zu müssen, ist eine Abwertung alternativer Beziehungskonzepte, wodurch asexuelle Menschen in die Position gedrängt werden, sich rechtfertigen zu müssen.

Die Mehrheit unserer Teilnehmer*innen ordnen wir einer individuellen Wunschgemeinschaft zu, mit der sie sich identifizieren und zu der sie sich zugehörig fühlen möchten – lediglich die Äußerungen unserer ältesten Teilnehmerin Lena ermöglichten keine Zuordnung. Der Wunschgemeinschaft kommt eine zentrale Bedeutung bei der Identitätsstabilisierung zu, denn die Gemeinschaft ermöglicht Anerkennung. Aufgrund erfahrener Enttäuschung und Verletzung hegten unsere Teilnehmer*innen hohe Erwartungen an ihre Wunschgemeinschaft. Als Wunschgemeinschaften unserer Teilnehmer*innen ergaben sich die Queer-Community und „die linke Szene". Den Aussagen eines Befragten zufolge fehlt es innerhalb „der linken Szene" an Queerness, wodurch asexuelle Menschen ausgeschlossen werden. In der Queer-Community hingegen besteht durchaus eine Bereitschaft zur Inklusion von Asexualität, doch bedarf es teilweise noch mehr Sichtbarkeitsarbeit für Asexualität und einer Aufklärung darüber, wie die Inklusion bestmöglich erfolgen kann. Die von uns vor Beginn der Studie vermutete Verworfenheit von Asexualität aufgrund der in queeren Gemeinschaften herrschenden Sexpositivität bestätigte sich. Diesbezüglich ist allerdings eine Differenzierung angebracht: Es ist anzumerken, dass es bereits Veränderungen in der Konzeption von Safe-Sex-Workshops gab, sodass sexpositive Menschen offener gegenüber Asexualität werden können. Die Queer-Community verfolgt also den Anspruch der Inklusion, jedoch fehlt es an Wissen darüber, wie diese gestaltet werden kann, um asexuelle Menschen weder einem Druck auszusetzen, noch sie auszugrenzen.

Im Hinblick auf den Zusammenhang zwischen Asexualität und Geschlechtskonstruktion tauchen in unseren Interviews alle vier Punkte, die im theoretischen Teil dieser Arbeit auf Grundlage der Wechselseitigkeit zwischen Begehren und Geschlecht diesbezüglich ausgeführt wurden, auf: (1) Die Abwesenheit sexueller Anziehung geht mit einer Verunsicherung der geschlechtlichen Identität einher. Dies zeigte sich besonders deutlich in Bezug auf „Weiblichkeit": Beide unserer Teilnehmer*innen, die sich selbst als „weiblich" verstehen, durchliefen in ihrer Biographie eine Phase der Verunsicherung bezüglich ihrer geschlechtlichen Identität. (2) Die asexuelle Teilnehmerin Lena bestätigt ihre „Weiblichkeit" über ihr äußerliches Erscheinungsbild, indem sie sich betont „weiblich" kleidet. Damit verlagert sich die Bestätigung ihrer Geschlechtsidentifikation auf den Bestandteil des *behavior*. (3) Unsere Teilnehmer*innen, die sich selbst als „weiblich" verstehen, stellten sich beide in der Phase ihrer Verunsicherung bezüglich ihres Geschlechts die Frage, ob sie möglicherweise agender seien. Außerdem verorten sich drei unserer fünf Teilnehmer*innen außerhalb der traditionellen Geschlechtlichkeiten „Mann" und „Frau"; eine*r davon versteht sich als geschlechtslos. Damit spiegelt sich in unserem Material der Zusammenhang zwischen Asexualität und nicht-traditioneller Geschlechtlichkeit wider. (4) Die sexuellen Doppel-Standards treten unter anderem in folgenden Situationen in Erscheinung: Der Freund einer unserer asexuellen Teilnehmer*innen geriet aufgrund seines asexuellen Verhaltens innerhalb der Beziehung in einen Rechtfertigungszwang gegenüber seinen „männlichen" Freunden. Während Lena aufgrund der Unsichtbarkeit der „weiblichen" Sexualität ihre „Weiblichkeit" ohne derartige Folgen verschleiern konnte.

3.5 · Schlussbetrachtung: Ergebnisse und Ausblicke

Unsere Betrachtungen der Zusammenhänge zwischen Asexualität und queeren Geschlechtsidentitäten zeigen: Für unsere geschlechtslose Teilnehmer*in Alex erfüllen ihre Genitalen keinen Zweck, wodurch für sie ihre Geschlechtslosigkeit logischer wird. Damit liefert sie ein Beispiel für das wechselseitige Sich-Hervorbringen des Begehrens und des Geschlechts. Aufgrund des gesellschaftlichen Vorurteils über Trans*Menschen, jene würden nicht begehrt werden, kann die Trans*Identität die Identifikation als asexuell/graysexual auf einen biographisch späteren Zeitpunkt verschieben. Außerdem legt sich im Falle von Johnny seine Trans*Identität, die aufgrund ihrer Sichtbarkeit mehr Einfluss auf sein alltägliches Leben hat, wie ein Schleier über seine sexuelle Orientierung.

Abschließend noch ein paar Worte zu den Limitationen und Stärken unserer Studie sowie den Anknüpfungspunkten für weitere Forschungen: Unter unseren Teilnehmer*innen befindet sich kein Cis-Mann; wir können folglich keine Aussagen über Cis-Männer treffen, die sich als asexuell verstehen. Unsere Interviewanfrage erreichte aufgrund der späten Veröffentlichung im AVEN-Forum vermehrt Menschen der Queer-Community. Diese Faktoren schränken die Reichweite unserer Studie ein. Bezüglich der Erfassung des Zusammenhangs zwischen Asexualität und Geschlecht stellte sich diese Limitation jedoch auch als eine Stärke unserer Studie heraus: Der queere Forschungsansatz bot nicht-traditionell-geschlechtlichen Menschen einen Raum, von ihrer Asexualität zu erzählen. So konnten wir die Dimension des Geschlechts weitreichender abdecken. Wie unsere Ergebnisse zeigen, zahlt sich, insbesondere in Hinblick auf trans* und agender, ein queerer Forschungsblick auf das Thema Asexualität aus, denn anderenfalls blieben diese Geschlechtsidentitäten – wie in den meisten Studien, nicht nur zu Asexualität – unbeleuchtet.

Aus jener queeren Perspektive ergeben sich zahlreiche Anknüpfungspunkte für weiterführende queer-theoretische Forschungen zu Asexualität, von denen nachfolgend einige genannt werden sollen: Aus unseren Ergebnissen geht hervor, dass konsensuale nicht-monogame Beziehungen für asexuelle Menschen relevant sind. Sie bieten in Kombination mit einem Blick auf die Unterscheidung zwischen Sexualität und Romantik einen weiteren unerschlossenen Forschungsbereich. Im Rahmen unserer Forschung konnten die Beziehungsstrukturen nicht genauer untersucht werden, dies wäre jedoch ein lohnenswerter Ansatz für weitere Studien. Darüber hinaus beleuchteten wir den Zusammenhang zwischen Asexualität und dem Alter unserer Befragten nur marginal. Diesbezüglich bleibt unter anderem die Frage offen, inwiefern die Bedeutung der Wunschgemeinschaft(en) vom Alter der Befragten abhängt. Da unsere älteste Teilnehmerin eine sehr stabile Identität präsentiert und wir ihr keine Wunschgemeinschaft zuordnen konnten, vermuten wir, dass die Bedeutung der Identitätsstabilisierung durch Anerkennung einer Wunschgemeinschaft für Jüngere größer ist als für Ältere. Auf Grundlage der sich in unseren Ergebnissen abzeichnenden Wirkung der sexuellen Doppel-Standards wären geschlechtsspezifische Trennlinien zwischen Cis-Frauen und Cis-Männern nicht überraschend, jedoch bleiben derartige Vergleiche aufgrund unseres Samples weitgehend offen.

Diese und viele weitere Fragen könnten Anschlussstudien zum Thema Asexualität motivieren. Eines ist hierbei allerdings klar: Eine queer-feministische Herangehensweise zahlt sich aus, denn durch sie können möglichst viele Erkenntnisse des weiten Feldes „Asexualität" gewonnen werden.

- **Was wir alles falsch gemacht haben**

Im Folgenden soll der Arbeits- und Forschungsprozess noch einmal kritisch mit Blick auf Hindernisse und Herausforderungen reflektiert und der Umgang mit diesen erläutert werden. Auch Strategien, die sich positiv auf den Arbeitsablauf ausgewirkt haben, finden hier Erwähnung. Das *Aufstellen eines detaillierten Zeitplans mit Etappenzielen* und einer *differenzierten Zuweisung von*

Aufgaben an die Gruppenmitglieder erwies sich zur Strukturierung der Gruppenarbeit als förderlich. Wir führten bei jeder Sitzung Protokoll, auch dies war für unseren Arbeitsprozess hilfreich. Sowohl die besprochenen Tagesordnungspunkte als auch der aktuelle Zeitplan sowie die Aufgabenverteilung konnten so dokumentiert und zur späteren Referenz genutzt werden. Die Wahl eines offenen, qualitativen Forschungsvorgehens erwies sich als gewinnbringend, da dies den Lerneffekt vergrößerte und es ermöglichte, im Laufe des Prozesses Änderungen vorzunehmen, Fragen im Leitfaden anzupassen sowie hypothesengenerierend zu arbeiten.

Eine besondere Herausforderung stellte die Entwicklung des Leitfadens für die qualitativen Interviews dar. Das Ziel, einen möglichst großen Erkenntnisgewinn herbeizuführen, sollte durch die Offenheit des Fragebogens und eine gewisse Flexibilität bei der Fragenreihenfolge erzielt werden. Das Formulieren von wissenschaftlichen Interviewfragen stellt eine allgemeine Herausforderung der empirischen Sozialforschung dar: Interviewpartner*innen sollten nicht unnötig eingeschränkt, aber das Gespräch dennoch in eine auf die Forschungsfrage zielende Richtung geleitet werden – ohne dabei normative Kategorien zu reifizieren oder suggestiv zu sein. Dies machte auch für unsere Fragengenerierung reflexive Vorarbeit notwendig. Zusätzlich sollte eine Stigmatisierung der Teilnehmer*innen durch die Formulierung vermieden werden. Zwar war der im Vorhinein durchgeführte Pre-Test sehr hilfreich, um potenzielle Schwächen des Fragebogens bereits zu beheben, doch manche Schwierigkeiten zeigten sich erst im Laufe des ersten regulären Interviews. So auch die Tatsache, dass die Frage nach negativen Erfahrungen mit der eigenen sexuellen Orientierung die letzte im Fragebogen darstellte. Diese sensible Frage stellten wir erst spät, um die Ergebnisoffenheit in Bezug auf die potenzielle Verbindung von Asexualität und der geschlechtlichen Identität zu wahren. Bei den folgenden Interviews wurde noch eine Frage zu positiven Ereignissen hinzugefügt, um das Interview nicht mit einer negativen Emotion enden zu lassen.

Die Interviewanfrage wurde mit besonderer Umsicht entworfen, da sie als Grundlage einer gelungenen Kommunikation und gleichzeitig der Motivation potenzieller Teilnehmer*innen dienen sollte. Unsere Solidarität mit der Queer-Szene und Menschen aus dem asexuellen Spektrum sollte in der Anfrage zur Geltung kommen; zudem spielten die Zusicherung von Anonymität sowie eines seriösen Forschungsvorhabens aufgrund der Sensibilität des Themas eine übergeordnete Rolle. Unsere Interviewanfrage erreichte überwiegend Menschen in der Queer-Community. Eine rechtzeitige Veröffentlichung im AVEN-Forum hätte den Kreis potenzieller Teilnehmender möglicherweise erweitert. Hier hätte sich ein längerer Zeitraum in der Planung für das Finden und Auswählen von Interviewpartner*innen ausgezahlt. Zudem stellte sich heraus, dass sich zwei unserer Teilnehmer*innen kennen. Dies kann als Hinweis darauf gedeutet werden, dass auch die Queer-Szene, die wir erreichen konnten, begrenzt ist. Der Reflexionsgrad der Teilnehmer*innen bezüglich ihrer geschlechtlichen Identität und sexuellen Orientierung war bereits weit ausgeprägt und von einer heteronormativitätskritischen Sichtweise beeinflusst. Es wäre von Interesse, wie Personen aus dem asexuellen Spektrum ihre Erfahrungen beschreiben, die sich mit diesen Themen weniger intensiv auseinandergesetzt haben.

Der Interview-Leitfaden diente der Orientierung, bot jedoch eine gewisse Offenheit für Exkurse oder Änderungen der Fragenreihenfolge. Die Entscheidung, wie mit dem Leitfaden umzugehen sei, musste letztendlich jede Forscher*in im Interview selbst treffen. Der Pre-Test konnte zwar helfen, die Situation besser einzuschätzen, jedoch ist aufgrund der Offenheit von qualitativen Interviews keines mit den anderen zu vergleichen. In einigen wenigen Fällen erlebten wir in den Interviews Unsicherheiten aufgrund der Sensibilität des Themas und den Reaktionen der Interviewpartner*innen auf bestimmte Fragen. Alles in allem waren unsere Erfahrungen positiv, und das einhellige Fazit lautete: Zwar muss sich der Sensibilität des Themas bewusst

3.5 · Schlussbetrachtung: Ergebnisse und Ausblicke

gemacht werden, eine zu starke Zurückhaltung würde jedoch den Erkenntnisgewinn einschränken und kontraproduktiv wirken.

Besondere Komplikationen ergaben sich aus der Frage nach Stigmatisierungserfahrungen in Zusammenhang mit der geschlechtlichen Identität. Die Frage „Hast Du erlebt, dass andere Deine geschlechtliche Identität durch Deine Asexualität infrage gestellt haben?" löste eine gewisse Unsicherheit aus, zumal sich zwei der Befragten keinem Geschlecht zuordneten. In diesem Zusammenhang war es nötig, zu spezifizieren, was wir unter der geschlechtlichen Identität verstehen und was genau wir erfragen wollen. Da die Befragten erst unmittelbar vor den Interviews ihre geschlechtliche Identität beschrieben, mussten die jeweiligen Interviewer*innen diese Information recht spontan einordnen und flexibel damit umgehen. Dies erschwerte den adäquaten Umgang mit der Frage teilweise zusätzlich und hätte eventuell durch eine Vorabfrage der Daten per E-Mail oder Telefon vermieden werden können. Möglicherweise war die Fragestellung auch zu vielschichtig, da sie mehrere Dimensionen zusammenbringt und diverse Vorüberlegungen in einer Frage zusammenfasst. Den Befragten sollte es ermöglicht werden, ihre geschlechtliche Identität möglichst frei selbst zu beschreiben, statt sich in eine von wenigen Kategorien einzuordnen. Dies erwies sich als sehr geeignet, da sich fast alle Befragten in der Queer-Szene engagieren oder deren Werte teilen, und sich in einer Geschlechterdualität nicht wiedergefunden hätten. Die „Reifizierung von Geschlecht" (Gildemeister und Wetterer 1992) lässt sich auf diese Weise dennoch nicht durchgehend vermeiden: Der Selbstverständlichkeit von Geschlechterdualität, mit der die soziale Alltagswelt strukturiert ist, begegnete auch unseren Befragten.[41] Selbst (oder gerade) wenn sie diese Strukturen kritisch hinterfragen, hat diese Ordnung vielschichtige Auswirkungen auf sie, und sie müssen einen Umgang damit finden.

Die Interviews zu zweit durchzuführen erhöhte den Erkenntnisgewinn, barg allerdings auch Herausforderungen in Bezug auf die Koordination. Es wurde zuvor nicht umfassend geklärt, inwiefern die jeweilige Hospitant*in in das Interview eingreifen durfte, falls sie eine ergänzende Frage stellen wollte. Ursprünglich sollte sie am Ende des Interviews von der Interviewer*in gefragt werden, ob sie noch eine Frage stellen möchte. Dies ist sinnvoll, falls eine Frage versehentlich ausgelassen wird oder ein bestimmter Themenkomplex eine Nachfrage notwendig macht. Allerdings konnte die Hospitant*in auf diese Weise nicht direkt in das Geschehen eingreifen, wenn eine Nachfrage ihrer Meinung nach angemessen gewesen wäre. Ein Unterbrechen ihrerseits war von vornherein ausgeschlossen worden, um den Interviewfluss nicht zu stören und die Transkription zu erleichtern. Hier gibt es sicher vielerlei geeignete Möglichkeiten, die im Vorhinein diskutiert werden sollten, um zu einer methodisch sinnvollen Lösung zu kommen.

Eine weitere große Herausforderung stellte der Auswertungsprozess dar, da wir zuvor keine qualitative Arbeit durchgeführt hatten. Die Entscheidung für ein gruppenhermeneutisches Verfahren stellte sich, wenn auch zeitaufwendig, als bereichernde und ergebnisorientierte Methode heraus. Dieser Prozess sollte sorgfältig organisiert und großzügig in den Zeitplan integriert werden. Eine Schwierigkeit war, uns vom Alltagsdenken und von der eigenen, rein subjektiven Wahrnehmung zu befreien. Die Gruppenarbeit ermöglichte jedoch einen kollektiven Lernprozess und zugleich die ständige Option, ein solches Denken gegebenenfalls zu erkennen und sich

---

41 Die Dualität der Geschlechter wird in der Alltagswelt vorausgesetzt, und es wird davon ausgegangen, „dass sie existieren und dass wir sie problemlos identifizieren können" (Meuser 2010, S. 91)[51]. Das methodologische Problem besteht darin, dass einerseits danach gefragt wird, „woher wir wissen, dass eine bestimmte Person eine Frau oder ein Mann ist, und [andererseits muss] die Gültigkeit dieses Wissens [vorausgesetzt werden], um überhaupt Personen zur Verfügung zu haben, angesichts derer eine solche Frage gestellt werden kann" (Meuser 2010, S. 91)[51].c003_fn1

in den Deutungen gegenseitig zu inspirieren oder zu bremsen. Bei der freien Deutung der Interviewergebnisse stellte die Interpretation des subjektiven Sinns der Interviewpartner*innen eine besondere Herausforderung dar. Hier wurde die Hilfe der Dozent_innen in Anspruch genommen, um unter anderem den Interpretationsspielraum zu diskutieren. Uns fiel es schwer, latente Sinngehalte herauszufinden und Fremdzuschreibungen zuzulassen. Die Systematisierung von Aussagen und Motiven aus dem Material half dabei, Auffälligkeiten festzustellen und diese als Besonderheiten zu deklarieren.

Ein wichtiger Faktor bei qualitativer Forschung, insbesondere zu sensiblen Themen wie dem vorliegenden, ist eine vollständige, durchgängige Anonymisierung der Daten. Um dies zu gewährleisten, empfiehlt es sich, spätestens zum Zeitpunkt des Interviews ein – ggf. durch die Befragten gewähltes – Pseudonym festzulegen und dieses im Auswertungs- und Schreibprozess zu verwenden. Der Umgang mit den gesammelten Daten sollte gewissenhaft und sorgsam erfolgen. So gilt es beispielsweise, bei der Speicherung und Archivierung einen hohen Sicherheitsstandard etwa durch Festplattenverschlüsselung anzuwenden und ggf. Datenspuren mittels mehrfachen Überschreibens freier Datenträgerbereiche auf digitalen Aufnahmegeräten oder USB-Sticks zu vernichten.

Aufgrund des theoretischen Ansatzes der Arbeit trafen wir die Entscheidung, die Selbstzuschreibung als ausschlaggebendes Kriterium für Asexualität zu setzen. Hier wären auch andere Wege denkbar gewesen, doch dieser schien für die vorliegenden Forschungsfragen am geeignetsten. Als problematisch erweist sich der Umstand, dass auf diese Weise Menschen von vornherein ausgeschlossen werden, die sich aus verschiedensten Gründen nicht mit dem Begriff identifiziert haben, sei es beispielsweise aufgrund von Ablehnung oder Unkenntnis. Im Gegensatz dazu lassen sich durch die gewählte Definition – wie bereits beschrieben – eher reflektierte Menschen erreichen, in unserem Falle hauptsächlich aus der Queer-Szene, die sich schon differenziert mit den behandelten Themen auseinandergesetzt haben.

Literatur

Bogaert, A. F. (2004). Asexuality: Prevalence and associated factors in a national probability sample. *Journal of Sex Research*, *41*(H. 3), 279–287.
Bogaert, A. F. (2012). *Understanding asexuality*. Lanham: Rowman & Littlefield Publishers.
Bourdieu, P. (1980). *Sozialer Sinn: Kritik der theoretischen Vernunft*. Frankfurt a.M.: Suhrkamp.
Bourdieu, P. (1982). *Die feinen Unterschiede. Kritik der gesellschaftlichen Urteilskraft*. Frankfurt a.M.: Suhrkamp.
Brede, H. (1984). Aufklärung. Abklärung. In R. von Krafft-Ebing (von Alfred Fuchs) (Hrsg.), *Psychopathia sexualis*. München [Nachdruck der (v.), 14(Aufl), 1912].
Brotto, L. A., Knudson, G., Inskip, J., Rhodes, K., & Erskine, Y. (2010). Asexuality: A mixed-methods approach. *Archives of Sexual Behavior*, *39*, 599–618.
Bundesgesetzblatt. (1976). Nr. 67, ausgegeben zu Bonn am 15. Juni, 1976, 1421–1464
Butler, J. (1991). *Das Unbehagen der Geschlechter*. Frankfurt a.M.: Suhrkamp.
Butler, J. (1993). *Körper von Gewicht*: Die diskursiven Grenzen des Geschlechts. Frankfurt a.M.: Suhrkamp.
Crawford, M., & Popp, D. (2003). Sexual double standards: A review and methodological critique of two decades of research. *The Journal of Sex Research*, *40*(H. 1), 13–26.
Degele, N. (2008). *Gender/Queer Studies: Eine Einführung*. Paderborn: Fink.
Dresing, T., & Pehl, T. (2013). *Praxisbuch Interview, Transkription & Analyse. Anleitungen und Regelsysteme für qualitativ Forschende* (5. Aufl.). Marburg: Dresing & Pehl.
Erikson, E. H. (1973). *Identität und Lebenszyklus*. Frankfurt a.M.: Suhrkamp.
Fausto-Sterling, A. (1985). *Gefangene des Geschlechts? Was biologische Theorien über Mann und Frau sagen*. München: Piper
Foucault, M. (1971). Nietzsche, die Genealogie, die Historie, In Ders.: *Dits et Ecrits, Bd. II*. (S.166–190. Frankfurt a.M.: Fischer.
Foucault, M. (1975). *Überwachen und Strafen. Die Geburt des Gefängnisses*. Frankfurt a.M.: Suhrkamp.

Literatur

Foucault, M. (1976). *Der Wille zum Wissen. Sexualität und Wahrheit I*. Frankfurt a.M.: Suhrkamp.
Fuchs-Heinritz, W. (2007) Art. „Szene" In W. Fuchs-Heinritz, R. Lautmann, O. E. A. Rammstedt & H. Wienold (Hrsg.) *Lexikon zur Soziologie* (S. 654). Wiesbaden: VS Verlag für Sozialwissenschaften.
Giddens, A. (1984). *Die Konstitution der Gesellschaft. Grundzüge einer Theorie der Strukturierung*. Frankfurt a.M.: Campus.
Gildemeister, R. (2001). Soziale Konstruktion von Geschlecht: Fallen, Missverständnisse und Erträge einer Debatte. In C. Rademacher & P. Wiechens (Hrsg.), *Geschlecht – Ethnizität – Klasse. Zur sozialen Konstruktion von Hierarchie und Differenz* (S. 65–87). Opladen: Leske + Budrich.
Gildemeister, R. (2007). Die Soziale Konstruktion von Geschlechtlichkeit. In S. Hark (Hrsg.), *Dis/Kontinuitäten: feministische Theorie* (S. 55–72). Wiesbaden: VS Verlag für Sozialwissenschaften.
Gildemeister, R., & Wetterer, A. (1992). Wie Geschlechter gemacht werden. Die soziale Konstruktion der Zweigeschlechtlichkeit und ihre Reifizierung in der Frauenforschung. In G.-A. Knapp & A. Wetterer (Hrsg.), *TraditionenBrüche. Entwicklungen feministischer Theorie* (S. 201–245). Freiburg: Kore Verlag.
Glaser, B. G., & Strauss, A. L. (2010). *Grounded Theory. Strategien qualitativer Forschung*. Bern Huber.
Goffman, E. (1963). *Stigma. Über die Techniken der Bewältigung beschädigter Identität*. Frankfurt a.M.: Suhrkamp.
Gregor, A. (2015). *Constructing Intersex. Intergeschlechtlichkeit als soziale Kategorie*. Bielefeld.: transcript.
Hahn, K. (2008). Romantische Liebe als Phänomen der Moderne. Anmerkungen zur Soziologie intimer Beziehungen. In Y. Niekrenz & D. Villányi (Hrsg.), *Liebes Erklärungen: Intimbeziehungen aus soziologischer Perspektive* (S. 40–49). Wiesbaden: VS Verlag für Sozialwissenschaften.
Hammermeister, K. (2008). *Jacques Lacan*. München: Beck.
Hartmann, J., & Klesse, C. (2007). Heteronormativität. Empirische Studien zu Geschlecht, Sexualität und Macht – eine Einführung. In Dies et. al.(Hrsg.), *Heteronormativität. Empirische Studien zu Geschlecht, Sexualität und Macht*. (S. 9-16). Wiesbaden: VS Verlag für Sozialwissenschaften.
Hegner, F. (2007). Art. „Gemeinschaft". In W. Fuchs-Heinritz, R. Lautmann, O. Rammstedt & H. Wienold (Hrsg.), *Lexikon zur Soziologie* (S. 224). Wiesbaden: VS Verlag für Sozialwissenschaften.
Helfferich, C. (2011). *Die Qualität qualitativer Daten. Manual für die Durchführung qualitativer Interviews*. Wiesbaden: VS Verlag für Sozialwissenschaften.
Illouz, E. (2011). *Warum Liebe weh tut. Eine soziologische Erklärung*. Berlin: Suhrkamp.
Jäger, S. (2012). *Kritische Diskursanalyse: Eine Einführung (= Edition DISS : Edition des Duisburger Instituts für Sprach- und Sozialforschung; Bd. 3)*. 6. vollst. überarb. Aufl. Münster: Unrast-Verlag.
Kajetzke, L. (2008). *Wissen im Diskurs. Ein Theorievergleich von Bourdieu und Foucault*. Wiesbaden: VS Verlag für Sozialwissenschaften.
Keupp, H. et al (1999): *Identitätskonstruktionen: Das Patchwork der Identitäten in der Spät-Moderne*. Reinbek: Rohwolt.
Kinsey, A. C., Pomeroy, W. B., & Martin, C. E. (1948). *Sexual behavior in the. human male*. Bloomington: University Press.
Kinsey, A. C., Pomeroy, W. B., Martin, C. E., & Gebhard, P. H. (1953). *Sexual behavior in the. human female*. Bloomington: University Press.
Klaue, M. (2013). Das gelebte Nichts. In: konkret, H, 7, 44–46
Klesse, C. (2005) This is not a Love Song! Über die Rolle von Liebe und Sex in Diskussionen über Nicht-Monogamie und Polyamory. In L. Méritt, L. Bührmann, & N. B. Schefzig (Hrsg.), *Mehr als eine Liebe. Polyamouröse Beziehungen*. Berlin. : Orlanda Frauenverlag, S. 123-130.
Klima, R. (2007a). Art. „Primärgruppe". In W. Fuchs-Heinritz, R. Lautmann, O. Rammstedt & H. Wienold (Hrsg.), *Lexikon zur Soziologie*. Wiesbaden: VS Verlag für Sozialwissenschaften, S. 508.
Klima, R. (2007b). Art. „Bezugsgruppe". In W. Fuchs-Heinritz, R. Lautmann, O. Rammstedt & H. Wienold (Hrsg.), *Lexikon zur Soziologie*. Wiesbaden: VS Verlag für Sozialwissenschaften, S. 97.
Krafft-Ebing, R. V. (1984). *Psychopathia sexualis. Mit besonderer Berücksichtigung der konträren Sexualempfindungen. eine medizinisch-gerichtliche Studie für Ärzte und Juristen*, hrsg. von Alfred Fuchs, München [Nachdruck der, (v.) 14(Aufl), 1912]: Matthes & Seitz.
Lacan, J. (1949). Das Spiegelstadium als Bildner der Ichfunktion. In Ders. Schriften I (Hrsg.), *von Norbert Haas*. Weinheim und Berlin: Quadriga.
Lacan, J., & Miller, J.-A.. (1991). *Das Seminar. Buch II*. Weinheim und Berlin: Quadriga.
MacInnis, C. C., & Hodson, G. (2012). Intergroup bias toward „Group X": Evidence of prejudice, dehumanization, avoidance, and discrimination against asexuals. *Group Processes & Intergroup Relations*, 15(H. 6), 725–743
Marx, K. (1852) Der achtzehnte Brumaire des Louis Bonaparte. In K. Marx & F. Engels (Hrsg.), *Ausgewählte Schriften Bd. I* (S. 222–316). Ost-Berlin: Dietz, S. 222-316.
Mead, G. H. (1934). *Geist, Identität und Gesellschaft*. Frankfurt a.M.: Suhrkamp.
Mecheril, P. (2001). Prekäre Verhältnisse. Über natio-ethno-kulturelle (Mehrfach-)Zugehörigkeit. (Unveröffentlichtes, ausführliches Manuskript der 2003 unter angeführtem Namen und in Münster veröffentlichten Habilitation).

Meuser, M. (2010). Methodologie und Methoden der Geschlechterforschung. In Dies., B. Aulenbacher & B. Riegraf (Hrsg.), *Soziologische Geschlechterforschung. Eine Einführung* (S. 79–102). Wiesbaden: VS Verlag für Sozialwissenschaften, S. 79-102.

Milhausen, R. R., & Herold Edward, S. (1999). Does the Sexual Double Standard still exist? Perceptions of University Women. *The Journal of Sex research*. 36(H. 4), 361–368.

Nietzsche, F. (1887). *Die fröhliche Wissenschaft* (S. 125). Leipzig: Fritzsch, S. 125.

Prause, N., & Graham Cynthia, A. (2007). Asexuality: Classification and Characterization. *Archives of Sexual Behavior*, *36*, 341–356.

Przyborski, A., & Wohlrab-Sahr, M. (2014). *Qualitative Sozialforschung. Ein Arbeitsbuch*. München: Oldenbourg Verlag.

Schütz, A. (1971). Das Problem der sozialen Wirklichkeit., *In Ders.: Gesammelte Aufsätze Bd. I*. Den Haag: Nijhoff.

Schütze, F. (1983). Biographieforschung und narratives Interview. *Neue Praxis*. *13*(H, 3), 283–293.

Strauss, A. L., & Corbin, J. (1996): *Grounded Theory: Grundlagen qualitativer Sozialforschung*. Weinheim: Beltz.

Witzel, A. (1985). Das problemzentrierte Interview. In G. Jüttemann (Hrsg.), *Qualitative Forschung in der Psychologie: Grundfragen, Verfahrensweisen, Anwendungsfelder* (S. 227–255). Weinheim: Beltz.

Witzel, A. (2000). Das problemzentrierte Interview. In *Forum: Qualitative Sozialforschung. Social Research*, Jg. 1, H. 1, Art. 22. http://www.qualitative-research.net/index.php/fqs/article/view/1132/2519. Zugegriffen: 16. Mai 2015.

Internetquellen

Anonyme Herausgeber*innen (2015). „Wer a sagt muss nicht b sagen"-Blog. http://asexyqueer.blogsport.de; zuletzt überprüft am Zugegriffen: 14. Mai 2015.

Kruse, K., & Illouz, E. (2011). „Macht euren Kinderwunsch nicht von Liebe abhängig" Interview mit Eva Ilouz. http://www.spiegel.de/kultur/literatur/soziologin-illouz-macht-euren-kinderwunsch-nicht-von-liebe-abhaengig-a-790592.html; zuletzt überprüft am. Zugegriffen: 14. Mai 2015.

Lamprecht, R. (06.07.1987): Zur ewigen Marter für beide Teile. In: Der Spiegel 06. Juli 1987 http://www.spiegel.de/spiegel/print/d-13522917.html; zuletzt überprüft am. Zugegriffen: 14. Mai 2015.

Tamashiro, D. (2004). Coming out. In Encyclopedia of gay, lesbian, bisexual, transgender & queer culture. http://www.glbtq.com/social-sciences/coming_out_ssh.html; zuletzt überprüft am Zugegriffen: 14. Mai 2015

Queer-Lexikon (2015). http://queer-lexikon.net/glossar; zuletzt überprüft am 14.05.2015

Schneider, A. (13.05.2015) Ein Ass im Bett. In: ZEIT 13.05.15 http://www.zeit.de/community/2015-05/asexualitaet-beziehung-erfahrung; zuletzt überprüft am. Zugegriffen: 14. Mai 2015.

Vitzthum, T. (09.07.2008). Asexualität. Alphabet der Sexualität, In: Süddeutsche Zeitung 09.07.08 http://sz-magazin.sueddeutsche.de/texte/anzeigen/25465; zuletzt überprüft am Zugegriffen: 14. Mai 2015.

II

Identitätsforschung mit ethnografischem Zugang

Kapitel 4 Zeugen Jehovas – Interaktion und Identität – 113
*Jule Bumiller, Mariano Santiago Flores Rödel,
Nils Roth*

Zeugen Jehovas – Interaktion und Identität

Jule Bumiller, Mariano Santiago Flores Rödel, Nils Roth

4.1 Das Komplexitätsdilemma – einige Bemerkungen – 116

4.2 Methode – 118
4.2.1 Teilnehmende Beobachtung/dichte Beschreibung – 120
4.2.2 Interview – 121

4.3 Empirische Analyse und theoretische Überlegungen – 121
4.3.1 Interaktionistische Grundlegungen – 122
4.3.2 Die Wissensebene – 123
4.3.3 Grenzkonstruktion und Grenzübergang – unser Übergang ins Feld – 125
4.3.4 Interpretationen des Wissensvorrats – 129
4.3.5 Die diffuse Ebene der Gemeinschaft – 133

4.4 Das große Ganze – 134

Literatur – 142

© Springer-Verlag GmbH Deutschland 2018
D. Lindner, A. Gregor (Hrsg.), *Identitätsforschung in der Praxis*,
DOI 10.1007/978-3-662-54587-4_4

Wie wir unser Thema fanden

Die ursprüngliche Idee für das Thema entstand aus einer Überlegung, die sich im Schnittpunkt aus mehreren Theorien von George Herbert Mead, Lothar Krappmann, Emile Durkheim, David Lockwood und George Caspar Homans ergab. Von Interesse war die Beziehung zwischen gruppenspezifischen und gesellschaftlichen Rollenerwartungen, gleichzeitig aber auch der Umgang des Individuums mit diesen. Aus Sicht der Individuen ist es die Fähigkeit, Rollen in einer spezifischen Gruppe einzunehmen, sich von den Erwartungen dieser Gruppe zu distanzieren und gleichzeitig gesellschaftliche Erwartungen an Handlungen mit zu berücksichtigen. Die so entstehenden Wechselverhältnisse haben einen gewichtigen Einfluss auf die Entwicklung einer Identität. In den Theorien wird meist nicht zwischen gruppenbezogenen und gesellschaftsbezogenen Erwartungen differenziert. In den Identitätstheorien von Mead und Krappmann wird dafür der Gedanke der Rollendistanz aufgeworfen. Dieser Begriff Krappmanns beschreibt die Fähigkeit eines Individuums, sich aus seiner Position in der Gruppe zu distanzieren und die Erwartungen der Umwelt zu reflektieren bzw. zu interpretieren (vgl. Krappmann 1969, S. 137f.).

Durch das Einbeziehen von Georg Simmel wurde uns eine weiterführende Sicht auf die Fähigkeit zur Rollendistanz eröffnet. Er beschreibt, dass durch die Überschneidungen von verschiedenen sozialen Kontexten die Beziehung zu den einzelnen Rollen der Gruppen „gelockert" wird (vgl. Simmel 1983, S. 55). Dadurch erlernt das Individuum unterschiedliche Perspektiven zu übernehmen, die sich von Gruppe zu Gruppe ändern können.

Infolge dieser Impulse stellten wir uns die Frage, wie sich die Identität eines Individuums, das in multiple soziale Bereiche eingebunden ist, im Vergleich zu einem Individuum mit weniger sozialem Kontext entwickelt. Ist eine Person im Falle mangelnder „Rollenvielfalt" nicht in der Lage, sich von ihren Rollen zu distanzieren und selbst zu reflektieren? Würde dies zu einer dysfunktionalen Identität führen? Eine weitere Frage, die uns beschäftigte, ergab sich aus der Beziehung zwischen Individuum und Gruppe: Wo verlaufen die Grenzen zwischen individueller Identität und Gruppenidentität? Außerdem: Inwiefern unterscheiden sich individuelle Deutung und Verständnis von der sozialen Gruppe und dem Individuum? Der Schlüsselbegriff, der sich aus diesen Überlegungen für uns ergab, war der der Überintegration. Eine Überintegration könnte vor allem dann aufgezeigt werden, wenn die Mitglieder nicht die Möglichkeit haben oder nutzen, außerhalb dieser einen Gruppe, in die sie eingebunden sind, zu agieren. So eine Beschränkung der sozialen Kontakte kann beispielsweise durch ein eindeutiges Verbot aus der Gruppe heraus bestimmt werden, etwa mit dem Argument, die Gemeinschaft dadurch zu gefährden.

Um der Frage nach der Identität in überintegrierten Gruppen nachzugehen, begaben wir uns auf die Suche nach einer Gruppe, die für totalitäre Verhältnisse bekannt ist. Wir zogen Gruppierungen in Erwägung, denen wir totalitäre Charakteristika zuschrieben, vor allem aber eine Prioritätensetzung des Individuums hin zu der Gruppe erfordern. Da wir selbst keine Erfahrung oder Kontakte zu solchen Gruppen hatten, konnten wir uns nur durch ein oberflächliches Bild der Gruppe leiten lassen, welches sich hauptsächlich auf Berichte von Aussteigern stützte.

Durch eine vorhergehende inhaltliche Auseinandersetzung eines Mitglieds unserer Forschungsgruppe mit einer neu-religiösen Bewegung überlegten wir, die Zeugen Jehovas als geeignetes Forschungsobjekt in Erwägung zu ziehen. Dafür sprach auch ihre Pflicht als Prediger, ihre Religion anderen potenziellen Interessenten vorzustellen. Wir deuteten dies als Zeichen dafür, dass sie gegenüber Außenstehenden offen sein könnten. Die Eigenschaft der kontaktfreudigen und regelmäßig nach außen kommunizierenden Gruppen ermutigte uns, einen ersten Kontaktaufnahmeversuch zu starten. Nachdem wir ihre offizielle Webseite besuchten, entschied sich ein Mitglied der Lehrforschungsgruppe für die Teilnahme an einer Zusammenkunft.

Das war der Anlass, durch den sich unsere Herangehensweise und somit auch Fragestellung ändern sollte: Schon nach der ersten Begegnung war klar, dass unser ursprüngliches Interesse die falsche Herangehensweise an eine Forschung über die Zeugen Jehovas war. Die Berichte, die oft sehr affektiv aufgeladen waren, hatten einen sehr starken Einfluss auf unsere Perzeption der Gruppe. Um diesen Einfluss zu minimieren, hat sich die Grounded Theory nach Strauss und Glaser als bester Weg gezeigt, sich der Gruppe und ihrem Strukturverständnis zu nähern. Wegen des zeitlich begrenzten Rahmens und der Menge an Informationen, die wir berücksichtigen wollten, einigten wir uns, die Grundgedanken der Grounded Theory und ihre Systematik zu übernehmen, ohne jedoch eine theoretische Sättigung für unsere Lehrforschung anzuvisieren. Somit diente die Grounded Theory in unserer Arbeit als Medium, ein Verständnis zu schaffen, das im Kontrast zu jenem Verständnis stand, welches ausschließlich von Aussteigern erzeugt wurde.

Die Eindrücke, die viele Menschen durch Medien oder eigenen Kontakt von den Zeugen Jehovas haben, sind oft oberflächlich und negativ konnotiert: „Sie tragen Anzug und Krawatte, klingeln zu den ungelegensten Zeiten an der Haustür und verteilen Hefte … " (Apin 2014), „mit dem *Wachtturm* in der Hand [stehen sie] in Fußgängerzonen" (Apin 2014). „Zeuge Jehova zu sein, das bedeutet, immer auf das nahe Weltenende zu warten." (Apin 2014) „Sie sterben lieber, als dass sie eine lebensrettende Bluttransfusion erhalten." (Bartsch et al. 2009) Von einer Aussteigerin werden die Zeugen als Diktatur per se beschrieben (vgl. Hofmann 2013) und von anderen Skeptikern entlang faschistischer Elemente (Hentschel 2012). Der Faschismusvergleich ist dabei einer der radikaleren Vergleiche. Da sie nicht Gott vergöttern, sondern die Wachtturmorganisation, wird der Schluss gezogen: „wer etwas vergöttert, was nicht Gott ist, macht sich tatsächlich zum Faschisten" (Hentschel 2012).

Unser Ziel war es, die eben aufgezeigte Perspektive nicht zu unserer eigenen zu machen. Stattdessen wollen wir eine eigene Sicht auf die Zeugen Jehovas entwickeln. In unserer Forschung wollten wir durch die Beobachtung unterschiedlichster Auseinandersetzungen, Strukturen und Handlungen zu Erkenntnissen gelangen. Uns interessierten vorrangig nicht die religiösen Inhalte und stellten diese auch nicht infrage, sondern betrachteten lediglich die Struktur und die Funktion dahinter: Somit stand am Schluss folgende Forschungsfrage im Mittelpunkt unseres Interesses: Wie werden Werte und Ansichten vermittelt, woher kommt das Wissen der Zeugen Jehovas, wie nutzen sie ihr Wissen? Dürfen sie Inhalte individuell Interpretieren und wenn ja wie frei? Wie sind Pflichten, Verantwortungen und Interessen strukturiert? Gibt es eine übergeordnete Identität und vor allem, wo liegen die Grenzen der Gruppenidentität und der individuellen Identität?

Die Problematik beim Arbeiten mit Vorurteilen ist das „Festhalten an einem ‚Wissen' wider mögliches besseres Wissen, [welches] eine eingeschränkte, zwanghafte Wahrnehmung offenbart" (Abels 2009, S. 248). Deswegen haben wir die eidetische Reduktion als Herangehensweise genutzt. Denn diese versucht, theoretische Annahmen wie Vorurteile abzuschaffen. Ohne die theoretischen Annahmen zu formulieren, versuchen wir die Wesensstrukturen eines Gegenstandes zu finden (vgl. Godina 2012, S. 49). Gerade auch wegen der eher negativen, durch viele Aussteigerberichte konnotierten Vorannahmen, die man von den Zeugen Jehovas hat, erwies sich die Grounded Theory mit ihren weitgehend offenen Methoden als sinnvoll. „Unsere Grundannahme besteht darin, dass die Generierung von Grounded Theory ein Weg ist, zu einer Theorie zu gelangen, die Zwecke erfüllt, die sie sich selbst gesetzt hat. Wir werden diese Position einer aus apriorischen Annahmen logisch deduzierten Theorie entgegensetzen." (Glaser und Strauss 2010, S. 13) Somit hat sich auch die Fragestellung durch einen ersten Kontakt mit der empirischen Wirklichkeit angepasst, und unser Fokus sollte sich zu Beginn nur auf die Identität und Gruppenidentität richten.

Um einen kurzen Einblick in die Gruppenstruktur der Zeugen Jehovas zu geben, hier ein paar Daten: Die Lehre der Zeugen Jehovas entwickelt sich aus der wörtlichen Auslegung der Bibel. Aktuell gibt es 8,2 Millionen aktive, das heißt regelmäßig an Predigten teilnehmende Zeugen Jehovas weltweit. Die Gruppe der Zeugen, mit denen wir Kontakt hatte, umfasste ca. 60 aktive Teilnehmer in ihren Zusammenkünften.

Über vier Monate hat unser Feldforscher regelmäßig Versammlungen besucht und begleitet, Beobachtungsprotokolle verfasst, ein Interview mit drei Zeugen Jehovas organisiert und geführt. Dabei war es wichtig, dass er, so gut es geht, ihre Denkweisen, Handlungen und Praktiken, aber auch deren Gruppenidentität und individuelle Identität nachvollziehen kann.

Wir haben uns dazu entschlossen, diese Untersuchung als Zusammenfassung von Ergebnissen zu betrachten, nicht als Bericht einer Grounded Theory-Forschung. Wir werden deutlich weniger Material einbringen, als wir uns das vielleicht wünschen würden, und mehr auf die daraus resultierenden Hypothesen und Ergebnisse eingehen. Es mag dem Leser daher manchmal so vorkommen, als hingen einige Schlussfolgerungen etwas in der Luft. Wir bitten den Leser, die Zeit und den Raum zu berücksichtigen, in dem diese Untersuchung entstanden ist.

4.1 Das Komplexitätsdilemma – einige Bemerkungen

Wir möchten der folgenden Abhandlung an dieser Stelle noch einige Bemerkungen vorausschicken. Als Personen, die von sich behaupten würden, zumindest teilweise im symbolischen Interaktionismus und der Ethnomethodologie verwurzelt zu sein, dachten wir, auf einiges gefasst zu sein, als wir unser Feld angingen und begannen, Daten zu erheben. Als wir uns dafür entschieden, eine Grounded Theory-Forschung über die Zeugen Jehovas[1] zu beginnen, war uns eines nicht bewusst: die Komplexität, mit der die Menschen, die wir antrafen, ihre Welt aufbauten. Tatsächlich fanden wir in der Gemeinschaft ein dichtes Netz aus Normen, individuellen Interpretationen und kleinteiligen Interaktionen, die stets ambivalent aufeinander bezogen waren. Dies war die Basis für die Zeugen Jehovas, ihren Alltag zu bewerkstelligen. Gerade dieser ambivalente Bezug der einzelnen „Elemente" aufeinander führt letztlich zu der Struktur, die die Gemeinschaft ausmacht. So konstituiert sich die Gruppe über gemeinsame Handlungen und Rituale, wie die sonntäglichen Treffen oder Predigtdienste. Diese haben einerseits uniformierenden Charakter und tragen so zur Bildung einer Gruppenidentität bei, werden aber auch von jedem Einzelnen mit einer eigenen individuellen Sinndimension versehen. So ist man sich einig, nach denselben Normen und Wertvorstellungen zu leben und zu handeln, was für die Kohärenz der Gruppe wichtig ist und ihr Stabilität gibt. Man konstituiert ein „Wir" durch ein formal für alle gleiches Regelsystem. Andererseits kann man aber, wie wir später noch ausführen wollen, erkennen, dass, wenn diese Normen von Individuen in Handlungspraxis übersetzt werden, oftmals unterschiedliche Akzentuierungen stattfinden, also (zum Teil bewusst, aber auch unbewusst) interpretiert werden. Trotz dieser Akzentuierungen sind sich alle einig, nach denselben Prämissen und demselben Normensystem zu handeln. Dies ist für die Integration der Gruppe von hoher Bedeutung. Wir sehen also, dass man nicht eins zu eins von dem Wertediskurs auf die Handlungspraxis schließen kann oder andersherum. Und genau diese „Spannung" ist es, die die emergente Ordnung der Gruppe ausmacht. Die Handlungspraxis, die die Identitäten der Individuen und der Gruppe erzeugen, lassen sich weder ganz im Individuum noch im umfassenden Wertesystem auflösen.

---

1 Aus forschungsethischen Gründen haben wir den Ortsnamen und alle Personennamen anonymisiert.

4.1 · Das Komplexitätsdilemma – einige Bemerkungen

Dieses Phänomen, das mehr als die Summe der Einzelteile Individuum + Wertediskurs ist, ist die strukturelle Ausgangsposition, in der sich die Inhalte von individueller und Gruppenidentität verschieben und gleichzeitig nebeneinander existieren und aufeinander wirken.

Wir wollen dies kurz an einem Beispiel verdeutlichen. Zum Thema der Ehe gibt es überindividuelle, auch übergemeinschaftliche Normen (insbesondere durch den *Wachtturm*[2] repräsentiert), die über einen Aushandlungsprozess mit individuellen Vorstellungen verbunden werden. So wird zum Beispiel propagiert, dass die Frau sich dem Mann unterzuordnen habe, solange er nach dem Willen Jehovas handelt (Wachtturm Studienausgabe Januar 2015a, S. 20).[3] Kollidiert dies mit den individuellen Vorstellungen eines Paares, ist eine Aushandlung vonnöten. Dieser Aushandlungsprozess beeinflusst den Umgang mit der Ehe in der Gemeinschaft, gleichzeitig aber ist die Gemeinschaft mit ihren Institutionen ein Faktor, der diesen Aushandlungsprozess schon mit determiniert. So könnte es sein, dass auf Gemeinschaftsebene formal auf diese Hierarchisierung bestanden wird, die individuellen Vorstellungen jedoch dazu führen, dass die Praxis ins Individuelle ausgelagert wird. Je nach Thema mag die Wirkrichtung und Stärke dieses reziproken Prozesses unterschiedlich ausfallen. Weiterhin rekurrieren die individuellen Vorstellungen oftmals auf die Biographie der Individuen (z. B. der Handhabung im elterlichen Haushalt), was wiederum dazu führt, dass diese den Aushandlungsprozess mitbestimmt und somit auf die Gemeinschaft wirkt etc. Weder lässt sich das Individuum in der Gruppe auflösen noch die Gemeinschaft in den Individuen.

Wir wollen hier nicht auf jegliche Faktoren und Wechselwirkungen eingehen. Aber im Verlauf unserer Forschung war es für uns hilfreich, sich ein gigantisches Kartenhaus vorzustellen, um das Vorgefundene zu versinnbildlichen. Zieht man eine Karte heraus, fällt das Kartenhaus in sich zusammen. Mit dem Unterschied natürlich, dass ein Kartenhaus statisch ist, während die Zeugen Jehovas in einem ständigen interpretativen Prozess ihre Welt gestalten, verändern und reproduzieren. Es ist in der Tat so, dass man davon sprechen könnte, dass jede Situation an einen ambivalenten Konfigurationsprozess geknüpft ist. Mal wird den übergemeinschaftlichen Normen entsprochen, mal passt man sich den Institutionen der Gemeinschaft an, und manchmal schenkt man ihnen keine Bedeutung. Stets wird kontext- und situationsgebunden selektiert und interpretiert. Wenn man versuchen würde, diese Prozesse nomothetisch zu fassen, so würde die Gesetzmäßigkeit lauten: „Es gibt keine, schau dir die Situation an!" Damit einher geht allerdings ein Problem, dessen wir erst spät (vielleicht zu spät) gewahr wurden. Wie stellt man diese Komplexität dar, ohne sie zu zerstören? Zerstören beispielsweise analytische Ebenen die Emergenz und den Prozess, in dem der Sinn des Ganzen erst zum Vorschein tritt? Kann die Vielschichtigkeit, der man empirisch begegnet, erhalten bleiben? Man könnte überspitzt formulieren: Wie entgeht man der Sequenzialität des Papiers?

Wie der Leser bemerken wird, konnten wir dieses Problem in dem hier vorgesehenen Rahmen nicht lösen. Es ist uns aber gerade deshalb äußerst wichtig, zu verdeutlichen, dass die folgende Abhandlung eher kursorischen Charakter hat und sich inhaltlich auf Identitätskonstruktionen und damit zusammenhängende Mechanismen fokussiert. Es muss klar sein, dass die

---

2 Der *Wachtturm* ist eine religiöse Zeitschrift, die von den Zeugen Jehovas herausgegeben wird. Es gibt zwei unterschiedlich Ausgaben. Eine ist für die Öffentlichkeit bestimmt und die andere als Studienausgabe gedacht. Sie wird speziell für Zeugen Jehovas und Personen, die in ihrem Bibelstudium gewisse Fortschritte erkennen lassen, gedruckt. Sie befasst sich mit der Bibel, ihrer Auslegung und den Konsequenzen für die Lebensführung.

3 Die folgende Zitierungsweise ergibt sich aus den Angaben der Studienausgabe der Wachtturm-Zeitschrift, die in gewissen Zeiträumen herausgegeben wird. (Diese ist nicht auf einen spezifischen Schriftsteller zurückzuführen, sondern auf eine organisatorische Zentraleinrichtung, die als Wachtturm-Gesellschaft sich ernennt).

Gemeinschaft der Zeugen Jehovas in Großstadt X ein deutlich komplexeres Bild zu bieten hatte, als wir dies hier explizieren können. Identitäten hängen nicht in der Luft und sind auf individueller als auch auf Gemeinschaftsebene in vielfacher Weise mit bestehenden Normen, Institutionen und Praxen verknüpft. Wir haben uns in dieser Abhandlung bemüht, die Identität nicht buchstäblich in der Luft hängen zu lassen, bitten aber auch zu verstehen, dass der Rahmen für ein umfassenderes, tieferes Verständnis dieses weiten Feldes nicht ausreichend ist.

Bezüglich theoretischer Dimensionalisierungen und Verdichtungen der Kategorien ist sicher noch viel Arbeit zu leisten. Es mag auch durchaus sein, dass wir im Rahmen weiterer Grounded Theory-Forschung auf *die* Schlüsselkategorie stoßen, die Ordnung in die Komplexität zu bringen vermag. Momentan sieht es allerdings so aus, als wäre gerade diese der integrale Garant für das Funktionieren der Gemeinschaft. Wir wollen trotz allem versuchen, Claude Lévi-Strauss' Gedanken zu folgen, die er in *Das wilde Denken* immer wieder formulierte: Erkenntnisgewinn liege nicht darin, Komplexität zu vereinfachen, sondern vorgefundene Komplexität durch eine besser verständliche Komplexität zu ersetzen (vgl. Lévi-Strauss 1991).

◘ Abbilding 4.1 zeigt beispielsweise das Ineinandergreifen von Biographizität, Institutionen der Zeugen Jehovas und theoretischen Überlegungen zu Mead. Daran lässt sich bereits erkennen, wie unterschiedlich die Zeugen Jehovas mit überindividuellen Vorgaben und Institutionen umgehen. Insbesondere die Ehe hat für jeden Einzelnen eine spezifisch unterschiedliche Bedeutung.

4.2 Methode

> »„Berücksichtigen Sie die Beschaffenheit der empirischen Welt, und bilden Sie eine methodologische Position aus, um diese Berücksichtigung zu reflektieren."
> Herbert Blumer (2013, S. 140)

Dieses Zitat beschreibt sehr gut, welchen Anspruch wir am Beginn unserer Arbeit an Methoden und Methodologie hatten. Die Beschaffenheit der empirischen Welt ist der Ausgangspunkt für jegliche Konzeptualisierung des Forschungsprozesses und der späteren Abstraktion. Insbesondere in einem Forschungsfeld wie den Zeugen Jehovas, welche landläufig eher mit negativ konnotierten Eigenschaften verbunden werden, erschien es uns nicht sinnvoll, dem Feld mit theoretischen Vorannahmen zu begegnen. Davon ganz abgesehen verwehren wir uns eines Methodenverständnisses, welches den Forschungsprozess determiniert. Wie Blumer es einmal formulierte, sind viele Soziologen mit ihren Methoden so eng verheiratet, dass sie nicht mehr überprüfen, ob sie geeignet sind, das zu erheben, was sie eigentlich erheben wollen (Blumer 1948, S. 524ff.). In unserem Verständnis sollten Methoden eine Hilfestellung für die Forschungspraxis darstellen und nicht als theoretischer Zwang dieser Praxis vorausgehen.

Es lag daher für uns nahe, auf die Grounded Theory sowohl bezüglich Forschungshaltung als auch des Kerngedankens eines iterativen Forschungsprozesses zurückzugreifen. Um etwas spezifischer zu werden, sind wir insbesondere dem Strang der Grounded Theory verbunden, den man mit Anselm Strauss und Juliet Corbin verbindet.[4] Nach Strauss sind es drei Essentials,

---

4 An dieser Stelle sparen wir uns eine ausführlichere Positionierung in der Debatte zwischen den Lagern Strauss und Corbin vs. Glaser. Angemerkt sei aber, dass wir einige Entwicklungen Glasers nach The Discovery of Grounded Theory wie etwa Code-Familien für einen Rückschritt halten, nehmen aber seine Kritik an der Strauss'schen „Forcierung und Rahmung von Daten" durchaus ernst (vgl. bspw. Glaser 1992; Keller 2005).

4.2 · Methode

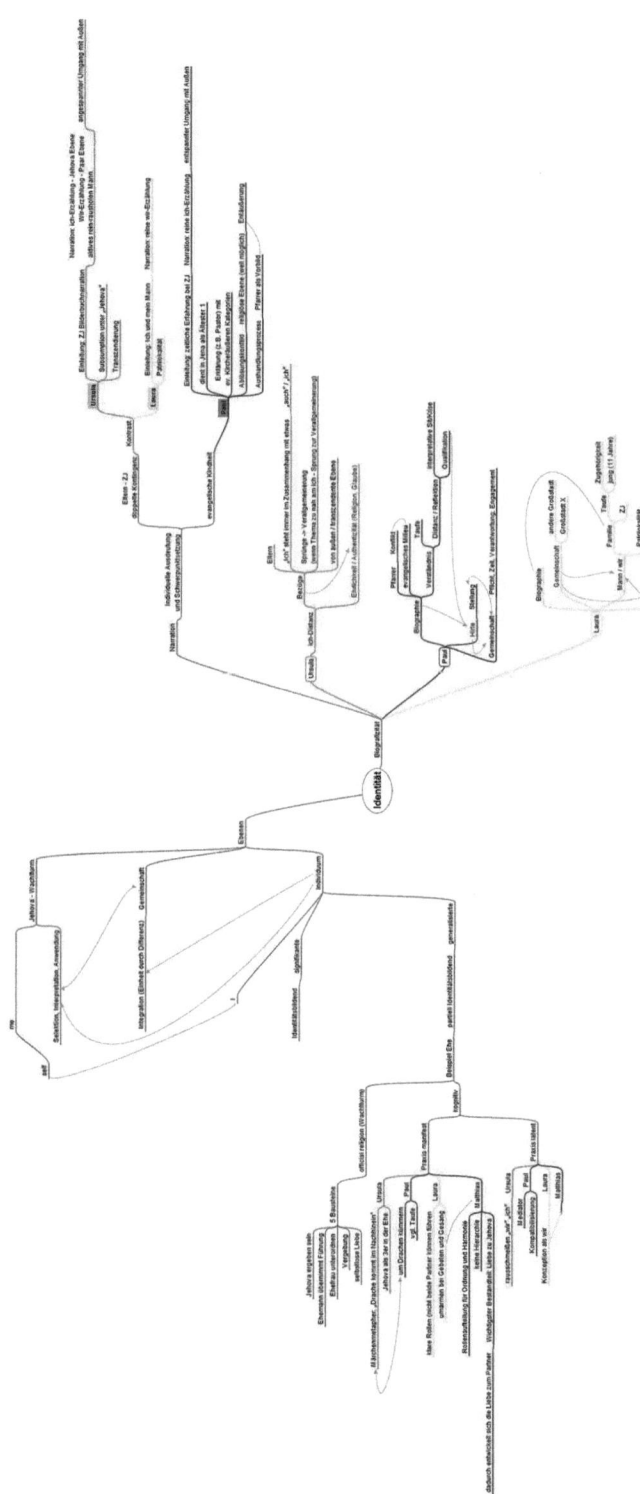

Abb. 4.1 Zusammenhänge: Identität, Biographie, Institution

die eine Grounded Theory-Forschung ausmachen: Erstens, die Art des Kodierens als Bildung von theoretischen Konzepten auf Grundlage der gewonnenen Daten. Diese sollten einen gewissen Erklärungswert für die untersuchten Phänomene haben. Zweitens die Art des theoretischen Samplings, die Auswahl und Eingrenzung der nächsten Schritte durch permanentes Auswerten und Kodieren der bereits erhobenen Daten. Drittens formuliert Strauss die Notwendigkeit von Vergleichen und Kontrastfällen zwischen Phänomenen und Kontexten (vgl. Legewie und Schervier-Legewie 2011). Um es gleich vorwegzunehmen, es ist uns in diesem Rahmen nicht möglich, die Genese sämtlicher Codes, Kategorien, Dimensionen und Hypothesen aufzuzeigen oder unser Sampling darzulegen, wir werden aber an besonders kritischen Punkten exemplarisch aufzeigen, wie unsere Erkenntnisse im Einzelnen zustande kamen. Anzumerken ist noch, dass sämtliche Theoretisierungen und selbst die Auswahl bestimmter Methoden erst zustande kam, wenn die Daten danach verlangten.

4.2.1 Teilnehmende Beobachtung/dichte Beschreibung

Die teilnehmende Beobachtung, im Grunde nichts anderes als klassische ethnologische Feldforschung, ist das Kernstück und Ausgangspunkt unseres Erkenntnisprozesses. Es war uns wichtig, den Zeugen Jehovas bei ihren „alltäglichen" Handlungen beiwohnen zu können, ihren Zusammenkünften, Predigtschulungen und außerordentlichen Feierlichkeiten. Wie bereits erwähnt, lag unser Fokus auf dem Verhältnis von individueller und Gruppenidentität, weswegen es äußerst wichtig war, die Ereignisse zu erfassen und an den Interaktionen teilzunehmen, in denen sich die Gruppe als solche repräsentiert. Diese Veranstaltungen könnte man als Kristallisationspunkte des gemeinsamen Gruppenlebens bezeichnen. Wir haben die dort vorgefundenen Daten mittels Beobachtungsprotokollen festgehalten, die wir dann später in eine „dichte Beschreibung" überführt haben. Dieses aus der interpretativen Ethnologie entlehnte Konzept erschien uns insbesondere deshalb geeignet, weil es die Position des Forschers auf mehreren Ebenen reflexiv mit einbezieht (vgl. Geertz 1973, S. 3ff.). Einerseits wäre es absurd anzunehmen, wir könnten unser Kontextwissen und unsere Erwartungen beim Kontakt mit dem Feld völlig negieren. Andererseits führten wir dieses Konzept ein, weil unserem Feldforscher schon früh im Forschungsprozess eine spezifische Rolle von der Gemeinde zugeschrieben wurde. Als sogenannter „Interessierter"[5] waren ihm bestimmte Beobachtungen und Interaktionen möglich, andere aber dezidiert nicht. So waren ihm spezielle „Ältestenversammlungen" nicht zugänglich, während er bei den sonntäglichen Zusammenkünften qua seiner Rolle ein gewisses Maß an Integration erfuhr. Es sollte deutlich werden, dass unsere Beobachtungsdaten nicht nur durch die Selektion des Samplings zustande kamen, sondern auch „natürlich" durch die Möglichkeiten, die sich im Feld eröffneten oder eben nicht. Da außerdem bekannt war, dass wir als ForscherInnen ins Feld gekommen waren, können wir nicht ausschließen, dass auch dies Auswirkungen auf Abläufe und Interaktionen hatte. Einige Beobachtungen legen zumindest nahe, dass dies der Fall gewesen ist. Wir haben jedenfalls nach bestem Wissen und Gewissen versucht dem nahezukommen, was man mit Herbert Blumer „intime Bekanntschaft" nennen könnte (vgl. Bude und Dellwing 2013, S. 20).

---

5 Aus Sicht der Zeugen Jehovas eine Person, die man potenziell als zukünftiges Mitglied gewinnen kann.

4.2.2 Interview

An dieser Stelle nur ein paar Worte zu dem Interview. Wir hatten eigentlich ein narratives Einzelinterview geplant, waren dann aber mit drei Personen konfrontiert, von denen sich zwei spontan bereit erklärt hatten. Wir haben diesen Fakt, dass uns zusätzlich zu unserer ursprünglichen Interviewpartnerin (Laura) noch einer der Ältesten (Paul) mit seiner Frau (Ursula) gegenüber saßen, in unsere Analysen mit einbezogen – *all is data*. Der Leitfaden, der vage darauf ausgerichtet war, Identität und Identifikationen zu ergründen, wäre in dieser Situation nicht sonderlich produktiv gewesen und ein Festhalten an ihm angesichts der neuen Situation auch methodisch inkonsequent. Stattdessen überraschte uns unser Forschungsfeld mit einem Gruppeninterview, das glücklicherweise drei völlig verschiedene Personen mit uns führten. Für IdentitätsforscherInnen wie uns ein Glücksfall. Die so dringend benötigten Kontraste wurden uns quasi aufgedrängt. Natürlich muss man davon ausgehen, dass die Konstellation, die wir vorfanden, auch Auswirkungen auf die Inhalte des Interviews hatte. Dies sind Tatsachen, die wir innerhalb des iterativen Forschungsprozesses berücksichtigen mussten (vgl. Charmaz 2003, S. 311ff.). Kontrastierende Einzelinterviews mit den Personen gehören somit definitiv zu den Desideraten dieses Berichts. Bezüglich der Auswertung ist zu sagen, dass unser Interview den hermeneutischen Anteil unseres Berichts speist. Wir haben das Interview sequenzanalytisch analysiert, um ein tiefergehendes Verständnis für die individuellen Identitäten entwickeln zu können.[6] Die Sequenzanalyse ergänzt sich im größeren Kontext sehr gut mit den angewendeten „ethnologischen" Methoden, da wir einerseits Zugriff auf Aspekte des Individuellen durch das Interview bekamen, andererseits auf die Ebene der Gruppenkonstellationen durch die teilnehmende Beobachtung.

4.3 Empirische Analyse und theoretische Überlegungen

Im Folgenden werden wir unsere empirischen Daten vorstellen und daraus resultierende Interpretationen und Hypothesen diskutieren. Wir werden dabei so vorgehen, dass wir bestimmte Phänomene analytisch trennen, obwohl diese Trennung empirisch nicht so strikt zu finden war. Wir müssen an dieser Stelle einfach dem Format dieses Berichts Tribut zollen. Dennoch werden wir nach bestem Wissen und Gewissen versuchen, Zusammenhänge, Interdependenzen und Differenzierungen in ihrer ambivalenten Verwiesenheit aufeinander zu erörtern. Wir werden so vorgehen, dass wir das empirische Material vorstellen, analysieren und anschließend kursorisch einige theoretisch anschlussfähige Gedanken formulieren.[7] Beginnen werden wir mit einigen einführenden Worten zu Interaktion, Handlung und Prozess. Denn diese Konzepte sind integral für das Verständnis der folgenden Erörterungen. Die Möglichkeit, diese Konzepte parallel zum empirischen Material zu entwickeln, haben wir hier nicht. Wir werden als Ausgangspunkt

---

6 Wir sparen uns hier die Diskussionen, die man im Anschluss an „Sequenzanalyse" führen könnte. Wo und wann sich Sinn konstituiert, wo er objektiv oder subjektiv ist. Unsere Grundprämisse ist, dass sich subjektiver Sinn in der Transkription objektiviert. Zu sequenzanalytischen Verfahren siehe: Kraimer 2000; Strauss und Corbin 1996.

7 Auch wenn es den Leser inzwischen ermüden mag, weisen wir auch hier darauf hin, dass dieses Vorgehen einer Zusammenfassung der Ergebnisse gleichkommt. Insbesondere die Theoriebildung erfolgte nicht, wie man angesichts der gestrafften Darstellung vermuten könnte, jeweils im Anschluss an einzelne Themengebiete, sondern größtenteils erst nach der Analyse des gesamten Materials. Denn wie angedeutet wurden viele Dinge erst in ihren emergenten Zusammenhängen deutlich und damit theoretisierbar.

der Analyse die „Wissensebene" der Zeugen Jehovas beleuchten. Man könnte sagen, dass es sich hierbei um die religiösen Grundlagen der Zeugen handelt. Diese der lokalen Gemeinschaft übergeordnete Instanz erschien uns anfänglich als primäres Moment der Identitätsstiftung. Inwiefern sich dies im Laufe der Forschung änderte, wird aufzuzeigen sein. Wir werden dies tun, indem wir den Übergangsprozess des Forschers ins Feld betrachten, denn dieser stellt in gewisser Hinsicht eine Grenzüberschreitung dar. Der Umgang mit dem „Fremden", wie wir ihn in der Empirie vorfanden, ist in unseren Augen bezüglich des Verhältnisses von Handlung und „Wissen" aussagekräftig. Auch im Folgenden werden wir die Wissensebene als Referenzpunkt nehmen. Jedoch nicht, indem wir auf den kollektiven Umgang mit Innen/Außen schauen, sondern im Bereich individueller Interpretation dieser Ebene. Wir werden dazu bestimmte inhaltliche Aspekte der „Wissensebene" mit den individuellen Auslegungen unseres Interviewpartners Paul kontrastieren. Das Thema wird die Rolle des Ältesten der Zeugen Jehovas sein. Die Auswahl fiel einfach deshalb auf diesen Themenkomplex, da uns die Empirie sehr häufig mit ihm konfrontierte. Im Folgenden werden wir dann noch unsere Interviewpartnerin Laura etwas genauer unter die Lupe nehmen. Die diffuse Ebene der Gemeinschaft wird Thema des letzten Abschnittes sein. Wir werden jeden Absatz mit einigen theoretischen Überlegungen beenden, um den Bezugsrahmen Identitätsforschung nicht aus den Augen zu verlieren.

4.3.1 Interaktionistische Grundlegungen

> „We are confronting a universe marked by tremendous fluidity; it won't and can't stand still."
> A. Strauss (1978, S. 119ff.)

In diesem Sinne müssen wir ein paar Prämissen für die folgenden Überlegungen voranstellen. Empirisch hat sich eine interaktionistische Perspektive als die praktikabelste und fruchtbarste erwiesen. Wir werden deshalb einige Grundgedanken zusammenfassen, ohne gleichwohl ihre Genese im Forschungsprozess auszuleuchten. Dem Leser muss unsere Versicherung genügen, dass wir diese interaktionistischen Positionen nicht dogmatisch ans Feld herangetragen haben.

1. Der Modus, in dem die Zeugen Jehovas ihre Lebenswelt meistern, ist der Modus der Interaktion.
2. Interaktionen finden in einer Raum-Zeit-Dimension statt.
3. Interaktionen sind kontext- und situationsgebunden.
4. Das Raum-Zeit-Konzept impliziert, dass Interaktion als Prozess zu verstehen ist.
5. Die Kontextgebundenheit der Interaktion verweist auf Symbole und Bedeutungen. Interaktionen generieren in spezifischen Kontexten Bedeutungen und verändern oder reproduzieren diese (Strauss 1993, S. 26).

All diese Punkte rekurrieren letztinstanzlich auf Handlungen als Träger der subjektiven Sinnhorizonte der Zeugen Jehovas. Es mag wenig überraschend und trivial sein, dass wir im Rahmen einer Grounded Theory-Forschung auf ein Konzept zurückgreifen, welches sich direkt aus Beobachtungen ableiten lässt. Wir wollten dennoch verdeutlichen, dass die Fluidität unseres Forschungsfeldes mitgedacht werden muss. Wenn wir uns beispielsweise auf die Ehe beziehen, werden wir primär die Ebene der Bedeutungen analysieren, ohne nochmals darauf hinzuweisen, dass diese Bedeutungen in Interaktionsprozessen erworben wurden und variabel sind. Die kleinteiligen

4.3 · Empirische Analyse und theoretische Überlegungen

Prozesse, die zu bestimmten Konfigurationen unter Berücksichtigung von Kontext und Situation verständlich werden, können wir bestenfalls nur anreißen. Auch ist hiermit nicht gesagt, dass es bei den Zeugen Jehovas so etwas wie eine Diskursebene nicht gäbe, aber es war, wie gesagt, nicht Ziel dieser Arbeit, sich mit den Inhalten ihres Glaubens, ihrer Exegese und Eschatologie auseinanderzusetzen. Wenn wir auf so etwas wie eine Diskurs- oder Wissensebene rekurrieren, dann als Struktur. Und auch die Auseinandersetzung mit dieser Struktur fassen wir als Interaktion auf.

4.3.2 Die Wissensebene

Was wir Wissensebene nennen, könnte man auch als Glaubensdogmen bezeichnen. Es sind die transzendenten Grundsätze der Zeugen Jehovas. Da *Wissen und Wahrheit* Feldbegriffe sind, die ganz eigene Implikationen mitführen, behalten wir den Begriff „Wissen" für eben diese Grundsätze bei. Empirisch kann man bestimmte Essentials im Gemeinschaftsleben der Zeugen ausmachen. Alle Mitglieder besuchen Zusammenkünfte, die Predigtschule, studieren den *Wachtturm* und begeben sich zum Predigtdienst. Besonders Letzteres wird dem Leser bekannt sein, sind die Zeugen Jehovas doch als persistente Türklingler bekannt. Es herrscht zwar eine gewisse Fluktuation bezüglich des Besuchs dieser Veranstaltungen, aber grundsätzlich sind alle Mitglieder der Gemeinschaft dazu angehalten, diesen beizuwohnen. Man könnte sagen, während dieser Begebenheiten manifestieren sich diese transzendenten Grundsätze. Wir wollen an dieser Stelle kurz klären, in welchen Kontexten wir dieser Wissensebene gewahr wurden.

4.3.2.1 Gewöhnliche Versammlungen

Die Veranstaltungen, an denen ein Mitglied unserer Gruppe als Interessierter teilnehmen konnte, waren hauptsächlich zwei konstante Versammlungen. Die eine, die jeden Freitag um 19:00 stattfindet und als Predigtschule von den Zeugen beschrieben wird. Das Programm, das sich jede Woche in dieser Veranstaltung wiederholt, enthält erstens eine Vorführung eines alltäglichen Ereignisses, an der mindestens zwei Personen teilnehmen. Die Rollen des Predigers und des Nicht-Zeugen werden vorbereitet. Nach der Vorführung erhalten sie ein privates Feedback vom Ältesten Paul. Zwischen dem privaten Feedback hält ein weiterer Ältester einen vorbereiteten Vortrag und öffnet einen Brief, der an die „Gemeinschaft der Zeugen Jehovas in Großstadt X" gerichtet ist. Jeden Sonntag um 10:00 findet die Zusammenkunft statt. Sie fängt mit einem Gebet an, das von einem Ältesten geleitet wird. Danach wird ein Lied gesungen und ein Vortrag gehalten. Der Referent wird von Matthias – ebenfalls Ältester – eingeladen. Danach wird ein vom *Wachtturm* bestimmtes Thema vorgelesen, welches sich in der Studienausgabe des *Wachtturms* finden lässt. Zu jedem Absatz werden Fragen gestellt, die das Publikum beantwortet, wobei dieser Vorgang von der Gemeinschaft Großstadt Xs als „Diskussion" beschrieben wird. Die Fragen können unabhängig von Alter und Bibelkenntnissen beantwortet werden.

Zu den gewöhnlichen Versammlungen gehören (1) Predigtschule und (2) die Zusammenkünfte im Königreichsaal. Beide gleichen sich dadurch, dass sie sich auf die Annahme eines gemeinsamen universellen Wissensvorrates stützen. Die Proklamation, dass ihre Glaubensgrundsätze mit Wissen und Wahrheit gleichzusetzen seien, leitet sich aus der historischen Genese der Zeugen Jehovas ab. Ursprünglich als Bibelforscher bekannt, legten sie großen Wert darauf, ihre Glaubensgrundsätze wissenschaftlich hergeleitet zu haben. Prämisse des Ganzen ist allerdings stets die Annahme, dass die Bibel Gottes Wort beinhalte. Eine Äußerung Pauls bringt diese Prämisse auf den Punkt: „Und ich fand das immer sehr wichtig und das ham auch meine (.) Eltern und meinem Bruder und mir vermittelt, dass der Glaube, dass die Bibel kein Märchenbuch is, sondern das Wort Gottes ".

Kein Märchenbuch, sondern das Wort Gottes. Und dem Wort Gottes wird ontologische Qualität zugesprochen. Das ist so sicher, dass es in unserem gesamten Interview kein einziges Mal explizit werden muss. Auf dieser Grundlage findet also der praktische Umgang mit dem Wissen in Predigtschule und Zusammenkunft statt. Deutlich wird dies in unserer dichten Beschreibung an folgenden Punkten. Die Institution der Predigtschule bereitet die Zeugen darauf vor, ihre Botschaft in adäquater Art und Weise in die Welt zu tragen. Man könnte sagen, dass an dieser Stelle die Praxis des Türgesprächs ihren Ausgang nimmt. Wichtiger ist jedoch, dass bestimmte qualifizierte Personen (in der Regel Älteste) den Ablauf der simulierten Predigtsituation überwachen und mit einem Feedback versehen. Die Parallele zu einem Lehrer zu ziehen, liegt nahe und findet so auch im Feld Anwendung (▶ Abschn. 4.3.4). Auch der Lehrer vermittelt Wissen oder die richtige Form des Ausdrucks desselben. Die Zusammenkunft hingegen richtet sich insbesondere an der Studienausgabe des *Wachtturms* aus. Durch ihn wird das Thema bestimmt, welches „diskutiert" wird. Allerdings erinnert auch diese Diskussion wieder eher an ein Lehrer-Schüler-Verhältnis. „Und da war meine Aufgabe praktisch son bisschen das zu leiten, ne? Ich hab ja son bisschen das zu leiten ne? Ich hab ja so Fragen gestellt und Leute dran genommen und … ".

Wir können hier nur illustrieren, warum wir der Meinung sind, dass wir dieses Wissen auf der Diskursebene für universalisiert halten. Einerseits sind es Prämissen, die für die Zeugen Jehovas indiskutabel sind, andererseits spiegelt sich dies auch in den Institutionen Predigtschule und Zusammenkunft wider.

4.3.2.2 Abstufungen des Wissens und Verhältnis zur Handlung

Es gibt allerdings bedenkenswerte Abstufungen bezüglich der Wissensebene. Diese Differenzierung betrifft die Lebenspraxis des Einzelnen, auf die Bibel beziehungsweise *Wachtturm* unterschiedlich abzielen. Die Bibel hält als transzendente Begründung, als „Wort Gottes" her. In ihr findet man die letzten Begründungen. Der *Wachtturm* hingegen zielt direkt auf die Lebenspraxis eines jeden Zeugen Jehovas. Er ist mehr als Anleitung fürs Leben zu verstehen. Beispielsweise sollte eine getaufte Person, die sich absichtlich mit Pornographie beschäftigt, fragen: Erweise ich mich wirklich als heilig? Dann sollte sie um Hilfe bitten, um mit dieser abscheulichen Gewohnheit zu brechen (Jak. 5:14) (Wachtturm Studienausgabe November 2014, S. 9).

Wir finden hier eine direkte Übertragung von biblisch-universalen Wahrheiten aus dem Jakobusbrief auf die Ebene einer individuellen Praxis. Man kann sagen, dass es auch auf Ebene der Handlungen Vorgaben gibt, was erwünscht oder unerwünscht ist. Nun ist aber Vorgabe nicht gleich Umsetzung. Wichtig ist noch zu bemerken, dass dieser Wissensdiskurs kein Diskurs der lokalen Gemeinschaft ist. Der Inhalt des *Wachtturms* wird in der Weltzentrale in New York festgelegt. Interessant wird es, wenn man sich anschaut, ob diese Diskursebene im Einklang mit den Handlungen der Individuen steht. Dies werden wir in ▶ Abschn. 4.3.3 erörtern. Die Wissensebene ist für uns deshalb von so großer Wichtigkeit, weil sie unsere Folie für sämtliche Kontrastierungen mit der kollektiven Gemeinschaft darstellt.

4.3.2.3 Das universelle »Me« – theoretische Anknüpfungspunkte

Es ist in der Tat so, dass wir uns am Anfang unserer Forschung die Zeugen Jehovas als Bibel- und *Wachtturm*-Hörige ohne großen Interpretationsspielraum vorstellen. Die Konsequenz wäre gewesen, dass wir unsere Arbeit nach zwei Wochen hätten beenden können. Wir hätten uns eines passiv-seriellen Identitätskonzepts à la Sartre angenommen und hätten behauptet, in

4.3 · Empirische Analyse und theoretische Überlegungen

New York wird bestimmt, wie die Zeugen Jehovas in Großstadt X handeln. ▶ Abschn. 4.3.3.1–3 werden verdeutlichen, dass es eine teilweise gewaltige Inkongruenz zwischen den Handlungsanleitungen des *Wachtturms* und der tatsächlichen Ausführung gibt. Und dies sowohl auf Ebene der kollektiven Gemeinschaft als auch beim Menschen. Um diesen Aspekt zu fassen, bietet sich die Identitätstheorie George Herbert Meads als Erklärungsraster an. Die Wissensebene steht sinnbildlich für Meads »Me«.[8] Meads Frage, „Wo tritt im Verhalten das ‚I' im Gegensatz zum ‚Me' auf?" trifft genau den Kern dieser Abhandlung (vgl. Mead 2013, S. 217). Meads Unterscheidung zwischen den zwei zentralen Instanzen »Me«, als die Verinnerlichung des Bildes der Anderen auf sich selbst, und dem »I«, als spontanes, kreatives, einmaliges Selbst, werden auch wir übernehmen. Die Wissensebene steht hierbei als universalisierte Instanz für die Haltungen der Anderen, die die Gemeinschaft und das Individuum einnehmen und die auf ihre Handlungen und Identität wirken. „Sicher möchte jeder von uns in seinem ganzen Leben heilig sein und so für die Souveränität unseres heiligen Gottes Jehova eintreten." (Wachtturm Studienausgabe November 2014, S. 17)

Wir haben diese Wissensebene auch als „official religion" theoretisiert. Thomas Luckmann hat in seinem Buch *The invisible Religion* darauf hingewiesen, dass es in Religionsgemeinschaften einen Bedeutungskosmos gibt, der zu spezialisiertem Wissen wird, „ … such as doctrine, liturgy, ‚social ethics' and so forth" (Luckmann 1967, S. 74). Auch er weist darauf hin, dass man unterscheiden müsse zwischen dem „effective system of subjective priorities" und „the ‚ultimate' significance in the ‚official' model" (Luckmann 1967, S. 74).

4.3.3 Grenzkonstruktion und Grenzübergang – unser Übergang ins Feld

Wir stellen diese Überlegungen zu Grenzen der Großstadt Xer Gemeinschaft hier voran, weil es schlichtweg das Phänomen war, mit dem wir am Anfang unserer Forschung konfrontiert waren. Wie jeder Ethnologe mussten wir uns erst einen Zugang zum Feld beschaffen. Dazu mussten Grenzen überwunden werden, andere blieben aber auch erhalten. Die folgenden Überlegungen zielen darauf ab, Dynamiken und Mechanismen anzudeuten, die sich wie ein roter Faden durch diesen Bericht ziehen werden. Interpretation vs. Übernahme von transzendenten Glaubensgrundsätzen. Der Umgang mit dem Fremden, der unser Feldforscher anfänglich für die Zeugen Jehovas war, ist hier als Kristallisationspunkt zu verstehen. Wir wollten feststellen, wie mit dieser „Krise" des unangekündigten Auftauchens des Fremden umgegangen wird. Denn gerade das Fremde stellt die eigene Identität auf die Probe. In diesen Momenten, so unsere Überlegung, müssten bestimmte Mechanismen der Vermittlung zutage treten. Außerdem werden wir zu zeigen versuchen, dass es unterschiedliche Grenzziehungsprozesse auf Ebene der Handlung (▶ Abschn. 4.3.3.1) und der Wissensebene (▶ Abschn. 4.3.3.2) gibt, die sich als strukturell unterscheiden.

4.3.3.1 Grenzen durch interpretative Handlung – Der Fremde als Referenz

Als wir das erste Mal mit den Zeugen Jehovas in Kontakt zu treten versuchten, fiel uns auf, dass der Königreichssaal, der Zusammenkunftsort der Zeugen Jehovas, extrem abgelegen ist. Der erste Annäherungsversuch missglückte insofern, dass unser Forscher vor verschlossenen Türen stand.

---

8 Wie werden auch in der deutschen Übersetzung Me, I und Self verwenden, da „Ich" und „ICH" mehr zur Verwirrung betragen, als irgendetwas zu illuminieren.

Die Abgelegenheit des Versammlungsortes unterschätzend und durch Stadtteil A der Großstadt X irrend, war er zehn Minuten zu spät gekommen. Die Fenster waren verhängt. Alles in allem setzte sich das Gebäude zwar von der Umgebung ab, was aber insbesondere durch den Kontrast zum umgebenden Gewerbegebiet zustande kam.

Von dieser Beobachtung ausgehend, kamen wir zu den Überlegungen, dass die aktive Kontaktaufnahme für einen Außenstehenden nicht einfach war. Die Lage und das sehr enge Zeitfenster erschienen zwar im Nachhinein überwindbar, waren aber an ein spezifisches Wissen geknüpft. Es schien daher naheliegend, von einer klaren Innen-/Außen-Grenze auszugehen. Selbst wenn man die räumliche Abgeschiedenheit auf andere Faktoren hätte zurückführen können, war die Tatsache nicht von der Hand zu weisen, dass die Abgrenzung *während* der Zusammenkunft aufrechterhalten wurde.

Eine Woche später gestaltete sich die Situation anders. Diesmal überpünktlich, wurde der Forscher ohne weitere Nachfrage in ein wartendes Auto gebeten, da man noch auf den Schlüssel warten müsse und es doch kalt sei. Später folgte eine weitere Vorstellungsrunde innerhalb des Königreichssaales mit auf den ersten Blick zufälligen Personen. Im späteren Verlauf der Forschung stellte sich heraus, dass es insbesondere Älteste waren, denen unser Beobachter vorgestellt worden war. Im Verlauf der Zusammenkunft wurde er mit einer Bibel ausgestattet. Bei seiner Platzzuweisung schien darauf geachtet worden zu sein, dass er nicht abseits der restlichen Zeugen saß. Im weiteren Verlauf der Zusammenkunft wurde er aufgrund seines spanischsprachigen Hintergrunds mit spanischer Literatur versorgt und mit spanischsprachigen Mitgliedern der Gemeinschaft bekannt gemacht.

Die harte Innen-/Außen-Grenze, die wir vor allem von räumlichen Abgrenzungsmechanismen abgeleitet hatten und auch auf der Interaktionsebene erwarteten, lockert sich hier. Tatsächlich kann man davon sprechen, dass die Zugangsberechtigung nicht aus formalen (eventuelle dogmatisch fundierten) Kriterien wie Zeuge Jehovas/kein Zeuge Jehovas abgeleitet wird, sondern Folge eines Aushandlungsprozesses ist, der wieder auf den wichtigen Aspekt der direkten Interaktion verweist. Die Vorstellungsrunden, die Einbeziehung der Ältesten in die Begrüßung und Begutachtung des Fremden sowie die anschließende räumliche Integration sind Teil dieses Prozesses. Ein weiteres Beispiel sind die Möglichkeiten, die die Zeugen Jehovas Menschen zur Verfügung stellen können, von denen sie wissen (in unserem Fall dachten), dass sie der deutschen Sprache nicht mächtig sind. Es wurde schon beim ersten Aufeinandertreffen dafür gesorgt, dass der Neuankömmling in seiner Muttersprache interagieren konnte.

So entstand unsere These, dass die Grenze zwischen der lokalen Gemeinschaft und ihrer Umwelt fluide ist und die Grenzziehungsprozesse der Zeugen Jehovas situationsgebunden verlaufen. Je nachdem, womit die Gemeinschaft konfrontiert ist, werden Grenzüberschreitungen ermöglicht und Grenzen so neu bestimmt. Man kann allerdings davon ausgehen, dass in bestimmten Situationen dieser Übergang auch verwehrt wird und der Zugang zur Gemeinschaft nicht ermöglicht wird. Wichtig ist, zu sehen, dass die beschriebene Grenze bei den hiesigen Zeugen Jehovas *interpretativ* erzeugt wurde. All diese Beispiele und Beobachtungen illustrieren, wie die Zeugen Jehovas Großstadt Xs durch individuelle Handlungen Grenzen ziehen und überbrücken.

4.3.3.2 Wissensdiskurs als totale Grenze?

Wir werden nun auf die Ebene zu sprechen kommen, die wir Wissensebene genannt haben. Sie steht im Kontrast zu unseren vorherigen Beobachtungen. Im Gegensatz zur interpretativen Aushandlung der Grenzen sehen wir hier einen Diskurs, der auf der Annahme eines religiös

4.3 · Empirische Analyse und theoretische Überlegungen

fundierten Universalismus beruht.[9] Wir möchten dies mit einer Interviewsequenz von Ursula verdeutlichen, die sowohl Handlung, als auch Wissensebene anzeigt: „ … wir möchten denen einfach etwas Wichtiges vermitteln, was wir aus Gottes Wort entnommen haben, was auch ihnen im Leben wirklich weiterhelfen kann, ne. Und was derjenige daraus macht, das is ja dann seine persönliche Entscheidung." Ein entscheidender Part dieser Textstelle ist, dass es die „persönliche Entscheidung" des Außenstehenden ist, wie er mit den Ansichten der Zeugen Jehovas umgeht. Es wird jedoch auf eine prinzipielle Ermöglichung des Verständnisses, „das Vermitteln", hingearbeitet. In diesem Sinne vollzieht sich der Grenzziehungsprozess auf der Handlungsebene. Die Referenz für den Umgang mit Außenstehenden ist dessen Individualität und die Situation. Nicht Formalien oder Dogmen. Man darf jedoch nicht den Fehler begehen, von dieser Handlungsreferenz, die mit einem ambivalenten Verhältnis zum Gemeinschaftsaußen einhergeht, auf ein beliebiges Innen zu schließen. Wie wir im weiteren Verlauf der Untersuchung zeigen werden, gibt es auch Rahmungen, die die tendenzielle Ambivalenz von Handlungen einschränken. Kommen wir aber auf die Totalität zu sprechen. „Was wir Gottes Wort entnommen haben", mag auf den ersten Blick auch diffus und ambivalent erscheinen, ist aber in keiner Weise beliebig. Um genau zu sein, verweist Gottes Wort auf eine Ebene der Transzendenz und eines Glaubensdiskurses. Das „aus dem Wort Gottes Entnommene" zieht eine Grenze, wie sie starrer nicht sein könnte. Es sind die Zeugen Jehovas, die das Wichtige aus Gottes Wort extrahiert haben. Sie tragen es an die Nicht-Zeugen heran, die offensichtlich das Wichtige des Wort Gottes noch nicht kennen. Dieses Phänomen der Abgrenzung taucht in der Narration des Interviews, im *Wachtturm* und während der Zusammenkünfte in Diskussionen auf. Weitere Belege sind Aussagen, wie man gehöre nicht dem Mainstream an (Paul) oder müsse anderen Volksstämmen die Wahrheit aus der Bibel bringen (Laura). Hier wird eine Grenze gezogen, die durch das Wissen um die Wahrheit legitimiert wird. Hätten die Zeugen Jehovas ihre Handlungen bei dem ersten Aufeinandertreffen an diesem Kriterium ausgerichtet, anstatt interpretativ zu verfahren, wäre die Kontaktaufnahme ungleich schwieriger geworden. Sie hätten darauf pochen können, dass nur die Wahrhaftigen Zugang zu ihren Zusammenkünften bekommen.[10] So waren wir selbst etwas überrascht, wie verhältnismäßig leicht man uns den Zugang zur Gemeinschaft gemacht hatte. Inwiefern dieses Kriterium des spezifischen „Jehova-Wissens" handlungsleitend ist, wird noch zu diskutieren sein.

4.3.3.3 Diskurs vs. Handlung? – einige theoretische Überlegungen

Wir stehen nun vor dem Problem, diese zwei Ebenen zusammenzuführen. Einerseits sahen wir auf der Ebene der beobachtbaren Handlungen, dass mit Grenzen äußerst flexibel umgegangen wird. Andererseits haben wir eine Ebene, die eine klare Grenze zieht, die für einen Außenstehenden unüberwindbar scheint. Entscheidend ist dabei gar nicht einmal der Inhalt des strukturierenden Wissensdiskurses, also Wahrheit, Gottes Wort etc., sondern die Totalität, mit der Grenzen konstruiert werden. Bekanntlich ist es keine Qualität transzendenten Wissens besonders ambivalent zu sein. Nun haben wir diese beiden Phänomene gerade deshalb ausgesucht, weil es sich bei ihnen um Kontrastfälle handelt. Das Verhältnis dieser beiden verschiedenen Grenzziehungsprozesse

---

9 Den Wissensdiskurs verstehen wir als die Gesamtheit der religiösen Überzeugungen der Zeugen Jehovas, der sich kanonisiert z. B. in einer eigenen Bibelinterpretation, der Neuen-Welt-Übersetzung, wiederfindet.
10 Dieses Vorgehen ist bei „Religionsgemeinschaften" nicht ungewöhnlich. Man denke etwa an Scientology, die ihre Grenzen universal ziehen. Jedoch ist hier das absolute Kriterium nicht Wahrheit, sondern profanerweise monetäre Leistungsfähigkeit. Dieses Kriterium ist bei den Scientologen eines, an dem auch die Handlungen in hohem Maße orientiert sind. Kein Geld – kein Zugang (vgl. Willms 2005).

scheint in unserem Fall aber recht eindeutig. Das Ein- und Ausschluss begründende Wissen wirkt auf der Ebene einer *Praxis* der Grenzziehung nicht oder nur schwach. Zumindest die Großstadt Xer Zeugen Jehovas lassen in ihrem empirischen Verhalten die Totalität des beschriebenen Diskurses nicht erkennen. Aus einer interaktionistischen Perspektive hat man es mit einer Inkongruenz zwischen totalem Diskurs und fluidem, ambivalentem Handlungsgebaren zu tun. Der Diskurs, von dem man (ohne Kenntnis der empirischen Handlungen) erwarten würde, dass er für die Handlungen der Gemeinschaftsmitglieder als Anleitung fungiert, wirkt nicht universell ausschließend. Zusammenfassend kann man festhalten, dass der Umgang mit dem Fremden, die Überbrückung von Grenzen durch Interpretation der Situation statt formalistisch geschieht. Der Modus der *Interpretation auf Basis von Interaktion* ist ein Mechanismus, der uns die gesamte Untersuchung über begleiten wird. Er wird für die Identitätsarbeit auf individueller und Gruppenebene ausschlaggebend sein. Ohne an diesem Punkt schon genau bestimmen zu können, wie sich die Gemeinschaftsidentität konstituiert, können wir allerdings schon eine Eigenschaft festhalten. Sie kann sich nicht allein durch das Abgrenzen nach außen, im Sinne einer Definition *ex negativo* konstituieren. Sie funktioniert nicht nach dem Muster: Wir sind die besseren Menschen, du gehörst nicht dazu. So würde es der Wahrheitsdiskurs nahelegen. Sie muss stattdessen so strukturiert sein, dass sie Handlungsspielräume für verschiedene Kontexte offen hält. Natürlich haben unsere vorgestellten Überlegungen noch viel weitreichendere Implikationen, aber wir können hier das Thema Grenzen nur kursorisch besprechen. Es wäre irrig anzunehmen, alle Arten von Grenzen und Modi der Grenzziehungsprozesse abgedeckt zu haben. Angemerkt sei aber noch, dass man es sich wohl zu einfach machen würde, wenn man die Wirkung des Wahrheitsdiskurses auf Grenzen völlig negieren wollte. Wir konnten bis jetzt nur die Inkongruenzen zwischen einem durchaus prävalenten Diskurs einerseits und den Handlungen und Interaktionen im praktischen Grenzziehungsprozess andererseits darstellen. Es wäre wünschenswert, das Verhältnis dieser beiden Phänomene genauer zu untersuchen. Dazu wäre beispielsweise ein Kontrastfall nötig, der eine Kongruenz zwischen Diskurs und Handlungen aufzeigen würde. Momentan scheint es allerdings so, als sage und schreibe man das Eine und handele dann situationsbedingt. Was natürlich nicht bedeuten muss, dass es keine Situationen gibt, in denen durch Interaktion eine totale Grenze nach außen gezogen wird.[11] Die Diskursebene kann deswegen auch nicht negiert werden. Sie ist offensichtlich Teil der Realität eines Zeugen Jehovas, sonst würde man die oben aufgeführten Bezugnahmen auch nicht finden. Sie hat aber eben nur in bestimmten Momenten eine regulierende Funktion. Die Grenzüberschreitung unseres Forschers ist aber kein solcher Moment. Vielmehr, so vermuten wir, stehen verschiedene Grenzziehungsprozesse in einem Wechselverhältnis zueinander. Mit Mead könnte man vom inneren Dialog des »I« und des »Me« sprechen. In unserer Situation hatte das »Me« als die grenzerhaltende Haltung, die im Diskurs formuliert wird, gegenüber den »Is« der verschiedenen Individuen kein großes Gewicht. Identitätstheoretisch kann man an dieser Stelle festhalten, dass es nicht so scheint, dass die gemeinschaftliche Identität allein durch das „script" (Emcke 2000, S. 233ff.) des »Me«, das überindividuell und übergemeinschaftlich verankert ist, determiniert ist. Zumindest zeigt sich dies im Umgang mit „dem Fremden" nicht. Trotzdem müssten diese Ambivalenzen sowohl bezüglich der Gruppe als auch des handelnden Individuums integriert werden. Andernfalls wäre unser Übergang nicht so reibungslos verlaufen. Die scheinbare Unvereinbarkeit der Diskurs- und Handlungsebene lassen

---

11 Wie man bei den Zeugen Jehovas beispielsweise bei der Wahl des Ehepartners sehen kann, bei der die Unterscheidung Zeuge/Nicht-Zeuge von äußerster Relevanz zu sein scheint. Nur konnten wir einen solchen Auswahlprozess empirisch nicht begutachten.

sich in Meads »Self« auflösen. Zu bedenken geben wir allerdings, dass das von uns formulierte »Me« noch oberhalb der Gemeinschaft generalisiert ist. Wir müssen also noch das Verhältnis von Individuum und Gemeinschaft näher beleuchten.

4.3.4 Interpretationen des Wissensvorrats

Wir werden an dieser Stelle zu zeigen versuchen, wie die von uns interviewten Personen die Rolle der Ehe und des Ältesten ausdeuten. Von Interesse sind hier nicht vorrangig die Spezifika der Ausdeutung an sich, sondern die Unterschiede der individuellen Zuschreibungen untereinander bzw. zur kanonisierten Idealvorstellung im allgemeinen Wissensvorrat. Es können an diesen Beispielen zwei Dinge gezeigt werden, erstens wie Institutionen bzw. Rollen im Wissensvorrat repräsentiert sind. Und zweitens, wie die von uns beforschten Zeugen die Institution Ehe bzw. die Rolle des Ältesten ausfüllen. Es geht also darum, den Handlungsspielraum der Individuen in Bezug auf den religiösen Wissensvorrat zu ergründen und so ein Verständnis für die Stellung des Individuums in der Gemeinschaft zu gewinnen. Wir werden dazu in zusammengefasster Form diese Themen auf der Wissensebene wiedergeben, um dann aufzuzeigen, wie die Individuen mit diesen Vorgaben umgehen. Abschließend bieten wir einen Erklärungsversuch für die aufgezeigten Phänomene an.

4.3.4.1 Der Älteste der Zeugen Jehovas

Wir werden an dieser Stelle keine Beschreibung der Tätigkeiten oder der Funktion eines Ältesten vorausschicken, weil dies den Kontrast verfälschen würde. Erstens geht es uns darum, die Funktion des Ältesten aus dem *Wachtturm*, als manifester Wissensebene, abzuleiten, um dann die individuelle Position Pauls zu erörtern. Wir werden durch die Kontrastierung den individuellen Möglichkeitenraum bei der Ausdeutung der Rolle des Ältesten durch Paul erörtern können. Die folgenden Absätze sind Zusammenfassungen der uns zur Verfügung stehenden *Wachtturm*-Literatur und Beobachtungen aus der Predigtschule:[12]

Die persönliche Schulung, die der Älteste seinem Schüler angedeihen lässt, ist wichtig für die Stabilität der bestehenden Versammlung, aber auch um seine Abwehrkräfte gegenüber weltlichen Einflüssen zu stärken. Die beste Art und Weise, wie man als Ältester unerfahrene Gläubige schulen kann, ist: ein Vorbild in Taten und Worten zu sein, den Geschulten bei dem Predigtdienst zu begleiten und zusammen die Bibel zu studieren. „Ohne Schulung kein Erfolg, das wissen Gottes Diener schon seit langer Zeit." Jehova hat den Ältesten in der Versammlung die Verantwortung übertragen, andere zu schulen. „Welche Methoden verwenden erfahrene Älteste, um Brüder zu befähigen, sich um die Herde zu kümmern?" (Wachtturm Studienausgabe April 2015, S. 9). Erstens, eine geistige Gesinnung fördern. Älteste werden mit Gärtnern verglichen, die die Fruchtbarkeit des Bodens erhöhen können. Zweitens, „Ziele, Vorschläge und Gründe liefern", hilft dem Geschulten, über seinen Dienst für Jehova nachzudenken. Ziele und Gründe können vom Einzelnen oder vom Ältesten vorgeschlagen werden. Diese müssen vernünftig und erreichbar sein. Wichtig ist zudem, bei der Schulung die biblischen Gründe zu zitieren, um das Gesagte zu bestätigen. Die Gespräche zwischen einem Ältesten und seinem Schüler helfen dem Geschulten, sich auf die Grundsätze und nicht nur auf die Regeln zu konzentrieren. Dabei wird

---

12 Wir haben versucht, möglichst nah am Sprachgebrauch des *Wachtturms* zu bleiben.

er spüren, wie viel Freude es macht, seinen Brüdern und Schwestern zu dienen. Der Schüler muss gelobt werden, wenn er sich bemüht, die Vorschläge eines Ältesten zu befolgen. Wenn die Wahrheit im Leben des Schülers keinen Vorrang hat, kann der Älteste wie ein Gärtner wirken, der seine Pflanzen so lenkt, dass sie in eine bestimmte Richtung wachsen (Wachtturm Studienausgabe April 2015, S. 12).

Erstens fällt die Funktion des Ältesten als Lehrer auf. Er soll durch Tat und Wort Vorbild sein und eine geistige Entwicklung der Schüler fördern. Lehrer und Gärtner sind oft gebrauchte Worte der „official religion". Paul greift in seiner Selbstbeschreibung zwar auf den Ältesten zurück: „äh und das ich in der Versammlung Großstadt X als Ältester diene" (P: 34). Aber, als er diese Rolle auf Nachfrage genauer definieren soll, greift er auf einen externen Bezugspunkt zurück: „Ja, also in der Kirche würde man Pastor sagen". Zur Beschreibung seiner Tätigkeit zieht Paul einen Vergleich aus einem evangelischen Milieu heran.[13] Dies erschien ungewöhnlich. Der Begriff Pastor kam im offiziellen Duktus der Zeugen nicht vor. Die Frage, die wir uns stellten, war, warum er diesen Vergleich anstellte. „Wobei das bei uns anders organisiert ist, also Pastor heißt Hirte ne? [I: Mhm] Und bei uns wird es, isses anders organisiert. Es ist nicht ein Hirte für seine Gemeinde, sondern wir sind insgesamt zehn. Das is aber je nachdem, wie die (.) so ungefähr zehn glaub ich, ja. Je nachdem wie viel da sind, die das machen können. Is also immer ne Gruppe, oder ein Komitee, ein Team ne? [I: Mhm] Das eine, eine, eine äh Versammlung leitet. Also lehrt und geistlich betreut [I: Mhm]."

Noch mehr Fragen warf die obige Textstelle auf. Warum sprach der Älteste der Zeugen Jehovas in Abgrenzung zur evangelischen Kirche? Sowohl was seine Rolle als Ältesten als auch die Organisation seiner Gemeinschaft anging? *Komitee* und *Team* sind ebenfalls keine einschlägigen Begriffe der Zeugen Jehovas. Das *Lehren und geistliche Betreuen* hingegen findet sich in der Beschreibung eines Ältesten in vielfacher Weise. Es scheint einerseits so, als würden bestimmte Aspekte übernommen, das Konzept aber auch mit eigenen Bedeutungsgehalten aufgeladen. Machen wir dies noch an einem weiteren Beispiel deutlich. Die Stabilität der Gemeinschaft und die Abwehr weltlicher Einflüsse sind, zumindest nach dem offiziellen Bild, Aufgaben des Ältesten. Wenig dazu passen die folgenden Interviewstellen: „Ich mein es gibt natürlich auch öh Konstanten äh im Leben, bestimmte Dinge, die mir immer wichtig warn, unabhängig jetz vom Glauben, also ich bin äh sehr naturverbunden mh und die Schöpfung ne. Ich beobachte gerne Vögel oder beschäftige mich auch mit Pflanzen und dis is auch mein Beruf. Und das bedeutete mir immer viel und das hat mit dem Glauben eigentlich nich viel zu tun. Weil viele meiner Kollegen dis sind, die glauben an die Evolution, sind Atheisten [I: Mhm], trotzdem ham wa da ne gemeinsame Basis ne, durch dis Interesse, aber die ham ne andere Ausrichtung dann in ihrem Leben ne."

Paul formuliert, dass es Konstanten im Leben gibt, die mit dem Glauben nichts zu tun haben. Der *Wachtturm* hingegen fordert, in jedem Bereich seines Lebens heilig zu sein (Wachtturm Studienausgabe November 2014, S. 13). Die Zusammenarbeit mit Evolutionisten, mit denen man eine gemeinsame Basis durch das Interesse hat, scheint auch kein Problem zu sein. Gerade diese Textstelle zeigt deutlich, dass es für Paul ein Leben außerhalb der Zeugen Jehovas gibt. Er fühlt sich Menschen verbunden, mit denen er bestimmte Interessen teilt. Trotzdem haben sie eine andere Ausrichtung im Leben. Ausrichtung ist eine sehr vage Formulierung, die nicht erkennen lässt, dass Paul diese für falsch oder verwerflich halten würde. Für einen Ältesten der Zeugen Jehovas, der die Abwehrkräfte der Gemeinde gegen das Weltliche stärken soll, eine sehr schwache Formulierung. Um hier keine Missverständnisse aufkommen zu lassen: wir wollen nicht aufzeigen,

---

13 Der Begriff findet auch in katholischen Gebieten Anwendung. Hauptsächlich aber in evangelischen Gemeinden Nord- und Mitteldeutschlands.

dass Paul seine Rolle nicht erfüllen würde oder die Wissensebene negieren würde. Nein. Uns ist wichtig, zu zeigen, dass er sie uminterpretiert und mit seinen eigenen Deutungen kombiniert. Er unterrichtet durchaus und nimmt Bibel und *Wachtturm* ernst. Aber er tut dies nicht innerhalb eines starren Deutungsrahmens, wie er von der „official religion" angedacht ist.

Wir haben es hier mit einer Abwandlung des offiziellen Bildes zu tun. Und dies auf zwei verschiedenen Ebenen: innerhalb seiner Narration (Pastor, Team, Komitee) und auf der Handlungsebene (seine Arbeit im Bereich der Ökologie auf der Basis nichtreligiöser Interessen). Auch liegt für Paul der Schwerpunkt seiner Tätigkeit eher beim Hirten als beim Lehrer. Wir konnten vielfach feststellen, wie Paul bestimmte Situationen bereinigte, ohne das Richtig-/Falsch-Kriterium eines Lehrers anzulegen. Wir haben für ihn immer den Begriff des „Wiederreinholens" in die Gemeinde verwendet. Als Beispiel für die Individualität seiner Haltung können wir sein Missfallen an der Kindstaufe anführen. Als sich während des Interviews herausstellte, dass Laura schon mit elf Jahren getauft worden war, zeigte er sich überrascht. „Du bist schon mit elf getauft worden? … Ja das ja früh.". An dieser Stelle hatten wir im Interview erwartet, dass er auf Nachfrage erklärt, warum er gegen eine so frühe Taufe wäre. Allerdings holte er Lauras Taufe, die er eben noch für sehr früh befunden hatte, wieder in einen Rahmen des Möglichen hinein: „Das is letzlich individuell. (.) Also man wird wenn, sagen wa mal ein Kind mit, mit sechs Jahren sagt, ich möchte mich taufen lassen, wird man wahrscheinlich große Bedenken haben. Dis ihm sagen, wart mal n bisschen. Aber wenn jemand den Eindruck macht, äh, dass er das verstanden hat, und weiß, was er will, dann is das letzlich keine Frage des Alters."

Diese Situation ist nur eine von vielen und beschreibt, was wir in unserer Forschung *Kontextbewusstsein* genannt haben. Paul ist sich sehr wohl bewusst, dass es unterschiedliche Deutungshorizonte, Lebensentwürfe und Basen im Leben eines Menschen gibt. Sein Verständnis eines Ältesten ist es, unterschiedliche Individuen mit ihren Lebensentwürfen unter dem Dach seiner Gemeinde zu integrieren. Selbstverständlich geschieht dies in einem gewissen Rahmen. Aber er ist nicht der oben beschriebene Gärtner, dessen Hauptaufgabe es ist, seine Pflanzen in *eine* Richtung zu lenken. Paul greift dann ein, wenn die Pflanze, aus welchem Grund auch immer, *ihre* Richtung nicht mehr alleine findet. Dazu ist eine gewisse Entäußerungsfähigkeit vonnöten. Die Selbstbeschreibung des Hirten, die wir von ihm bekommen haben, wurde deshalb auch bis zum heutigen Zeitpunkt beibehalten.

4.3.4.2 Die Rolle der Biographie im Interpretationsprozess

Biographizität scheint bei den Zeugen Jehovas eine sehr prävalente Rolle zu spielen. Gerade für Personen, die wie Ursula und Laura als Zeugen Jehovas aufgewachsen sind. Aber auch für Außenstehende, die der Gemeinschaft erst später beigetreten sind. Die Hineingeborenen sind von Anfang an in die Gemeinschaft hinein sozialisiert und mit den Institutionen und Deutungshorizonten vertraut. Umso erstaunlicher ist es, dass man schon bei Laura und Ursula gravierende Unterschiede bezüglich ihrer Relevanzsetzungen im Leben erkennen kann.

Aber wir wollen hier die Rolle der Biographizität an Pauls Beispiel verdeutlichen. Dies ganz einfach aus dem pragmatischen Grunde, weil wir über ihn das meiste Material haben. Pauls Rekurs auf evangelische Termini und seine Abgrenzung zu dieser Kirche kann man erklären, wenn man in seine Jugend schaut. Aufgewachsen ist er in einem protestantischen Elternhaus. Er setzte sich früh mit der Bibel auseinander. Er kritisierte den Pfarrer dafür, der Bibel zu wenig Beachtung zu schenken. Aber er achtete ihn und stimmte mit ihm in vielen Punkten, wie der Ablehnung der Kindstaufe und der Enttäuschung über die Evangelische Kirche, überein. Der Pfarrer ist die Person, mit der er sich über die Dinge auseinandersetzt, die ihn in seiner Jugendzeit bewegen. Wir vermuten, dass der Pfarrer eine Art Vorbildfunktion für sein derzeitiges Hirtendasein darstellt. Weiterhin lässt sich sein *Kontextbewusstsein* durch den Kontextwechsel in seiner Jugend zumindest teilweise erklären: „ … dass in der Kirche bei allem guten Willen, was den Pfarrer, den mocht ich ganz gern [// I: Mhm], aber mh das war der is n wenig auf die Bibel eingegangen(.) und als zu der Zeit kamen Zeugen Jehovas zu meiner Mutter zu Besuch (.)." Wir sehen hier, dass Paul einen Übergangsprozess mitmacht, der bereits in seiner Jugend beginnt. Aber es ist auch festzuhalten, dass dies kein rascher Übergang war, sondern einer, der über mehrere Jahre prozesshaft verlief. „Also es is schon ja einige Jahre gewesen, dass ich schon in die Zusammenkünfte gegangen bin und halt die Bibel besser kennengelernt hab und das immer mehr verstanden hab, ich bin auch nich gleich zu allen Zusammenkünften, sondern das wurde dann halt immer regelmäßiger und irgendwann hat man dann angefangen auch mal in den Predigtdiensten mitzugehen [I: Mhm] und dann dachte man sich irgendwann, jetzt kann man auch Ja dazu sagen."

Systematik, Intensität, Verpflichtung und Engagement sind die Kriterien, die für Paul das Zeugen Jehova-Sein ausmachen. Sein Glaube macht sich an diesen Kriterien fest. Und diese Eigenschaften bzw. Kriterien sind es, die man schon in seiner Biographie angelegt findet. Ihm fällt es schwer, seinen Glauben transzendent zu begründen. Stattdessen führt er die oben genannten Kriterien an. Schon in seiner Biographie ist zu sehen, dass Glaube für ihn immer Auseinandersetzung mit etwas war: ein Abarbeiten an der Bibel oder dem Rahmen eines evangelischen Milieus. Es ist von daher nicht verwunderlich, dass sich gerade diese Dinge auch heute noch in seinem Handeln widerspiegeln. Tatsächlich haben diese Beobachtungen aber weitreichende Konsequenzen für die Identität der Großstadt Xer Zeugen.

4.3.4.3 Das »Me«, das »I« und die Biographie – theoretische Bemerkung

Wir haben am Anfang dieses Abschnitts gesehen, dass Paul seine Rolle als Ältester, zu der es bereits Deutungsangebote der „official religion" gibt, selbst ausdeutet, uminterpretiert, aber auch Teile übernimmt. Sein eigener Erfahrungshorizont kommt ins Spiel. Man kann von einem ambivalenten Verhältnis von »I« und »Me« sprechen. Der innere Dialog, der im »Self« mündet, ist ein Aushandlungsprozess mit offenem Ausgang. Und ganz im Sinne des Pragmatismus ist die jeweilige Bedeutung in der Handlung bzw. der Interpretation mit eingebunden. Paul ist enttäuschungsfähig, weil er im Laufe seines Lebens mit verschiedenartigen generalisierten Anderen konfrontiert war. Eine Erfahrung, die viele Zeugen Jehovas in dieser Intensität, nämlich der eines kompletten Milieuwechsels, nicht hinter sich haben. Auch spezifische Teile von Pauls Biographie sind interessant für eine identitätstheoretische Perspektive. So gehen wir aus den oben aufgeführten Gründen davon aus, dass man den Pfarrer in seiner Jugend als signifikanten Anderen betrachten kann. Man kann wohl sagen, dass dieser in Pauls Sozialisationsprozess eine prägende Rolle gespielt haben muss. Außerdem ist anzumerken, dass die Biographie offensichtlich eine Rolle spielt, wenn es um Positionen innerhalb der Gemeinschaft geht. Denn die Eigenschaften, die ihn befähigen, in Großstadt X der Hirte zu sein, hängen unmittelbar mit seiner Biographie zusammen. Es wäre interessant herauszufinden, ob es ein Muster gibt, aus dem erkennbar wäre, ob bestimmte Biographien mit entsprechenden Positionen verknüpft sind.

Allerdings macht man es sich zu einfach, würde man die Handlungen des Hirten nur als Wettstreit zwischen personalem und sozialem Selbst begreifen wollen. Es muss auf der Ebene der Gemeinschaft möglich sein, so selektiv und interpretativ zu handeln, wie Paul es tut. Es muss höchstwahrscheinlich eine institutionelle Verankerung solcher Interpretationsmöglichkeiten geben. Wäre in der Gemeinschaft ein streng dogmatischer Rahmen feststellbar, würden die individuellen Erfahrungshorizonte bei den identitätsstiftenden Momenten kaum eine Rolle spielen können. Wir gehen deshalb von einem Wechselwirkungsprozess zwischen Individuum und Gemeinschaft aus, wenn es darum geht, die universale Ebene der „official religion" zu interpretieren. Schon der bekannte Religionssoziologe James A. Beckford hatte in seiner Untersuchung *The Trumpet of Prophecy* festgestellt, „that the millenarian Message is so highly ambiguous that it is largely determined by the organizational form dictated by the founders or members of the groups that carry that message" (Beckford 1975, S. 119). Er hat Recht, wenn er sagt, dass die Art und Weise der Verkündigung der Botschaft auf die Strukturen und damit die Individuen in ihrer lokalen Gemeinschaft zurückzuführen ist. Unrecht hat er aber, wenn er die Ambivalenz in der Botschaft sucht. Denn es sind die Interpretationsprozesse in der Wechselwirkung von Individuum und Gemeinschaft, die diese Ambivalenzen schaffen.

4.3.5 Die diffuse Ebene der Gemeinschaft

An dieser Stelle werden wir in aller Kürze noch Laura berücksichtigen. Sie ist schon als Kind bei den Zeugen Jehovas aufgewachsen und verbindet mit ihnen vor allem ein diffuses Verständnis der Zugehörigkeit. Wir wollen an ihrem Beispiel nur kurz erläutern, was für den Zusammenhalt und die Identität der Gemeinschaft auf einer Ebene der Emotionalität von äußerster Bedeutung ist.

Laura macht sehr explizit, was ihre Erwartungen an die Gemeinschaft sind:

» Ich konnte mir irgendwie nich vorstellen, wie ich n Leben führ, ohne das dis son richtigen Sinn macht ne? Denn wenn ich dis jetz aufgegeben hätte, dann was fürn Sinn macht den mein Leben, wenn ich wenn ich nicht ähm ja keinen Schöpfer habe zum Beispiel oder auch die die Gemeinschaft ne, mir bedeutet das so viel. Ich hab mich immer ähm so aufgehoben gefühlt ne, innerhalb der Gemeinschaft der Zeugen Jehovas. Dis war für mich immer wie eine große Familie. Ich bin auch viel rumgereist in der ganzen Welt und überall, alle Länder wo ich war, gibt es Zeugen Jehovas und ich bin da in die Gemeinschaften gegangen und hatte immer das Gefühl ich bin überall willkommen auf der Erde. Ich hab überall auf der Erde Menschen, die mir Vertrauen. Ohne das, so hab ich entschieden, dass bedeutet mir sehr sehr viel.

Man könnte sagen, dass Lauras Erwartung an Gemeinschaft ist, dass diese Gemeinschaft ist im Sinne eines affektiven Zusammenhalts. Aufgehoben sein und Vertrauen sind zentral. Diese Punkte verweisen auf eine emotionale Ebene, die bis hierhin noch keine Berücksichtigung gefunden hat. Wir konnten diese diffuse Ebene im gesamten Interview feststellen. Lauras Identität ist in diesem Sinne nicht mit intersubjektiven Kriterien zu beschreiben. Man könnte von der „persönlich-geistlich-seelischen" Verbundenheit sprechen, mit der René König lokal begrenzte Gemeinden charakterisierte (König 1958, S. 19). Auch dies ist ein Faktor bei der identitären Konstitution von Gemeinschaften. Und wir denken, man sollte diesen Faktor nicht unterschätzen. Gemeinschaft verweist auch immer auf eine diffuse, irrationale Ebene, die sich auch in Handlungen widerspiegelt. So ist Laura beispielsweise während der Gebete im Rahmen der Zusammenkünfte immer in enger Umarmung mit ihrem Mann zu sehen. Das »I« eines jeden Menschen verweist in gewisser Weise auf Emotion und Diffusität. Es verwundert daher nicht, dass in einer Gemeinschaft, in der »I« und »Me« ständig im Ringen um Interpretationen und Deutungen sind, auch eine diffus-emotionale Ebe ne identitätsstiftend wirken kann. Außerdem kann man feststellen, dass sich dieses diffuse Gefühl nicht nur auf ihre lokale Gemeinde bezieht, sondern auf die Gemeinschaften auf der ganzen Welt. Dieses Gefühl der Zusammengehörigkeit, so kann man vermuten, gibt es in den lokal situierten Gemeinschaften der Zeugen Jehovas also öfter. Die Wurzeln dieser diffusen Ebene sind unseren Erfahrungen nach nicht in einem Weltjehovatum verankert, sondern in der lokalen Gemeinde. Laura spricht auch davon, dass sie in die Gemeinden gegangen ist. Zu sehr basiert die Gemeinschaft auf Face-to-face-Interaktion und Unmittelbarkeit, als dass eine weltweite emotionale Identifikation denkbar wäre. Aber wer weiß, vielleicht finden andere Gemeinden gerade dort primäre Anknüpfungspunkte für ihre kollektiven Identitäten. Aber diese Frage können wir nicht abschließend klären. Fakt bleibt, dass Zusammengehörigkeit Teil einer Jehova-Identität ist, auf welcher Ebene sei dahingestellt.

4.4 Das große Ganze

Zu guter Letzt werden wir auf die Beziehungen zwischen globalem Zeugen-Jehovatum, Gemeinschaft und Individuum eingehen. Diese drei Ebenen und ihre Wechselwirkungen müssen wir rudimentär behandeln. Denn, so müssen wir gestehen, uns fehlt hier mit unserer „Grounded Theory light" noch der nötige Durchblick, um über hypothetische Aussagen hinauszugehen.

Wir haben im Laufe unserer Untersuchung verschiedene Ebenen beleuchtet und versucht, ihre Verhältnisse und Wechselwirkungen zu ergründen. Tatsächlich, müssen wir zugeben, wissen wir eigentlich noch nichts. Unsere Vermutung geht dahin, dass die Ebenen, die wir ausgeleuchtet haben, also Wissensebene, Gemeinschaft und Individuum stets prozessual miteinander verbunden sind. Die Wissensebene dient als Interpretationsfolie sowohl für Gemeinschaft als auch für das Individuum. Beide Interpretationen sind aber schon während dieser Auseinandersetzung mit der Wissensebene aufeinander verwiesen. Wir haben versucht, am Ältesten deutlich zu machen, dass sich seine Interpretationsleistung nicht allein auf ein atomisiertes Individuum zurückführen lässt. Weder haben wir es hier mit einer atomistischen Individualgruppe zu tun, wie wir in ▶ Abschn. 4.3.5 deutlich machen wollten, noch lösen sich die Individuen auf. Nein. Sie interagieren und unterwerfen die Wissensebene eigenen Deutungshorizonten, und manchmal übernehmen sie den, den die Wissensebene vorgibt. Dies hängt von der Situation ab. Wenn wir eines zeigen wollten, dann dass weder Handlungen noch identitätsbildende Prozesse kategorisch einem Prinzip unterworfen sind. Wenn es ein Prinzip gibt: dann Ambivalenz. Wir haben versucht, schematisch unsere Gedanken bezüglich der Komplexität der Großstadt Xer Gemeinschaft zu verdeutlichen (◘ Abb. 4.2). Für uns war es erstaunlich zu sehen, mit welcher Kreativität der Mensch seine Lebenswelt leistet, obwohl man vermuten könnte, eine universale Diskursebene ersticke das Individuum. Aber und es ist, so hoffen wir, deutlich geworden, dass Diskurse nicht in der Luft schweben. Relevant werden sie durch Interaktionen. Und erst dann werden sie auch identitätsstiftend.

Eine weitere Überlegung, die wir für angebracht halten, ist die These des Lokalen. Wir sind außer bei den Zeugen Jehovas auch bei einer Gemeinschaft in Großstadt Z gewesen. Wir fanden mehr Unterschiede als Gemeinsamkeiten. Die These, dass der Zusammenhalt einer Gemeinschaft primär durch Unmittelbarkeit gewährleistet wird, entstand aus dieser Beobachtung. Eine lokale Situierung als Basis des komplexen Beziehungsgeflechts scheint wahrscheinlich. An dieser Stelle müsste man eine größer angelegte Vergleichsstudie durchführen, um diese These zu verifizieren.

Meads Identitätskonzept war ein geeignetes Analysewerkzeug in unserer Grounded Theory-Forschung, da wir beim Konzeptualisieren unsere Daten nicht in ein Korsett zwängen mussten. Meads Konzept ist von einfacher Brillanz, negiert weder Individuum noch gesellschaftliche oder gemeinschaftliche Einflüsse. Es mag am Ende wenig verwunderlich erscheinen, dass der Pragmatismus ein Konzept bereitgestellt hat, welches empirisch anschlussfähig ist. Gleichzeitig zeigt

4.4 · Das große Ganze

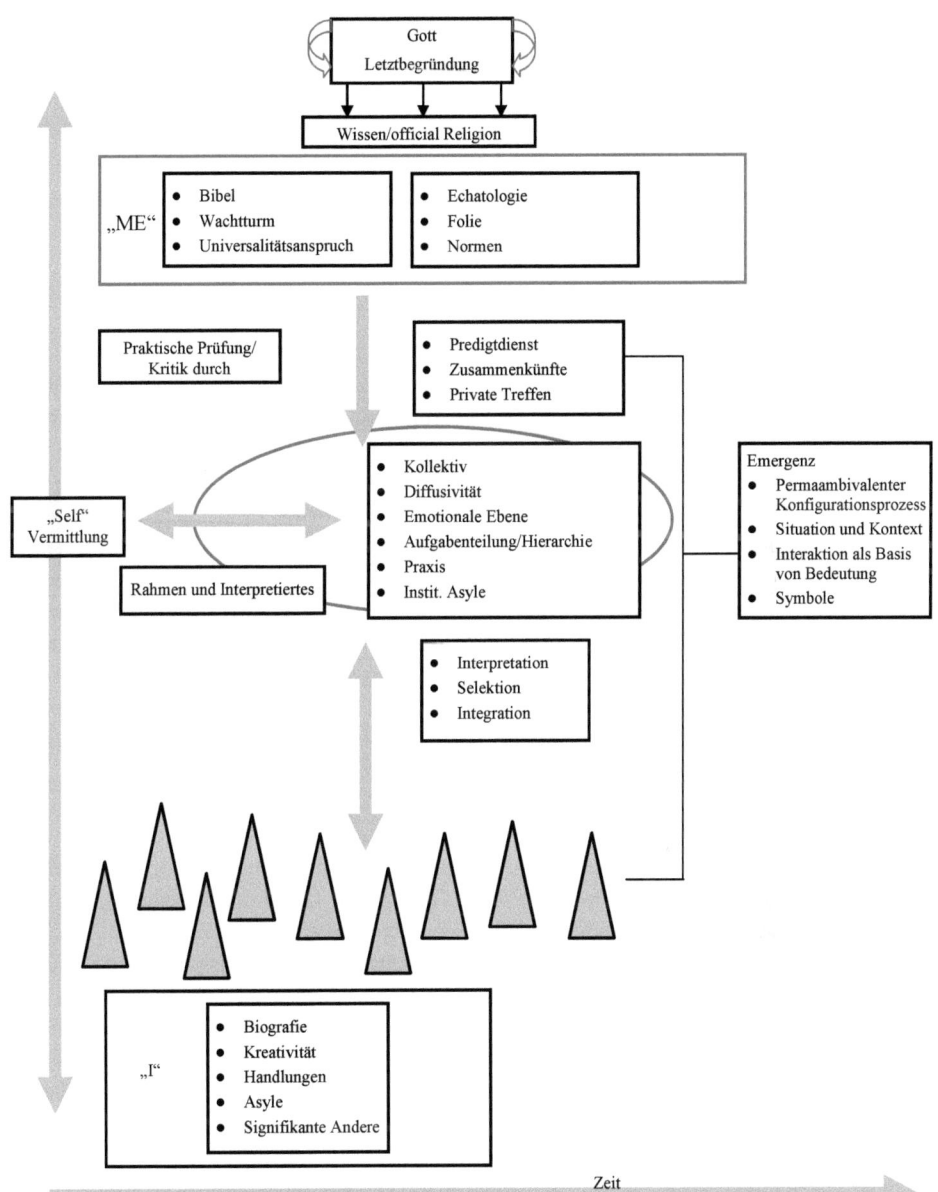

◘ Abb. 4.2 Komplexität der Jehovagemeinschaft

unsere Arbeit aber insbesondere eines an: Forscher, guckt auf das, was die Leute tun, wie sie handeln. Es reicht nicht aus, nur Narrationen zu studieren oder Diskurse zu dekonstruieren. Menschen handeln, und sie tun dies, trotz aller noch so famosen Versuche, diesen Akt ins Abstrakte zu verschieben, auf immer neue und unerwartete Art und Weise. Kontext, Situation, Kreativität sind Parameter, die man insbesondere in der soziologischen Theorie oft einmal beiseitelässt. Und so halten wir es auch mit der Identität. Sie ist nichts Statisches oder zu Abstrahierendes. »Me«

und »I« sind Teile einer Identität, die sich im ständigen Aushandlungsprozess befinden. „Das »I« dieses Moments ist im »Me« des nächsten Moments präsent", formulierte Mead (2013, S. 217). Allein dieser Ausspruch zeigt, wie fragil und temporär die Beziehung dieser beiden sein kann. Und immer ist diese Fragilität verknüpft mit Situation und Kontext. Und genau in diesem Sinne muss man auf die Zeugen Jehovas schauen. Jede Situation einzeln betrachten und analysieren. Und dies bedeutete in unserem Fall mühevolle Kleinarbeit seit der ersten Sekunde. Aber wenn wir am Ende dem Feld ein wenig gerecht geworden sind, dann hat es sich gelohnt.

> » Menschen haben ein Selbst, aber ohne die Situation, in der sie sind, sind sie nicht. (Weisheit einer Grounded Theory-Forschung)

Mit hatten wir ursprünglich versucht, der Komplexität Herr zu werden. Zu unseren Ausführungen hinzu kommt eine Zeitachse, denn logischerweise funktioniert nichts im temporalen Vakuum. Sämtliche Prozesse finden auf einer Zeitachse statt, die wir nicht berücksichtigen konnten. Die Bezeichnung Asyle ist von Erving Goffman entlehnt. Sie steht dafür, dass selbst unter total anmutenden Umständen bestimmte Rückzugsorte bestehen. Bei manchen Zeugen Jehovas ist dies die Ehe, bei manchen der Beruf. Hierauf haben die Gemeinschaft und die Wissensebene keinen Einfluss. Bei Paul sahen wir dieses Phänomen bei seinem Beruf, der sich mit ökologischen Zusammenhängen beschäftigt. Aufgabenteilung und Hierarchie sind ebenfalls Punkte, die wir nicht angesprochen haben. Beide haben mit Sicherheit Auswirkungen auf die Identitäten auf den unterschiedlichen Ebenen. Wir wünschten auch, wir hätten an dieser Stelle ein besseres Mittel zur Beschreibung gefunden, als die ganze Zeit von Ebenen zu schreiben, aber hoffen, dass hiermit ein wenig die Fluidität der Identitätsprozesse deutlich wird. Der Rest, so hoffen wir, ist im Laufe dieser Abhandlung deutlich geworden.

▪ Was wir alles falsch gemacht haben

Wer die Lust verspürt, sich einer Forschungsfrage bzw. einem Forschungsfeld mit der Grounded Theory zu nähern, sollte sich klar machen, dass es sich bei der Grounded Theory eher um eine Methodologie handelt, als um eine feste Methode zur Datenerhebung und Auswertung. Sicherlich sind mit der Grounded Theory Leitlinien dafür gegeben, aber ein gewisses Maß an Flexibilität sollte man mitbringen. Der Forschungsprozess richtet sich stark an den erhobenen Daten und daraus resultierenden Theoretisierungen aus. Es ist also obligatorisch, von Beginn an Daten zu erheben. Einer langfristigen, detaillierten Planung für den Forschungsprozess sind daher schon strukturell Grenzen gesetzt. Umso wichtiger ist es, im Vorhinein seine Forschungsfragen klar zu formulieren und das Erkenntnisinteresse zu spezifizieren. Ansonsten wird man sich schnell mit der Komplexität des Forschungsfeldes überfordert sehen. Insbesondere in diesem Punkt können wir aus Erfahrung sprechen. Wir wollen deshalb an dieser Stelle auf einige unserer Erfahrungen der Lehrforschung „Identitäten" aus dem Jahr 2014/2015 zurückblicken, resümieren und, wenn möglich, einige nützliche Hinweise geben für diejenigen, die den Versuch auf sich nehmen wollen, mit dem Forschungsparadigma Grounded Theory zu arbeiten. Welche forschungspraktischen Konsequenzen hat es, sich in einer Qualifikationsarbeit für eine Grounded Theory-Forschung zu entscheiden? Wie realistisch ist eine gesättigte Theorie im Kontext begrenzter zeitlicher Ressourcen? Wie schafft man es, trotz komplexer empirischer Zusammenhänge zielgerichtet auf den Abschluss einer Arbeit hinzuarbeiten?

Wir wollen zur Beantwortung solcher Fragen unseren Forschungsprozess folgendermaßen Revue passieren lassen: Unter (1) werden wir einige Bemerkungen dazu machen, wie wichtig es von Beginn an ist, die eigene Position im Forschungsprozess zu reflektieren. Denn gerade diese

4.4 · Das große Ganze

Überlegungen waren es, die uns zur Arbeit mit der Grounded Theory veranlasst haben, (2) sollen an dieser Stelle einige Bemerkungen zur Gefahr der inkonsistenten Anwendung von Forschungsparadigmen gemacht werden, (3) müssen einige Überlegungen zu den Parametern einer Grounded Theory-Forschung ausgeführt werden, spezifischer, mit welchen Forschungsstrategien man das Forschungsparadigma Grounded Theory ausfüllen kann, (4) wollen wir uns kurz zum Gatekeeper-Problem äußern. Weiterhin werden wir das Problem von Zeit als Ressource in Qualifikationsarbeiten und Arbeitsaufwand diskutieren (5). Unter (6) soll der iterative Forschungsprozess mit Datenerhebung, Datenauswertung und Theoriebildung besprochen werden. Zum Abschluss werden wir ein kurzes Fazit ziehen (7).

(1) Wenn man sich dazu entscheidet, ein sensibles Feld wie eine lokale Gruppe der Zeugen Jehovas zu seinem Forschungsgegenstand zu machen, muss man sich im Klaren darüber sein, dass man auf Phänomene treffen wird, die einem im ersten Augenblick befremdlich erscheinen werden – eigene Sinndimensionen, die man außerhalb ihres spezifischen Kontextes nicht verstehen kann und wird. Wir hatten zu Beginn unserer Forschung schon den Stab über unsere Forschung gebrochen und die Zeugen Jehovas in Großstadt X als Forschungsobjekte für eine Betrachtung „totalitärer" Gruppen abgestempelt. Unreflektiertes Alltagswissen bzw. Stereotype werden wohl die Gründe für diesen vorschnellen Schluss gewesen sein. Dass allein diese Kategorisierung als „totalitär" schon eine gravierende Bewertung mit entsprechenden Perspektivsetzungen und theoretischen Implikationen bedeutete, war uns zu diesem Zeitpunkt noch nicht so klar, wie dies heute der Fall ist. Schon die präskriptive Einordung als eine bestimmte „Art" Gruppe ist eine implizite These, die unreflektiert den Nexus unserer Forschung gebildet hätte. Zu vermuten ist, dass wir wohl für viele empirische Ambivalenzen blind gewesen wären. Unser erstes Plädoyer muss also sein, sich am Anfang seiner Forschung über seine eigene Position im Wissensproduktionsprozess klar zu werden. In keinem Moment wird man frei sein von eigenen Vorstellungen über das noch zu beforschende Feld, aber es ist deshalb umso wichtiger, sich dieser klar zu werden und falls notwendig davon Abstand zu nehmen, um der Empirie das Gewicht einzuräumen, das ihr im Rahmen qualitativer Sozialforschung zukommen sollte. Sie sollte Determinante sein. In unseren Augen war und ist die Grounded Theory nach Strauss und Corbin eine geeignete Methode, um der Empirie eine „Chance" zu geben, für sich zu sprechen. Nun klingt das sicherlich erst einmal nach Allgemeinplätzen qualitativer Sozialforschung. Da die Forschung mit der Grounded Theory aber ihr Spezifikum in einem iterativen Forschungsprozess hat, wird man bei jeder neu entwickelten Frage, jedem Code, jedem erschlossenen Begründungszusammenhang sich wieder die Frage stellen müssen: Habe ich meine Erkenntnisse, mit denen ich hier arbeite, aus der Empirie gewonnen, aus den Sinnstrukturen, die ich mir zugänglich gemacht habe, oder sind es Reinterpretationen meiner eigenen? Wir betonen dies deshalb, weil wir, wie oben gezeigt, selbst anfänglich diese Gefahr unterschätzt haben, und auch, weil wir in der Zwischenzeit immer wieder beobachten konnten, wie Weltbilder empirische Forschungen in ein Korsett zwingen, das den Verhältnissen nicht gerecht wird.

(2) Die Überlegung, die Empirie sprechen zu lassen und das Feld ernst zu nehmen, ist eine, die in sehr grundsätzlicher Weise mit dem Pragmatismus bzw. symbolischen Interaktionismus zusammenhängt. Der Gedanke, dass Objekte ihre Bedeutung erst in Handlungssituationen durch Individuen gewinnen und keinen wie auch immer gearteten „objektiven Kern" besitzen, war von Anfang an wichtig für unser Verständnis von Handlung und Interaktion. Man könnte in Kurzform sagen, dass die im Pragmatismus angelegte Subjekt-Objekt-Relation einer der Ausgangspunkte unserer Forschung war. Dies führt uns nun zu einem Problem, welches man als inkonsistente Anwendung eines Forschungsparadigmas bezeichnen könnte. In unserem Fall mussten wir im Nachhinein einsehen, dass wir den Gedanken dieser kontext- und handlungsgebundenen

Subjekt-Objekt-Relation zwar grundsätzlich eingeführt haben, aber ihn nicht zur Gänze ernst genommen haben. Als Beispiel siehe hier die Einführung des Wissensdiskurses unter ▶ Abschn. 4.3.2 genannt. Diesen Wissensdiskurs haben wir im Laufe unserer Arbeit quasiobjektiviert und individuellen Handlungen und Interpretationen gegenübergestellt. Mit dem Ergebnis, dass sich Inkongruenzen zwischen einem objektiven, kanonisierten „Diskurs" (z. B. bezüglich der Ehe) und den Interpretationen der Individuen zeigten. Pragmatistisch streng genommen sind Konzepte wie „Wissensdiskurs" oder Wissensstruktur Abstrakta, die keine eigenen Phänomene sind, sondern nur durch gemeinsames Handeln fixiert werden. Auf unsere Situation bezogen bedeutet dies, dass wir, wenn wir am Ende feststellen, dass die religiösen Vorstellungen der Zeugen Aushandlungsprozessen unterworfen sind, uns quasi im Kreis gedreht haben und wieder bei einer Prämisse unseres Forschungsparadigmas angekommen sind. Hätten wir diese von Anfang an konsequenter mit einbezogen, hätten wir unseren Fokus vielleicht mehr auf das gemeinsame Handeln, das „doing" der religiösen Überzeugungen als Gruppe, gelegt. Schlussendlich geht es uns also darum, darauf hinzuweisen, dass die eigene Arbeit inkonsistent wird, wenn man seine Prämissen nicht zu Ende denkt bzw. selektiv anwendet.

(3) Eine Grounded Theory-Forschung ist nicht gleich eine Grounded Theory-Forschung. Einerseits gibt es seit der Trennung von Glaser und Strauss zwei verschiedene Ausrichtungen des Forschungsparadigmas, andererseits muss dieses Paradigma noch mit Erhebungsmethoden ausgefüllt werden. Ob man sich auf Strauss und Corbin beziehen möchte und seine Arbeit als Integration dreier Kodierformen (offen, axial, selektiv) vollziehen will, oder ob einem Barney Glasers formale Code-Familien näher liegen, muss jede/r für sich entscheiden. Es ist allerdings für die Arbeit mit der Grounded Theory vorteilhaft, sich die Unterschiede klarzumachen und sich zu vergewissern, was genau hinter der Forschungshaltung Grounded Theory steckt. Die Essentials aus Codierung, theoretischem Sampling und Vergleichen zwischen Phänomenen und Kontexten sollten allerdings als invariant angesehen werden. Jedoch müssen dafür erst einmal Daten erhoben werden. Auf wie viele Dimensionen der Datenerhebung man zurückgreifen sollte, hängt dabei von der Fragestellung ab. In unserem Fall haben wir uns für einen primär ethnografischen Ansatz entschieden. Hintergrund war vor allem die „Fremde" zum Kontext einer religiösen Gemeinschaft. Es war also hier von entscheidender Bedeutung, Feldforschung durch teilnehmende Beobachtung zu betreiben. Das von der Ethnographie entlehnte Konzept der „dichten" Beschreibung war hier das von uns ausgewählte Handwerkszeug. Allerdings war natürlich auch eine Interviewerhebung notwendig, da wir im Rahmen unserer Identitätsforschung auch Daten auf individueller Ebene benötigten. Da für uns die Differenz von Gruppennorm und Handlung entscheidend war, griffen wir auf verschiedene Erhebungsmethoden zurück, um diese kontrastieren zu können. Neben den bereits genannten Formen analysierten wir beispielsweise Zeitschriften und Broschüren, um uns einen Überblick über „offizielle" Diskurse zu verschaffen. Wir erhielten so den Zugang zur Selbstdarstellung der Zeugen Jehovas, ihrem Wissensdiskurs, aber auch ihren Handlungen. Nur durch das In-Relation-Setzen dieser Daten konnten wir ein umfassenderes Verständnis von Gruppenidentität und individuellem Umgang damit erlangen. Unsere Forschungsfrage war recht früh auf diese Relationen ausgerichtet, weshalb in unserem Fall diese Triangulation von verschiedenen Erhebungen sinnvoll war. Die Begründung für die Auswahl spezieller Datenerhebungsmethoden sollte unserer Erfahrung nach vom jeweiligen Forschungskontext abhängen. Was sich bei uns als sinnvoll erwiesen hat, kann in anderen Forschungskontexten als unpassend erscheinen. Auch wird sich die Datenerhebung im Rahmen einer Grounded Theory nie komplett von Anfang an planen lassen. Man wird immer wieder nachjustieren müssen, wenn sich neue Fragen ergeben und sich neue Horizonte eröffnen. Jede Grounded Theory wird ihre eigene Konfiguration an Erhebungs- und Auswertungsmethoden erfordern, die gut begründet und bedacht sein will.

4.4 · Das große Ganze

(4) Man wird in einer Feldforschung nicht um die Kontaktaufnahme mit Personen, die einem den Zugang zum Feld ermöglichen können, herumkommen. Im Rahmen einer Grounded Theory-Forschung ist es außerdem wünschenswert, dass dieser Kontakt eine gewisse Zeit aufrechterhalten werden kann. Im Einzelfall sollte der Kontakt derart gewählt werden, dass man notwendigenfalls stetigen Zugang zum Feld haben kann, da es im Sinne eines iterativen Forschungsprozesses nötig sein wird, Fragen aus dem Feld wieder an das Feld zu stellen. Die teilnehmende Beobachtung eröffnete in unserem Fall die Möglichkeit, die beforschte religiöse Gruppe über Monate zu begleiten und diesen Zugang zu gewährleisten. Natürlich müssen dafür die Rahmenbedingungen stimmen. So muss der Zugang insbesondere von der beforschten Gruppe/Individuum gewährleistet werden. Ein Umstand, der sich im Laufe der Forschung ändern kann. Der Punkt, den wir hier machen wollen, ist, dass man sich genau überlegen sollte, auf welche Weise man an welche Daten kommt und wie man das sogenannte „Gatekeeper"-Problem überwinden kann. Wir hatten an dieser Stelle das Glück, dass die von uns beforschte Gruppe der Zeugen Jehovas ein vitales Interesse an ihrer Außenwirkung hatte und uns der Zugang sehr leicht gemacht wurde. Ein Faktum, welches wir in der Form aber auch ein Stück weit antizipiert hatten. Den Zugang zu seinem Forschungsfeld zu bekommen, ist in einer GT-Forschung wichtiger als bei jedem anderen Forschungsdesign. Die Forschung beginnt quasi mit der Datenerhebung. Ohne Feldzugang, Interviewpartner, verfügbare Artefakten etc. kann es keinen ständigen Wechsel von Datenerhebung und Reflexion geben. Es ist also obligatorisch, sich früh den Zugang zu seinem Forschungsfeld zu ermöglichen. Eine vorherige Einschätzung zu den etwaigen Hürden oder Hinderungsmomenten ist also gerade dann angeraten, wenn man nicht die Zeit hat, sich bestimmte Zugänge längerfristig zu erarbeiten.

(5) Kommen wir an dieser Stelle zu den eher pragmatischen Überlegungen, die eine solche Arbeit begleiten sollten. Die Entscheidung, seine Forschung an der Grounded Theory auszurichten, sollte auch unter Beachtung des zeitlichen Rahmens fallen. Wir können hier nur aus unserer eigenen Erfahrung sprechen, und manche unserer Einschätzungen sind sicherlich auch planerischem Unverständnis und Unerfahrenheit geschuldet, aber die generelle Aussage, dass Grounded Theory mit einem hohen Zeitaufwand verbunden ist, können wir bestätigen. Erstens hängt natürlich der Zeitaufwand von den in (3) besprochenen Parametern ab. Gerade eine ethnografische Forschung wird tendenziell mehr Zeit in Anspruch nehmen. Und wenn sich im Rahmen des Samplings Fragen zu den Zusammenkünften ergeben, dann kann es auch nötig werden, über Monate sonntags Daten zu erheben. Auch wenn der „externe" Zeitplan mit einer Deadline bekannt sein mag, so ist die interne Zeitstruktur durch die Daten und das Sampling bestimmt. Das wiederum bedeutet, dass man mit einer eingeschränkten Planbarkeit arbeiten muss und eine gewisse Flexibilität an den Tag legen sollte. Der eine Teil des Zeitdilemmas ist also der relativ hohe Arbeitsaufwand, der mit der Grounded Theory verbunden ist. Begründet ist dies vor allem in dem iterativen Forschungsprozess, der einen immer wieder ins Feld zurückkehren lässt, um neue Daten zu erheben. In unserem Fall sind wir so gut wie nie unter 30 Wochenstunden Arbeitszeit geblieben – wobei zu berücksichtigen ist, dass wir als Dreiergruppe per se mehr Arbeit in die Lehrforschung investieren mussten. Dies sollte aber nicht abschrecken. Denn ist man einmal thematisch mit seinem Forschungsfeld vertraut, investiert man diese Zeit gerne, um sein Projekt voranzubringen. Des Weiteren ist es von ungemeiner Wichtigkeit, die Zeit, die einem zur Verfügung steht, auf die Fragestellung zu fokussieren, eine Tatsache, die uns sehr schwer gefallen ist. Man wird im Rahmen einer Grounded Theory-Forschung oft an den Punkt kommen, an dem man mehr wissen will, als für die Beantwortung seiner Forschungsfrage nötig ist. Hier haben wir es mit dem zweiten Punkt des Zeitaspekts zu tun. Einer Kollision zwischen dem Drang zur wissenschaftlichen Durchdringung des Feldes und einer Deadline. Dies ist in erster Linie ein Zeitproblem. Es ist gerade dieses Problem, welches einem zu einer Konkretisierung von Codes und

Konzepten zu einem Zeitpunkt zwingt, zu dem man vielleicht noch nicht das Gefühl hat, genug zu verstehen. Man wird hier einen Kompromiss finden müssen. Wir denken, dass es hilfreich sein kann, sich von Anfang an sowohl über den potenziellen Arbeitsaufwand Gedanken zu machen, als auch die manchmal unbefriedigende Begrenzung der eigenen Forschung durch den Faktor Zeit zur Kenntnis zu nehmen. Man muss sich klarmachen, dass es im Rahmen einer Qualifikationsarbeit selten möglich sein wird, eine wirklich gesättigte Grounded Theory zu komplexeren Forschungsfragen fertigzustellen. Ist einem das klar, kann man eine Menge Druck von sich nehmen.

(6) Kommen wir nun zum eigentlichen Datenerhebungs- und Auswertungsprozess. Wir werden hier nicht jeden einzelnen Schritt besprechen, sondern nur auf einige Aspekte eingehen, von denen wir denken, dass sie (unter anderem in unserem Fall) zu Fehlern einladen. Der erste Punkt, der bei einer Grounded Theory-Forschung von immenser Wichtigkeit ist, ist die Iteration des Forschungsprozesses ernst zu nehmen, also die sich wiederholenden, wechselseitigen Tätigkeiten aus Datenerhebung und Reflexion.

Das ist der Grundgedanke der Grounded Theory und muss, wenn als Anspruch formuliert, auch konsequent umgesetzt werden. Wir wollen an dieser Stelle nicht verhehlen, dass es manchmal nicht so leicht ist, das Grounded Theory-Paradigma komplett umzusetzen. Die Iteration kann einen, insbesondere bei ethnografischer Forschung, nach einer Weile anstrengen, wenn man immer wieder ins Feld zurückkehren muss, insbesondere wenn dies außerhalb von „regulären Arbeitszeiten" der Fall ist. Letztlich ergibt aber alles, was nicht konsequenter Vollzug des Grounded Theory-Kerngedankens ist, in unseren Augen wenig Sinn. Der Schritt sollte also von vornherein gut überlegt sein. Der zweite Punkt ist die Datenerhebung bzw. das Festhalten der Daten. Es ist wichtig, nach der eigentlichen Datenerhebung, sei dies nun Beobachtung oder Interview, die Daten unmittelbar für eine Interpretation zugänglich zu machen, denn diese bedingt die weiteren Schritte. In der Praxis bedeutet dies die Erstellung von Beobachtungsprotokollen, „dichten Beschreibungen" und Transkripten von Beginn an, um die erhobenen Daten theoretisieren zu können. Lässt man sich hier zu viel Zeit, kommt der gesamte Prozess ins Stocken. Es gibt viele Wege, sich Zusammenhänge zu verdeutlichen und neue Fragen an das Feld zu generieren. Ein Beispiel aus unserer Forschung ist beispielsweise diese Mindmap ◘ Abb. 4.3, mit der wir uns am Anfang die Zusammenhänge der Grenzziehungsprozesse bei unserer Zeugen Jehovas-Gruppe verdeutlichten. Der nächste Schritt sollten dann die Memos sein, die parallel die theoretischen Gedanken zum Empirischen festhalten sollen. Anzuraten ist hier, sich eine Struktur zu überlegen, die vor allem eines sein sollte: übersichtlich. Ob man dazu auf einen Luhmann'schen Zettelkasten zurückgreifen möchte oder lieber alphabetisch vorgeht, bleibt jedem selbst überlassen. Es kann auch nicht schaden, die Memos gleich in einer Form zu verfassen, die man in die spätere Arbeit übertragen kann. Es ist angeraten, gleich zusammenhängende Texte zu formulieren und mit Literaturverweisen zu versehen. Sicherlich wird sich die Bewertung einzelner Memos im Laufe der Forschung ändern, aber es erspart einem viel Aufwand, wenn man am Ende die Veröffentlichung nur noch zusammensetzen muss. Andernfalls kann es passieren, dass man gegen Ende der Forschung mit der schieren Fülle der Daten überfordert ist. Hier sprechen wir aus Erfahrung. Der vielleicht wichtigste Hinweis, den wir geben können, ist mit der Datenerhebung an einem gewissen Punkt aufzuhören. Dieser Punkt ist schon unter (4) angeklungen. Man kommt leicht in eine Spirale, die einen immer mehr wissen lassen will. Man fühlt sich von der Komplexität der empirischen Verhältnisse als Forscher herausgefordert. Es ist schwer, sich an einem solchen Punkt zurückzunehmen, aber es ist notwendig. Man hat dann im Zweifelsfall nicht die Zeit, die gewonnenen Erkenntnisse adäquat in seinen Bericht einfließen zu lassen. Eine Tatsache, die wir schmerzhaft lernen mussten.

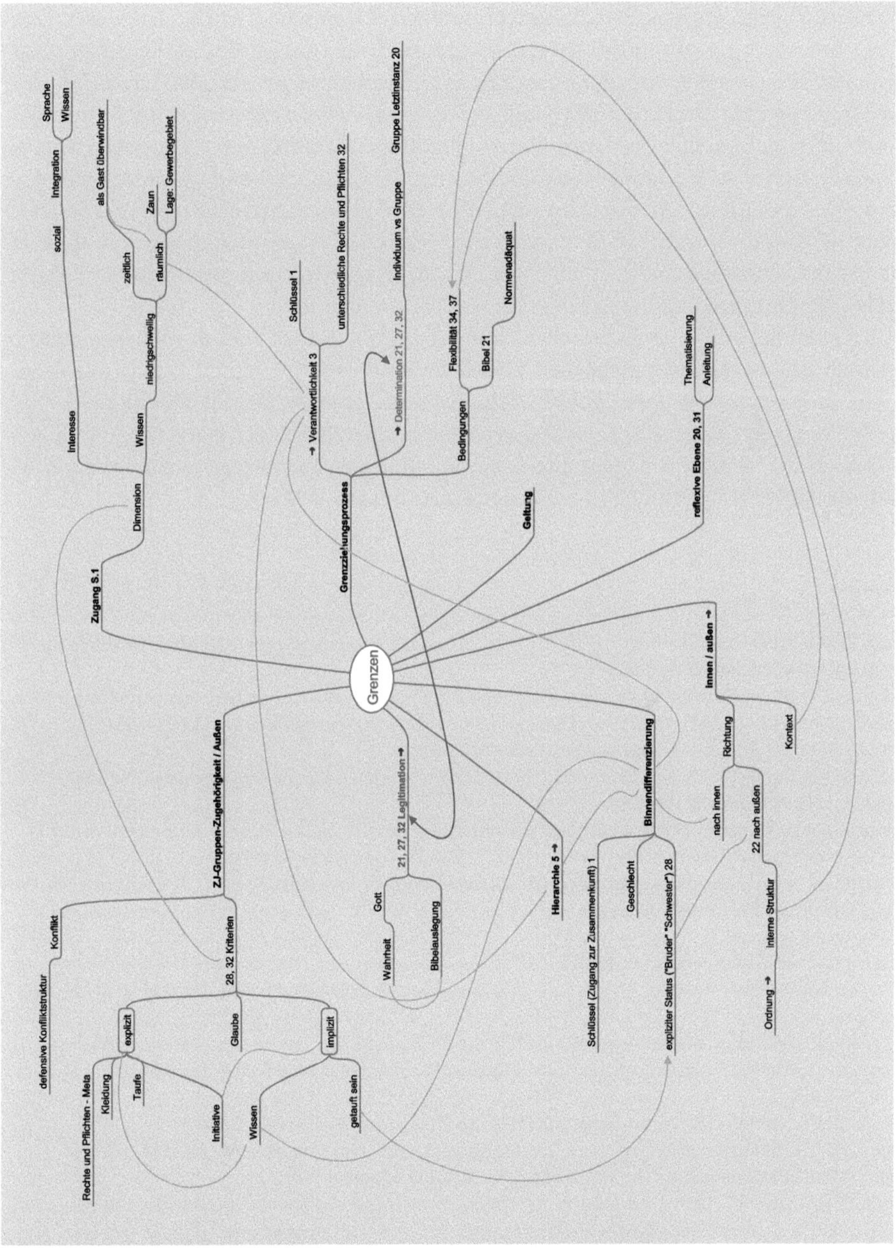

4.4 · Das große Ganze

Abb. 4.3 Grenzziehungsprozesse der Jehovagemeinschaft

(6) Unserer Einschätzung nach bedingt die Arbeit mit der Grounded Theory vor allem eines: Erfahrung. Es ist von daher nur natürlich, dass Dinge manchmal nicht so ablaufen, wie man es sich vorgestellt hat. Sowohl in inhaltlicher Hinsicht, wenn einem das Feld vielleicht keine befriedigenden Antworten auf entstandene Fragen bieten kann, oder auch im planerischen Bereich, wenn man im Vorfeld einzelne Forschungsschritte unterschätzt hat und der Zeitplan zu erodieren beginnt. Erfahrung, das liegt in der Natur der Sache, kann man nur gewinnen, wenn man etwas ausprobiert. Forschen lernt man nur, wenn man es tut. Auch sei angemerkt, dass wir, auch wenn wir eine anstrengende Zeit verlebt haben und die Nerven manchmal blank lagen, jedem nur empfehlen können, sich an einer Grounded Theroy-Forschung auszuprobieren. Denn neben dem, in der Struktur des Forschungsdesigns begründeten, relativ hohen Arbeitsaufwand kann man eine Menge mitnehmen. Es ist sehr befriedigend, behaupten zu können, man habe seine Erkenntnisse „grounded" gewonnen und nicht der Empirie eine Heuristik übergeworfen zu haben. Außerdem lernt man mit Gewissheit eine Sensibilität für „fremde" Kontexte, deren spezifische Sinninhalte und Handlungsmuster. Eine Tatsache, für die wir sehr dankbar sind.

(7) Am Ende bleibt noch festzustellen, dass wir die Möglichkeit bekommen haben, unsere Fehler selbst zu machen, sie auszubaden, zu beheben und daraus zu lernen. Dies ist allerdings nur möglich gewesen, weil unsere Forschungsprojekte durch unsere Dozent_innen von vornherein offen konzipiert waren. Die Entscheidung, den Seminarteilnehmern und -teilnehmerinnen den Großteil der Verantwortung für ihre eigene Forschung zu überlassen, ist eine Tatsache, die in unseren Augen den größtmöglichen Lernerfolg für uns erbracht hat.

Literatur

Abels, H. (2009). *Wirklichkeit: Über Wissen und andere Definitionen der Wirklichkeit, über uns und andere, Fremde und Vorurteile.* Wiesbaden: Springer VS, 2009.
Beckford, J. A. (1975). *The trumpet of prophecy. A sociological study of jehovas witnesses.* New York: John Wiley & Sons.
Blumer, H. (1948). Public Opinion and Public Opinion Polling. *American Sociological Review,* 13, 524–554.
Blumer, H. (2013) *Symbolischer Interaktionismus.* Berlin: Suhrkamp.
Bude, H., & Dellwing, M. (2013). Eine Wissenschaft der Interpretation. In: H. Blumer(Hrsg.), *Symbolischer Interaktionismus* (S. 7–26.) Berlin: Suhrkamp.
Charmaz, K. (2003). Qualitative interviewing and grounded theory analysis. In J. A. Holstein & J. F. Gubrium (Hrsg.), *Inside Interviewing. New Lenses, New Concerns* (S. 311–330). Thousand Oaks: Sage Publ.
Der Wachtturm verkündigt Jehovas Königreich. (2014). *Studienausgabe vom 15 November 2014, Wachtturm Bibel- und Traktat- Gesellschaft der Zeugen Jehovas.* Selters/Taunus: Wachtturm Bibelund Traktat-Gesellschaft der Zeugen Jehovas, e. V.
Der Wachtturm verkündigt Jehovas Königreich. (2015a). *Studienausgabe vom 15 Januar 2015, Wachtturm Bibel- und Traktat- Gesellschaft der Zeugen Jehovas.* Selters/Taunus: Wachtturm Bibelund Traktat-Gesellschaft der Zeugen Jehovas, e. V.
Der Wachtturm verkündigt Jehovas Königreich (2015b). *Studienausgabe vom 15 April 2015, Wachtturm Bibel- und Traktat- Gesellschaft der Zeugen Jehovas.* Selters/Taunus: Wachtturm Bibelund Traktat-Gesellschaft der Zeugen Jehovas, e. V.
Emcke, C. (2000). *Kollektive Identitäten. Sozialphilosophische Grundlage.* Frankfurt a.M.: Campus.
Geertz, C. (1973). *The interpretation of cultures: Selected essays* (S. 3–33). New York: Basic Books.
Glaser, B. (1992). *Basic of Grounded Theory Analysis.* Mill Valley: Cal. Sociology Press.
Glaser, B. G., & Strauss, A. L. (2010). *Grounded theory. Strategien qualitativer Forschung.* 3. Auflage. Bern: Huber.
Godina, B. (2012). *Die phänomenologische Methode Husserls für Sozial- und Geisteswissenschaftler, Ebenen und Schritte der phänomenologischen Reduktion.* Wiesbaden: Springer VS.
Keller, R. (2005). *Wissenssoziologische Diskursanalyse: Grundlegung eines Forschungsprogramms.* Wiesbaden.
König, R. (1958). Grundformen der Gesellschaft. Die Gemeinde (S. 79). In E. Grassi (Hrsg.), *Rowohlts deutsche Enzyklopädie,* Hamburg: Rowohlt.

Literatur

Kraimer, K.(2000). *Die Fallrekonstruktion. Sinnverstehen in der sozialwissenschaftlichen Forschung.* Frankfurt a.M.: Suhrkamp.
Krappmann, L. (1969). *Soziologische Dimensionen der Identität: Strukturelle Bedingungen für die Teilnahme an Interaktionsprozessen 7.* Auflage Stuttgart: Klett-Cotta.
Legewie, H., & Schervier-Legewie, B. (2011). „Forschung ist harte Arbeit, es ist immer ein Stück Leiden damit verbunden. Deshalb muss es auf der anderen Seite Spaß machen", Anselm Strauss im Gespräch mit Heiner Legewie und Barbara Schervier – Legewie, In G. Mey & K. Mruck (Hrsg.), *Grounded Theory Reader, 2. Auflage* (S. 69–78). Wiesbaden. : VS Verlag für Sozialwissenschaften
Lévi-Strauss, C. (1981). *Das wilde Denken, 8. Auflage.* Frankfurt a.M.: Suhrkamp.
Luckmann, T. (1967). *The invisible Religion.* New York: Macmillan.
Mead, G. H. (2013). *Geist, Identität und Gesellschaft. 17. Auflage.* Frankfurt a.M.: Suhrkamp.
Simmel, G. (1983). Die Ausdehnung der Gruppe und die Ausbildung der Individualität, I ders., Schriften zur Soziologie. Eine Auswahl. Hrsg. und eingeleitet von Dahme und Ottheim Rammstedt, 4. Auflage. (S. 53–77) Frankfurt a. M.: Suhrkamp.
Strauss, A. (1978). A Social World Perspective. In N. K. Denzin (Hrsg.), *Studies in Symbolic Interaction* (S. 119–128). Greenwich: Jai Press.
Strauss, A. (1993). *Qualitative Analysis for social Scientists.* Cambridge: University Press.
Strauss, A., & Corbin, J. (1996). *Grounded Theory: Grundlagen qualitativer Sozialforschung.* Weinheim: Beltz.
Willms, G. (2005). *Scientology. Kulturbeobachtungen jenseits der Devianz.* Bielefeld: transcript.

Internetquellen

Apin, N. (2014): Von Sittichen und Dämonen. Online verfügbar unter: http://www.taz.de/1/archiv/digitaz/artikel/?ressort=ku&dig=2014%2F12%2F22%2Fa0094&cHash=bb7d1ad68bf490087ab814fb3171b7ed Die Tageszeitung, zuletzt überprüft am. Zugegriffen: 30. Mai 2016.
Hofmann, M. (2013): Jehova-Aussteigerin: „Ich habe Leuten 60 Jahre einen Unsinn erzählt". Online verfügbar unter: http://www.augsburger-allgemeine.de/mindelheim/Jehova-Aussteigerin-Ich-habe-Leuten-60-Jahre-einen-Unsinn-erzaehlt-id24918816.html Augsburger Allgemeine, zuletzt überprüft am. Zugegriffen: 30. Mai 2016.
Bartsch, M., Brandt, A., & Kaiser, S. (2009): Totalitäre Methoden. Online verfügbar unter: http://www.spiegel.de/spiegel/print/d-65640650.html DER SPIEGEL, zuletzt überprüft am. Zugegriffen: 30. Mai 2016
Hentschel, R. (2012): Zeugen Jehovas-Aufklärungsversuch Nr. 9. Online verfügbar unter: http://www.antichristwachtturm.de/zeugen-jehovas-bruchsal-aufklaerungsversuch-0009.xhtml, zuletzt überprüft am. Zugegriffen: 30. Mai 2016

# Identitätsforschung mit Gruppendiskussionen

Kapitel 5   Stigmatisierungen von Muslimen in
             Deutschland – krisenhafte Tendenzen in der
             Identität der Betroffenen – 147
             *Kim Lisa Becker, Michéle Foege, Paulina Charlotte
             Herker, Florian Wallrab*

Stigmatisierungen von Muslimen in Deutschland – krisenhafte Tendenzen in der Identität der Betroffenen

Kim Lisa Becker, Michéle Foege, Paulina Charlotte Herker, Florian Wallrab

5.1	Die Opfer der „Islam-Debatte"? – 150	
5.2	Theorie – 152	
5.2.1	Anerkennung und Identität – 152	
5.2.2	Begriffliche Grundlage: Die Dimensionen der Identität – 152	
5.2.3	Die Stigmatisierung – 154	
5.2.4	Stigma-Management – 156	
5.3	Methode – 161	
5.3.1	Das Gruppendiskussionsverfahren – Dynamik, Offenheit und Kollektivität – 161	
5.3.2	Die dokumentarische Methode – 163	
5.3.3	Theoretische Grundprinzipien der dokumentarischen Methode – 164	
5.3.4	Der Erhebungsprozess – 166	
5.3.5	Transkription, Auswertung und sinngenetische Typenbildung – 168	
5.4	Ergebnisse der Gruppendiskussion: Auswertung und Interpretation – 170	
5.4.1	Der Ablauf der Gruppendiskussion – 170	

© Springer-Verlag GmbH Deutschland 2018
D. Lindner, A. Gregor (Hrsg.), *Identitätsforschung in der Praxis*,
DOI 10.1007/978-3-662-54587-4_5

5.4.2	Der gemeinsame Orientierungsrahmen der Teilnehmer: zwei Normalitätsvorstellungen – 172	
5.4.3	Die Teilnehmer und ihr Stellenwert des Glaubens im Leben – 175	
5.4.4	Die Teilnehmer und ihre dynamische Typik zum Umgang mit Stigmatisierung – 177	

5.5 Kontextualisierende Diskussion – 183

5.5.1 Vorherrschendes Integrationsverständnis in Deutschland – 183

5.5.2 Grenzen der Forschung und weitere Forschungsmöglichkeiten – 188

5.6 Fazit – 191

Literatur – 197

Stigmatisierungen von Muslimen in Deutschland

- **Wie wir unser Thema fanden**

Nach intensiver Beschäftigung mit den unterschiedlichen Identitätstheorien im Rahmen unseres Lehrforschungsseminars fanden wir uns als Gruppe aufgrund unseres Interesses für Goffmans Stigma-Theorie zusammen. Im Mittelpunkt des gemeinsamen Interesses stand dabei von Beginn an die Frage, inwieweit Stigmatisierung die Identität der Stigmatisierten beeinflusst. Dass Stigmatisierung negative Auswirkungen auf die Identität der Betroffenen haben muss, war dabei unsere Grundannahme. Doch abgesehen von unserem gemeinsamen Forschungsinteresse, die Auswirkungen von Stigmatisierung auf die Identität der Betroffenen zu untersuchen, herrschte innerhalb unserer Gruppe noch Uneinigkeit, was das konkrete Forschungsthema anging. Die Vielfalt an Ideen und Vorschlägen galt es in einem ersten Schritt zu sondieren, zu sortieren und anschließend auf einen gemeinsamen Nenner zu reduzieren, um von diesem Punkt aus eine Forschungsfrage zu entwerfen, die im besten Fall alle Interessen der Gruppenmitglieder vereint. So kristallisierte sich auch bei uns im Laufe der Diskussion die Idee heraus, die Auswirkungen von Stigmatisierung durch Medien, Politik und Bildungsinstitutionen auf Migrant_innen im Zuge einer Gruppendiskussion mit Personen zu untersuchen, die sich auf künstlerische Weise mit dem Thema Stigmatisierung von Migrant_innen auseinandersetzen. Dabei stellten wir jedoch, als wir unser gewünschtes Forschungsthema methodisch „durchspielten", d. h. es auf Realisierbarkeit prüften sowie mögliche Schwierigkeiten in der methodischen Umsetzung thematisierten, fest, dass dieses Thema sich insgesamt nicht für ein Lehrforschungsprojekt eignete. Zum einen hätte die Rekrutierung der Diskussionsteilnehmer_innen – gerade im Rahmen eines studentischen Lehrforschungsprojektes – eine große Schwierigkeit dargestellt. Zum anderen stellte sich uns die Frage, ob und inwieweit die in der Diskussion generierten Meinungen und Äußerungen von nicht stigmatisierten Personen, uns Aufschluss auf die Auswirkungen von Stigmatisierung gegeben hätten. Im Folgenden galt es also, eine dem Umfang entsprechende Forschungsfrage zu entwickeln, welche methodisch realisierbar ist – d. h. nicht zu komplex bzw. vielschichtig sowie zu zeitintensiv – und wo im besten Fall schon etwas Vorwissen vonseiten der Forschenden besteht. Im nächsten Schritt begannen wir also an unsere Vorüberlegungen anzuknüpfen, unserem Forschungsthema jedoch etwas die Komplexität zu nehmen und realistisch zu bleiben: Wieso sollten wir beispielsweise über den Umweg über Künstler_innen etwas über Stigmatisierungserfahrungen und deren Auswirkungen erfahren, wenn wir auch direkt etwas von Betroffenen erfahren könnten? Statt also über den Umweg über Künstler_innen nach den Auswirkungen von Stigmatisierung auf die Betroffenen zu fragen, entschieden wir uns dazu, einfach auf direktem Wege die Auswirkungen von Stigmatisierung zu untersuchen und die Stigmatisierten selbst zu unserem Untersuchungsobjekt zu machen. Unsere anfängliche Idee, als Methode das Gruppendiskussionsverfahren zu nehmen, behielten wir bei, da dieses sich in besonderer Weise dazu eignet, ein heikles Thema wie Stigmatisierung zu untersuchen. Das Gruppendiskussionsverfahren hat gegenüber anderen Erhebungsverfahren den Vorteil, dass unkontrollierte Äußerungen und spontane Assoziationen provoziert werden und durch die auf diese Weise entstehende Eigendynamik Einstellungen und Meinungen der Teilnehmenden zutage gefördert werden, welche etwa in einem Einzelinterview verborgen geblieben wären.

Nach längerer Überlegung konnten wir uns auch auf ein konkretes Untersuchungsobjekt einigen. Wir entschieden uns dazu, antimuslimischen Rassismus in Deutschland und dessen Auswirkungen auf die Betroffenen im Rahmen einer Gruppendiskussion mit Muslimen zu untersuchen. Dafür sprach nicht nur die Aktualität der Thematik, sondern auch, dass wir bereits einige theoretische Vorerfahrung mit der Thematik hatten und somit schon ungefähr absehen konnten, ob sich eine Untersuchung dieser innerhalb eines studentischen Forschungsprojekts realisieren ließe. Da eine homogene Gruppenzusammensetzung ausschlaggebend für eine gelingende

Gruppendiskussion und somit auch für die Generierung forschungsrelevanter Ergebnisse ist, entschieden wir uns dafür, nur männliche Teilnehmer einzuladen. So konnten wir annehmen, dass diese hinreichend ähnliche Stigmatisierungserfahrungen – gerade in Hinblick auf die aktuellen Islam-Debatten um den „radikalen Muslim" – gemacht haben. Zudem gingen wir davon aus, dass sich damit überlagernde Erfahrungsräume erfassen ließen, von denen ausgehend Rückschlüsse auf die identitären Auswirkungen der Stigmatisierungen getroffen werden könnten. Im Anschluss daran klärten wir sogleich methodisch-organisatorische Fragen wie die Art der Rekrutierung unserer Teilnehmer und entschieden uns dafür, mithilfe von Flyern, Postern und anderen Mitteln auf unser Forschungsprojekt aufmerksam zu machen.

Ein weiterer wesentlicher Aspekt, den es vor Beginn der eigentlichen Erhebung noch zu klären galt, betraf unsere Rolle im Erhebungsprozess. Dieser Aspekt ist letztlich deshalb so entscheidend, da Forschung zu Stigmatisierung und Diskriminierung hier von Forschenden unternommen wurde, die selbst aus einem nicht-muslimischen Kontext kommend keine solchen Stigma-Erfahrungen aufgrund ihres Aussehens oder ihrer Religion gemacht haben. Unsere Position gegenüber den Teilnehmern ist im Hinblick auf Stigmatisierung und Diskriminierung auf Basis dieses Stigmas letztlich eine privilegierte und bedurfte deshalb einer besonders reflektierten und unvoreingenommenen Haltung und Vorgehensweise. Obwohl diese Konstellation also kritisch zu bewerten ist, stellten wir fest, dass die Grounded Theory hier eine gute Möglichkeit bietet, möglichst offen an die Auswertung heranzugehen. Gleichzeitig können wir als Forschende diese privilegierte Stellung nutzen, um uns gegen Ungerechtigkeit und Diskriminierung einzusetzen. Dies mag vorerst ambivalent erscheinen, jedoch bietet gerade die qualitative Forschung an, diese Haltung mit konkreten methodisch-wissenschaftlichen Kriterien und Rahmenbedingungen weitestgehend zu vereinen.

5.1 Die Opfer der „Islam-Debatte"?

Im Jahr 2008 wurde durch das Bundesamt für Migration und Flüchtlinge eine Statistik veröffentlicht, bei der die Anzahl der in Deutschland lebenden Muslime auf etwa vier Millionen geschätzt wurde (vgl. Haug et al. 2009, S. 68f.). Diese Zahl steigt seither kontinuierlich an, auch dadurch, dass viele Flüchtlingsströme aus sich in politischen Krisen befindlichen arabischen Ländern und Kriegsgebieten nach Europa kommen (vgl. Strüning 2014). Der islamistische Terrorismus als Folge einer politischen Ideologie wächst – insbesondere in der arabischen Welt – seit 9/11 stetig und mit ihm auch die Angst der deutschen Bevölkerung vor dem Islamismus, der in den Köpfen oft mit dem Islam selbst in direkte Verbindung gebracht wird.

Gerade in Deutschland ist die Haltung zum Islam im Vergleich zu anderen europäischen Ländern überdurchschnittlich kritisch (vgl. Pollack 2013, S. 97f.). Dies wird insbesondere durch Bürgerbewegungen wie Pegida und deren Ableger in anderen Städten deutlich, die sich öffentlich gegen eine „Islamisierung des Abendlandes" aussprechen und von medialer Seite als „Anti-Islam-Bewegung" (Süddeutsche Zeitung 2015) bezeichnet werden. Obwohl Muslime zu großen Teilen vor dem Islamismus und den politischen Folgen der islamistischen Ideologie und deren Verfechtern fliehen, wie beispielsweise dem „Islamischen Staat" (IS), geraten sie in Deutschland in eine neue konfrontative Lebenssituation. In dieser sind sie gezwungen, sich mit dem Islam als Teil ihrer Identität auseinanderzusetzen und sich als „Fremde" in Deutschland für ihren Glauben oft rechtfertigen zu müssen. Ebenso geraten Muslime, die sowohl in Deutschland geboren wurden als auch eine deutsche Nationalität besitzen, zunehmend in den Fokus der „Islam-Debatte". Die

5.1 · Die Opfer der „Islam-Debatte"?

Problematik der Debatte liegt in der diffusen Trennung zwischen Islam und Islamismus, die gerade im öffentlichen und medialen Diskurs oft unklar ist. So titelt beispielsweise der FOCUS nach den Anschlägen in Paris Anfang des Jahres 2015: „Eine unbequeme Frage: Wie hängen Terror und Islam zusammen?" (Wendt 2015).

In der „Islam-Debatte" wird ein breites thematisches Spektrum abgedeckt: Diskutiert werden unter anderem der Islam, der Islamismus, die arabische Welt und ihr Umbruch, die Ideologie und ihre politischen Konsequenzen, aber auch die Integration von Muslimen in Deutschland. Deren Integration wird unter anderem dadurch erschwert, dass die Grenzen innerhalb der Terminologie für einen Großteil der Bevölkerung und auch in Veröffentlichungen von Politik und Wissenschaft verschwimmen. Die Konsequenzen sind, dass Muslime auch dadurch in Deutschland regelmäßigen Stigmatisierungen und Diskriminierungen ausgesetzt sind.[1] Aussagen wie „Wir wollen hier keine Osama-bin-Ladens" beschreiben das Stigma im Kern sehr deutlich. Dadurch, dass der sich in der arabischen Welt ausbreitende islamistische Fundamentalismus – also der Islam als politische Ideologie – einen so großen Diskussionsraum einnimmt, kommt dem Stigma des „radikalen Muslims" im Sinne vielfältiger Zuschreibungen heute eine so große Bedeutung zu wie nie zuvor. Diese These wird im Folgenden qualitativ untersucht. Mit der Fragestellung *Inwieweit führen Stigmatisierungen von Muslimen in Deutschland zu krisenhaften Tendenzen in der Identität der Betroffenen?* wird sich der Auseinandersetzung mit den Auswirkungen einer solchen gesellschaftlich-politisch hochbrisanten Debatte angenähert.

Für die Untersuchung der Stigmatisierungsauswirkungen wurden fünf in Deutschland lebende muslimische Männer zu einer Gruppendiskussion eingeladen. Zunächst wird in ▶ Abschn. 5.2 die Theoriegrundlage zu Stigmatisierung und Identität vorgestellt. Hierfür wird die Stigma-Theorie Goffmans mit der Anerkennungstheorie Honneths verbunden. In einem ersten Schritt wird der nötige begrifflich-theoretische Rahmen dargestellt, anschließend wird die Stigmatisierung als Prozess untersucht, um daran anschließend die Folgen einer Stigmatisierung für die Betroffenen und das damit verbundene Stigma-Management darzustellen. In ▶ Abschn. 5.3 erfolgt die Erläuterung der methodischen Vorgehensweise. In einem ersten Schritt wird aufgezeigt, warum sich das Gruppendiskussionsverfahren und das damit einhergehende Auswertungsverfahren der dokumentarischen Methode für eine Verwendung in unserer Forschung eignet. Danach werden die grundlagentheoretischen Begriffe der dokumentarischen Methode erläutert, bevor in einem letzten Schritt der Erhebungsprozess rekonstruiert wird. Im Anschluss folgen die Ergebnisse der Gruppendiskussion, die im Sinne der komparativen Analyse ausgewertet wurden. Um sich der Beantwortung der Ausgangsfragestellung zu nähern, wird eine konkrete Typik der Teilnehmer entworfen, die sich inhaltlich innerhalb eines gemeinsamen, aus dem Diskussionsverfahren heraus rekonstruierten Raumes einordnen lässt. Anschließend an die Ergebnisvorstellung erfolgt eine Diskussion, in der die Theorie, die Methodik sowie die Ergebnisse in ihrem Zusammenhang kritisch hinterfragt werden. Dabei liegt der Fokus darauf, die Forschung in einem größeren Kontext zu reflektieren und zu verorten. Entlang unserer Erfahrungen, die wir während der vorliegenden Untersuchung gesammelt haben, werden Vorschläge präsentiert, wie zukünftige Forschungsvorhaben bezüglich muslimischer Menschen in Deutschland aussehen könnten.

---

1 Die Stigmatisierungen treffen nicht nur Muslime, sondern auch solche, die für Muslime gehalten werden, weil sie phänotypisch, bspw. arabisch, aussehen. Das Muslimisch-Sein wird ihnen zugesprochen, wodurch sie auch mit den damit zusammenhängenden negativen Zuschreibungen konfrontiert werden können.

5.2 Theorie

Die im Folgenden vorgestellte Theorie ist – trotz der der zeitlichen Chronologie unseres Forschungsablaufs widersprechenden Stellung – Ergebnis der Auswertung der qualitativen Daten unserer Forschung. Nach dem Vorbild der Grounded Theory wurde unsere Theorie erst im Zuge der Auswertung der Daten generiert und steht lediglich zum Verständnis der im Auswertungsteil verwendeten Fachtermini sowie der theoretischen Zusammenhänge an erster Stelle. Die theoretische Auseinandersetzung mit unserer Forschungsfrage erfolgte dabei auf Grundlage von Goffmans Stigma-Theorie, da diese das Phänomen Stigmatisierung und die Formen des Umgangs mit einem Stigma besonders deutlich beleuchtet und in Bezug auf unser Forschungsinteresse das größte Erklärungspotenzial bietet. Goffmans Theorie wurde dazu jedoch unter Bezugnahme auf Honneths Anerkennungstheorie modifiziert und erweitert, um eine den Forschungsergebnissen entsprechende Theorie zu generieren.

5.2.1 Anerkennung und Identität

Die Auseinandersetzung mit der eigenen Identität ist ein modernes Phänomen. Erst als sich im Zuge der Modernisierung traditionelle Lebensformen und Weltdeutungen auflösten und dem Individuum die eigene Identität nicht mehr von außen auferlegt bzw. durch den gesellschaftlichen Rahmen vordefiniert wurde, begann die Identität Thema reflexiver Auseinandersetzungen zu werden. Dadurch, dass der identitätskonstituierende Charakter einer sozialen Rolle im Zuge der Modernisierung wegfiel und sich immer mehr Lebensformen etablierten, wurden Bestätigung und Anerkennung durch Andere immer wichtiger (vgl. Schwietring 2011, S. 275ff.). Die Bedeutung der Anerkennung durch Andere für die Bildung einer stabilen Identität wurde bisher nicht nur von Erikson, Mead oder Honneth betont, auch Goffman befasste sich 1963 in seinem Buch *Stigma. Über Techniken der Bewältigung beschädigter Identität* mit diesem Gedanken. Mit seiner Stigma-Theorie setzte er der bis dahin geführten soziologischen Diskussion um die Identität eine neue Dimension hinzu. Dabei richtet sich sein Blick „auf die Sphäre der unmittelbaren Interaktion, der ‚Interaktionsordnung' – das heißt auf die Regeln, die Normen, Konventionen und Rituale, die in Interaktionen aufgerufen werden" (Gertenbach et al. 2009, S. 55). Diese Annahme bildet auch den Ausgangspunkt seiner Überlegungen zu dem Phänomen Stigma. Neben seinen Ausführungen über die soziale, die persönliche und die Ich-Identität als Dimensionen der Identität befasst sich Goffman mit dem Verhältnis von virtualer sozialer Identität und aktualer sozialer Identität in Interaktionen sowie den Zuweisungsprozessen von Identität innerhalb dieser ▶ Abschn. 5.2.3.1. Dabei greift er den Begriff des Stigmas auf und fragt nach den strukturellen Vorbedingungen des Stigmas sowie den Folgen einer Stigmatisierung für die Betroffenen (vgl. Goffman 1975).

5.2.2 Begriffliche Grundlage: Die Dimensionen der Identität

Aufgrund der engen thematischen Verbindung der Identitätsdimensionen mit dem Phänomen des Stigmas sollen diese im Folgenden dargestellt werden, um den anschließenden Ausführungen den angemessenen begrifflich-theoretischen Rahmen zu geben. Goffman unterscheidet zwischen *sozialer, persönlicher* und *Ich-Identität*. Die soziale Identität ist, so Goffman (1975), derjenige Teil

5.2 · Theorie

der Identität, der durch Zuschreibungen Anderer definiert wird (vgl. Goffman 1975, S. 10). Dieser Prozess wird zu Beginn seines Buchs *Stigma* mit folgenden Worten beschrieben:

> Die Gesellschaft schafft die Mittel zur Kategorisierung von Personen und den kompletten Satz von Attributen, die man für die Mitglieder jeder dieser Kategorien als gewöhnlich und natürlich empfindet. Die sozialen Einrichtungen etablieren die Personenkategorien, die man dort vermutlich antreffen wird. Die Routine sozialen Verkehrs in bestehenden Einrichtungen erlaubt es uns, mit antizipierten Anderen ohne besondere Aufmerksamkeit oder Gedanken umzugehen. (Goffman 1975, S. 9f.)
>
> Diese Zuschreibung von sozialer Identität läuft zumeist unbewusst ab und dient gleichsam zur Vereinfachung sozialer Beziehungen, indem Personen direkt sozialen Kategorien zugeordnet werden. Zudem verweist die soziale Identität auf Zugehörigkeiten einer Person zu sozialen Gruppen, Kulturen oder Milieus. (vgl. von Engelhardt 2010, S. 127)

Die persönliche Identität als zweite Dimension definiert Goffman (1975) anhand von zwei Faktoren. Zum einen nennt er „positive Kennzeichen" oder „Identitätsaufhänger" (Goffman 1975, S. 73), die in Form der körperlichen Erscheinung einer Person, ihres Namens oder in Gestalt von Identitätsdokumenten wie Geburtsurkunden ihren Ausdruck finden, und zum anderen die Unverwechselbarkeit einer Person, die sich aus der einzigartigen Kombination und Ausprägung von Merkmalen, die sie von Anderen unterscheidet, ergibt. Goffman drückt dies wie folgt aus: Persönliche Identität sei mit der Annahme verbunden,

> daß ein Individuum von allen anderen differenziert werden kann und daß rings um dies Mittel der Differenzierung eine einzige kontinuierliche Liste sozialer Fakten festgemacht werden kann, herumgewickelt wie Zuckerwatte, was dann die klebrige Substanz ergibt, an der noch andere biographische Fakten festgemacht werden können. (Goffman 1975, S. 74)

Soziale und persönliche Identität haben jedoch Goffman zufolge nichts mit Selbstdefinition zu tun, sondern stets mit Fremdzuschreibungen. Beide Ebenen begreift er als gleichgestellt und könnten besser verstanden werden, wenn man sie „mit dem kontrastiert, was Erikson und andere ‚empfundene' oder Ich-Identität genannt haben, nämlich das subjektive Empfinden seiner eigenen Situation und seiner eigenen Kontinuität und Eigenart, das ein Individuum allmählich als ein Resultat seiner verschiedenen sozialen Erfahrungen erwirbt" (Goffman 1975, S. 132). Während persönliche und soziale Identität „zuallererst Teil der Interessen und Definitionen anderer Personen hinsichtlich des Individuums" (Goffman 1975, S. 132) sind, ist die Ich-Identität eine individuelle und reflexive Angelegenheit (Goffman 1975, S. 132).

Wie bereits angedeutet, sind die drei Ebenen der Identität (soziale, persönliche und Ich-Identität) für die Beschreibung des Phänomens Stigma von besonderer Bedeutung, da sie in Verbindung zu unterschiedlichen Teilphänomenen des Stigmas stehen. So spielt die Ebene der sozialen Identität eine Rolle in Bezug auf die Stigmatisierung an sich, während der Begriff der persönlichen Identität die Rolle der Informationskontrolle im Stigma-Management betrachtet. Und „[d]ie Idee der Ich-Identität erlaubt uns, zu betrachten, was das Individuum über das Stigma und sein Management empfinden mag, und führt uns dazu, den Verhaltensregeln, die ihm hinsichtlich dieser Dinge gegeben werden, besondere Aufmerksamkeit zu widmen" (Goffman 1975, S. 133).

5.2.3 Die Stigmatisierung

Neben dem Umgang der Betroffenen mit einem Stigma bzw. mit der Stigmatisierung befasst sich Goffman auch mit der Stigmatisierung als Prozess, welchen er anhand verschiedener Teilaspekte beleuchtet, die im Folgenden dargestellt werden sollen.

5.2.3.1 Aktuale und virtuale soziale Identität

Der Begriff der sozialen Identität ermöglicht uns also, den Prozess der Stigmatisierung näher zu betrachten. Hierfür unterscheidet Goffman die soziale Identität in aktuale soziale Identität und virtuale soziale Identität. Diese Trennung hängt mit den Zuschreibungsprozessen in sozialen Situationen zusammen, in denen automatisch ein wechselseitiger Prozess der Zuweisung von sozialer Identität in Gang kommt. Das soziale Gegenüber wird unbewusst einer Kategorie oder Gruppe zugeordnet.[2] Interessant ist hier, dass das Gegenüber nicht nur einer sozialen Position zugeordnet wird, sondern auch – und damit unterscheidet sich Goffmans Konzept von dem des sozialen Status – Charaktereigenschaften unterstellt werden (vgl. Goffman 1975, S. 10). Die Folge dieser Kategorisierung ist, dass die Erwartungen an den Anderen mit Anforderungen an sein Verhalten einhergehen: Die Antizipationen werden regelrechte Anforderungen[3] an das Gegenüber (vgl. Abels 2009, S. 315f.; Goffman 1975, S. 10). Diese Art der Charakterisierung *a priori*, wie wir sie nennen möchten, heißt bei Goffman virtuale soziale Identität. Die tatsächliche Identität, die im Verlauf eines Interaktionsprozesses in Erscheinung tritt, bezeichnet Goffman als aktuale soziale Identität (vgl. Goffman 1975, S. 10ff.). Eine Diskrepanz zwischen virtualer und aktualer sozialer Identität muss dabei nicht immer eine Diskreditierung bedeuten. Wenn demgegenüber jedoch aufgrund der Abweichung Attribute zugeschrieben werden, die gemeinhin als Normabweichung verstanden werden und negativ konnotiert sind, ist von einer negativen Diskrepanz und somit einer Diskreditierung oder Stigmatisierung zu sprechen (vgl. Goffman 1975, S. 11).[4] Die Stigmatisierung beschreibt also die Verbindung von Attribut und (negativem) Stereotyp (vgl. Goffman 1975, S. 12). In vielen Fällen bleibt es jedoch bei der ersten Zuweisung von sozialer Identität, ohne dass die aktuale soziale Identität überprüft wird. Auch hier ist von einer Stigmatisierung zu sprechen, wenn dem Individuum direkt negative Attribute zugeschrieben werden. Wann eine Eigenschaft eine Herabwürdigung auslöst und wann nicht, ist dabei in hohem Maße

---

2   An dieser Stelle sei an Husserls Idealisierung des Und-so-weiter erinnert, die auch in Schütz' Aufsatz „Das Wählen zwischen Handlungsentwürfen" thematisiert wird. Nach Schütz bildet die als selbstverständlich hingenommene Welt den Rahmen für unsere Handlungen, die so lange ihren unbehinderten Ablauf nehmen, bis etwas Problematisches auftaucht, das dazu führt, dass unsere Fraglosigkeit infrage gestellt wird. An diesem Punkt treffen sich Schütz und Goffman: Nach Goffman erkennen wir die Mechanismen der sozialen Wirklichkeit besonders dann, wenn etwas nicht reibungslos funktioniert (vgl. Schütz 1971, S. 85ff.; von; Engelhardt 2010, S. 125f.).

3   Nach Goffman (1975, S. 10) ist es „typisch, daß wir uns nicht bewußt werden, diese Forderungen gestellt zu haben, und auch nicht bewußt werden, was sie sind", zumindest so lange nicht, bis ihre Einhaltung von jemandem infrage gestellt wird. Erst zu diesem Zeitpunkt „bemerken wir wahrscheinlich, daß wir immerzu bestimmte Annahmen darüber gemacht hatten, was unser Gegenüber sein sollte" (ebd.). Ob die Erkenntnis auch zu einer anderen Handlungspraxis führt, ist fraglich.

4   Goffman (1975) räumt jedoch ein, dass „Stigma-Management ein allgemeiner Bestandteil von Gesellschaft ist, ein Prozess, der auftritt, wo immer es Identitätsnormen gibt. Ob eine größere Andersartigkeit in Frage steht [...] oder nur eine unbedeutende Andersartigkeit" (ebd.: 160f.). Jede Person befindet sich also irgendwann in ihrem Leben in der Rolle des Stigmatisierten. Das Ausmaß und die Form einer Stigmatisierung sind selbstverständlich von Fall zu Fall unterschiedlich (vgl. von Engelhardt 2010, S. 126).

kontextabhängig. Je nachdem, in welchen sozialen Kreisen sich eine Person befindet, kann eine Eigenschaft entweder als unerwünscht oder normal gelten. Je nach Kultur und Zeitpunkt können sich Identitätsnormen also verändern (vgl. Goffman 1975, S. 10ff.). Selbst innerhalb von Kulturkreisen oder Landesgrenzen können sich binnen kurzer Zeit Identitätsnormen und die Vorstellung dessen, was normal ist, verschieben.

5.2.3.2 Diskreditierte und Diskreditierbare

Der Ausdruck Stigma beinhaltet eine doppelte Perspektive: Es gibt Diskreditierte und Diskreditierbare. Diskreditierte Personen sind sich darüber bewusst, dass das Gegenüber über ihr Anderssein Bescheid weiß bzw. dass ihre Andersartigkeit direkt erkennbar ist, während Diskreditierbare annehmen, ihr Anderssein sei den Anwesenden noch nicht bekannt und sei zudem nicht unmittelbar wahrnehmbar. Der Umgang mit dem eigenen Stigma sieht dementsprechend unterschiedlich aus: Während sich Diskreditierte direkt mit ihrer Andersartigkeit auseinandersetzen müssen, können Diskreditierbare versuchen, ihren Makel zu verbergen. Die vorliegende Untersuchung soll sich nur mit diskreditierten Personen beschäftigen, natürlich in dem Bewusstsein, dass sich Phasen des Diskreditiert-Seins mit solchen des Diskreditierbar-Seins abwechseln (vgl. Goffman 1975, S. 56f.).

5.2.3.3 Typen von Stigmata

Eine Diskreditierung kann aufgrund einer Vielzahl unterschiedlicher Arten von Stigmata erfahren werden, die Goffman in drei Typen von Stigmata unterscheidet. Zum einen gibt es körperliche Beeinträchtigungen sowie Eigenschaften, die gemeinhin als Charakterfehler gelten, und zum anderen – und diese Ebene ist für unser Forschungsinteresse besonders relevant – „phylogenetische Stigmata von Rasse, Nation und Religion" (Goffman 1975, S. 13). Allen Stigmabeispielen ist gemein, dass ein Individuum, „das leicht in [den, P.H.] gewöhnlichen sozialen Verkehr hätte aufgenommen werden können, [...] ein Merkmal [besitzt], das sich der Aufmerksamkeit aufdrängen und bewirken kann, daß wir uns bei der Begegnung mit diesem Individuum von ihm abwenden" (Goffman 1975, S. 13). Zur Vereinfachung der folgenden Ausführungen möchten wir diejenigen, die nicht negativ von den Erwartungen abweichen, in Anschluss an Goffman die Normalen nennen (vgl. Goffman 1975, S. 12).

Die Reaktionen von Normalen auf Personen mit einem Stigma sind vielfältig. Dabei werden nicht nur abneigende Reaktionen gegenüber Stigmatisierten von diesen als negativ erfahren, sondern oft in gleicher Weise auch „wohlwollende soziale Verhaltensweisen" (Goffman 1975, S. 13). Neben anteilnehmenden Personen wie selbst von Stigmata Betroffene oder *Weise* (vgl. Goffman 1975, S. 31ff.),[5] gibt es auch Normale, die mit ihrem Verhalten ihr Gegenüber bewusst oder unbewusst stigmatisieren. Der Umgang mit den Betroffenen reicht von bloßem Anstarren, Vorenthalten von Respekt und pseudo-karitativen Verhaltensweisen über gönnerhaftes Gebaren

---

5 Weise sind Personen, die der Gruppe der Normalen angehören, den Stigmatisierten aber dennoch mit Vertrautheit und Mitgefühl entgegentreten und dadurch einen eingeschränkten Zugang zu der Gruppe der Stigmatisierten erhalten. „Weise Personen sind die Grenzpersonen, von denen das Individuum mit einem Fehler weder Scham zu fühlen noch Selbstkontrolle zu üben braucht" (Goffman 1975, S. 40). Weise können Personen sein, die sich beruflich mit dem Feld der Stigmatisierten auseinandersetzen (etwa Heilpfleger_innen oder Krankenpfleger/Krankenschwestern), oder Menschen, die durch familiäre oder freundschaftliche Beziehungen mit der stigmatisierten Person verbunden sind.

bis zu krankhafter Neugier und Distanzlosigkeit (vgl. Goffman 1975, S. 12, 24, 27). Allen gemein ist die Tatsache, dass den Stigmatisierten der Status des Menschlich-Seins abgesprochen wird. Goffman geht sogar einen Schritt weiter und beschreibt, zugegeben sehr drastisch: „Wir [die Normalen, P.H.] konstruieren eine Stigma-Theorie, eine Ideologie, die ihre Inferiorität erklären und die Gefährdung durch den Stigmatisierten nachweisen soll; […] Wir tendieren dazu, eine lange Kette von Unvollkommenheiten auf der Basis der ursprünglichen einen zu unterstellen" (Goffman 1975, S. 14) und jegliche defensive Verhaltensweisen der stigmatisierten Person auf ihren Defekt zurückzuführen. Dies bedeutet für die stigmatisierte Person, dass ihre Taten stets auf mehr oder weniger zum Ausdruck gebrachte Ablehnung stoßen.

5.2.4 Stigma-Management

Die stigmatisierte Person ist sich dieser Reaktionen auf sie bewusst, und je nach Stärke der Stigmatisierung können die Folgen gravierend sein. Ich und Ich-Ideal der Betroffenen können schließlich auseinanderbrechen, und die Identität kann beschädigt werden.

5.2.4.1 Auseinanderbrechen von Ich und Ich-Ideal

In ▶ Abschn. 5.2.2 ist bereits auf die Ich-Identität eingegangen worden, und Folgendes soll nun davon in Erinnerung gerufen werden: Goffman definierte die Ich-Identität als das subjektive Empfinden der eigenen Situation und einer eigenen Kontinuität und Eigenart, das eine Person als ein Resultat seiner verschiedenen sozialen Erfahrungen erwirbt (vgl. Goffman 1975, S. 132). Dass eine Stigmatisierung demzufolge tiefgreifende Auswirkungen auf das Identitätsempfinden einer Person hat, ist naheliegend. Hinzu kommt das, was Goffman als „Schlüsselfaktum" bezeichnet, nämlich, dass stigmatisierte Individuen zu ähnlichen Vorstellungen von Normalität tendieren wie die Normalen:

> Seine innersten Gefühle über sein eigenes Wesen mögen besagen, daß es eine 'normale Person' ist, ein menschliches Wesen wie jeder andere, daher eine Person, die eine faire Chance verdient. […] Doch kann er […] wahrnehmen, daß die anderen, was immer sie versichern, ihn nicht wirklich akzeptieren und nicht bereit sind, ihm auf gleicher Ebene zu begegnen. (Goffman 1975, S. 16)

Die „einverleibten Standards" (Goffman 1975, S. 16) führen schließlich zu dem Bewusstsein, tatsächlich hinter dem zurückzufallen, was sie realiter sein sollten. Ich und Ich-Ideal brechen schließlich auseinander, die Identität ist beschädigt. Dieses Auseinanderbrechen möchten wir an dieser Stelle mit dem in der Forschungsfrage genannten Begriff der krisenhaften Tendenzen in der Identität gleichsetzen.

Goffman unterscheidet vier Kategorien von stigmatisierten Personen, die unterschiedliche Verhaltensmuster bezüglich ihres Stigmas aufweisen. Zwar zeigen „Personen, die ein bestimmtes Stigma haben, […] eine Tendenz, ähnliche Lernerfahrungen hinsichtlich ihrer Misere zu machen und ähnliche Veränderungen in der Selbstauffassung – einen ähnlichen ‚moralischen Werdegang' zu haben" (Goffman 1975, S. 45), die Verhaltensmuster jedoch – wir möchten sie hier in Anschluss an Gehrmann (2015, S. 174) Lebenslaufmuster nennen – unterscheiden sich voneinander. Goffman unterteilt die Lebenslaufmuster hinsichtlich des Zeitpunkts, zu dem eine Person mit ihrem Stigma konfrontiert wird. Typ 1 bezieht sich auf Personen mit einem angeborenen

Stigma, die gleich zu Beginn ihres Lebens mit den für sie unvorteilhaften Normalitätsvorstellungen konfrontiert werden. Auch Personen des Typs 2 haben ein angeborenes Stigma, wachsen jedoch isoliert von den gültigen Normalitätsvorstellungen auf, sodass sie erst spät hinter ihr Stigma kommen. Typ 3 betrifft diejenigen Personen, die erst im Laufe ihres Lebens hinter ihr Stigma kommen bzw. aufgrund von Krankheit oder Ähnlichem plötzlich von einem Stigma betroffen sind (vgl. Goffman 1975, S. 45ff.). Der vierte Typ ist hier für unser Forschungsinteresse relevant. Dieser beschreibt Personen, „die anfänglich in einer fremden Gemeinschaft sozialisiert wurden, entweder innerhalb oder außerhalb der geografischen Grenzen der normalen Gesellschaft, und die nun eine zweite Seinsweise erlernen müssen, die von ihrer Umgebung als die reale und gültige empfunden wird" (Goffman 1975, S. 49). Ein sehr anschauliches Beispiel dafür sind etwa Migrant_innen, die in eine fremde Kultur kommen und mit der Aufgabe konfrontiert werden, zwei verschiedene Systeme und Vorstellungen von Normalität miteinander vereinen zu müssen. Dabei kann es zu großen Schwierigkeiten und Gewissenskonflikten kommen, denn im gleichen Moment, in dem sich der einen Kultur und deren gültigen Identitätsnormen zugewandt wird, kann dies eine Abwendung von der jeweils anderen Kultur bedeuten.

Wir möchten Goffmans Typologie einen fünften Typ hinzufügen. Der erste und zweite Typ von Lebenslaufmustern, die Goffman nennt, beschreiben die möglichen Lebenslaufmuster einer Person mit einem angeborenen Stigma. Goffman berücksichtigt dabei jedoch nicht, dass es auch bei einem „angeborenen" Stigma zu einer parallelen Internalisierung zweier Normalitätssysteme kommen kann. Bei dem fünften Typ ist dies der Fall: Wächst eine Person beispielsweise in einer Familie oder Gemeinschaft auf, in der das Stigma als solches keines ist, vielleicht sogar ein wünschenswertes Merkmal, kommt es unweigerlich zu Problemen, wenn sich die Person außerhalb der Familie oder Gemeinschaft aufhält, in der eine Eigenschaft plötzlich als Stigma angesehen wird. In diesem Punkt nähert sich der fünfte Typ dem vierten an: Es kommt zu einem Zusammenstoß von zwei Normalitätssystemen. Dies jedoch nicht nur auf der interaktiven Ebene, sondern auch mit aller Heftigkeit innerhalb des Individuums, wenn sich das Ich-Ideal in einem ständigen Wandel befindet und immer wieder mit dem Ich konfrontiert wird. Die Annahme ist hier, dass es unmöglich ist, sich über einen längeren Zeitraum nicht in einem gewissen Grad mit den vorherrschenden Identitätsnormen zu identifizieren.

5.2.4.2 Der Umgang mit den Stigmata

Wie die stigmatisierte Person mit ihrer Stigmatisierung umgeht und welche Strategien es gibt, um eine beschädigte Identität zu bewältigen,[6] betrachtet der Begriff der persönlichen Identität, der die Informationskontrolle im Stigma-Management in den Blick nimmt. ◘ Tabelle 5.1 fasst im Folgenden die möglichen Reaktionen auf eine Stigmatisierung unter Hinzuziehung der jeweiligen Sozialisationstypen und deren Grad der Identifizierung mit den vorherrschenden Identitätsnormen zusammen. Ausgehend von der Annahme, dass es keine komplette Nicht-Identifizierung mit den gültigen Identitätsnormen geben kann, können sich bei stigmatisierten Personen des vierten Typs Phasen der stärkeren und schwächeren Identifikation mit den vorherrschenden

---

6 Der Begriff der Bewältigung, der u. a. im Titel von Goffmans Werk *Stigma* auftaucht, ist irreführend. Der Originaltitel lautet *Stigma: Notes on the Management of Spoiled Identity*. Dort ist also nur von dem Begriff Management die Rede. Um Missverständnissen vorzubeugen, sollte dieser passenderweise eher mit Umgang bzw. Handhabung übersetzt werden, da Goffman sich in seinen Ausführungen nicht Strategien zur Bewältigung oder *Über*windung von Krisen beschäftigt, sondern mit Reaktionen stigmatisierter Personen auf ihre Stigmatisierung.

Tab. 5.1 Umgangsweisen mit der Stigmatisierung je nach Grad der Identifikation mit den vorherrschenden Identitätsnormen, eigene Darstellung

Umgang mit der Stigmatisierung (aktiv/passiv)	Vierter Typ		Fünfter Typ
	Starke Identifikation mit den vorherrschenden Identitätsnormen	Schwache Identifikation mit den vorherrschenden Identitätsnormen	Schwankende Identifikation mit den vorherrschenden Identitätsnormen
Aktiv	Anpassung (Fall a)	Normalitätsvorstellungen korrigieren (Fall b) Provokation (Fall c)	Hin- und Hergerissenheit (Fall e)
Passiv		Hinnehmen (Fall d)	

Identitätsnormen[7] abwechseln, während Stigmatisierte des fünften Typs eine gesonderte Rolle einnehmen, da ihre Sozialisation unter zwei verschiedenen Identitätsnormen stattfand. Wir bezeichnen diese als schwankende Identifizierung. Selbstverständlich können sowohl eine starke Identifizierung als auch eine schwache Identifizierung schwankend sein, diese beiden Begriffe sollen aber dennoch von der schwankenden Identifizierung abgegrenzt werden, da letztere größeren Schwankungen unterliegt, die sich durch einen kontinuierlichen Wechsel von Normalitätssystem zu Normalitätssystem auszeichnen. Je nach Grad der Identifizierung mit den vorherrschenden Identitätsnormen kann sich der Umgang mit der Stigmatisierung und dem Stigma anders gestalten. ◘ Tabelle 5.1 bezieht sich dabei nur auf Personengruppen, deren Stigmasymbol sichtbar ist – sie sind folglich alle Diskreditierte –, und der sogenannte „wahrgenommene Herd" (Goffman 1975, S. 66)[14][8] sich auf viele Lebensbereiche dieser erstreckt. Dieser Aspekt ist von großer Bedeutung, da die für die Normalen zugängliche Information über das Stigma die Basis bildet, „von der es [das stigmatisierte Individuum, P.H.] ausgehen muß bei der Entscheidung, welchen Weg es im Hinblick auf sein Stigma einschlagen soll" (ebd.: 64). Der jeweilige Umgang der stigmatisierten Personen mit ihrem Stigma soll zudem unterschieden werden in eine aktive und eine passive Auseinandersetzung mit der Stigmatisierung. Dieser Aspekt soll auch berücksichtigen, inwieweit die stigmatisierte Person des jeweiligen Typs aktiv eine Anerkennung ihrer Person einfordert und auf welchen Ebenen dies geschieht. Dazu möchten wir uns an den zwei Arten der Anerkennung nach Honneth orientieren, die dieser in seinem Buch *Kampf um Anerkennung* (1994) entwirft: die kognitiv-rechtliche Achtung und die soziale Wertschätzung. Die kognitiv-rechtliche Achtung bedeutet, dass dem Gegenüber eine moralische Zurechnungsfähigkeit zugesprochen wird. Dies bedeutet weiter, dass dem Gegenüber anerkannt wird, dass eine Einigung über normative Richtlinien herrscht. Die soziale Wertschätzung bezieht sich hingegen auf

---

7   Mit vorherrschenden oder dominierenden Identitätsnormen meinen wir im Folgenden die Vorstellungen dessen, was von den Normalen als normal angesehen wird.
8   Der „wahrgenommene Herd" zeigt die Sphären der Lebensaktivität an, für die das Individuum in den Augen der Normalen als disqualifiziert gilt (vgl. Goffman 1975, S. 66f.). Der „wahrgenommene Herd" einer körperlichen Beeinträchtigung beispielsweise könnte den Lebensbereich Beruf betreffen, wenn dieser einen gewissen Grad an Mobilität verlangt.

eine Anerkennung der persönlichen Eigenschaften und Fähigkeiten einer Person (vgl. Honneth 1994, S. 174ff., 209). Setzt sich das Individuum aktiv mit seiner Stigmatisierung auseinander, tritt es zugleich für eine Anerkennung seiner Person ein. Die Übergänge zwischen kognitiv-rechtlicher und sozialer Anerkennung können selbstverständlich fließend sein.

Eine Anpassung (siehe ◘ Tab. 5.1, Fall a) des stigmatisierten Individuums an die vorherrschenden Identitätsnormen soll unseren ersten Typus beschreiben. Die Annahme ist hier, dass eine Anpassung an die vorherrschenden Identitätsnormen eine starke Identifikation mit diesen voraussetzt. Das stigmatisierte Individuum versucht dabei, mit verschiedenen Mitteln den Eindruck des Stigmatisiert-Seins abzuschwächen. Dies kann in Form von *disidentifiers* (Goffman 1975, S. 59) geschehen, die das Bild der stigmatisierten Person in positiver Weise brechen sollen. *Disidentifiers* können – ähnlich wie Prestige- oder Stigmasymbole – soziale Information vermitteln, indem sie durch bestimmte Eigenschaften an der Gültigkeit der virtualen sozialen Identität Zweifel zu wecken versuchen (vgl. Goffman 1975, S. 59f.). Dies kann sich u. a. in Versuchen des stigmatisierten Individuums äußern, soziale Information durch das Hervorheben der eigenen Normalität zu vermitteln. Mit „Normalität" sind hier die Identitätsnormen der vorherrschenden Gruppe gemeint – in Bezug auf unseren 4. Typus also die Normen im Ankunftsland. Des Weiteren kann das stigmatisierte Individuum sich darum bemühen, das Stigma abzuschwächen, indem es in Begleitung von Personen auftaucht, deren soziale Identität keine stigmatisierenden Eigenschaften aufweist, in der Hoffnung, „daß unter bestimmten Umständen die soziale Identität derer, mit denen ein Individuum zusammen ist, als eine Informationsquelle über seine eigene soziale Identität benutzt werden kann, wobei die Annahme gemacht wird, daß es ist, was die anderen sind" (Goffman 1975, S. 63). In dem Versuch, seinem Makel seine Aufdringlichkeit zu nehmen, versucht das stigmatisierte Individuum sich der Gruppe der Normalen zu nähern, um ihre soziale Wertschätzung zu erlangen, um also als ein Mensch wie jeder andere anerkannt zu werden.

Zu versuchen, die Identitätsnormen der Normalen zu korrigieren (◘ Tab. 5.1, Fall b), kann ebenfalls eine Umgangsweise mit dem Stigma sein. Dieser Typ setzt sich aktiv mit seiner Stigmatisierung auseinander und versucht, weil er seine Identitätsnormen gegenüber den vorherrschenden Identitätsnormen für gleichwertig erachtet, die gültige Definition von Normalität zu verändern und die Einstellungen der Normalen in dem Sinne zu korrigieren, als dass sich gleichsam der Horizont dessen, was als Normalität betrachtet wird, vergrößert und ausweitet. Er identifiziert sich eher schwach mit den vorherrschenden Identitätsnormen und ist von seiner eigenen Normalität überzeugt. Dies führt dazu, dass das Individuum um Anerkennung zu kämpfen gewillt ist. Dabei kämpft es einerseits um die soziale Wertschätzung seiner Person. Diesen Kampf um Anerkennung drückt Honneth wie folgt aus: „[D]ie Verhältnisse der sozialen Wertschätzungen unterliegen in modernen Gesellschaften einem permanenten Kampf, in dem verschiedene Gruppen ... versuchen, unter Bezug auf die allgemeinen Zielsetzungen den Wert der mit ihrer Lebensweise verknüpften Fähigkeiten anzuheben" (Honneth 1994, S. 206.) Andererseits kämpft es um den „Status eines vollwertigen, moralisch gleichberechtigten Interaktionspartners" (Honneth 1994, S. 216), folglich um eine rechtlich-kognitive Achtung, die nach Honneth einen Menschen erst zum Menschen macht (vgl. Honneth 1994, S. 174ff.).

Scheitert die Person in ihrem Vorhaben, die Identitätsnormen zu verändern, oder stößt sie wiederholt auf Ablehnung, kann ihr Umgang mit dem Stigma in Provokation (◘ Tab. 5.1, Fall c) umschlagen (vgl. Goffman 1975, S. 28). Dieser Typus identifiziert sich ebenfalls schwach mit den Normalitätsvorstellungen der dominierenden Gruppe und setzt sich aktiv mit seiner Stigmatisierung auseinander. Im Gegensatz zu dem Typus, der die Normalitätsvorstellungen korrigieren möchte, hat dieser jedoch den Kampf um Anerkennung bereits verloren. Das Festhalten an seinen eigenen Identitätsnormen zeigt sich in seiner Provokation deutlich: Er hebt sein Stigma hervor, und gleichzeitig wendet er sich der Gruppe zu, in der sein Stigma als solches keines ist. Die indirekte Provokation der Normalen durch diese Reaktion kann mit der Hoffnung verbunden sein, dadurch den Irrsinn ihrer Identitätsnormen aufzudecken. Gleichzeitig kann in dieser Reaktion auch die Verzweiflung darüber zum Ausdruck kommen, dass die eigenen Identitätsnormen in der dominierenden Gemeinschaft auf keine Anerkennung stoßen.

Eine weitere Umgangsform mit der Stigmatisierung ist das Hinnehmen (◘ Tab. 5.1, Fall d). Dies setzt eine schwache Identifikation mit den vorherrschenden Identitätsnormen voraus. Dies soll anhand eines Beispiels aus *Stigma* verdeutlicht werden: Zu Beginn seiner Ausführungen stellt Goffman einen Ausschnitt aus *The Little Locksmith* von K. B. Hathaway vor, der die Erfahrungen einer Person mit einem wahrnehmbaren Stigma beschreibt, die bei ihrem Anblick im Spiegel immer wieder aufs Neue mit ihrem Stigma konfrontiert wird und sich ihres Makels bewusst wird. Bei einer längeren Zeit ohne einen Blick in den Spiegel gibt die Person sich der Illusion hin, normal zu sein, bis sie erneut in den Spiegel blickt und auf diese Weise abermals mit ihrem Stigma konfrontiert wird. Wir möchten die dargestellte Szene als Metapher betrachten: Wenn der Spiegel die stigmatisierende Gesellschaft symbolisiert, die der Person immer wieder ihr Stigma spiegelt, bedeutet ein Vermeiden des Blicks in den Spiegel das Meiden des Kontakts zu den Normalen. Dieses Verhalten zeigt der Typus Hinnehmen: Er meidet den Kontakt zu den Normalen und sucht durch den Rückzug in die Gemeinschaft, in der ähnliche Identitätsnormen wie in seinem Herkunftsland oder seiner Ursprungsgemeinschaft gelten, eine Anerkennung seiner Identitätsvorstellungen im Sinne sozialer Wertschätzung und kognitiv-rechtlicher Achtung sowie Halt. Obwohl die Stigmatisierung als solche erfahren wird, findet keine aktive Auseinandersetzung mit dieser statt. Dieser Zustand kann jedoch nur so lange anhalten, wie das Individuum isoliert vom laufenden Kontakt mit den Normalen ist. Das Zusammentreffen von Normalen und Stigmatisierten in sozialen Situationen ist jedoch gerade aufgrund der räumlichen Nähe auf Dauer unmöglich. Dauerhaft kann den Auswirkungen einer Stigmatisierung folglich nicht entronnen werden (vgl. Goffman 1975, S. 22).

Wird eine Person mit zwei unterschiedlichen Identitätsnormen sozialisiert (◘ Tab. 5.1, Typ 5, Fall e) kommt es zu einem Zusammenstoß zweier Normalitätssysteme, in dessen Folge eine kontinuierliche Diskrepanz zwischen Ich und Ich-Ideal besteht. Im Vergleich zu Typ 4 – Personen des Typs 4 haben gewissermaßen eine „Normalitätsbasis", die sie beibehalten oder von der sie sich lösen können – haben Individuen des fünften Typs keine festen Identitätsnormen als Grundlage, da sie mit zwei parallelen Normalitätsvorstellungen aufgewachsen sind. Ihre aktuelle soziale Identität ist unklar, und durch die doppelte Zugehörigkeit zu zwei Gemeinschaften mit unterschiedlichen Identitätsnormen kann diese Person auch doppelt stigmatisiert werden. Dies bedeutet, dass die Person für ein Verhalten, das in der einen Gemeinschaft als erwünscht gilt, dafür von der anderen stigmatisiert werden kann und andersherum: Das Ideal der einen Gemeinschaft ist das Stigma der anderen. Ebenso verhält es sich bei dem Streben um Anerkennung. Aufgrund der doppelten Zugehörigkeit zu zwei Identitätsnormen steigen die Schwierigkeiten, das Verhalten an die jeweiligen Standards anzupassen, die in den Gemeinschaften als anerkannte Werte gelten. Die Folge ist, dass die Identität des Individuums leidet und diese dadurch starke krisenhafte Tendenzen aufweist. Diese dargestellte Theorie soll im Folgenden das Grundgerüst unserer Forschung bilden. Sie legt zugleich die Grundkriterien fest, anhand derer wir das Erhebungsverfahren und die Auswertungsmethode auswählen.

5.3 Methode

Nachdem geklärt wurde, in welchem Rahmen wir Identität und Stigmatisierungen theoretisch betrachten, stellt sich die Frage, inwieweit Stigmatisierungen von Muslimen in Deutschland zu krisenhaften Tendenzen in der Identität der Betroffenen führen können. Es galt, ein der Forschungsfrage angemessenes Erhebungsverfahren und eine dem Erhebungsverfahren adäquate Auswertungsmethode auszuwählen. Diese hatten zwei Kriterien zu erfüllen:
1. Das Erhebungsverfahren muss die Möglichkeit bieten, gesellschaftliche Wirklichkeit zu rekonstruieren, da sich Stigmatisierungen meistens im sozialen Raum abspielen.
2. Da sich Identität, wie in ▶ Abschn. 5.2 beschrieben, aus einer sozialen, aus einer persönlichen und aus einer Ich-Identität zusammensetzt, ist eine Auswertungsmethode zu wählen, die das Kollektiv und den Habitus der Teilnehmer „nachzeichnet". Mithilfe dieser Begrifflichkeiten können identitätsstiftende Merkmale, die einer Person zugeschrieben werden oder die sie sich selbst auferlegt, erfasst bzw. es kann sich diesen Merkmalen angenähert werden.

Im Folgenden soll erläutert werden, welches Erhebungsverfahren ausgewählt wurde und welche Auswertungsmethode damit einhergeht. Anschließend daran folgt eine Erklärung grundlagentheoretischer Begriffe der Auswertungsmethode, die zeigen soll, wie im Rahmen dieser Methode identitätsstiftende Merkmale eines Kollektivs und einer Person herausgearbeitet werden können. In einem abschließenden Punkt wird der Erhebungsprozess Schritt für Schritt dargestellt, um Aufschluss über die verschiedenen Erhebungssituationen zu erlangen. Ziel dieser prozesshaften Darstellung ist die Rekonstruktion der Forschungspraxis und die begriffliche Definition des Forschungsinstrumentariums.

5.3.1 Das Gruppendiskussionsverfahren – Dynamik, Offenheit und Kollektivität

Wir haben uns für das Erhebungsverfahren der Gruppendiskussion entschieden, da dieses eine Nachbildung realer Bedingungen ermöglicht, unter denen sich Meinungen und Einstellungen in der gesellschaftlichen Wirklichkeit bilden und äußern. Nach Werner Mangold (1960) ist das Gruppendiskussionsverfahren charakterisiert durch Wechselbeziehungen, die eher dem Typus des Gesprächs entsprechen als dem Typus der Befragung. Eine Gruppendiskussion setzt demnach auf die Stimulierung einer Diskussion und auf die Dynamik, die sich in ihr entwickelt, als Erkenntnisquelle (vgl. Flick 1999, S. 132ff.). Das Verfahren bietet damit eine Möglichkeit, die Isoliertheit anderer Methoden zu durchbrechen, sodass eine Kommunikationssituation nachgebildet werden kann, die gekennzeichnet ist von der Dynamik und Dialektik einer thematischen Auseinandersetzung. Dementsprechend weist die Gruppendiskussion einen „Alltagscharakter" auf, welcher eine mögliche Manifestation „nicht-öffentlicher" Meinungen zutage fördert. Die Diskussionssituation trägt zur Aktualisierung, Exploration und Explikation tieferliegender Meinungen und Einstellungen bei, da durch die Auseinandersetzung mit anderen Menschen eine Gesprächssituation hergestellt wird, in der Einstellungen gleichsam aktiviert werden und so plastischer erscheinen, dass sie (im Idealfall) wissenschaftlich festgehalten werden können (vgl. Mangold 1960).

Im Laufe einer Gruppendiskussion sollen unkontrollierte Äußerungen und spontane Assoziationen provoziert werden, welche wiederum auf den latenten Inhalt der geäußerten Meinungen schließen lassen. Dies stellt den Versuch dar, „Oberflächenmeinungen" zu durchstoßen, Abwehrmechanismen und Rationalisierungen der Teilnehmer_innen zu mobilisieren, um damit das zum Vorschein zu bringen, was gewöhnlich verdeckt ist. In der Gesprächssituation der Gruppendiskussion tendieren die Teilnehmer_innen stärker zur Offenheit als in anderen, isolierteren Verfahren (z. B. Interviewsituationen; vgl. Mangold 1960, S. 25f.). Demnach ist der mögliche Widerstand, persönliche Erfahrungen und Ansichten unverändert in der Gesprächssituation zu äußern, relativ gering. Das liegt daran, dass alle Teilnehmer_innen gleichzeitig mit den thematischen Rahmenbedingungen der Diskussion konfrontiert werden, es also zu einer Auseinandersetzung in der Gruppe kommt. Dabei werden Meinungsverschiedenheiten als selbstverständlich angesehen. Ein Richtig oder Falsch gibt es nicht, es zählt die sogenannte *diversity of response* (vgl. Mangold 1960, S. 26). Eine Vielfalt an persönlichen Meinungen innerhalb einer Gruppendiskussion fördert den Austausch und senkt die Hemmungen. In diesem Fall regen ungehemmte Sprecher_innen gehemmte Sprecher_innen an, sodass sich eine Gesprächsatmosphäre entwickelt, in der die Einzelnen sich zur Enthüllung von Erfahrungen und Empfindungen gleichsam verpflichtet sehen, welche sonst eher vor „Fremden" verborgen werden (vgl. Mangold 1960, S. 26ff.)

Mangolds klassischer Ansatz definiert das Gruppendiskussionsverfahren als ein Instrument zur qualitativen Untersuchung tieferer Bewusstseinsschichten (vgl. Mangold 1960, S. 11). Jedoch räumt er kritisch ein, dass diese Bewusstseinsschichten sogenannte „Gruppenmeinungen" repräsentierten, welche wenig über individuelle Bewusstseins- und Verhaltensphänomene preisgäben (vgl. Mangold 1960, S. 28). Gruppenmeinungen werden nicht als die Summe der Einzelmeinungen einer Diskussion angesehen, sondern als das Produkt kollektiver Interaktionen. Das Kollektiv wird in diesem Fall von der konkreten Gruppe losgelöst. Dabei bleibt aber weiterhin unklar, ob die angesprochene Kollektivität normativen, äußeren Zwängen geschuldet oder ob sie im Individuum verankert ist.

Ralf Bohnsack knüpfte 1980 an die Arbeiten Mangolds an und entwickelte das Gruppendiskussionsverfahren zu einem Instrument, das gegenwärtige Standards qualitativer Methoden erfüllt. Dies geschah im Zusammenhang mit der Ausarbeitung der dokumentarischen Methode (▶ Abschn. 5.3.2) auf der Grundlage der Arbeiten von Karl Mannheim. Mannheim und Bohnsack entwickelten ein grundlagentheoretisches Konzept von Kollektivität, welches vom Individuum und der konkreten Gruppe losgelöst ist. Dieses Konzept wird als „konjunktiver Erfahrungsraum" bezeichnet (vgl. Przyborski und Wohlrab-Sahr 2009, S. 103ff.). Dieser Erfahrungsraum fungiert als eine Verbindung derer, die an den in ihm gegebenen Wissens- und Bedeutungsstrukturen teilhaben. Er verweist auf kollektiv geteilte existenzielle Hintergründe der Gruppe, sozusagen auf gemeinsame biographische und kollektivbiographische Erfahrungen (vgl. Loos und Schäffer 2001, S. 26ff.). Diese Form der Kollektivität ist keine dem Einzelnen externe, ihn von außen zwingende oder einschränkende Praxis, sondern eine Kollektivität, die erst Interaktion und alltägliche Praxis ermöglicht und Gemeinsamkeit stiftet (vgl. Przyborski und Wohlrab-Sahr 2009, S. 104). Der konjunktive Begriff betont eine Ebene des Kollektiven, die durch gemeinsame bzw. strukturidentische Erfahrungen gestiftet wird. Jeder von uns ist demnach Teilnehmer in vielen verschiedenen konjunktiven Erfahrungsräumen, die sich beispielsweise nach Geschlecht, Milieu und Generation unterteilen lassen.

Aufgrund dieser grundlagentheoretischen Konzeption von Kollektivität bieten Gruppendiskussionen die Möglichkeit, kollektive Wissensbestände und kollektive Strukturen zum Ausdruck zu bringen, die sich auf der Basis von existenziellen, erlebnismäßigen Gemeinsamkeiten in konjunktiven Erfahrungsräumen bereits gebildet haben (vgl. Przyborski und Wohlrab-Sahr

2009, S. 105ff.). Diese Wissensbestände dienen als kollektive Orientierungen, welche in der gelebten Praxis angeeignet werden und diese Praxis zugleich mitprägen. Für das Gruppendiskussionsverfahren bedeutet dies, dass die Teilnehmer_innen gemeinsam herausfinden müssen, wo gemeinsame Erfahrungen gegeben sind. Die Dramaturgie des Diskurses – abtastende bis lebendig-hitzige Phasen der Diskussion – liefert den Forschenden diverse Fokussierungen kollektiver Orientierungen, die eine Schlüsselstellung bei der Auswertung einnehmen. Die Erhebung in der Gruppe ermöglicht es den Untersuchten, sich als Teil kollektiver Zusammenhänge zu artikulieren, was dazu führt, dass Individuelles nicht in seiner Eigengesetzlichkeit untersucht werden kann, sondern nur in Relation zum kollektiven Geschehen (vgl. Przyborski und Wohlrab-Sahr 2009, S. 106ff.). Demzufolge bietet das Gruppendiskussionsverfahren nicht nur die Möglichkeit, die Dynamik der gesellschaftlichen Wirklichkeit zu rekonstruieren, sondern ist auch ein Mittel, mit dessen Hilfe kollektive Orientierungen, Wissensbestände und Werthaltungen rekonstruiert werden können, wobei individuelle Meinungen, Einstellungen und Verhaltensweisen nicht in der Gruppe an sich untergehen, da Kollektivität nicht als ein von außen, zwingendes Element angesehen wird.

Wie bereits erwähnt, wurde das Gruppendiskussionsverfahren im Rahmen der Ausarbeitung der dokumentarischen Methode weiterentwickelt (vgl. Bohnsack et al. 2013, S. 19). Die Entwicklung dieser Auswertungsmethode hat ihren Ausgangspunkt in der Analyse von Gruppendiskussionen und ist somit geeignet für die Verwendung in unserer Forschung. Mit dieser Auswertungsmethode lässt sich die Performanz eines Gesprächs bzw. einer Interaktion rekonstruieren, sodass sie Wesentliches über den Orientierungsrahmen einer Gruppe und deren Herstellungspraxis dokumentiert (vgl. Bohnsack et al. 2013, S. 19). Im Folgenden wird eine theoretische Einordnung der dokumentarischen Methode vorgenommen und ihre theoretischen Grundprinzipien erklärt, damit verständlich wird, wieso sie sich für eine Rekonstruktion von verschiedenen kollektiven und habituellen Formen eignet.

5.3.2 Die dokumentarische Methode

Die dokumentarische Methode ist ein Interpretationsverfahren von sprachlichen, bildlichen und gegenständlichen Kulturobjektivationen. Sie beinhaltet einen erkenntnis- und wissenschaftstheoretischen Ansatz, welcher stark in Handlungspraxis und Kollektivität verankert ist (vgl. Przyborski und Wohlrab-Sahr 2009, S. 271ff.). Im Kern beruht die Interpretation auf der Trennung von immanentem (kommunikativ-generalisiertem) und konjunktivem (dokumentarischem) Sinngehalt. Klassische Anwendungsfelder der dokumentarischen Methode sind beispielsweise Jugend-, Kultur- oder Migrationsforschung.

Das Interpretationsverfahren nimmt eine vermittelnde dritte Position zwischen einer subjektivistischen (Zugang qualitativer Methoden) und einer objektivistischen (Charakteristikum quantitativer Methoden) Herangehensweise ein und schließt an eine praxeologische Positionierung an (vgl. Przyborski und Wohlrab-Sahr 2009, S. 274ff.). Objektivistische Zugänge sind auf das *Was* der sozialen Welt gerichtet, wie normative Richtigkeit, überzeitliche Strukturen und typisiertes Handeln. Subjektivistische Zugänge sind dagegen auf das im Subjekt verortete *Wozu* und *Warum* gerichtet, z. B. Motive, Intentionen, Meinungen und Einstellungen. Die erkenntnislogische Differenz der dokumentarischen Methode setzt nicht bei der Unterscheidung zwischen subjektiv und objektiv an, sondern zwischen handlungspraktischem (konjunktivem) und kommunikativ generalisiertem Wissen (vgl. Przyborski und Wohlrab-Sahr 2009, S. 275). Dabei ist zu beachten, dass handlungspraktisches Wissen durch die im Erleben verankerte Herstellung von Wirklichkeit generiert wird. Im Gegensatz dazu ist kommunikativ generalisiertes Wissen in der Regel in explizierter Form vorhanden.

Die dokumentarische Methode setzt auf inkorporiertes Erfahrungswissen, habitualisierte Praktiken, d. h., sie fokussiert den Habitus als „generative Formel" (Bourdieu 1982, S. 729). Dieser wird in der Praxis angeeignet und bringt diese hervor. Somit erklärt diese Konzeption des Habitus das *Wie* der Herstellung sozialer Realität. Es lassen sich Parallelen zwischen Bourdieus und Mannheims Konzeption des Habitusbegriffs aufzeigen. Bourdieu sieht den Habitus als eine Art „gesellschaftliche[n] Orientierungssinn" (Bourdieu 1982, S. 728), der auf eine spezifische Soziallage verweist. Die Strukturen dieser Soziallage finden Ausdruck in den inkorporierten Schemata des Habitus. Dieser dient als Orientierungswissen, welches auf die „sozialen Verhältnisse, in denen es erworben wurde und auf die es eine Antwort darstellt" (Meuser 2013, S. 225), hinweist.

Diese Seins- und Standortverbundenheit des Denkens greift auch Mannheim in *Strukturen des Denkens* (1980) auf und geht davon aus, dass die Zugehörigkeit zu einer sozialen Lage sich in den Modi der Welterfahrung niederschlage. Aufgrund gemeinsamer Lebensbedingungen entsteht für Individuen derselben sozialen Lagerung eine gemeinsame Erfahrungsbasis, welche als konjunktiver Erfahrungsraum bezeichnet wird. Selbst Menschen, die sich nie „interaktiv" begegnet sind, erfahren auf Basis des konjunktiven Erfahrungsraumes eine grundlegende Gemeinsamkeit: Habitusformen verkörpern gemeinsame Erfahrungsbasen, sodass Akteure, welche ähnliche Habitusformen inkorporiert haben, einander wechselseitig verstehen können (vgl. Meuser 2013, S. 223ff.). In diesem Fall handelt es sich um ein konjunktives Verstehen, welches sich von einer kommunikativ hergestellten Verständigung unterscheidet.

Demnach begründet eine geteilte konjunktive Erfahrung eine habituelle Übereinstimmung der Handelnden. Der konjunktive Erfahrungsraum steht somit in einem objektiv-geistigen Strukturzusammenhang, welcher „nicht als ein von außen auf das Handeln wirkender Einfluss zu verstehen" (Meuser 2013, S. 225) ist. Die Strukturen können nur existieren, wenn sie im Sinne eines geistigen Strukturzusammenhangs im Handeln der Individuen verwirklicht werden. Gleichzeitig ragen sie auch in der Funktion eines objektiven Strukturzusammenhangs über das Individuum hinaus und beeinflussen dessen Handeln.

Die dokumentarische Methode verlagert also den Ursprung und die Wirkung sozialer Strukturen in das Handeln selbst und stützt sich dabei auf die erkenntnislogische Differenz zweier Wissensformen bzw. Sinnebenen: die Ebene des handlungspraktischen, konjunktiven Wissens und die Ebene des begrifflich explizierten, kommunikativ-generalisierenden Wissens. Die Ebene des handlungspraktischen, konjunktiven Wissens weist auf habituelle Formen der Individuen hin, sodass diese mithilfe der dokumentarischen Methode näherungsweise erfasst werden können. Nachdem nun die theoretische Verbindung von dokumentarischer Methode und habituellen Formen gegeben ist, werden im Folgenden weitere relevante theoretische Grundprinzipien der dokumentarischen Methode erläutert.

5.3.3 Theoretische Grundprinzipien der dokumentarischen Methode

Die Unterscheidung zwischen immanentem (kommunikativ-generalisierendem) und dokumentarischem (konjunktivem) Sinngehalt nimmt eine zentrale Stellung in der dokumentarischen Methode ein. Diese Unterscheidung ist Dreh- und Angelpunkt der methodologischen Grundbegriffe sowie Grundkonzepte und das strukturierende Prinzip aller Auswertungsschritte.

Immanente Sinngehalte lassen sich auf ihre Richtigkeit überprüfen. Dabei ist ihr Entstehungszusammenhang nicht von Interesse (vgl. Przyborski und Wohlrab-Sahr 2009, S. 277f.).

5.3 · Methode

Wenn beispielsweise eine Person behauptet, dass sie krank sei und deswegen eine angehörige Person einen Arzt bestellt, handelt diese aus einem immanenten Verständnis heraus. In diesem Fall erscheint es sinnvoll, einen Arzt anzufordern.

Dokumentarische Sinngehalte nehmen den soziokulturellen Entstehungszusammenhang bzw. das, was sich davon manifestiert hat, in den Blick (vgl. Przyborski und Wohlrab-Sahr 2009, S. 277f.). Anhand des Arztbeispiels wäre die Situation wie folgt: Wenn eine Person behauptet, dass sie krank sei, der_die Angehörige aber sieht, dass die Person keine Anzeichen einer Krankheit hat und deswegen keinen Arzt ruft, dann interpretiert der_die Angehörige die Situation aus einer ihm_ihr entstandenen Sinnhaftigkeit. Er_Sie beginnt dokumentarisch zu interpretieren, da das Phänomen nicht mehr situationsimmanent verstanden werden kann. Bei der Betrachtung des Phänomens verliert ihr Geltungscharakter (richtig/falsch) an Bedeutung. Die Einklammerung von faktischer Wahrheit und normativer Richtigkeit ermöglicht eine Konzentration auf den dokumentarischen Sinn. Diese Einklammerung ist ein methodologisches Prinzip der dokumentarischen Methode.

Anhand dieser Unterscheidung zwischen immanentem und dokumentarischem Sinngehalt zeigt sich, dass objektiv verstehbare Gebilde in einen funktionalen Erlebniszusammenhang eingeordnet werden können. Das bedeutet, dass ein Gegenstand nicht nur an sich verstanden werden kann, sondern auch im Hinblick auf seinen Erlebniszusammenhang (vgl. Przyborski und Wohlrab-Sahr 2009, S. 278ff.). Dieser wird als konjunktiver Erfahrungsraum definiert und bezieht sich auf das menschliche Miteinandersein, „das sich in der gelebten Praxis fraglos und selbstverständlich vollzieht" (Przyborski und Wohlrab-Sahr 2009, S. 279). Konjunktives Wissen wird demnach in der Praxis angeeignet und orientiert diese Praxis gleichzeitig. Diese Form atheoretischen Wissens lässt sich als ein verkörpertes Wissen verstehen, welches durch körperlich-habituellen und szenisch-mimetischen Nachvollzug angeeignet wird. Konjunktives Wissen ist demnach geistig, seelisch und körperlich im Individuum verankert, dennoch ist es gleichzeitig eine objektive, das Individuum beeinflussende Struktur, die erst im Miteinander oder gedachten Miteinander gegeben ist (vgl. Meuser 2013, S. 233ff.; Przyborski und Wohlrab-Sahr 2009, S. 279ff.).

Wie wird nun dieser Erlebniszusammenhang gespeichert? Die Art und Weise eines praktischen Vollzugs drückt sich nicht nur in der Körperlichkeit aus, sondern lässt sich u. a. auch in der (für die Gruppendiskussion wichtigen) diskursiven Praxis erkennen (vgl. Bohnsack et al. 2013, S. 16f.). Diese praktischen Vollzüge erlangen eine typische Gestalt, was dazu führt, dass ein Individuum weiß, wie es etwas machen muss. Das Wie hat dabei eine große Bedeutung: Es ist der Handlungsvollzug, welcher in der Gestalt enthalten ist, wie z. B. die Art des Sprechens oder der Bewegung. Das Wie ist daher die Form der Speicherung (vgl. Przyborski und Wohlrab-Sahr 2009, S. 281f.). Aus gemeinsamen praktischen Vollzügen ergeben sich konjunktive Bedeutungen, welche allen Beteiligten am praktischen Vollzug gemein sind und sich zunächst nicht von ihrer Beziehung zu dem jeweiligen praktischen Vollzug trennen lassen. Der Dokumentsinn dieser praktischen Vollzüge wird während der Interpretation von Gruppendiskussionen erfasst, wenn auf die Performanz und die bildliche Gestaltung der Sprache geachtet wird.

Nach Mannheim (1980, S. 217ff.) ist Sprache nur schwer aus einer konjunktiven Erfahrungsgemeinschaft zu lösen, da es kontextfreie Sprache im Leben nicht gibt. Sprache an sich zielt zwar auf die Fixierung von Bedeutung, jedoch lässt sie sich nicht komplett von dem Perspektivischen der in ihr gespeicherten Erfahrung trennen. Die Verständigung zwischen Personen, welche untereinander Erfahrungen teilen, funktioniert anders als mit Personen, die diese Erfahrungen nicht teilen. Dabei ist es irrelevant, ob sich diese Personen kennen. Der gleiche Erfahrungshintergrund ermöglicht ein „Einander-Verstehen im Medium des Selbstverständlichen" (Gurwitsch 1976, S. 178).

Die Abstraktheit des Konzepts wird durch die konjunktive Verständigung von Personen, die sich nicht kennen, demonstriert. Demnach erfasst der konjunktive Erfahrungsraum eine von der konkreten Gruppe gelöste Kollektivität, „indem er diejenigen miteinander verbindet, die an Handlungspraxen und damit an Wissens- und Bedeutungsstrukturen teilhaben, die in einem bestimmten Erfahrungsraum gegeben sind" (Przyborski und Wohlrab-Sahr 2009, S. 282). Dadurch wird ein Konzept von Kollektivität kreiert, welches Interaktion und alltägliche Praxis erst ermöglicht. Kollektivität ist in diesem Kontext als nicht-zwingendes, nicht-einschränkendes Konzept zu verstehen. Anhand von diesem Konzept lassen sich konkrete gemeinsame Handlungsvollzüge beschreiben. Für das Gruppendiskussionsverfahren bedeutet dies, dass innerhalb dieser Gesprächssituation Personen aufeinandertreffen, die manche Erfahrungsräume gemeinsam haben, andere hingegen nicht. Eine Diskussionsgruppe „ist somit nicht der soziale Ort der Genese und Emergenz, sondern derjenige der Artikulation und Repräsentation […] kollektiver Erlebnisschichtung" (Bohnsack 2010, S. 378).

Es ist hervorzuheben, dass die Unterscheidung zwischen immanentem und dokumentarischem Sinngehalt der Kern – das strukturierende Prinzip – der Auswertungsschritte der dokumentarischen Methode ist. Der Geltungscharakter von Aussagen muss ausgeklammert werden, um zur Ebene des Dokumentsinns vorstoßen zu können. Normative Richtigkeit und faktische Wahrheit liegen nicht im Interesse der Interpretation. Konjunktive Erfahrungen bilden die Grundlage des Dokumentsinns, welcher den gesamtgeistigen Habitus ins Auge fasst (vgl. Meuser 2013, S. 233ff.). Demnach ist konjunktives Wissen in Form von atheoretischem Wissen gespeichert, welches in die Handlungspraxis eingelassen ist. Dieses Wissen äußert sich in (sprachlichen) Bildern und Szenen, die durch eine gewisse Performanz gekennzeichnet sind. Im Diskurs selbst zeigt es sich durch unterschiedliche Formen des gemeinsamen Sprechens und der unmittelbaren Verständigung. Der konjunktive Erfahrungsraum ist daher ein zentraler theoretischer Begriff der dokumentarischen Methode. Er dient als Basis gemeinsamer Orientierungen.

5.3.4 Der Erhebungsprozess

Der Erhebungsprozess lässt sich in vier Schritte unterteilen:
1. Rekrutierung der Diskussionsteilnehmer,
2. Auswahl des Erhebungsortes,
3. Durchführung der Gruppendiskussion,
4. Auswertung der Transkription und sinngenetische Typenbildung.

Im Folgenden wird erläutert, wie sich der Erhebungsprozess vollzogen hat, da qualitative Sozialforschung auch immer die Rekonstruktion und Reflexion der eigenen Forschungspraxis vorsieht.

- **Rekrutierung der Diskussionsteilnehmer**

Die Zusammensetzung der Gruppe ist ein wichtiges Element des Forschungsprozesses. Sie ist ausschlaggebend dafür, wie die Ergebnisse der Auswertung strukturiert werden. Es müssen also Gemeinsamkeiten in der Gruppe vorherrschen, damit sich Homologien in der Erlebnisschichtung finden lassen und damit ein lebendiges Gespräch im Sinne einer konjunktiven Verständigung entsteht. Erst wenn diese Voraussetzungen erfüllt sind, lassen sich anhand der diskursiven Praxis der Teilnehmer kollektive Orientierungen herausarbeiten. Demnach müssen Mitglieder über hinreichend ähnliche Erfahrungen verfügen.

5.3 · Methode

Wir haben uns aufgrund dieser notwendigen Bedingungen für die Rekrutierung einer homogenen Realgruppe entschieden, da diese als real bereits bestehende Gruppe durch existenzielle Gemeinsamkeiten (Homogenität) zusammengehalten wird (vgl. Flick 1999, S. 133ff.; Przyborski und Wohlrab-Sahr 2009, S. 108). Die Selbstläufigkeit des Diskurses ist damit gegeben und ermöglicht eine Erfassung sich überlagernder Erfahrungsräume.

Der Vorstoß ins Feld sowie die Rekrutierung erfolgten durch mehrere Maßnahmen. Wir verteilten Flyer und Plakate, die auf unsere Gruppendiskussion aufmerksam machen sollten. Ebenfalls sprachen wir potenzielle Personen direkt an. Schließlich meldeten sich fünf Personen, die an der Gruppendiskussion teilnehmen wollten. Hier sei anzumerken, dass sich bereits drei der fünf Personen aus dem näheren Umfeld der Moschee kannten. Im Folgenden stellen wir die Merkmale dieser Personen und ihre maskierten Namen in tabellarischer Form dar (◘ Tab. 5.2), damit im weiteren Verlauf der Forschungsarbeit Konsens darüber besteht, welche „Maske" mit welchen Merkmalen korrespondiert.

- **Auswahl des Erhebungsortes**

Wir entschieden uns für ein institutionelles Umfeld, in dem die Gruppendiskussion abgehalten wurde. Die Räumlichkeiten einer Universität bieten ein neutrales Umfeld und dokumentieren zusätzlich das Anliegen der Forscher einer wissenschaftlich seriösen Forschungsarbeit. Des Weiteren gewährleisten diese Räumlichkeiten Störungsfreiheit und eine gute Akustik, sodass die Teilnehmer in angenehmer, neutraler und ruhiger Umgebung diskutieren können. ◘ Abb. 5.1 zeigt eine Skizze des Raumes sowie die Verteilung von Teilnehmer_innen und Moderator_innen.

- **Durchführung der Gruppendiskussion**

Der Ablauf der Diskussion gestaltete sich wie folgt: Zuerst wurden eine kleine Smalltalk-Phase und ein gemeinsames Frühstück abgehalten, wodurch eine entspannte, private Atmosphäre hergestellt werden sollte, in der sich die Teilnehmer und Forschenden kennenlernen konnten. Bereits während dieser Smalltalk-Phase wurden die Tonbandgeräte eingeschaltet, sodass sich die Teilnehmer daran gewöhnen konnten, während der Diskussion aufgenommen zu werden. Damit wir die Stimmen im Nachhinein den konkreten Personen zuordnen konnten, installierten wir als visuelle Unterstützung eine Kamera. Wir platzierten zusätzlich zwei „schweigende" Beobachter in den Ecken des Raumes, die neben den Moderatoren das Geschehen verfolgten.

Die Diskussion selbst wurde mit einer Vorstellungsrunde von Teilnehmern und Forschenden eröffnet. Danach wurden Fragebögen zur Erfassung der demografischen Daten und die

◘ Tab. 5.2 Demografische Daten und Maskierung der Teilnehmer, eigene Darstellung

Teilnehmer	Geschlecht	Geburtsjahr	Geburtsland	Nationalität	Jahre in Deutschland
M.	männlich	1992	Deutschland	deutsch	seit Geburt
S.	männlich	1993	Vereinigte Arabische Emirate	pakistanisch	seit 2012
A.	männlich	1985	Syrien	palästinensisch	seit 2011
O.	männlich	1980	Sudan	sudanesisch	seit 2009
H.	männlich	1977	Syrien	syrisch	seit 1998

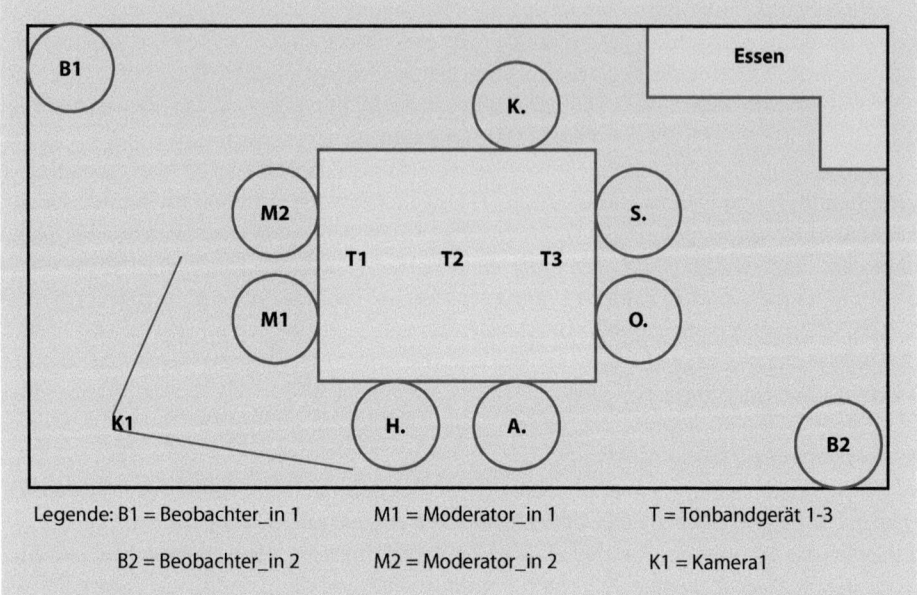

● Abb. 5.1 Raumskizze

Einverständniserklärungen bezüglich der Datenverwendung ausgeteilt und von den Teilnehmern ausgefüllt. Den Verlauf der Diskussion strukturierten wir anhand eines offenen Leitfadens. Als Eingangsfrage/Erzählstimulus fragten wir nach dem Stellenwert des Glaubens der jeweiligen Personen. Nachdem dieser Stimulus abgearbeitet war, wurde eine weiterer eingesetzt: Wir konfrontierten die Teilnehmer mit einem Pegida-Video von Kathrin Oertel, dessen medialen Inhalt die Teilnehmer wiedergeben sollten. Nach der Rekonstruktion des Inhalts sollten die Teilnehmer zu einer Reflexion übergehen und die Frage beantworten, was das Video bei ihnen auslöse. Daraufhin wurde der Themenkomplex „Medien" diskutiert, wobei die Darstellung von Terrorismus als „islamischer Terrorismus" im Vordergrund stand. Bei einem letzten Themenkomplex ging es darum, wie sich die öffentliche Wahrnehmung der Personen über die Zeit verändert hat, sowie um Diskriminierungen, mit denen sie konfrontiert wurden.

Die Rolle der Moderatoren bestand lediglich darin, eine leichte Steuerung der Thematik und Dynamik, wie das Ankurbeln des Gesprächs, falls ein Beteiligter nicht zu Wort kommt, zu gewährleisten, sodass den Teilnehmern ein großer Spielraum für Eigendynamik gegeben war (vgl. Flick 1999, S. 134ff.). Die Eigeninitiative der Teilnehmer sollte unter keinen Umständen gestört werden.

5.3.5 Transkription, Auswertung und sinngenetische Typenbildung

Die Codierung der Transkription erfolgte auf der Grundlage von Ralf Bohnsacks methodischem Handbuch *Rekonstruktive Sozialforschung*. Wir haben nur leichte Änderungen bezüglich der Codierung vorgenommen[9] (● Tab. 5.3):

---

9 Für die bessere Lesbarkeit haben wir die Interviewauszüge im Auswertungsteil jedoch vereinfacht dargestellt.

5.3 · Methode

Tab. 5.3 Transkriptionsrichtlinien orientiert an Bohnsack (2007, S. 235)

((M1m: Ja aber))	Beginn einer Überlappung bzw. direkter Anschluss beim Sprecher_innenwechsel
(.)	Pause bis zu einer Sekunde
(2)	Anzahl der Sekunden, die eine Pause dauert
Nein	Betont
Nein	laut (in Relation zur üblichen Lautstärke des_der Sprechers_erin)
°nee°	sehr leise (in Relation zur üblichen Lautstärke des_der Sprechers_erin)
.	stark sinkende Intonation
;	schwach sinkende Intonation
?	stark steigende Intonation
,	schwach steigende Intonation
viellei-	Abbruch eines Wortes
nei::n	Dehnung, die Häufigkeit vom : entspricht der Länge der Dehnung
(doch)	Unsicherheit bei der Transkription, schwer verständliche Äußerungen
( )	unverständliche Äußerungen, die Länge der Klammer entspricht etwa der Dauer der unverständlichen Äußerung
((stöhnt))	Kommentare bzw. Anmerkungen zu parasprachlichen, nicht-verbalen oder gesprächsexternen Ereignissen; die Länge der Klammer entspricht im Falle der Kommentierung parasprachlicher Äußerungen (z. B. Stöhnen) etwa der Dauer der Äußerung.
@nein@	lachend gesprochen
@(.)@	kurzes Auflachen
@(3)@	3 Sek. Lachen

Die Auswertung erfolgte mithilfe der dokumentarischen Methode. Die methodologische Leitdifferenz dieses Auswertungsverfahrens wird, wie bereits erwähnt, durch die Unterscheidung zwischen immanentem und dokumentarischem Sinngehalt hergestellt (vgl. Bohnsack 2010, S. 382ff.). Es kommt zur begrifflichen Explikation des Dokumentsinns, wenn analysiert wird, wie der immanente Sinn ausgedrückt wird. Das bedeutet, dass sowohl die Metaphorik von Erzählungen und Beschreibungen als auch die Performativität des Gesprächs in einem Dreischritt analysiert werden muss. Dieses sequenzielle Vorgehen bei der Analyse nimmt drei formal unterschiedliche Äußerungseinheiten in den Blick:
1. Sequenzierung der Diskussion,
2. Formulierende Interpretation der Diskussion,
3. Reflektierende Interpretation der Diskussion.

Mit der *Sequenzierung* zeichnet man den groben thematischen Verlauf der Diskussion nach. Die *formulierende Interpretation* fungiert als Beobachtung erster Ordnung – die Frage nach dem Was (vgl. Bohnsack et al. 2013, S. 15f.). Dabei wird der kommunikativ-generalisierte Sinngehalt in eine objektive, klar verständliche Sprache umformuliert und es wird gleichzeitig eine thematische

Feingliederung vorgenommen. Die *reflektierende Interpretation* dient als Beobachtung zweiter Ordnung – die Frage nach dem *Wie*. Während dieser Beobachtung wird der Dokumentsinn, welcher in der Handlungspraxis eingelassen ist, erfasst. Es handelt sich bei diesem Schritt also um die Explikation von Handlungsorientierungen und Habitusformen durch die Suche nach einem Orientierungsrahmen, d. h. einander begrenzenden Horizonten. Die reflektierende Interpretation zielt demnach auf eine Rekonstruktion der Formalstruktur der Diskussion, d. h. auf die Art und Weise, wie die Beteiligten aufeinander Bezug nehmen. Für diesen Interpretationsschritt verwendeten wir das Begriffsinstrumentarium von Kleemann et al. (2013, S. 175ff.).

Anhand dieses Dreischritts lässt sich die *sinngenetische Typenbildung* vornehmen. Diese untersucht die Frage nach dem Sinn einer Handlung, sucht demnach nach der Struktur, dem generativen Muster, dem *modus operandi* des handlungspraktischen Herstellungsprozesses. Die diskursive Praxis der Teilnehmer gibt in diesem Fall Aufschluss darüber, wie deren Handlungspraxis aussieht. Dieses generative Sinnmuster stellt den Orientierungsrahmen, sozusagen den Habitus der Teilnehmer dar (vgl. Bohnsack 2013, S. 241ff.). Durch die Abstraktion des Orientierungsrahmens wird der sinngenetische Typus generiert. Dies geschieht im Rahmen des fallinternen Vergleichs bzw. der fallinternen komparativen Analyse, welche auf das „Prinzip des Kontrasts in der Gemeinsamkeit" (Bohnsack 2013, S. 253) setzt.

5.4 Ergebnisse der Gruppendiskussion: Auswertung und Interpretation

Die Darstellung und Auswertung der Ergebnisse der Gruppendiskussion nähert sich der Beantwortung der Frage, ob und inwieweit Stigmatisierungen von Muslimen in Deutschland zu krisenhaften Tendenzen in der Identität der Betroffenen führen können und wie letztlich die Bewältigung einer solchen „beschädigten Identität" (vgl. Goffman 1975) aussehen kann. Eine Grundannahme für die Auswertung ist, wie in der Theorie beschrieben, dass das Ich-Ideal und das Ich infolge von Stigmatisierung so weit auseinanderbrechen, dass die Identität dadurch beschädigt ist bzw. von krisenhaften Tendenzen gekennzeichnet ist. Die islamische Religiosität und die damit verbundenen Vorurteile und stereotypen Vorstellungen seitens der „Normalen" – im Sinne Goffmans – stellen das hier untersuchte Stigma, also den zugeschriebenen „Makel" dar, der Diskriminierung zur Folge hat. Stigmatisierung bzw. Diskriminierung spezifischer Typen, welche durch einen gemeinsamen konjunktiven Erfahrungsraum miteinander verbunden sind, findet somit zum einen innerhalb eines gemeinsamen Raumes statt und konstituiert diesen zum Teil, kann sich darin jedoch verschieden darstellen, wie im Folgenden anhand der Daten aufgezeigt wird. Der zweite Analyseschritt stellt dabei eine Einordnung bzw. Positionierung der Teilnehmer innerhalb dieses gemeinsamen Raumes dar. Das Verhältnis der Teilnehmer in diesem Raum zueinander sowie ihre Haltung nach innen (zu den Personen, mit denen sie den konjunktiven Erfahrungsraum teilen) und außen (zu den „Normalen" bzw. Stigmatisierenden) soll die Typenbildung markieren, die durch die Zusammenführung der formulierenden und reflektierenden Interpretation der Sequenzen der Diskussion entsteht. Dadurch kann, in Bezug auf die Theorie, schlussendlich eine interpretative Annäherung zur Beantwortung der Fragestellung gemacht werden.

5.4.1 Der Ablauf der Gruppendiskussion

Zu Beginn der Gruppendiskussion wurden die Teilnehmer darum gebeten, sich im Anschluss an die Forschenden kurz vorzustellen. Hierbei erzählten die Teilnehmer von ihrer Motivation,

5.4 · Ergebnisse der Gruppendiskussion: Auswertung und Interpretation

an der Diskussion teilzunehmen: Sie hielten das Thema Stigmatisierung bzw. Diskriminierung von Muslimen in Deutschland für aktuell und hoch relevant und wollten, auch aufgrund von vielen eigenen Diskriminierungserfahrungen, dazu beitragen, dass mehr über die Situation der in Deutschland lebenden Muslime gesprochen wird: „Ich hoffe, dass die Diskussion dazu führt, unsere Lage in Großstadt A in Ostdeutschland zu verbessern, dass man auch weiß, ach es gibt hier Muslime, die sind auch ganz normale Menschen, die beißen nicht" (O.). Im Anschluss an die persönliche Vorstellung, in der die Teilnehmer auch berichten, was sie beruflich machen und wie lange sie bereits in Deutschland leben (s. ◘ Tab. 5.2), werden sie seitens der Forschenden darum gebeten, zu erläutern, welchen Stellenwert der Glaube in ihrem Leben hat. Alle Teilnehmer bezeichnen sich selbst als Muslime, definieren jedoch den Stellenwert des Glaubens durch mehrere spezifische Aspekte unterschiedlich, wie über das Praktizieren selbst, die islamische Erziehung oder über ein Zugehörigkeitsgefühl im Zusammenhang mit der arabischen Kultur und Sprache: „Die Religion und die Sprache und die Kultur sind auf jeden Fall ziemlich eng miteinander verflechtet" (S.). Hieraus entsteht eine durch die Teilnehmer selbst initiierte kurze Diskussion darüber, was „streng gläubig" bedeute, an der maßgeblich H. mit der Proposition: „entweder praktizierend oder nicht. Streng gläubig gibt es nicht" und K., der dem widerspricht, aber auch O. und A. beteiligt sind. An die Diskussion schließt sich eine Gebetspause an, in der alle Teilnehmer, mit Ausnahme von K., gemeinschaftlich beten. Nach der Pause wird durch die Forschenden der zweite Themenblock eingeleitet: Den Teilnehmern wird ein Videobeitrag vom Ausschnitt einer Kundgebung von Kathrin Oertel bei einer Pegida-Demonstration gezeigt, in der die Abgrenzung Deutschlands vom „religiösen extremen Islam" postuliert wird – mit dem Bezug auf terroristischen Islamismus. Eine Diskussion über Pegida selbst und über Intentionen und Beweggründe der Demonstranten, über die Schwierigkeiten bezüglich der Begrifflichkeiten und über die Auswirkungen der Bürgerbewegung auf das Empfinden der Teilnehmer entsteht:

> Man fühlt sich da angesprochen, ich fühl mich da angesprochen. Aber ich muss mich gar nicht angesprochen fühlen [...] du gehörst halt irgendwie zu dieser einen Gruppe [...] also musst du dich irgendwie rechtfertigen, aber das muss ich halt gar nicht, aber ich habe dieses Gefühl trotzdem. (K.)

Aus der Diskussion über emotionale Auswirkungen entsteht eine Debatte über die Rolle der Medien, was Diskriminierung anbelangt: „Man kann nicht einfach so die ganzen Muslime unter Generalverdacht stellen" (A.). Das Anschlussthema ist eine Diskussion darüber, ob die Stigmatisierungs- und Diskriminierungserfahrungen sich innerhalb der letzten Jahre verändert haben. Hier sind sich alle Teilnehmer weitestgehend darüber einig, dass es „schlimmer" geworden sei. Es knüpfen sich Erzählungen über konkrete Diskriminierungserfahrungen an, die die Teilnehmer am Arbeitsplatz, bei der Wohnungssuche und auf offener Straße erlebt haben. Auf die Frage, wie die Teilnehmer mit solchen Erlebnissen umgehen, geben sie unterschiedliche Antworten. Neben den eigenen Umgangsweisen erwähnen sie Beispiele von anderen Muslimen und deren Umgang mit Diskriminierungserfahrungen. Als A. erklärt, dass er sich aufgrund der Pegida-Diskussion einen Bart hat wachsen lassen, entsteht eine heftige Diskussion zwischen A. und K., in der K. ihm vorwirft, sich provozieren zu lassen. Auch der Zusammenhang zwischen erlebter Diskriminierung aufgrund der Stigmatisierung bezüglich des Muslimisch-Seins mit dem Glauben selbst wird diskutiert: „Man kann nicht seinen Namen ändern, seine Farbe ändern und wir möchten auch unsere Religion nicht ändern" (H.). Zum Ende der Diskussion weisen die Teilnehmer darauf hin, dass man auch Muslimas in die Diskussion einbeziehen müsse. Als Frauen seien sie oft anderer Art von Diskriminierung ausgesetzt, beispielsweise aufgrund des Kopftuchs:

„Diese Kopftuchgeschichte ist einfach sehr schwierig für Frauen [...] in letzter Zeit" (A.). Die Überlegung, dass auch mit Muslimas zum Vergleich eine solche Gruppendiskussion stattfinden müsste, wird von den Forschenden bestätigt. Zum Abschluss bedanken sich die Forschenden bei den Teilnehmern für ihre Offenheit.

5.4.2 Der gemeinsame Orientierungsrahmen der Teilnehmer: zwei Normalitätsvorstellungen

Im Fokus der Auswertung steht die Annahme, dass das Muslimisch-Sein in Deutschland mit Stigmatisierungen einhergeht, die eine „lange Kette von Unvollkommenheiten" (Goffman 1975, S. 14), d. h. negativ konnotierte Zuschreibungen bezüglich der sozialen und persönlichen Identität beinhalten, die die eigene Identität der Diskreditierten beschädigt. Eine Vorannahme seitens der Forschenden war, dass es sich bei der Untersuchung von Muslimisch-Stigmatisierten um gläubige Muslime handeln müsse und nicht um Personen, die als solche markiert oder denen dieses Merkmal fälschlicherweise zugeschrieben wird. Dass Stigmatisierungen, die sich auf das Muslimisch-Sein beziehen, die Identität besonders dann schädigen, wenn die Religion tatsächlich Teil der Identität ist, erklärt diese Vorüberlegungen seitens der Forschenden. Indem ein tatsächlicher Teil der Identität – in diesem Fall die religiöse Identifikation – zum Stigma gemacht wird, kann dieses Stigma folglich besonders verletzen.

Zu Beginn der Gruppendiskussion wurde seitens der Moderatoren darum gebeten, dass alle fünf Teilnehmer sich kurz vorstellen, wodurch bereits erste formale Kriterien für einen gemeinsamen konjunktiven Erfahrungsraum der Teilnehmer festgelegt werden können. „Alltagswissen erscheint zunächst als exklusive Erfahrung jedes Einzelnen, geht aber gewöhnlich weit über die einzelne Person hinaus und ist fest im sozialen Umfeld des Einzelnen verankert." (Kleemann et al. 2013, S. 157). Um zu untersuchen, wie sich dieser gruppenspezifische Habitus der Diskussionsteilnehmer konstituiert, müssen sowohl formal-bewusste Merkmale der Teilnehmer (wie z. B. die biographischen Daten) als auch implizite Merkmale innerhalb von Erzählungen komparativ untersucht werden.

Beginnend mit den formalen Merkmalen ist zu betonen, dass es sich bei allen Teilnehmern um männliche Beforschte handelt, die alle einen kulturell und sprachlich arabischen und stark islamisch geprägten Familienhintergrund haben, der mit spezifischem kulturellem Erfahrungswissen zusammenhängt. Diese Verbundenheit stellen die Teilnehmer zu Beginn der Diskussion heraus, indem sie erklären, aus welchen Ländern sie bzw. ihre Eltern ursprünglich stammen. Während vier der Teilnehmer aus arabischen Ländern nach Deutschland immigriert sind, ist einer der Teilnehmer (K.) in Deutschland geboren und besitzt als einziger der Teilnehmer einen deutschen Pass. Während der Vorstellungsrunde stellt er sich mit „ich bin Palästinenser, also meine Eltern sind beide Palästinenser" vor. Obwohl auffallend ist, dass K. rein formal aus der Gruppe der Zugewanderten herausfällt, hebt er seine ethnische Zugehörigkeit zur Gruppe der Diskussionsteilnehmer hervor, indem er betont, er habe noch einen „sehr starken Draht zu [seiner] Heimat". Es wird deutlich, dass sich vier der Teilnehmer in den von Goffman entworfenen vierten Typus der Zugewanderten einordnen lassen, während einer der Teilnehmer in Deutschland aufgewachsen ist und somit andere biographische Grundvoraussetzungen bezüglich seines Lebenslaufmusters mitbringt. Trotzdem teilt er mit den vier anderen Teilnehmern das konjunktive Erfahrungswissen über zwei Normalitätsvorstellungen. Der Typus des Zugewanderten geht mit dem Wissen über zwei verschiedene Normalitätssysteme einher, welches sich aus den Daten heraus sehr gut rekonstruieren lässt. So wie Goffman den Begriff der „Normalen" benutzt, verwenden die Teilnehmer

5.4 · Ergebnisse der Gruppendiskussion: Auswertung und Interpretation

innerhalb der Gruppendiskussion selbst diese Begrifflichkeit und geben an vielen Punkten zu verstehen, dass sie beide Normalitätssysteme kennen. So erklärt O. beispielsweise bezüglich der Schwierigkeiten des Praktizierens des Glaubens in Deutschland:

> [W]enn man zum Beispiel im Sudan ist, ist das überhaupt kein Problem. Freitags ist frei. Da gibt es einfach an jeder Ecke eine Moschee, […] aber hier ist das ein bisschen anders. Freitags muss man arbeiten, deswegen muss ich auch einen Kompromiss eingehen.

Auch A. betont: „Hier in Deutschland ist das ganz anders, weil man hat hier so den ganzen Tag voll es ist schwierig dann rechtzeitig Zeit zu finden fürs Beten". Ebenso berichtet S. bei Erzählungen über sich und seinen Glauben, dass er „nicht so streng" sei, er „auch mit Freunden […] zu Partys und so" gehe, sich „also ganz normal" verhalte. Zudem betont er:

> [I]ch bete nicht in der Öffentlichkeit oder so, ich gehe entweder nach Hause […] Es gibt Leute die wirklich so in der Öffentlichkeit beten und so, die ganz streng gläubig sind, sagen ‚nein ist mir egal, was die Leute über mich denken' […] so streng bin ich […] nicht.

Die Wahrnehmung der Differenzen zwischen zwei Kultur-, Werte- und Normalitätsvorstellungen wird bei allen Teilnehmern deutlich, und die meisten betonen die Schwierigkeiten, die damit einhergehen. In Bezug auf die Theorie wird jedoch auch deutlich, dass das „Schlüsselfaktum" bei den Teilnehmern eine große Rolle spielt. Gemeint ist damit, dass Diskreditierte zu den Normalitätsvorstellungen der „Normalen" tendieren (▶ Abschn. 5.2.4). Beispielsweise nimmt S. wahr, dass das Beten in der Öffentlichkeit in Deutschland als Normabweichung wahrgenommen wird, und er betont durch seine Aussage, dass er zu der Normalitätsvorstellung der „Normalen" tendiert, woraus zu schließen ist, dass er als „normal" wahrgenommen werden möchte. Die arabische Kultur, die alle Teilnehmer durch ihre Herkunft und bzw. oder Erziehung gemeinsam haben, schafft sowohl sprachlich als auch habituell eine starke konjunktive und intuitive Verbindung zwischen den Teilnehmern und stellt in gewisser Weise eine Normalitätsvorstellung – hier bezüglich des islamischen Glaubens und Praktizierens – dar, welche die Teilnehmer aus ihren Herkunftsländern und/oder durch ihre Erziehung kennen. Dieser gemeinsame Habitus, der sich im intuitiven Verständnis der Teilnehmer füreinander zeigt, wird implizit auf der sprachlichen Ebene anhand einer arabischsprachlichen Redewendung deutlich, die zu Beginn der Diskussion aufkommt: Als K. die arabische Redewendung „in schā'a llāh"[10] benutzt, um in einer Erzählung etwas zu erklären, wissen die Teilnehmer, welche Bedeutung diese Aussage hat. Für die Moderatoren der Diskussion, welche keinen arabischen Hintergrund haben, erklärt S. die Aussage im Anschluss an K.s Redebeitrag. Ebenso verdeutlicht eine Diskussion über die Schreibweise der arabischen Namen der Teilnehmer, dass über die Sprache und Kultur eine formale Verbundenheit besteht. Die Teilnehmer erklären die arabischen Schreibweisen der Namen im Kollektiv und ergänzen und validieren sich dabei gegenseitig.[11] An einer weiteren Stelle innerhalb einer Diskussion über Begriffsschwierigkeiten erklärt Omar beispielsweise: „‚Dschihad' im Arabischen, das kommt gar nicht wenn man was mit Krieg zu tun hat, ‚Dschihad' heißt Anstrengen,

---

10 „In schā'a llāh" (arabisch) bedeutet wortwörtlich übersetzt „wenn Allah will" und ist der deutschen christlichen Redewendung „So Gott will" gleichzusetzen.
11 Die Diskussion über die Schreibweise der Namen erfolgte vor der eigentlichen Gruppendiskussion und ist deshalb nicht in der Transkription enthalten, sondern in Beobachtungsprotokollen der Forschenden, die während der Diskussion gemacht wurden.

dass man sich selber anstrengt", woraufhin A. das Wort „Selbstüberwindung" einwirft und H. sich einschaltet: „Die Übersetzung kam nicht von den Muslimen". O. validiert diese Aussage und unterbricht H. mit „ich weiß, ich weiß, ich weiß". Dieses implizite kulturelle und sprachliche Wissen teilen sie miteinander. Es bildet die Seinsverbundenheit im Denken der Teilnehmer ab. Sie erklären den Forschenden ihr geteiltes Wissen an diesen Stellen, da diese dieses Wissen – so zumindest die Annahme der Teilnehmer – nicht besitzen. Neben den in der Diskussion selbst gefundenen Anhaltspunkten, die einen gemeinsamen Habitus verdeutlichen, bringen die Teilnehmer also spezifische Merkmale mit in die Diskussion. Dazu gehören die arabische Kultur, die Sprache und die islamische Erziehung, durch die sich ein gemeinsames Erfahrungswissen etabliert hat, welches die Teilnehmer zu einer „realen" Diskussionsgruppe macht, die auch innerhalb der Gesellschaft wiederzufinden ist: die Gruppe der arabisch-stämmigen, arabisch-sprechenden Muslime in Deutschland. Gleichzeitig wird deutlich, dass alle Teilnehmer über das Wissen über zwei Normalitätsvorstellungen verfügen. Während dieses Erfahrungswissen allen Teilnehmern gemein ist, ist vier von ihnen zudem gemein, dass sie nach Deutschland zugewandert sind. Sie entsprechen Goffmans viertem Typus der Zugewanderten, die durch ihre Immigration von einem Normalitätssystem in ein anderes gelangen, in welchem sie sich zurechtfinden müssen. In Bezug auf das in Deutschland mit der Religion verbundene Stigma bedeutet das, dass in den Herkunftsländern der Teilnehmer die Religion des Islam im Normalitätssystem der Gesellschaft fest verankert ist, während sie in Deutschland eine Außenseiterstellung einnimmt und durch verschiedene Ursachen[12] zur Normabweichung und zum Stigma wird. Rein formal fällt K. zum Teil aus der Gruppe heraus, da er in Deutschland aufgewachsen ist; obwohl er Merkmale besitzt, die ihn bezüglich des konjunktiven Erfahrungsraumes in die Gruppe der Diskussionsteilnehmer einbeziehen (Sprache, Kultur, islamische Erziehung). Diesen Unterschied hebt auch A. zu Beginn der Diskussion hervor: „Bei uns ist es ganz anders als bei K., weil K. ist ja hier in Deutschland aufgewachsen". Auf die Sonderstellung K.s innerhalb der Diskussionsgruppe wird im späteren Teil der Analyse genauer eingegangen.

Durch das implizite inkorporierte Erfahrungswissen der Teilnehmer konstituiert sich folglich ein gemeinsamer Habitus, d. h. eine zum Teil bewusste, aber auch unbewusste „Tendenz, in ähnlichen Situationen ähnlich zu handeln" (Rehbein 2011, S. 90) und ferner auch dadurch Ähnliches zu erleben. Die Ähnlichkeit der Erlebnisse spiegelt sich insbesondere in der Art der Diskriminierung wider, als auch bezüglich der Lebensbereiche, innerhalb derer die Teilnehmer Diskriminierung erfahren. Diese spezifischen Lebensbereiche bezeichnet Goffman als „wahrgenommene Herde" (▶ Abschn. 5.2.4.2) bezüglich der Stigmatisierung. Diese Herde, also stark an Lebensbereiche geknüpfte Stigmatisierungs- und Diskriminierungserfahrungen, werden von den Teilnehmern anhand konkreter Beschreibungen dargestellt. Unter anderem am Arbeitsplatz, bei der Wohnungssuche und auf offener Straße (besonders abends und am Wochenende) erleben die Teilnehmer sehr ähnliche Diskriminierungserfahrungen. So berichten beispielsweise sowohl S. als auch O., dass sie bei der Wohnungssuche offensichtlich diskriminiert wurden. Während S. berichtet, „Ich meinte ich komme aus Pakistan und er meinte ‚Oh Pakistan, achso nee, das Zimmer ist nicht für dich, wir wollen keinen Osama bin Laden hier in unserem Wohnheim'", knüpft O. an: „Ja, das Gleiche habe ich auch zweimal erlebt […] der [Vermieter, K.L.B.] war super nett am Telefon […] dann kam der mit seinem Auto, hat der erstmal den Kopf geschüttelt […] steigt er aus dem Auto […] und sagte zu mir: […] ‚Ich habe keine Wohnung für Ausländer'."

---

12 Eine Ursache ist beispielsweise die diffuse terminologische Trennung zwischen Islam (als Religion) und Islamismus (als politische Ideologie). Diese Begrifflichkeiten werden oft in direkten Zusammenhang gesetzt, wodurch Muslime bspw. als Islamisten stigmatisiert werden.

5.4 · Ergebnisse der Gruppendiskussion: Auswertung und Interpretation

Dieser gemeinsame Orientierungs- und Erfahrungsraum wird innerhalb der Gruppendiskussion nicht nur anhand formaler Kriterien wie Kultur, Sprache, Erziehung und Immigration deutlich, sondern auch anhand des Stellenwertes, den der islamische Glaube als Teil der Kultur, der Erziehung und letztlich als Teil der Identität im Leben der Teilnehmer hat. Der Habitus selbst wird auch implizit durch die Ähnlichkeiten und Gemeinsamkeiten der Teilnehmer bezüglich ihrer Diskriminierungserfahrungen ausgedrückt. Im weiteren Verlauf der Analyse soll sich – in direktem komparativem Zusammenhang – der Typenbildung angenähert werden, indem die Teilnehmer hinsichtlich der diskutierten Themen und Positionierungen in den gemeinsamen konjunktiven Erfahrungsraum eingeordnet werden.

5.4.3 Die Teilnehmer und ihr Stellenwert des Glaubens im Leben

In Anschluss an die Vorstellungsrunde wird den Teilnehmern – wie im Leitfaden vorgesehen – die Frage nach dem Stellenwert des Glaubens im Leben gestellt. Hier wird deutlich, dass die Dimension des Stellenwertes des Glaubens durch die Teilnehmer in starken Zusammenhang zum Praktizieren des Islams gesetzt wird. So beginnt K. mit der Aussage, er praktiziere den Islam „nicht so, wie [er] ihn eigentlich praktizieren sollte". Er erklärt weiterhin, dass die Religion in seiner Kindheit in der Erziehung eine große Rolle gespielt habe, dass dies jedoch heute nicht mehr so sei. Er betont, dass die religiösen Aspekte, die er noch einhalte, viel mehr mit der Erziehung und der Kultur zu tun hätten – wie beispielsweise kein Schweinefleisch zu essen – als mit dem Glauben selbst. Trotzdem schwankt K. innerhalb seiner Erzählungen bezüglich einer eigenen Einordnung:

> Bei mir ist das halt auch immer dieser innere Konflikt, woher kommst du, bist du n Deutscher, bist du n Araber, bist du irgendwie was weiß ich, bist du Moslem, bist du ein Christ, weißt du, ich bin ja so aufgewachsen [...] in mir stecken beide Kulturen drinne.

Das Wissen über zwei Normalitätsvorstellungen – bezogen auf die Religion als Teil der Kultur und Erziehung und als Teil der Identität, aber auch als Normabweichung in der deutschen Gesellschaft – wird bei K. besonders deutlich, obwohl – oder gerade weil – er nicht dem Typus der Zugewanderten angehört. Die Religion ist ein Teil seiner Identität, allerdings betont er selbst, dass der Stellenwert sich im Laufe seiner Jugend verändert habe. K. kann in Bezug auf die Religiosität in den konjunktiven Erfahrungsraum eingeordnet werden, gleichzeitig fällt er jedoch aus diesem zum Teil heraus: „Ja er [der Glaube, K.L.B.] hatte eine große Rolle in meinem Leben, die hat er jetzt nicht mehr. Aber ich denk mir selbst immer noch, dass ich diese Überzeugung nicht umsonst hatte, also da ist halt noch irgendwas von übrig". Die Sonderstellung, die K. auch aufgrund seines biographischen Lebenslaufs in der Diskussionsgruppe hat, manifestiert sich ebenso in der Diskussion um den Stellenwert des Glaubens: Zum Teil „passt" er zur Diskussionsgruppe, zum Teil fällt er aus ihr heraus. In Anschluss an K. nimmt A. Stellung und erklärt, dass der Islam sowohl in seiner Erziehung eine wesentliche Rolle gespielt habe, als auch heute noch spiele, auch wenn es in Deutschland oft schwierig sei, regelmäßig zu praktizieren:

> Ich bete immer noch, seitdem ich [...] sieben Jahre alt bin und ich faste immer auch im Ramadan hier in Deutschland, obwohl es manchmal schwierig ist, aber ich versuch's immer mich an die Vorschriften vom Islam zu halten.

Für A. spielt das Praktizieren folglich eine größere Rolle als für K., auch wenn sie die islamische Erziehung gemein haben. Gleichzeitig betont er das Enaktierungspozential, also die Schwierigkeit, diese in Deutschland wahrgenommene Normabweichung der islamischen Religionspraxis umzusetzen. S. wiederum schränkt sich in Anlehnung an K. und A. etwas mehr ein, indem er betont:

> Ja also ich glaube schon an die Religion und so […] und ich halte das auch für was Persönliches […] ich predige die Religion nicht, ich missioniere hier nicht oder so […] ich bete nicht […] in der Öffentlichkeit oder so, ich gehe entweder nach Hause […] es gibt Leute, die wirklich so in der Öffentlichkeit beten und so, die ganz streng gläubig sind […] so streng bin ich zwar also nicht, ja ich geh auch mit Freunden auf Partys und so, also ganz normal.

Für S. ist die Religion wichtig, er betont jedoch – und hier lässt sich wiederum das Wissen um die Normabweichung innerhalb der herrschenden Normalitätsvorstellungen erkennen – seine eigene „Normalität", d. h., er tendiert im Sinne des Schlüsselfaktums zu eben jener in Deutschland vorherrschenden Normalitätsvorstellung. Dieses tut er im Vergleich zu H., der den Glauben als den „Sinn des Lebens" betrachtet – relativ gesehen – wesentlich stärker. H. bildet zu K. dementsprechend in gewisser Weise einen Gegenpol innerhalb der Gruppendiskussion. Er stellt die These auf, „Es gibt keine streng gläubigen Menschen, entweder praktizierend oder nicht praktizierend". Er erklärt, dass dies der einzige Lebensweg sei, bei dem er wisse, dass man ins Paradies gelange, darum habe er bisher kein Gebet verpasst: „[A]ber wenn ich gezwungen bin? Dann bete ich egal wo, aber ich verpasse die angegebenen Zeiten nicht, weil es ist vorgeschrieben". Demnach lassen sich S. und A. bezüglich des Stellenwerts des Glaubens zwischen K. und H. einordnen (s. ◘ Abb. 5.2). O., der als Letzter seinen Stellenwert des Glaubens im Leben erläutert, ist bezüglich der Wichtigkeit des Glaubens in großer Nähe zu H. einzuordnen: „Islam ist für mich einfach A und O. […] Egal wo ich bin, wenn ich meine Religion nicht ausüben kann, komplett nicht ausüben kann, dann bin ich gezwungen das Land zu verlassen. Es ist für mich ganz ganz wichtig" (O.). Allerdings unterscheidet O. sich insoweit von H., als dass er betont, dass er auch Kompromisse eingehen müsse. Wenn er bspw. freitags arbeiten müsse, um die Familie zu ernähren, so sei dies ebenso heilig: „Arbeit, einfach um die Familie zu ernähren, und Gottesdienst ist für mich gleich: einfach heilig". Er betont jedoch auch: „was zum Beispiel Party oder Einladung angeht da sage ich nein. Gebet geht vor". Somit nehmen der Glaube und das Praktizieren einen ähnlich hohen Stellenwert für O. ein wie für H. und einen deutlich größeren als für die anderen drei Teilnehmer, trotzdem ist er nicht mit H. gleichzusetzen, da er bereit ist, Kompromisse einzugehen. O. nähert sich somit den Normalitätsvorstellungen des vorherrschenden Systems, innerhalb dessen er selbst von der Norm abweicht, an. Im Vergleich zu H. identifiziert er sich mit den „neuen" Normalitätsvorstellungen ein wenig stärker und im Vergleich zu den anderen drei Teilnehmern deutlich schwächer. ◘ Abb. 5.2 stellt diese erläuterte erste Einordnung der Teilnehmer innerhalb eines gemeinsamen konjunktiven Erfahrungsraums dar.

◘ Abbildung 5.2 ergibt sich aus den ersten Analyseschritten des rekonstruierten Habitus der Teilnehmer (▶ Abschn. 5.4.2) und der Einordnung bezüglich des Stellenwertes des Glaubens im Leben der Teilnehmer (▶ Abschn. 5.4.3). Der rekonstruierte Habitus umfasst dabei das konjunktive und intuitive Erfahrungs- und Orientierungswissen und bildet den Raum, innerhalb dessen die Teilnehmer sich, in Anlehnung an ihre Positionierungen bezüglich des Stellenwertes des Glaubens, einordnen lassen. ◘ Abbildung 5.2 wurde vorerst einer tabellarischen Typik-Darstellung vorgezogen, um zu verdeutlichen, dass die Positionen sich innerhalb eines gemeinsamen

5.4 · Ergebnisse der Gruppendiskussion: Auswertung und Interpretation

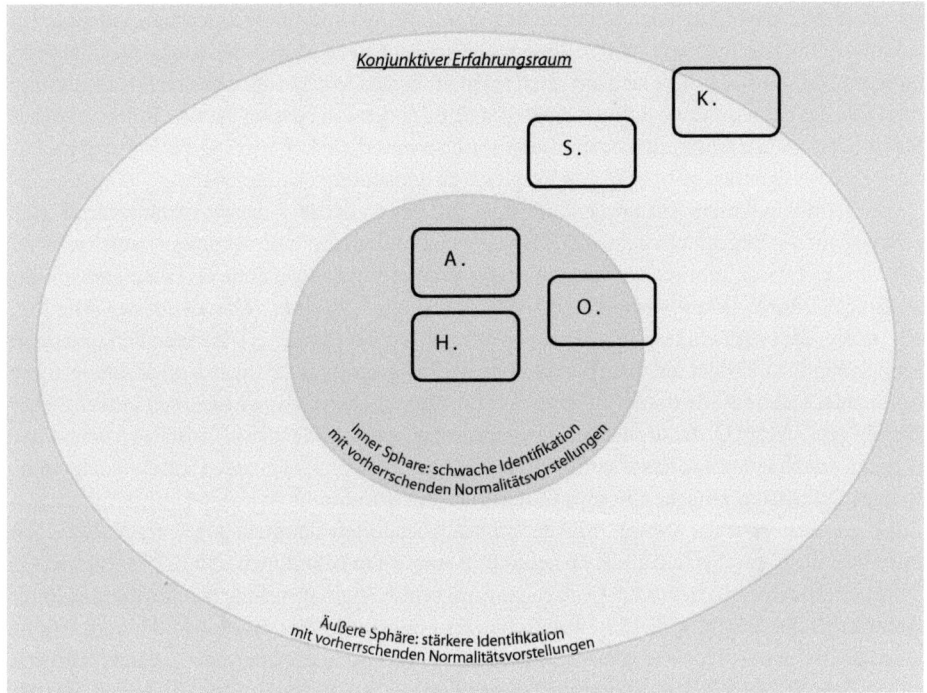

◘ Abb. 5.2 Der konjunktive Erfahrungsraum der Teilnehmer und ihre Positionierungen zueinander, eigene Darstellung

Erfahrungsraums der Teilnehmer dynamisch sowie zeitlich und situativ variabel bewegen können. Sie soll – im Sinne der Methodik – den komparativen Ansatz verdeutlichen, indem sie die Nähe und Entfernung der Teilnehmer in einem gemeinsamen Raum abbildet. Betrachtet man ◘ Abb. 5.2 in Bezug auf die Identifizierung mit vorherrschenden Normalitätsvorstellungen – in denen der muslimische Glaube regelmäßig als Normabweichung angesehen und dadurch zum Stigma wird –, so kann argumentiert werden, dass die Teilnehmer sich dementsprechend – je nachdem, wie sie sich positionieren – eher schwach, stark oder wechselhaft zum vorherrschenden Normalitätssystem verhalten.

5.4.4 Die Teilnehmer und ihre dynamische Typik zum Umgang mit Stigmatisierung

Im zweiten großen Themenblock, der sich an die Grundannahme, dass die Religion bei allen Teilnehmern Teil der eigenen Identität ist, anschließt, folgt der Stimulus des Videobeitrags über die Kundgebung Kathrin Oertels auf einer Pegida-Demonstration in Dresden. Insbesondere hier nähert sich die Auswertung der Frage zu den Auswirkungen von Stigmatisierungen auf die Identitätswahrnehmung der Teilnehmer. Sie berichten – anknüpfend an den Stimulus – von eigenen Diskriminierungserfahrungen und ihrem Umgang damit.

S. nimmt als Erster der Teilnehmer Stellung und betont: „[K]urz gesagt meinte sie [Kathrin Oertel, K.L.B.], dass sie nicht gegen den Islam sind, [...] sondern gegen alle Formen des Extremismus". Damit positioniert er sich bezüglich einer ggf. vorhandenen Stigmatisierung so, als dass er sich am ehesten davon abgrenzt. Dadurch, dass er keine direkt kritische Stellung zum Videobeitrag nimmt, könnte argumentiert werden, dass er sich schlicht als Muslim durch Kathrin Oertel nicht angesprochen fühlt, da diese sich auf „Extremisten" beziehe. In Bezug auf seine Positionierung innerhalb des gemeinsamen Raumes zeigt dies eine Tendenz auf, dass er sich als Teilnehmer, der das vorherrschende Normalitätssystem eher stark verinnerlicht hat, von Stigmatisierung gleichzeitig eher weniger betroffen zeigt (im Vergleich zu den anderen Teilnehmern).

O. eröffnet in diesem Zusammenhang eine Diskussion darüber, dass es oft Schwierigkeiten in Bezug auf die Begrifflichkeiten gebe: falsche oder fehlerhafte Übersetzungen würden oft zu Missverständnissen führen. Bezüglich der Stigmatisierung der Muslime als Islamisten erklärt er: „Solche Idioten [islamistische Terroristen, K.L.B.], […] die gibt's überall auf der Welt […] Wir hoffen, dass man ein bisschen Streu von Weizen trennen kann […] Trennen will und dann trennen kann". O. kämpft um die Anerkennung der Religion als Teil seiner Identität. Diese These untermauern weitere Positionierungen. Als es um Stigmatisierung von Muslimen innerhalb der Medien geht, betont O. die stigmatisierenden Konsequenzen, die ein islamistisches Attentat hat: „Ich muss mich jeden Tag davor vorbereiten, wirklich richtig, was ich sagen soll zu den Leuten". In einer Diskussion zwischen K. und O. darüber, wie man mit Diskriminierungserfahrungen umgehen solle, wird O.s Kampf um Anerkennung besonders deutlich. Als K. fragt „Du willst doch, dass die Menschen ein anderes, neues Bild vom Islam bekommen, richtig?" antwortet O.: „Nicht ein anderes, ein richtiges". O.s Umgang mit seiner Stigmatisierung fällt am ehesten unter die Strategie der Kontrolle des Stigmas. Er hat das persönliche Ziel, den Islam, der zum Stigma geworden ist, in positiver Weise darzustellen, und er vermittelt dies über aktive soziale Informationen. Sein Ziel ist dabei, die Normalitätsvorstellungen der „Normalen" zu korrigieren und sie „aufzuklären". Er versucht dabei K. zu erklären, dass er es für richtig hält, dafür zu kämpfen, dass das Stigma, ein Muslim zu sein, in Deutschland keines mehr ist.

H., dessen Stellenwert des Glaubens im Leben ähnlich einzuordnen ist wie der O.s, hat einen anderen Umgang mit Stigmatisierung. Er erzählt von einem Vorfall bei einem ehemaligen Arbeitsplatz, bei dem er als *sleeper*[13] bezeichnet worden sei. Er erklärt, dass ein Kollege ihn fragte, ob er ein Foto mit ihm machen könne. Als H. ihn fragte weshalb, habe dieser erwidert: „Wenn du irgendwann in die Luft fliegst, da sag ich: ich kenne diese Person". H. betont, dass diese Diskriminierungen für ihn „ernsthaft" seien, erklärt aber auch, er würde solche Situationen „hinnehmen". Dadurch, dass H. sich eher schwach mit den vorherrschenden Normalitätsvorstellungen identifiziert, bedient er sich im Vergleich eines weniger aktiven Umgangs mit seiner Stigmatisierung. Dies mag daran liegen, dass er bezüglich seiner Religion, die zum Stigma wird, eine sehr zentrale, gefestigte Haltung einnimmt. Er bezeichnet seine Religion als „Sinn des Lebens", nach der sich jegliches Handeln richten müsse. Sein Stigma-Management mag eventuell gerade deshalb anders aussehen als das von O., der Kompromisse eingeht, was die vorherrschenden Normalitätsvorstellungen betrifft. Der intensive Halt im Glauben bzw. die intensive Beschäftigung damit, auch innerhalb der Moschee, kann ggf. selbst als Umgang mit der Stigmatisierung angesehen werden. Der intensive Bezug zum Glauben und der intensive Kontakt zu Personen in der Moschee könnte als Rückzug in die eigene *in-group* gesehen werden, innerhalb derer das Stigma keines ist. Es stellt gewissermaßen den Rückzug in die Normalitätsvorstellung bezüglich des Glaubens dar, die die Mehrheit außerhalb dieser Gruppe (die „Normalen") nicht teilt. Sobald H. jedoch Stigmatisierung in der Gesellschaft, also durch die „Normalen", erlebt, ist das – wie im Theorieteil erläutert –

---

13 *Sleeper* (engl. für „Schläfer") ist insbesondere seit dem 11.9.2001 in Bezug auf Terrorismus ein feststehender Begriff. Damit sind Agenten oder Spione gemeint, die bis zu ihrer „Aktivierung" unauffällig bleiben, jedoch auf Befehl hin aktiv werden und bspw. einen terroristischen Anschlag begehen (vgl. Karis 2013, S. 311ff.).

5.4 · Ergebnisse der Gruppendiskussion: Auswertung und Interpretation

eine Art Spiegel bezüglich des Stigmas seitens der „Normalen", die ihm aufzwängen: Du bist nicht normal. Dass auch bei H. Ich-Ideal und Ich auseinanderfallen, wird auch dadurch bestätigt, dass er dieser Konfrontation (der Stigmatisierung) trotz seines Rückzugs kaum entrinnen kann: Er sagt, dass er allein Blicke jeden Tag erlebe: „Ja, Blicke […] das sieht man jeden Tag". S. schließt sich H. bezüglich des Erlebnisses der *sleeper*-Bezeichnung direkt an und erklärt, er habe dasselbe auch erlebt:

» [E]rst später habe ich herausgefunden von einem Mitarbeiter, dass die anderen über mich gesprochen haben und darüber diskutiert[en], ob ich ein Schläfer sei. Und ich meinte:‚Was zur Hölle ist ein Schläfer?'

Auf die Frage, wie er mit solchen Diskriminierungen umgehe, antwortet S. an anderer Stelle, an der Diskriminierung bei der Wohnungssuche diskutiert wird: „ignorieren und weiter suchen". Ähnlich wie H. erklärt er, dass er so etwas hinnehmen bzw. „ignorieren" müsse, allerdings wählt er im Vergleich zu H. eine andere Form des Stigma-Managements. S. betont häufig, dass er „ganz normal" sei, d. h., er versucht, sich selbst „kulturell anzugleichen" und seinen „Makel" nach außen den „Normalen" nicht zu zeigen. Die These wird dadurch untermauert, dass er nicht in der Öffentlichkeit beten würde. Gleichzeitig werden ihm dadurch, dass er „phänotypisch" über die Hautfarbe und auch über die Sprache der arabischen Herkunft zugeordnet werden kann, Grenzen gesetzt. Das bedeutet ferner, dass, egal wie „normal" er sich zu präsentieren versucht, die „Normalen" ihm das konstruierte Stigma weiterhin vorhalten. Letzteres äußert sich in konkreter Diskriminierung. Hier wird das Auseinanderfallen seines Ich-Ideals, das sich an den Normalitätsvorstellungen der „Normalen" orientiert, und dem Ich deutlich. Bei S. kann gerade deshalb von einer „beschädigten" Identität gesprochen werden, weil er mit dem Versuch, sich dem Ich-Ideal anzunähern, stets an Grenzen stößt. Ebenso scheitern O. und H. mit ihren Versuchen stets dann, wenn sie erneut Diskriminierung erleben und ihnen ihr „Makel" durch die „Normalen" bzw. Stigmatisierenden aufgezeigt wird.

A. hingegen kommt wiederum ein anderer Umgang mit der Stigmatisierung zu. Zum Pegida-Beitrag nimmt er Stellung und erklärt: „Aber was mich stört, ist […] ‚Europäer gegen die Islamisierung des Abendlandes' […] Aber sie sagen ‚wir sind nicht gegen einen Islam', also warum dann diese [Bezeichnung, K.L.B.]?" Zudem erläutert er bezüglich islamistischer Terror-Anschläge:

» Wenn irgendein Anschlag passiert, dann muss man am nächsten Tag sich schon vorbereiten […] Ja was soll ich denn meinen Freunden sagen? Sie fragen ‚ja was hältst du davon?' […] Also das stört mich immer, […] also die ganzen Muslime unter Generalverdacht zu stellen.

Es wird deutlich, dass A. ebenfalls – wie alle Teilnehmer – unter der Stigmatisierung leidet. Als Reaktion, so erzählt er, habe er sich nun einen Bart wachsen lassen: „Diese ganzen Hetzen jetzt in den Medien […] Es hat bei mir so diese eine Reaktion ausgelöst. Zum Beispiel: Ich hatte vorher keinen Bart, keinen langen Bart, aber jetzt, seitdem, […] seit November, da habe ich mir jetzt einen Bart wachsen lassen." K. diskutiert daraufhin mit A., indem er betont, dass A. auch ohne Bart sagen könne, dass er ein Moslem sei. A. wehrt sich laut:

» Aber die provozieren mich jetzt, wenn die das machen […] Sie gucken mich sowieso an […] das stört mich und deswegen […] also wenn mir jetzt jemand sagt ‚ja be like us', sei so wie wir oder so, dann finde ich das nicht okay […] warum soll ich denn wie die Anderen sein? Ich will meine eigene Einstellung haben.

S. liefert im Anschluss an die Diskussion zwischen K. und A. über den Bart eine Erklärung für A.s Verhalten, welche sehr treffend die Stigma-Theorie Goffmans bestätigt:

> Leute versuchen sich zu integrieren und so, sie rasieren ihren Bart, sie tragen ihre kulturelle Kleidung nicht, […] sie versuchen [sich] soweit [der] Gesellschaft anzupassen und werden dann aber trotzdem teilweise von Teilen der Gesellschaft diskriminiert und dann denkt man: Ja scheißegal, wieso mache ich [das], wieso gebe ich mir Mühe mich hier anzupassen, wenn ich sowieso gleich behandelt werde von manchen und dann denkt er: Okay, dann scheißegal, dann lass ich meinen Bart wachsen.

Sollte A. zuvor, ähnlich wie S. oder O., um Anerkennung gekämpft haben, so ist er damit eventuell soweit gescheitert, dass er den Kampf in gewisser Weise aufgegeben oder verloren haben könnte. Das offene Tragen des Stigmas macht diese provozierende Reaktion recht deutlich. A. erkennt, dass seine „Anpassungsversuche" an Grenzen stoßen. Dies löst bei ihm die Reaktion aus, dass er das symbolische Stigma erst recht nach außen tragen möchte. Auch wenn A. evtl. zu einem früheren Zeitpunkt versucht hat, sich relativ stark mit den Normalitätsvorstellungen zu identifizieren, so tut er dies nach dem gescheiterten Kampf um Anerkennung nicht mehr. Er zieht sich – zumindest symbolisch – zurück in die eigene *in-group*, ähnlich wie H.. Gleichzeitig könnte A.s Reaktion so interpretiert werden, dass er explizit zeigen möchte, ähnlich wie O., dass seine Religion kein Stigma sein muss. Diese Annahme bestätigt seine Aussage: „ […] weil ich zeigen will, dass ich kein Terrorist bin, ich bin Moslem, aber kein Terrorist und ich kann den Bart haben" (A.). Anhand dieser zweischneidigen Interpretation wird deutlich, dass die Grenzen und Zuordnungen zu einer gewissen Typik im Umgang mit Stigmatisierung dynamisch und nicht distinkt sind. So kann A. auf gewisse Art und Weise in beide – in der Theorie erläuterten – Kategorien zum Stigma-Management passen, auch wenn er situativ zu einem bestimmten Umgang tendiert. Das heißt, dass sowohl das Bedürfnis entstehen kann, die herrschenden Normalitätsvorstellungen – ähnlich wie O. – korrigieren zu wollen, als auch das Bedürfnis zu provozieren entstehen kann. Im Sinne des Versuchs einer kulturellen Angleichung stoßen alle Teilnehmer an Grenzen: Ihr äußeres arabisches Aussehen ist ein durch die „Normalen" oft maßgebliches symbolisches Kennzeichen für ihren Glauben und somit für ihr Stigma. Dieses Aussehen können sie nur zum Teil ändern und kontrollieren. Wenn der Versuch der Annahme des vorherrschenden Normalitätssystems misslingt, weil die Teilnehmer an Grenzen stoßen, das Ich-Ideal der „Normalen" mit dem Ich zu vereinen, so zeigen sich krisenhafte Tendenzen in der Identität der „Zugewanderten". Solange sie sich in Situationen mit „Normalen" wiederfinden, in denen sie Diskreditierte sind, lösen die Fremdzuschreibungen bzw. Stigmatisierungen Anforderungen an das Individuum aus, die sie versuchen, über individuell verschiedene Umgangsformen mit Stigmatisierung zu lösen. Durch die Verbindung von Stereotyp (des „radikalen, politischen Moslem") und Attributen (wie das arabische Aussehen und die Sprache oder islamische Symbole) entkommen die Diskreditierten der eigenen Auseinandersetzung mit ihrer Identität nicht.

K. greift die Stigmatisierung durch Pedgida auf und erklärt über sich persönlich:

> Man fühlt sich angesprochen. Ich fühl mich da angesprochen, aber ich muss mich gar nicht angesprochen fühlen, weißte? Genauso wie ich manchmal das Gefühl habe jemand redet mit dir darüber und hat einen kritischen Ausgangspunkt, weißte? Und ich hab dann immer das Gefühl oke, du gehörst halt irgendwie zu dieser einen Gruppe und er gehört irgendwie zu der Gruppe, also musst du dich rechtfertigen. Aber das muss ich gar nicht […] ich hab dieses Gefühl trotzdem.

5.4 · Ergebnisse der Gruppendiskussion: Auswertung und Interpretation

An dieser Stelle lässt sich wiederum ein Rückschluss auf die soziale Identität ziehen, die in K.s Stellungnahme herausgestellt ist. Er bewegt sich in verschiedenen Sphären, was seine Erfahrungsräume anbelangt: Einerseits sagt er, er wisse, dass er sich nicht angesprochen fühlen müsse, gleichzeitig fühlt er sich angesprochen und ordnet sich dementsprechend wechselhaft verschiedenen konstruierten Gruppen zu. Seine aktuelle soziale Identität, die sich durch Attribute, die ihn – wie zuvor erläutert – zur Gruppe der Muslime zuordnen, konstituiert, wird zum Stigma selbst, da sie in sich nicht konstant ist. Bei K. wird deutlich, dass er, insbesondere dadurch, dass er sich seines Platzes und seiner Rolle unsicher ist („Woher kommst du, bist du Deutscher, bist du Araber"), bezüglich der Stigmatisierung ebenso hin- und hergerissen ist. Dadurch, dass er als Einziger der Teilnehmer in Deutschland aufgewachsen ist und die gültigen Normalitätsvorstellungen sehr genau kennt, fühlt er sich diesen vermutlich auch am ehesten verbunden. Das ist mit Goffman dadurch zu erklären, dass Diskreditierte zu den Normalitätsstandards der „Normalen" tendieren. Dieses Moment innerhalb von Stigmatisierungsprozessen nennt Goffman „Schlüsselfaktum" (1975: S. 16). Gerade K. hat den Übergang von einem Land und einer spezifischen Normalitätsvorstellung einer Kultur hinein in ein anderes Land mit anderen Normalitätsvorstellungen nicht erlebt wie die anderen zugewanderten Teilnehmer. Ihm kommt deshalb eine Sonderstellung zu, weil er quasi von Anfang an mit zwei aufeinanderprallenden Normalitätsvorstellungen konfrontiert war und stetig versuchen musste, diese auszuloten. K. selbst beschreibt seine Zerrissenheit als „inneren Konflikt", den er hat: „In mir stecken beide Kulturen drinne". Gerade diese Gegenüberstellung von verschiedenen Normalitätsvorstellungen, Gruppen und Zugehörigkeiten untermauert Goffmans Theorie in Bezug auf die Zusammensetzung der Identität. Die Ich-Identität, die die persönliche und soziale Identität in sich auf gewisse Art und Weise vereint, bezieht sich schließlich auf die emotionale Ebene bezüglich des Umgangs mit einem Stigma. Nun kann sich K., der sich insbesondere seiner aktualen sozialen Identität sehr unsicher ist, auf der emotionalen Ebene bloß auf einer von vornherein sehr unklaren Basis mit seiner Stigmatisierung auseinandersetzen. Er ist sich dementsprechend unsicher, was den Umgang mit erlebter Stigmatisierung bezüglich des Muslimisch-Seins im Sinne negativer Zuschreibungen wie Terrorismus anbelangt. Auf die Frage, wie er emotional mit Stigmatisierungen wie durch PEGIDA umgehe, antwortet er dementsprechend drastisch:

> Vor allem bei der Geschichte PEGIDA […] ich war total paranoid, ich hab immer, wenn mich jemand anguckt hat und ich hab ihm in die Augen geschaut und wollte wissen, was er gerade über mich denkt […] Ich wollte einfach verstehen: wo stehe ich selbst jetzt in der Gesellschaft? Wo muss ich mich einordnen, wo kann ich mitmachen, wo nicht, weißte?

Dadurch, dass er sich völlig im Unklaren ist, welcher Normalitätsvorstellung und welchem Ich-Ideal er sich zuwenden soll, möchte oder kann, gibt es nicht nur eine große Diskrepanz zwischen dem Ich-Ideal und dem Ich. Vielmehr kommt K. als eindeutig Diskreditiertem eine Sonderstellung zu, die seine Hin- und Hergerissenheit als Typus markiert. Formal und emotional kommen K. andere Grundvoraussetzungen zu als den „Zugewanderten", deren Umgangsweisen mit der Stigmatisierung sich in Anlehnung an Goffman verhältnismäßig gut in bekannte Theoriekonstruktionen einordnen lassen. Nimmt man jedoch Bezug auf die Fragestellung, inwieweit Stigmatisierungen krisenhafte Tendenzen in der Identität der Betroffenen verursachen, so ist der

---

14 Die Darstellung knüpft an die im Theorieteil eingeführte ◘ Tab. 5.1 zur Typik an und wird – mit leichten Modifikationen in Anlehnung an die Auswertung der Typen – auf die Ergebnisse angewendet.

Typus K. – als jemand, der mit zwei Normalitätsvorstellungen aufgewachsen ist – in den Fokus weiterer Analysen zu stellen. Gerade seine Positionierung lässt in Bezug auf die Identitätskonstruktion diffuse Merkmale erkennen, die eine tatsächliche Bewältigung von Stigmatisierung extrem erschweren.

Zusammenfassend lässt sich die Typik in Anlehnung an die erstellte Grafik zum konjunktiven Erfahrungs- und Wissensraum der Teilnehmer (s. ◘ Abb. 5.2) dementsprechend darstellen (◘ Tab. 5.4).

Hierbei ist zu akzentuieren, dass die entworfene Typik der Diskussionsteilnehmer eine dynamische ist, die zeitlich und situativ variieren kann. Zudem sind Kategorien wie bspw. Umgangsweisen bezüglich beschädigter Identität nicht distinkt. Die idealtypische Darstellung soll dazu verhelfen, sich der Beantwortung der Fragestellung zu nähern. In Anlehnung an Goffman konnte durch die biographisch verschiedenen Lebenslaufmuster eine Unterscheidung zwischen dem Typus der Zugewanderten und dem Typus gemacht werden, der parallel mit zwei Normalitätsnormen sozialisiert wurde. Durch den rekonstruierten Habitus konnte nachgewiesen werden, dass dieser Typus nicht komplett aus der Untersuchungsgruppe herausfällt, sondern aufgrund verschiedener dargestellter Aspekte zum Teil in die Gruppe hineingehört. Er teilt mit den anderen Teilnehmern ein wesentliches Erfahrungswissen, trotz seiner Sonderstellung. Der Beantwortung der Fragestellung, ob und inwieweit Stigmatisierungen zu krisenhaften Tendenzen in der Identität der Betroffenen führen, kann sich mithilfe der Theorie Goffmans schlussendlich angenähert werden. Ja, Stigmatisierungen haben Konsequenzen für die Identität der Diskreditierten. Die Art, mit dieser beschädigten Identität umzugehen, kann sich dabei jedoch verschieden gestalten und äußern.

◘ **Tab. 5.4** Umgangsweisen mit der Stigmatisierung je nach Grad der Identifikation mit den vorherrschenden Identitätsnormen, eigene modifizierte Darstellung[14]

Umgang mit der Stigmatisierung (aktiv/passiv)	Vierter Typ: Migration		Fünfter Typ: zwei aufeinanderprallende Normalitätsverständnisse in der Sozialisation
	Eher starke Identifikation mit den vorherrschenden Identitätsnormen	Eher schwache Identifikation mit den vorherrschenden Identitätsnormen	Eher schwankende Identifikation mit den vorherrschenden Identitätsnormen
Eher aktiv	Typus *Versuch der Anpassung*: S.	Typus: *Versuch Normalitätsvorstellungen zu korrigieren*: O. Typus *Provokation als Reaktion auf verlorenen Kampf um Anerkennung*: A.	Typus *Hin- und Hergerissenheit bzgl. der eigenen Identitätswahrnehmung*: K.
Eher passiv		Typus *Hinnehmen und Rückzug*: H.	

5.5 Kontextualisierende Diskussion

In diesem Abschnitt wird unter Bezugnahme auf die Ergebnisse der Gruppendiskussion dargelegt, welches Verständnis von Integration bei der Bevölkerung Deutschlands das vorherrschende ist und welche Konsequenzen sich daraus unter anderem für die in der Bundesrepublik lebenden Muslim_innen und deren Identität ergeben. Außerdem werden die Grenzen des methodischen Vorgehens der vorgestellten Forschung aufgezeigt sowie ein Ausblick für zukünftige Forschungsmöglichkeiten dargelegt.

5.5.1 Vorherrschendes Integrationsverständnis in Deutschland

Die Ergebnisse verdeutlichen, dass Muslime in Deutschland dazu angehalten werden, sich kulturell[15] anzupassen, um so möglicherweise Erfahrungen von Stigmatisierung und Diskriminierung zu minimieren bzw. zu vermeiden. Die Assimilationsforderung wird als eine mögliche Auffassung von Integration verstanden.

Im Folgenden wird erläutert, auf was sich im Allgemeinen der Begriff der Integration bezieht und welche Arten von Integration existieren. Des Weiteren wird diskutiert, wieso ein Großteil der Bevölkerung Deutschlands Integration als einen Prozess der Assimilation auffasst und wie daraus Stigmatisierungen muslimischer Menschen[16] resultieren. Ebenso wird dargelegt, wie die Präsentation von Muslim_innen in den Massenmedien[17] die Forderung der Assimilation unterstützt. Anschließend wird beschrieben, dass nicht nur Muslim_innen der Assimilationsforderung unterliegen und Opfer von Stigmatisierung und Diskriminierung in Deutschland werden, sondern auch jene Personen, die als muslimische Individuen von der nicht-muslimischen Bevölkerung eingestuft werden.

5.5.1.1 Definition des Integrationsbegriffs

Integration lässt sich rein sprachlich als ein Prozess begreifen, bei dem aus einer Vielfalt eine Einheit werden soll (Drosdowski 1995, S. 1719). Das Wort der Integration wird in der Bundesrepublik im gesellschaftlichen und politischen Diskurs vor allem im Zusammenhang mit Migrant_innen[18] und Menschen mit Migrationshintergrund[19] verwendet. Es gibt unterschiedliche Arten von Integration. Zum einen kann Integration als eine strukturell-funktionale Integration begriffen

---

15 Der Begriff der Kultur bezieht sich auf die von Individuen erschaffenen Ereignisse und Leistungen wie beispielsweise Kunst, Technik, Religion, Sprache, Normen und Werte (vgl. Müller-Funk 2006, S. 6f.).

16 Für die folgende Diskussion wird angenommen, dass nicht nur Muslime, sondern auch Musliminnen in Deutschland stigmatisiert und diskriminiert werden. Dabei steht jedoch nicht außer Frage, dass sich Stigmatisierung und Diskriminierung bei Muslimen auf andere individuelle Aspekte beziehen können als bei Musliminnen.

17 Als Massenmedien werden alle gesellschaftlichen Einrichtungen begriffen, welche für die Verbreitung von Kommunikation vervielfältigende technische Mittel nutzen, der Allgemeinheit zugänglich sind und in großer Zahl für noch unbestimmte Adressat_innen produzieren (vgl. Luhmann 1996, S. 10).

18 Mit dem Begriff der Migration ist der langfristige Wohnortwechsel von Menschen oder Menschengruppen gemeint (vgl. Han 2010, S. 6). In dieser Arbeit werden als Migrant_innen Personen bezeichnet, die von ihrem Herkunftsland nach Deutschland immigriert sind.

19 Menschen mit Migrationshintergrund sind Individuen, die bereits in dem Immigrationsland ihrer Eltern, Großeltern oder eines Elternteils geboren und aufgewachsen sind.

werden, die sich auf gesellschaftliche Bereiche wie das Bildungssystem und den Arbeitsmarkt bezieht. Zum anderen kann Integration als eine rein kulturelle Integration verstanden werden, wobei es wiederum unterschiedliche Konzepte gibt. Kulturelle Integration kann mit den Ideen der Assimilation wie auch des Multikulturalismus gleichgesetzt werden, wobei sich die beiden Auffassungen in ihrer Bewertung kultureller Vielfalt deutlich voneinander unterscheiden (vgl. Löffler 2011, S. 181f.).

Im Rahmen des multikulturalistischen Ansatzes wird kulturelle Differenz innerhalb einer Gesellschaft unterstützt, Assimilation lehnt diese ab, wodurch sich die Stigmatisierung von Migrant_innen und Menschen mit Migrationshintergrund, zu denen auch die Teilnehmer der vorgestellten Gruppendiskussion gehören, erklären lässt. Assimilation fordert eine einseitige kulturelle Annäherung bzw. Anpassung der Migrant_innen an das in dem Immigrationsland vorherrschende Normalitätssystem. Mithilfe dessen soll eine homogene kulturelle Gesellschaft entstehen (vgl. Löffler 2011, S. 182ff.).

Für die folgenden Ausführungen zu der These, dass die Mehrheit der in Deutschland lebenden Gesellschaft Integration als Assimilation versteht und diese ebenso fordert, wird angenommen, dass die Einstellung einer Person gegenüber Muslim_innen und Menschen, die als jene aufgrund phänotypischer Merkmale wahrgenommen werden, ihre Auffassung von Integration widerspiegelt.

5.5.1.2 Verständnis der Integration als ein Prozess der Assimilation

Der in Deutschland durchgeführte Religionsmonitor vom Jahre 2014 hat ergeben, dass sich 40 % der nicht-muslimischen Bürger_innen in Deutschland durch die „vielen muslimischen Menschen" fremd in „ihrem" Land fühlen. Das bedeutet, dass sich fast die Hälfte der nicht-muslimischen Bevölkerung durch gerade einmal 5 % der Gesamtbevölkerung (4 Millionen Muslim_innen leben in Deutschland) als fremd in Deutschland wahrnimmt (vgl. Halm und Sauer 2015, S. 3; 8). Des Weiteren brachte die Studie hervor, dass 57 % der nicht-muslimischen Gesellschaft den Islam und muslimische Personen als eine Bedrohung für Deutschland ansehen (im Jahr 2012 lag dieser Wert noch bei 53 %). Außerdem vertraten 61 % der nicht-muslimischen befragten Menschen die Ansicht, dass der Islam nicht passend sei für die „westliche Welt" (im Jahr 2012 bestätigten 52 % der Befragten diese Aussage) (vgl. Halm und Sauer 2015, S. 7). Die beispielhaft vorgestellten Daten zeigen auf, dass innerhalb der deutschen Bevölkerung mehrheitlich vor allem kulturelle Assimilation von Muslim_innen gefordert wird, was mit einer Ablehnung des Multikulturalismus gleichzusetzen ist. Für die Betroffenen bedeutet dies, dass sie sich nach den Vorstellungen der überwiegenden Bevölkerung Deutschlands an gewisse Standards anpassen sollen und somit ihre Herkunftskultur (partiell) aufgeben müssen (vgl. Terkessidis 2010, S. 40).

Soziologisch gesehen ist Kultur als ein soziales Konstrukt zu begreifen, das einem ständigen Wandel unterliegt (vgl. Hall 1994, S. 200). Die Ausführungen zeigen jedoch, dass von Menschen Kultur als ein homogenes Gefüge wahrgenommen wird und für die deutsche Bevölkerung mehrheitlich zu jeder Nation eine bestimmte Kultur gehört, was die Konstrukte Nation und Kultur zu homogenen Gefügen macht (vgl. Hall 1994, S. 200; Mecheril 2011, S. 40f.). Die Vorstellung der Homogenität ist durch den Glauben an eine gemeinsame Geschichte, Sprache, Abstammung und ein zu beanspruchendes Territorium aller Mitglieder einer Nation entstanden (vgl. Birsl 2005, S. 260). Durch die Annahme, dass kulturelle und nationale Gemeinschaften als homogen zu verstehen sind, wird die Mehrdimensionalität von Nationen nicht berücksichtigt und demnach auch nicht das Alter, Milieu oder Geschlecht der Individuen, die ebenso gesellschaftsstrukturierende Aspekte sind (vgl. Mecheril 2011, S. 40f.). Somit ist es möglich, dass die deutsche Gesellschaft als eine homogene wahrgenommen wird, die sich durch eine spezifisch deutsche Kultur auszeichnet (vgl. Terkessidis 2010, S. 7). Nach der hegemonialen Integrationsvorstellung entsteht demnach eine heterogene Gesellschaft erst mit dem Prozess der Migration (vgl. Neubert et al. 2013, S. 22; Ploner 2015, S. 15f.).

- **Vermeintliche Existenz der „deutschen Leitkultur"**
Über die Forderung der kulturellen Anpassung wird deutlich, welch hohen Stellenwert der Bereich der gesellschaftlichen Kultur innerhalb der Debatte um Integration einnimmt (vgl. Löffler 2011, S. 276). Es entsteht der Eindruck, die Mehrheit der in Deutschland lebenden Bevölkerung fürchte sich vor dem Verlust der scheinbar existierenden deutschen Leit- oder Nationalkultur (vgl. Löffler 2011, S. 279). Damit wird die Existenz einer homogenen Kultur von der Gesellschaft innerhalb Deutschlands unterstützt. Was dabei exakt unter dem Begriff der deutschen Leitkultur zu verstehen ist, kann nicht einheitlich definiert werden. Teilweise wird deutsche Leitkultur über einen rechtlichen und sprachlichen Konsens in minimaler Größe begriffen, teils als das, was „typisch deutsch" sei (vgl. Löffler 2011, S. 277ff.; Ploner 2015, S. 12). Auch wenn von der öffentlichen Politik der Ausdruck der „deutschen Leitkultur", der im Jahre 2004 durch den CDU-Politiker Friedrich Merz eingebracht wurde, eine mehrheitliche Ablehnung fand und somit aus dem öffentlichen politischen Diskurs entfernt wurde, findet er aufseiten der Bevölkerung Deutschlands immer mehr Zustimmung (vgl. Löffler 2011, S. 277ff.). Daraus ergeben sich unter anderem für muslimische Menschen Erfahrungen der Stigmatisierung und Diskriminierung, was schädigende Konsequenzen für deren Identität mit sich bringt (vgl. ▶ Abschn. 5.2).

An dieser Stelle ist es relevant aufzuzeigen, wieso auf gesellschaftlicher Seite eine wachsende Bestärkung der Idee der deutschen Leitkultur und der damit in Verbindung stehenden Ablehnung einer multikulturellen Bevölkerung und Kultur zu verzeichnen ist. Unter anderem führen fortschreitende Prozesse der Individualisierung und Pluralisierung in modernen Gesellschaften, zu denen auch die deutsche zählt, dazu, dass die Gesellschaftsmitglieder immer weniger Orientierung und Sicherheit im eigenen Leben wahrnehmen (vgl. Hall 1994, S. 181; Löffler 2011, S. 277ff.). Eine Möglichkeit, die Perzeption von persönlicher Orientierung und Sicherheit beizubehalten, sehen Menschen in der Aufrechterhaltung und der Wahrung dessen, was sie bereits kennen und mit dem sie vertraut sind. In diesem Zusammenhang stellt die Nationalkultur ein für die Individuen schon bekanntes und vertrautes Konstrukt dar. Durch das parallele Existieren einer anderen Kultur, die sich hinsichtlich der Sprache, Kunst, religiösen Vorstellungen, Ideen des zwischenmenschlichen Miteinanders etc. mitunter stark von der in der persönlichen Wahrnehmung vertrauten Nationalkultur unterscheiden kann, entstehen bei den Betroffenen Ängste, dass Orientierung, Halt und Sicherheit im persönlichen Leben abnehmen. Demnach werden andere Kulturen und all das, was sie umfassen, abgelehnt. Daraus resultieren Stigmatisierung und Diskriminierung gegenüber jenen Menschen, die diese Orientierungshilfe durch das Verfolgen anderer kultureller Vorstellungen und Praktiken „gefährden könnten". Die Forderung nach Assimilation wird geäußert, und wenn dieser nicht ausreichend nachgegangen wird, setzen Stigmatisierungs- und Diskriminierungsprozesse verstärkt ein.

In Verbindung mit dem Aspekt der Orientierung sind zudem die in einer Gesellschaft existierenden Werte und Regeln zu betrachten. Sie verleihen den Individuen neben Orientierung auch das Gefühl einer gesellschaftlichen Stabilität. Es wird davon ausgegangen, dass Menschen aufgrund der Befürchtung, dass die stabilitäts- und orientierungsgebenden Werte und Regeln des deutschen Gesellschaftssystems und der damit verbundenen deutschen Leitkultur durch die Existenz und Einflussnahme anderer Kulturen an Bedeutung verlieren bzw. ganz verschwinden (vgl. Hall 1982). Dies zeigt, dass die Personen, die eine kulturelle Assimilation anderer fordern, an ihrer nationalen Identität festhalten und diese somit über die Identität anderer Nationen stellen. Dadurch wird deutlich, dass Identität mit Machtverhältnissen in Relation steht.

Die Leitkultur-Debatte konstruiert nicht nur eine Hierarchisierung verschiedener Kulturen, sondern sie führt auch dazu, dass Befürworter_innen dieser annehmen, dass das Leben nach der deutschen Nationalkultur eine legitime Voraussetzung sei, um in die Bundesrepublik immigrieren zu können (vgl. Hall 1982).

- **Die deutsche Gesellschaft als eine transkulturelle**

Zudem verdeutlicht der mehrheitliche Glaube daran, dass die deutsche Gesellschaft eine kulturell homogene darstellt bzw. darstellen sollte, dass der in Deutschland lebenden Bevölkerung nicht bewusst ist, dass jedes einzelne Individuum durch den sogenannten „Transkulturalismus" geprägt ist und in diesem lebt. Moderne Gesellschaften sind transkulturell, sie sind neben der ursprünglichen Kultur des jeweiligen Landes durch Kulturen anderer Länder und Kontinente geprägt und konsumieren alltäglich deren Güter. Daraus bilden sich transkulturelle Identitäten. Somit ist die Vorstellung, in einer kulturell homogenen Gemeinschaft zu leben, eine längst überholte (vgl. Hall 1994, S. 207).

Am Diskussionsteilnehmer K. wird die Existenz transkultureller Identitäten besonders deutlich. Er ist von Beginn seines Lebens an mit zwei sich voneinander unterscheidenden Normalitätssystemen aufgewachsen und äußert selbst, dass er sich weder vollständig als Araber noch als Deutscher fühlt. Er fühlt sich zu keinem der beiden Normalitätssysteme, mit denen er sozialisiert wurde, vollständig zugehörig. Es ist anzunehmen, dass beispielsweise Forderungen der kulturellen Assimilation zu dem permanenten Gefühl der nicht vollständigen Zugehörigkeit führen sowie es verstärken und dies schädigende Folgen für die Identität der Betroffenen mit sich bringt.

5.5.1.3 Massenmediale Präsentation von Muslim_innen und dem Islam in Deutschland

Die Analyseergebnisse der Studie von Frindte et al. (2012) zeigen stellvertretend, dass zahlreiche Massenmedien mit ihrer Darstellung muslimischer Menschen und des Islams das gesellschaftlich weit verbreitete Gefühl der Bedrohung, Unsicherheit und Instabilität durch Personen aus islamisch geprägten Ländern unterstützen und somit über Macht bezüglich des gesellschaftlichen Denkens verfügen. Massenmedien fördern die Stereotypisierung des Islams und muslimischer Individuen, Islamfeindlichkeit wie auch deren Verfestigung. Die Basis für die durchgeführte Medienanalyse bildeten 692 Nachrichtensendungen der deutschen Sender „ARD, ZDF, RTL, Sat.1, de[r] türkischen Sender TRT Türk und Kanal D sowie de[r] arabischen Sender Al Jazeera und Al Arabiya" (Frindte et al. 2012, S. 11) aus den Jahren 2009 und 2010. Es ist als problematisch zu bewerten, dass in jedem fünften aller untersuchten Samples islamistische Terrorist_innen thematisiert wurden. Es kann so der Eindruck entstehen, dass islamischer Glaube immer in direkter Beziehung zu einer „extremen" politischen Ideologie und Terrorismus steht. Islam und Islamismus werden nicht ausreichend differenziert voneinander dargestellt, und so tragen die genannten Medien zur Entstehung von Vorurteilen gegen den Islam und Muslim_innen bei. Die unklare Trennung von muslimischen Menschen und islamistischen Terrorist_innen drückt sich bei einem Großteil der Bevölkerung unter anderem in einer allgemeinen Stigmatisierung gegenüber muslimischen Individuen und Personen aus, die keine Muslim_innen sind, aber aufgrund ihrer Physiognomie als solche wahrgenommen werden (vgl. Frindte et al. 2012, S. 11, 17). Diese mediale Stereotypisierung und damit in Verbindung stehende Evaluierung von muslimischen Individuen und dem Islam wirkt vor allem bei dem Publikum, das keinen persönlichen

5.5 · Kontextualisierende Diskussion

Kontakt zu Muslim_innen hat: „Wer selbst keinen Kontakt zu Muslimen hat und sich mit dem medialen Angebot zufrieden gibt, der begegnet Muslimen dann vor allem in der Nachrichtenberichterstattung – und dort ist (leider) vorrangig von Terroristen, religiösen Fundamentalisten oder ‚Kopftuchmädchen' die Rede" (Frindte et al. 2012, S. 17). Frindte et al. (2012) stellen heraus, dass islamistische Terroranschläge der Öffentlichkeit nicht vorenthalten werden sollten und nicht allein die Massenmedien die Verantwortung für eine weitverbreitete Islamfeindlichkeit in Deutschland hätten, „[a]ber sie bestimmen die Auswahl der Themen, das, worüber man sich unterhält, und in welchen Horizonten man denkt" (Neubauer 2015). Die Konsequenz, die sich daraus ergibt, ist, dass nicht-stigmatisierte Personen in Deutschland mit Muslim_innen meist radikale Islamist_innen assoziieren (vgl. Halm et al. 2015, S. 7). Das Alltags- und Berufsleben von Muslim_innen in der Bundesrepublik kann dadurch negativ beeinflusst werden, was auch in der vorliegenden Untersuchung deutlich geworden sein sollte. Der Teilnehmer H. sagte beispielsweise: „Ich [wurde, M.F.] auch als Osama bin Laden bezeichnet. Wir werden jeden Tag ... Osama bin Laden gerufen. 2003 als ... Saddam Hussein gefasst wurde, ... haben [die, M.F.] mich auch ... Saddam [genannt, M.F.], [...] vorher [...] Schläfer, noch schlimmer."

Die durch die Massenmedien verbreiteten Stereotype gegenüber Muslim_innen unterstützen, dass Islamfeindlichkeit „kein[e] gesellschaftliche Randerscheinung ist, sondern [...] sich in der Mitte der Gesellschaft" (Halm et al. 2015, S. 3) abspielt. Muslimische Menschen und jene, die als solche durch phänotypische Merkmale wahrgenommen werden, werden durch ihre massenmediale Präsentation und die des Islams eindeutig von nicht-muslimischen Menschen abgegrenzt und aus der deutschen natio-ethno-kulturellen Gruppe[20] exkludiert (vgl. Ploner 2015, S. 26; Sarcinelli 2011, S. 82). Die Bevölkerung der Bundesrepublik fühlt sich durch die hauptsächlich negative und homogene Präsentation von Muslim_innen und dem Islam durch diese Menschen und ihre Kultur bedroht, was unter anderem zu einem (verstärkten) Festhalten an der deutschen Leitkultur führen kann. Demnach unterstützen auch Massenmedien die in der deutschen Bevölkerung immer häufiger vorzufindende Forderung, muslimische Menschen müssen sich an die scheinbar existierende deutsche Leitkultur assimilieren, sowie den Wunsch nach einer homogenen gesellschaftlichen und kulturellen Landschaft. Eine These der Untersuchung kann damit lauten, dass Massenmedien die Stigmatisierung derjenigen Individuen fördern, die als exkludiert von der deutschen natio-ethno-kulturellen Gruppe gelten.

5.5.1.4 Auswirkungen der in Deutschland existierenden Islamfeindlichkeit

Die Ausführungen haben offengelegt, dass in Deutschland die weitverbreitete gesellschaftliche Auffassung vorzufinden ist, es dürfe für die Aufrechterhaltung von Stabilität und Sicherheit keine andere Kultur neben der Nationalkultur existieren (vgl. Hall 1994, S. 207). Die daraus resultierenden Stigmatisierungen und Diskriminierungen gegenüber Muslim_innen fordern die Betroffenen dazu auf, sich kulturell anzupassen. Diese negativen sozialen Erfahrungen können bei den Betroffenen krisenhafte Tendenzen in ihrer Identität hervrorufen. Darüber hinaus bringt die Aufforderung der Assimilation mit sich, dass muslimische Menschen ihre nationale Identität und Herkunftskultur aufgeben müssen, um Anerkennung von den „Normalen" zu erhalten. Außerdem entsteht bei den betroffenen Individuen über die negativen sozialen Erfahrungen der

---

20 In der vorliegenden Untersuchung wird unter einer natio-ethno-kulturellen Gruppe von Personen verstanden, dass diese Menschen durch die Vorstellung einer gemeinsamen Kultur, das Bewusstsein einer gleichen Vorgeschichte im politisch-kulturellen Sinne und den subjektiven Glauben an eine Gemeinsamkeit der Abstammung (vgl. Weber 2009, S. 243) geeint sind (vgl. Hillmann 2007, S. 605).

Eindruck, dass sie aufgrund ihrer von den vorherrschenden Normalitätsvorstellungen abweichenden Kultur nicht zur deutschen Gesellschaft und ihrem öffentlichen Leben dazugehören. Dass dieses beständige Vor-Augen-Führen der Nicht-Zugehörigkeit auch die Wahrnehmung der persönlichen Zugehörigkeit der Betroffenen beeinflussen kann, haben wir in der Auswertung der Gruppendiskussion zeigen können.

Dass das mehrheitliche Verständnis der Integration als Assimilationsprozess nicht nur die eben beschriebenen Konsequenzen für Muslim_innen mit sich bringt, sondern auch für Menschen, die als jene durch zum Beispiel phänotypische Merkmale wahrgenommen werden, lassen die Aussagen der Diskussionsteilnehmer vermuten. Sie haben auch in Situationen Stigmatisierung erfahren, in denen nicht offensichtlich war, dass sie dem Islam angehören. So berichtete beispielsweise O.:

> » Ich hab auch meine Erfahrung auch äh im im Herbst oft da hab ich auch aber schon das war schon einfach einfach zwei Jahre vorher da haben mich einfach tagsüber um 17 Uhr einfach angegriffen vier Typen. das war 17 Uhr tagsüber Tageslicht vor einem großen Parkplatz einfach angehalten und dann geschimpft und nicht weggerannt //mhm// und keiner von dort wollte was gesehen haben.

Hierbei wird offensichtlich, dass die stigmatisierenden und diskriminierenden Erfahrungen der Betroffenen nicht ausschließlich im Zusammenhang mit ihrer tatsächlichen Zugehörigkeit zum Islam und möglicher Abweichung von vorherrschenden kulturellen Normalitätsvorstellungen zu betrachten sind. Dies lässt die Schlussfolgerung zu, dass der in Deutschland negativ ausfallende Evaluierungsprozess von Menschen, die allein aufgrund ihrer Physiognomie dem Islam zugeordnet werden, auch zu ihrer Stigmatisierung und Diskriminierung führt. Dass daraus Konsequenzen wie die Identitätsschädigung der Betroffenen sowie ein gewissermaßen bestehender Zwang zum Aufgeben ihrer Herkunftskultur bzw. der ihrer (Groß-)Eltern resultieren, wurde in der vorliegenden Studie gezeigt.

Die anhaltende Kategorisierung entlang nationaler Identitäten und die hierarchische Anordnung der Kategorien (Nationen, Kulturen und den als zugehörig wahrgenommenen Individuen) führen dazu, dass Muslim_innen (Stigmatisierte) als nicht gleichwertig zu Christ_innen („Normalen") angesehen werden (vgl. Hall 1994, S. 200). Dies zeigt, dass die Einteilung von Menschen in Nationen und Kulturen Machtverhältnisse (re-)produziert. Daraus ergeben sich unter anderem Stigmatisierung und Diskriminierung von Individuen, die einer Nation und Kultur zugeordnet werden, die als minderwertig im Vergleich zur „eigenen" Nation und Kultur verortet werden. Dass sich daraus mitunter weitreichende Folgen für die Identität der Betroffenen entwickeln können, haben die bisherigen Ausführungen deutlich gemacht.

5.5.2 Grenzen der Forschung und weitere Forschungsmöglichkeiten

Wie aus der vorliegenden Untersuchung ersichtlich wurde, ist im Arbeitsprozess auf theoretischer und methodischer Ebene stets mit hoher Genauigkeit und Reflexion vorgegangen worden. Generell kann das Ende einer qualitativen Forschung nicht exakt angegeben werden, da es nicht möglich ist, alle Dimensionen der Ergebnisse zu berücksichtigen. So ist es auch uns aufgrund zeitlich begrenzter Kapazitäten nicht gelungen, alle theoretischen und methodischen Grenzen zu überwinden.

5.5 · Kontextualisierende Diskussion

Für zukünftige Erhebungen ist zudem das Problem der Seins- und Standortverbundenheit, welches sehr häufig im Rahmen qualitativer Forschung auftritt, zu berücksichtigen. Dies bedeutet, dass auch der Habitus der Untersuchenden die Perspektive beeinflusst, mit der die Ergebnisse betrachtet werden. Dieses Problem lässt sich zwar nicht komplett eliminieren, jedoch mithilfe des Einsatzes von Forschenden einer „anderen Gesellschaft" verringern. Bei Untersuchenden anderer Nationen liegt ebenfalls ein spezifischer Habitus vor, der die Perspektive der Forschenden und die Ergebnisinterpretation beeinflusst, jedoch ist es ihnen durchaus möglich, eine andere Sichtweise bei der Ergebnisanalyse einzunehmen, als sie von Forscher_innen der deutschen Gesellschaft eingenommen werden kann (vgl. Meuser 2013, S. 228f.).

Außerdem sollte in den dargelegten weiteren Forschungsansätzen die Anwendung einer Triangulation (Methodenkombination) verfolgt werden, was neben dem Einsatz der dokumentarischen Methode beispielsweise auch biographische Interviews und Beobachtungen berücksichtigt. Vor allem wäre die Verwendung der körperlichen Dimension in Anbetracht der Habitusrekonstruktion relevant, da der Habitusbegriff in diesem Forschungsbereich einen zentralen Platz einnimmt. Dessen Dimension kann jedoch nur mithilfe von Beobachtungen der Körperroutine deutlich werden. Diese Dimension des Habitus wird als Hexis bezeichnet (vgl. Bohnsack et al. 2013, S. 22f.).

Trotz aller Forschungslücken und Anschlussmöglichkeiten sind wir der Meinung, dass unsere Untersuchung einen guten Ausgangspunkt für zukünftige Forschungen darstellt, die sich mit thematisch ähnlichen Problematiken auseinandersetzen möchten. Im Folgenden möchten wir beispielhaft Impulse für solche Forschungsvorhaben setzen:

1. Ausgehend von nur einem Diskussionsteilnehmer, der in Deutschland geboren und aufgewachsen ist, könnte bezüglich unserer vorgestellten Ergebnisse argumentiert werden, dass es keine verallgemeinerbare Annahme ist oder er ein Ausnahmefall war, dass er sich zwischen zwei Normalitätssystemen hin- und hergerissen fühlt. An dieser Stelle wird offensichtlich, dass das Fehlen einer komparativen Analyse problematisch ist. Es wurde sich auf eine fallinterne komparative Analyse und fallspezifische sinngenetische Interpretation beschränkt. Somit war es nicht möglich, den von der dokumentarischen Methode vorgesehenen vierten Interpretationsschritt vorzunehmen, der eine soziogenetische Interpretation oder auch einen fallübergreifenden Vergleich vorsieht. Daraus ergibt sich das Problem, dass mithilfe einer fallspezifischen sinngenetischen Interpretation zwar eine Generalisierung von Theorien vorgenommen werden kann, jedoch gibt dies keinen Aufschluss darüber, inwieweit diese Theorie dann auch auf andere Fälle übertragbar ist (vgl. Bohnsack 2013, S. 254). Daraus lässt sich schließen, dass mindestens eine weitere muslimische Person an der Diskussion hätte partizipieren müssen, die in einem nichtislamisch geprägten Land aufgewachsen ist. Nur dann hätte entschieden werden können, ob K. eine Ausnahme darstellt für muslimische Menschen, die in einem nicht-islamisch geprägten Land wie beispielsweise Deutschland geboren und aufgewachsen sind, oder ob unsere theoretischen Annahmen auch auf andere Muslim_innen übertragbar sind, denen ebenfalls aufgrund ihrer Sozialisation zwei Normalitätssysteme gleichzeitig internalisiert wurden.

2. Eine weitere Forschungsmöglichkeit basiert auf einem der Ergebnisse des Religionsmonitors 2014 der Bertelsmann-Stiftung (Halm, Sauer und Schmidt 2015): In deutschen Regionen, in denen der Anteil der muslimischen Bevölkerung sehr niedrig bzw. am geringsten ist, existiert deutlich mehr Islamfeindlichkeit als in Gebieten mit einem (deutlich) höheren muslimischen Bevölkerungsanteil. So erreichte beispielsweise Sachsen

im Jahr 2014 den bundesweiten zustimmenden Maximalwert von 78 % bei der Frage, ob sich die dort lebenden Nicht-Muslime durch den Islam bedroht fühlten. In Nordrhein-Westfalen haben im gleichen Jahr 46 % der nicht-muslimischen Bevölkerung ein Bedrohungsgefühl gegenüber dem Islam geäußert. In Sachsen sind nur 0,1 % der Bevölkerung Muslim_innen, in Nordrhein-Westfalen hingegen lebt ein Drittel aller in Deutschland gezählten Muslim_innen (ca. 1,33 Millionen, 7,6 % der Gesamtbevölkerung des Landes). Auch bei dem Vergleich aller Bundesländer bestätigt sich, dass Islamfeindlichkeit im Durchschnitt umso niedriger ist, je mehr Muslime in dem Gebiet leben. So gehören in den sogenannten neuen Bundesländern 0,44 % der Bevölkerung dem Islam an, und 66 % der ostdeutschen Bevölkerung nehmen eine von der Religion ausgehende Bedrohung wahr. Hingegen sind in den westdeutschen Bundesländern 5,61 % der Gesamtbevölkerung Muslime und 55 % der nicht-muslimischen Personen stimmen dem Gefühl der Bedrohung durch den Islam zu. Diese Ergebnisse sprechen für die Annahme, dass ein geringere Gegenwart von Menschen, die dem Islam angehören, zu mehr Islamfeindlichkeit führt (vgl. Halm et al. 2015.; Information und Technik Nordrhein-Westfalen 2015; Garrel 2015; Polke-Majewski und Venohr 2015).

Unter Bezugnahme auf diese Resultate wäre unter anderem folgende Frage zu diskutieren: Inwiefern unterscheidet sich Stigmatisierung in ihrer Intensität, Art und Weise zwischen Ost- und Westdeutschland sowie zwischen ländlichen Regionen, Einzugsgebieten von Großstädten und Großstädten (vgl. Hebel und Elmer 2015)? Sollte die Häufigkeit lokaler Islamfeindlichkeit Einfluss auf die Stigmatisierungsintensität und -ausformung nehmen, könnte anschließend untersucht werden, ob muslimische Menschen aus Ostdeutschland und dörflichen Regionen mehr Identifikation mit dem in Deutschland vorherrschenden Normalitätssystem aufweisen als muslimische Menschen in Westdeutschland, Einzugsgebieten von Großstädten und Großstädten (siehe ◘ Abb. 5.2).

3. Des Weiteren wäre es wichtig, Musliminnen an Anschlussforschungen partizipieren zu lassen. Die Teilnehmer der Diskussion wiesen darauf hin, dass beispielsweise das Tragen eines Kopftuchs in Deutschland häufig zu Stigmatisierung führt und Musliminnen dies offen zu spüren bekommen. A. teilte uns mit, dass

> im Berufsleben, wenn die Frau so ein Kopftuch hat, man so keine Chance für eine Arbeit [hat, M.F.]. Also ich kenn so eine Frau …, die schon vorher kein Kopftuch hatte, die sich aber dafür entschieden [hat, M.F.], ein Kopftuch zu tragen. Aber nach einem Jahr hat sie dann das Kopftuch nochmal weg[gelassen, M.F.], weil … sie keine Chance hatte. Also die hat gesagt: „Ich konnt[e] … keine Arbeit finden.

Die Teilnehmerinnen könnten einmal nur mit anderen Frauen über ihre jeweiligen Stigmatisierungserfahrungen diskutieren. Des Weiteren könnten Muslime und Musliminnen gemeinsam in Diskussion treten. Die Teilnahme von muslimischen Frauen könnte unter anderem Antworten auf folgende Fragen liefern:

- Wie stark ist die Identifikation mit dem in Deutschland vorherrschenden Normalitätssystem (siehe ◘ Abb. 5.2)?
- Können sie einem Typus bzw. unterschiedlichen Typen unseres Typenmodells zugeordnet werden? Wenn ja, welchen Typen lassen sie sich zuordnen (siehe ◘ Tab. 5.4)?
- Inwieweit unterscheiden sich Stigmatisierungen in ihrer Intensität sowie Art und Weise zwischen den Geschlechtern?

— Wie stark differenzieren sich die möglichen krisenhaften Tendenzen in der Identität der Betroffenen zwischen muslimischen Männern und Frauen?

Nach der Darstellung der Grenzen der vorgestellten Forschung und weiterer Forschungsmöglichkeiten werden im anschließenden Fazit die Hauptergebnisse der Untersuchung nochmals mit Verweis auf die theoretischen Grundlagen zusammenfassend aufgeführt. Dabei wird insbesondere herausgestellt, welche Verantwortung jedes einzelne Individuum mit seinem Verhalten gegenüber anderen und deren Identität haben kann.

5.6 Fazit

Die Vorannahme, dass Stigmatisierungen gerade aktuell einen großen Teil des alltäglichen Lebens von Muslimen in Deutschland ausmachen, konnte im Laufe der Gruppendiskussion bestätigt werden. Insbesondere Reaktionen auf aktuelle islamfeindliche Phänomene wie Pegida zeigen die Brisanz der Auswirkungen auf die Betroffenen: Die zunehmende Stigmatisierung spiegelt sich deutlich in den Erzählungen der Teilnehmer wider. Zudem konnte die Verbindung von dauerhafter Stigmatisierung und deren Auswirkungen auf die Identität der Betroffenen anhand theoretischer Betrachtungen des Phänomens „Stigmatisierung" nachgewiesen werden. Die Diskussion um den Zusammenhang zwischen Islam und Islamismus ist somit keine rein mediale und gesellschaftliche Debatte: Sie hat tiefgreifende Konsequenzen für einzelne Individuen, die sich – unabhängig davon, wie stark gläubig oder „integriert" sie sind – innerhalb ihrer Identitätsentwicklung und -wahrnehmung mit Stigmatisierungs- und Diskriminierungserfahrungen und dadurch letztlich mit Identitätsverletzungen von außen – persönlich auseinandersetzen müssen.

Auch weil Stigmatisierung ein sowohl bewusster als auch unbewusster Prozess ist, der sich in allen gesellschaftlichen Sphären offenbart, ist es ein Vorgang, der von allen hinterfragt werden müsste. Insbesondere in Bezug auf den Islam als Stigma bedeutet das: „Wer seinen eigenen Projektionen auf die Schliche kommt, wird frei, in der Begegnung mit Muslimen und in der Auseinandersetzung mit „islamischen Sachthemen" mit Genauigkeit und Sorgfalt zu agieren" (Naumann 2010, S. 34). Somit kann sich dem Verständnis um die gesellschaftlichen Mechanismen des Stigmas angenähert werden, mit dem Ziel, im weitesten Sinne Grenzen zu überwinden. Grenzen zu konstruieren, bedeutet Unterschiede zwischen Identitätsnormen aufzumachen. Dabei muss – nach Goffman – berücksichtigt werden, dass selbst vermeintlich „gutgemeinte" Umgangsweisen mit den Stigmatisierten selbst eine Stigmatisierung sind, da die Person dabei nicht als Mensch, sondern stets als Person mit einem „Makel" wahrgenommen wird. Das Bewusstwerden konstruierter Grenzen ist eine Voraussetzung, um zu überdenken, inwieweit Normalitätsvorstellungen tatsächlich distinkt sind oder sich vielmehr eine neue Dimension von Normalität erkennen lässt: „ey ich bin einfach ein Moslem, ich bin ein Mensch, so lass mich doch einfach leben wie jeder andere hier" (K.). Auf der Ebene der Handlungspraxis bedeutet das konkret für uns, dass man die eigenen Normalitätsvorstellungen und die darin enthaltenen Anforderungen an das Gegenüber hinterfragt. Gerade in einer Zeit der Globalisierung und der Vermischung verschiedener kultureller Einflüsse ist diese Erkenntnis von grundlegender Bedeutung. Wir möchten mit den Worten von O. schließen:

> [...] dass man auch weiß, ach, es hier Muslime, [...] sind auch normale Menschen, die beißen nicht [...] dass man auch bisschen erfährt: ja, es gibt doch Muslime hier, zeigt, gibt es so Räume, die kann man besuchen und da kann man auch ein bisschen besser kennen lernen und mal einfach auch Stereotype auch abbauen. Das hoffen wir.

■ Was wir alles falsch gemacht haben

Nachdem die angestrebte Thematik in theoretische Vorannahmen eingebettet wurde und die Findung der Forschungsfrage abgeschlossen war, musste ein der Forschungsfrage angemessenes Erhebungsverfahren und eine dem Erhebungsverfahren adäquate Auswertungsmethode ausgewählt werden. Wie im Vorherigen deutlich wurde, fiel die Wahl auf das Gruppendiskussionsverfahren als Erhebungsverfahren und auf die dokumentarische Methode als Auswertungsmethode. Das Gruppendiskussionsverfahren, welches sich zur Nachbildung realer Bedingungen eignet, unter denen sich Meinungen und Einstellungen in der gesellschaftlichen Wirklichkeit bilden und äußern, ist mit einem erheblichen Zeit- und Planungsaufwand verbunden. Um die sich während einer Gruppendiskussion entwickelnde Dynamik als Erkenntnisquelle zu nutzen, bedarf es einiger Schritte, die vorab geplant werden müssen, damit die Diskussion nicht in einem heillosen Durcheinander endet und womöglich wichtige Wissenselemente auf der Strecke bleiben. Der Erhebungsprozess einer Gruppendiskussion wird in drei Schritte unterteilt, die vor der eigentlichen Auswertung der Ergebnisse stehen: Rekrutierung der Diskussionsteilnehmer, Auswahl des Erhebungsortes und Durchführung der Gruppendiskussion.

Die Rekrutierung der Teilnehmer_innen ist bereits ein Knackpunkt für das Vorhaben einer Gruppendiskussion. Mithilfe von Flyern, Postern und anderen Mitteln sollte man auf das Forschungsprojekt aufmerksam machen. Jedoch kann es sein, dass sich keine Person auf die Aushänge zur Projektteilnahme meldet – gerade dann, wenn es sich womöglich um ein sensibles Forschungsfeld (bspw. religiöse Einstellungen, politische Einstellungen etc.) handelt. Potenziellen Teilnehmer_innen einer Gruppendiskussion mag es schwerfallen, den ersten Schritt zu gehen, deshalb sollten Forscher_innen nicht davor zurückschrecken, in respektvoller Manier Kontakt mit möglichen Teilnehmer_innen zu suchen.

Die Auswahl des Erhebungsortes ist ebenfalls ein wichtiges Element einer Gruppendiskussion. Es sollte darauf geachtet werden, dass sich die Teilnehmer in entspannter und angenehmer Atmosphäre austauschen können, sodass kommunikative Hemmungen abgelegt werden können. Für dieses Vorhaben eignet sich ein dem Forschungsfeld und ein den Ansprüchen der Forschenden genügender Raum, welcher die Haltung der Forschenden ausdrückt. So versprühen beispielsweise die Räumlichkeiten einer Universität eine objektive und wissenschaftliche Atmosphäre, wohingegen das städtische Café Anonymität in der Öffentlichkeit bei Kaffee und Kuchen bietet. Hier muss eine Entscheidung bezüglich der Räumlichkeiten und etwaigen Eindrücke, die damit verknüpft auf die Teilnehmenden einwirken, getroffen werden. Für unser Vorhaben hat sich ein Raum der Universität angeboten, da dieser bereits vorweg den Eindruck eines objektiven, wertungsfreien und seriös-wissenschaftlichen Anspruchs der Forschenden vermittelte. Vor der Auswahl eines Raumes sollte geklärt sein, ob sich der angesetzte Diskussionstermin mit eventuellen Veranstaltungen oder anderen Terminen der Raumbelegung überschneidet.

Die Durchführung einer Gruppendiskussion bedarf ebenfalls mehrerer Schritte, die ohne genaue Planung die eigentliche Diskussion gefährden können. Vorab gilt es, das nötige technische Equipment, welches mehr oder weniger von der Auswertungsmethode vorgegeben wird, zu besorgen. Tonbandgerät, Camcorder, Laptop und Beamer sind nur ein paar Beispiele für eventuell benötigtes Equipment, mit dessen Hilfe sich eine Gruppendiskussion nachvollziehbar und in ihrer ganzen Komplexität aufzeichnen lässt. Schließlich werden Stellen im Erhebungsraum ausgemacht, die eine gute Positionierung des technischen Equipments ermöglichen, sodass eine klare Aufnahme der Gruppendiskussion in ihrer jeweiligen Form gewährleistet ist. Zusätzlich zum technischen Equipment muss der Wohlfühlfaktor aufseiten der Teilnehmer gegeben sein, damit eine positive Atmosphäre für die Durchführung geschaffen wird. Kaffee und Kuchen, Erfrischungsgetränke und Snacks tragen ggf. maßgeblich zur Schaffung dieser Atmosphäre bei.

5.6 · Fazit

Ebenfalls relevant für eine erfolgreiche Durchführung ist das Anlegen eines Leitfadens, welcher in ▶ Abschn. 5.3.4 genauer erläutert wurde.

Wurden nun alle relevanten Aspekte der Erhebung beachtet, steht dem Einsatz einer angemessenen Auswertungsmethode nichts mehr im Weg. Im Rahmen dieser Forschung handelte es sich um die dokumentarische Methode von Ralf Bohnsack. Allgemein sollte jedoch bei der Auswahl einer Auswertungsmethode darauf geachtet werden, ob durch die methodische Aufbereitung des gesammelten Materials die gewünschten Erkenntnis- und Wissenselemente rekonstruiert werden können. Das Begriffsinstrumentarium einer Methode muss, erkenntnistheoretisch gesehen, in der gewählten Theorie verortbar und anwendbar sein. Beispielsweise zielt die dokumentarische Methode darauf ab, die Informationen von Aussagen in einen immanenten und einen dokumentarischen Sinngehalt zu unterteilen. Letzterer gibt Aufschluss über einen gemeinsamen Erfahrungsraum, welcher mit dem Habitus einer Gruppe und einzelner Personen verglichen werden kann. Somit müssen Elemente dieses Habitus in der Theorie fundiert sein, sodass dessen methodische Rekonstruktion argumentativ möglich ist und das gesammelte Material in adäquater Art und Weise aufbereitet werden kann, ohne sich seiner Argumentationsgrundlage zu berauben.

Vor der tatsächlichen inhaltlichen Auswertung der erhobenen Gruppendiskussion standen die Transkription und das Sortieren dieser in jeweilige thematische Abschnitte im Vordergrund – auch dieses Vorgehen orientierte sich an den methodischen Rahmenvorgaben zur Auswertung einer Gruppendiskussion nach der dokumentarischen Methode. Diese thematischen Abschnitte wurden zudem wieder in Zusammenarbeit der gesamten Forschungsgruppe herausgearbeitet, um eine möglichst breite Perspektive auf die vorliegende Transkription zu bekommen. Dabei ergaben sich die thematischen Abschnitte zum Teil durch den offenen Leitfaden der Forschenden, zum Teil jedoch auch durch die von den Teilnehmern aufgeworfenen Themen. Hierbei bestätigte sich, dass die Idee, für die Gruppendiskussion einen Leitfaden anzufertigen, sich als ergiebig zeigte, jedoch ebenso positiv war, dass dieser so weit offen gestaltet war, dass die Teilnehmer ihre eigenen Themen mit einbringen konnten. Dies war sowohl der allgemeinen Stimmung dienlich (durch die eigenen Themen sollte das Wohlbefinden der Teilnehmer gefördert werden) als auch der Offenheit der Teilnehmer. Diese waren durch die offene Gestaltung „freier", zu äußern und zu diskutieren, was ihnen tatsächlich selbst wichtig erschien und zur Gesamtthematik in den Sinn kam. In Hinblick auf die Theorie und Vorgehensweise – die sich an Goffman und Honneths theoretischen Ausführungen bzw. an der *Grounded Theory* orientierte – konnte sich dem Anspruch angenähert werden, die Ergebnisse im Vorfeld mit möglichst wenig Beeinflussung durch die Forschenden selbst zu generieren.

Die Auswertung der Transkription, d. h. das Generieren der Ergebnisse, nimmt relativ viel Zeit in Anspruch. Erst nach Sequenzierung, formulierender und reflektierender Interpretation können die tatsächlichen Typen als Ergebnisse herausgearbeitet werden. Je nachdem, wie lang die Gruppendiskussion bzw. Transkription tatsächlich ist, nimmt dieser Teil der Forschung einen großen Zeitraum ein. Deshalb sollte diesem Forschungsschritt im Zeitplan vorab ein recht großes Zeitfenster zugeteilt werden. Einzelne zentrale Abschnitte müssen vertieft von den Forschenden diskutiert und analysiert werden und das, ohne die methodischen Rahmenvorgaben außer Acht zu lassen.

Während sich ein Teil der Ergebnisse auf die Theorien Goffmans und Honneths beziehen ließ, wie bspw. die Darstellung der zwei Normalitätsvorstellungen der Teilnehmer, ergab sich die konkrete Typenbildung mehr in Anlehnung an die methodischen Vorgaben und ergänzte schlussendlich die Theorie um das spezifisch dynamische Typensystem, welches somit Hauptergebnis ist. An dieser Stelle wird die Vorgehensweise der *Grounded Theory* besonders deutlich, welcher sich das Forschungsteam zum Teil bediente, um die Ergebnisse möglichst unbeeinflusst durch die Theorie aus der Erhebung generieren zu können.

Letztlich ist dieser Aspekt deshalb so entscheidend, da Forschung zu Stigmatisierung und Diskriminierung hier von Forschenden unternommen wurde, die selbst aus einem nicht-muslimischen Kontext kommend keine solchen Stigma-Erfahrungen aufgrund ihres Aussehens oder der Religion gemacht haben. Ihre Position gegenüber den Teilnehmern ist im Hinblick auf Stigmatisierung und Diskriminierung auf Basis dieses Stigmas letztlich eine privilegierte und bedarf deshalb einer besonders reflektierten und unvoreingenommenen Haltung und Vorgehensweise. Obwohl diese Konstellation also kritisch zu bewerten ist, bietet die *Grounded Theory* hier eine Möglichkeit, möglichst offen an die Auswertung heranzugehen. Gleichzeitig wird die privilegierte Stellung der Forschenden genutzt, um sich gegen Ungerechtigkeit und Diskriminierung einzusetzen.[21] Dies mag vorerst ambivalent erscheinen, jedoch bietet gerade die qualitative Forschung an, diese Haltung mit konkreten methodisch-wissenschaftlichen Kriterien und Rahmenbedingungen weitestgehend zu vereinen.

Letztlich konnten an der Goffman'schen Theorie orientierte Typen generiert werden, die alle jeweils in Hinblick auf zwei Normalitätsvorstellungen untersucht wurden. Gerade jedoch die Sonderstellung von K. wirft erneut Fragen bezüglich der theoretischen Vorannahmen auf. Einerseits werden die zwei scheinbar konträren Normalitätsvorstellungen bei ihm – so wiesen es die Forschenden auf – besonders deutlich, andererseits bleibt doch unklar, ob es nicht über diese Typik hinausgehend Typen geben kann, welche aus zwei scheinbar schwierig miteinander zu vereinenden Normalitätsvorstellungen doch ein neues Normalitätssystem schaffen, welches (nicht) von krisenhaften Tendenzen in der Identität geprägt ist. Insbesondere neuere Forschungen zu *transmigrants* (vgl. hierzu u. a. Ratfisch 2015, S. 6) werfen diese Perspektive gegenüber einer binären auf. Offen bleibt letztlich, inwieweit die Goffman'sche Theorie diese binäre Perspektive und damit auch die Ergebnisse in Hinblick auf zwei verschiedene, scheinbar konträre „Normalitätsvorstellungen" dahingehend beeinflusst hat. Die geäußerten Stigmatisierungs- und Diskriminierungserfahrungen der Teilnehmer weisen allerdings darauf hin, dass zumindest ein Großteil der privilegierten Mehrheitsbevölkerung eine solch binäre Perspektive zu haben scheint – schließlich existierten sonst weder Stigmatisierung noch Diskriminierung noch antimuslimischer Rassismus.

Anschließend galt es, eben diese Ergebnisse in eine Theorie zu überführen. Da wir uns im Rahmen unserer Forschungsarbeit bereits mit den unterschiedlichsten Konzepten und Identitätstheorien beschäftigt hatten, konnten wir gleichsam auf eine gute theoretische „Basis" zurückgreifen, die es uns nicht nur erleichterte, eine geeignete Methode für unsere Forschung zu finden, sondern auch, unsere anschließenden Ergebnisse in eine angemessene Theorie zu betten.

Dass eine fehlende Anerkennung Auswirkungen auf die Identität der Betroffenen hat, gilt gemeinhin als sozialwissenschaftlicher Konsens. Dabei nehmen die unterschiedlichsten Konzepte in den Blick, wie durch den Wegfall fester sozialer Rollen im Zuge der Modernisierung die Bestätigung des eigenen Selbst durch andere an Bedeutung gewann. Die klassischen Identitätstheorien von Mead bis Erikson etwa beschäftigen sich mit dem Aufbau der Identität und betonen zugleich die Wichtigkeit der Anerkennung der Person durch (signifikante) Andere für die Bildung einer Identität. Da unsere Forschung sich jedoch mit den Folgen von Stigmatisierung auf die Identität der Betroffenen beschäftigen sollte und nicht nur die Folgen einer fehlenden Anerkennung beleuchten sollte, diente uns besonders Goffmans Ansatz als theoretischer Bezugspunkt. Passend war insbesondere deshalb, weil er sich mit dem Phänomen des Stigmas und den strukturellen Bedingungen befasst, unter denen eine Stigmatisierung zustande kommt. Zudem hat er sich mit den Auswirkungen von Stigmatisierung auf die Identität der Stigmatisierten beschäftigt.

---

21 Angeknüpft wird hier an das Konzept des „Verbündet-Seins" aus der Social-Justice-Bewegung (Institut Social Justice und Diversity 2016).

5.6 · Fazit

Nachdem im Zuge der Auswertung nach der dokumentarischen Methode sowohl der gemeinsame konjunktive Erfahrungsraum der Teilnehmer als auch eine Einordnung der Teilnehmer in diesen Raum in ihrer Nähe bzw. Entfernung zum „Kern" des gemeinsamen Erfahrungsraums ermittelt werden konnte, entwickelten wir unsere dynamische Typik. Sie führt die Einordnung der Personen in den gemeinsamen Erfahrungsraum, deren Lebenslaufmuster sowie den Umgang mit dem Stigma zusammen. Unsere Erkenntnisse galt es in Anschluss daran auf theoretischer Ebene zu formulieren und zu abstrahieren. Da Goffmans Buch *Stigma. Über Techniken der Bewältigung beschädigter Identität* Antworten auf die Fragen wie *Was ist Stigmatisierung? Welche Teile der Identität sind davon betroffen? Wann wird eine Person stigmatisiert? Welche Arten von Stigmata gibt es? Wie unterschiedlich kann sich der Umgang mit dem Stigma gestalten?* liefert, diente dieses uns als theoretische Grundlage. Da die Ausführungen Goffmans jedoch aufgrund seiner eher an konkreten Beobachtungen orientierten Schilderungen aus theoretischer Sicht gewisse Unklarheiten aufweisen, galt es diese theoretischen Annahmen Goffmans zu spezifizieren und zugleich die Ergebnisse der Gruppendiskussion zu abstrahieren, sie gleichsam in einen Gesamtzusammenhang zu stellen. Dieser Spagat zwischen Spezifikation und Abstraktion stellte die größte Schwierigkeit dar. Zudem mussten theoretische Lücken in Goffmans Ausführungen geschlossen werden. Als Grundlage diente uns die Annahme, dass die Identität sich aus verschiedenen Teilen zusammensetzt, bei einer Stigmatisierung also bestimmte Identitätsteile davon betroffen sind. Wird ein Teil der Identität durch Stigmatisierung beschädigt, können die restlichen Identitätsteile nicht mehr in Einklang gebracht werden, wodurch sich krisenhafte Tendenzen in der Identität ergeben. Diese Annahme ermöglicht es uns, den Bezug zwischen unserer Forschungsfrage und der Theorie herzustellen. Im Zuge der Theoriebildung definierten wir anschließend auch unseren „Untersuchungsgegenstand" mithilfe der Goffman'schen Stigma-Theorie. Bei allen Teilnehmern etwa handelte es sich um Personen mit einem phylogenetischen Stigma „von Rasse,[22] Nation und Religion" (Goffman 1975, S. 13), welches für die „Normalen" als Makel erkennbar ist, wodurch die Betroffenen sich in der Rolle der Diskreditierten befinden. Die von Goffman entworfenen vier Kategorien von Verhaltensmustern bzw. Lebenslaufmustern konnten dabei nur einen Teil unserer Teilnehmer beschreiben. Nämlich diejenigen, die erst im Laufe ihres Lebens hinter ihr Stigma kommen bzw. aufgrund von Krankheit oder Ähnlichem plötzlich von einem Stigma betroffen sind, etwa wie Migranten in unserem Fall. Da ein Teilnehmer jedoch als Moslem in Deutschland aufwuchs und somit kein Migrant[23] ist, musste diese theoretische Lücke dementsprechend geschlossen werden. Dazu entwarfen wir einen fünften Typ, welcher eben dieses Lebenslaufmuster in den Blick nimmt.

Da wir im Rahmen unserer Auswertung bereits den konjunktiven Erfahrungsraum der Teilnehmer entwickelt hatten und uns bezüglich der wahrgenommenen Tendenzen im Hinblick auf die Positionierung der Teilnehmer innerhalb dessen einig waren, setzten wir an dieser Stelle in unserer Theorie die Unterscheidung in starke bzw. schwache Identifikation mit den vorherrschenden Identitätsnormen an. Grundannahme war auch hier – in Analogie zu Goffman –, dass das stigmatisierte Individuum sich nicht nicht mit den vorherrschenden Normalitätsvorstellungen identifizieren kann. Je nach Stärke der Identifikation mit den dominanten Identitätsnormen gestalten sich die Umgangsweisen mit dem Stigma unterschiedlich. Auch hier nimmt der fünfte

---

22 Goffman benutzte 1975 den Begriff der „Rasse" selbstverständlich. Im Kontext dieser Arbeit ist der Begriff zwar via des direkten Zitates übernommen worden, jedoch ist die konstruierte Kategorie „Rasse" und ihre Folgewirkung, nämlich *Rassismus*, gemeint und keinesfalls „Rasse" im Sinne einer natürlichen Kategorie. Vielmehr wird „Rasse" – gerade auch im Kontext von Stigmatisierung – häufig *naturalisiert*.
23 K. ist ein deutscher Moslem mit palästinensischem Migrationshintergrund.

Typ eine gesonderte Stellung ein, da er sich in keiner der von Goffman geschilderten Umgangsweisen mit dem Stigma wiederfinden lässt. Dabei transferierten wir die Ergebnisse unserer Forschung im Rahmen der Theorieentwicklung in eine idealtypische Form, die die Umgangsweisen mit dem Stigma und den jeweiligen Lebenslaufmuster zusammenführt und in ihrer Kausalität zu erklären versucht. Auch hier zeigte sich die Schwierigkeit, die an sich dynamische Typik, die im Zuge der Auswertung unserer Ergebnisse entstand, in eine statische zu überführen. Dabei strukturierten wir nicht nur die von Goffman eher ausschnitthaft dargestellten Umgangsweisen mit dem Stigma, sondern fügten zudem eine weitere Unterscheidungsebene ein, indem wir in einen aktiven bzw. passiven Umgang mit dem Stigma unterschieden. Dabei schien uns besonders der Aspekt interessant, inwieweit die stigmatisierte Person um ihre Anerkennung kämpft und auf welchen Ebenen dies geschieht. Die von Honneth entworfenen Arten der Anerkennung dienten uns dabei als Ausgangspunkt (vgl. Honneth 1994). In ständigem Rückbezug auf die Ergebnisse unserer Diskussion konnte auf diese Weise unsere dynamische Typik mithilfe Goffmans sowie Honneths Theorie abstrahiert und in einen theoretischen Gesamtzusammenhang gestellt werden, welcher die verschiedenen Konzepte verbindet und zugleich theoretische Lücken schließt.

Im abschließenden Diskussionsteil wurde den Forschenden dann die Möglichkeit geboten, sowohl die Methode als auch die Auswertung und die Theorie zu diskutieren. Dabei empfahl es sich, beim Schreiben des Diskussionsteils eines Forschungsprojekts folgendermaßen vorzugehen: Bevor der Schreibprozess der Diskussion starten konnte, ist es wichtig, dass die Ergebnisse der Forschung eindeutig vorliegen, denn auf diese wird sich innerhalb der Diskussion zumindest partiell bezogen. So konnte abgesichert werden, dass keine Verständnisprobleme bezüglich der hervorgegangenen Resultate innerhalb der Gruppe bestanden.

Zu Beginn des Diskussionsteils konnte mithilfe der ausgearbeiteten Teile von Theorie, Methodik und Ergebnissen jeweils eine Zusammenfassung der drei Teile erfolgen. So war es den Leser_innen leichter möglich, sich das bisher Dargelegte nochmals ins Gedächtnis zu rufen und in Relation zueinander zu setzen. Vor der Ausarbeitung und dem Verfassen der Diskussion sollte innerhalb der Gruppe besprochen werden, welche Themen und Aspekte die Mitglieder als spannend und relevant erachten, um sie zu diskutieren. Dabei sollte im Gedächtnis bleiben, was die prinzipielle Fragestellung der Arbeit beinhaltet und zu welcher Antwort die Forschung geführt hat. Dabei ist es ratsam, sich am Ergebnisteil zu orientieren. Dies heißt jedoch nicht, dass neben dem „Hauptergebnis" nicht auch kleinere Resultate, die beispielsweise von den Forschenden nicht erwartet worden sind, innerhalb der Diskussion aufgegriffen werden können. Des Weiteren ist bei der Auswahl der zu diskutierenden Aspekte zu beachten, dass Literatur (wissenschaftliche Artikel, Fachbücher, Zeitungs- und Zeitschriftenartikel etc.), Resultate anderer Forschungen oder auch Dokumentationen bezüglich der Problematik als zusätzliche Informationsquellen herangezogen werden sollten, da so die Wissenschaftlichkeit der Diskussion gewahrt werden kann.

Im ersten Teil der Diskussion ging es darum, die zuvor ausgewählten, zu diskutierenden Ergebnisse des Forschungsprojekts in einen größeren gesellschaftlichen, politischen, kulturellen, wissenschaftlichen etc. Kontext einzuordnen und somit möglicherweise auch auf weitere Diskussionspunkte hinsichtlich des Forschungsthemas aufmerksam zu machen. Dabei sollte wie bei jeder wissenschaftlichen Arbeit darauf geachtet werden, dass zentrale Begrifflichkeiten definiert werden, schlüssig argumentiert und stets eine klare Verbindung zu bisherigen vorgestellten Forschung dargeboten wird. Wenn sich beispielsweise die Ergebnisse anderer Forschungen, die sich mit der gleichen oder einer ähnlichen Thematik auseinandergesetzt haben, angeschaut werden und sie aber den eigenen Ergebnissen widersprechen, so kann diskutiert werden, wie es zu so gegensätzlichen Ergebnissen kommen kann. Außerdem können Resultate anderer Forschungen, die das eigene Projekt nicht hervorgebracht hat, mit eingebracht werden und diese mit den

Ergebnissen der eigenen Forschung in Relation gesetzt werden. Bei diesem Teil der Diskussion ist darauf zu achten, dass nicht zu viele Themen aufgeführt werden, um die ausgewählten Thematiken umfassend diskutieren zu können.

Im zweiten Teil der Diskussion war angedacht, den Lesenden offensichtlich zu machen, welche Schwierigkeiten und Lücken das bisherige Vorgehen vorweist. Dies kann sich auf die Theorie, die Methodik wie auch die Ergebnisse beziehen. Dafür ist es empfehlenswert, mit der Person, die den jeweiligen Teil verfasst hat, zu überlegen und zu diskutieren, wo Schwierigkeiten vorlagen, was bei einem weiteren Forschungsprojekt einbezogen werden müsste und von Interesse sein könnte. Basierend auf den Ergebnissen und den bis dahin aufgeführten Aspekten der Diskussion lässt sich außerdem aufzeigen, welche weiteren Möglichkeiten für Forschungen, die sich thematisch an die eigene anschließen, denkbar sind.

Literatur

Abels, H. (2009). *Einführung in die Soziologie: Band 2: Die Individuen in ihrer Gesellschaft* (4. Aufl.). Wiesbaden: VS Verlag für Sozialwissenschaften.

Birsl, U. (2005). *Migration und Migrationspolitik im Prozess der europäischen Integration*. Opladen: Budrich.

Bohnsack, R. (2007). *Rekonstruktive Sozialforschung: Einführung in qualitative Methoden* (6. Aufl.). Opladen & Farmington Hills: Verlag Barbara Budrich.

Bohnsack, R. (2010). Gruppendiskussion. In U. Flick, E. Von Kardoff, & I. Steinke, *Qualitative Forschung . Ein Handbuch* (S. 369–384, 8. Aufl.). Reinbek bei Hamburg: Rowohlt Taschenbuch Verlag GmbH.

Bohnsack, R. (2013). Typenbildung, Generalisierung und komparative Analyse: Grundprinzipien der dokumentarischen Methode. In R. Bohnsack, I. Nentwig-Gesemann, & A.-M. Nohl (Hrsg.), *Die dokumentarische Methode und ihre Forschungspraxis: Grundlagen qualitativer Sozialforschung* (S. 241–270, 3. Aufl.). Wiesbaden: Springer VS.

Bohnsack, R., Nentwig-Gesemann, I., & Nohl, A.-M. (2013). Einleitung: Die dokumentarische Methode und ihre Forschungspraxis. In R. Bohnsack, I. Nentwig-Gesemann, & A.-M. Nohl (Hrsg.), *Die dokumentarische Methode und ihre Forschungspraxis* (S. 9–32, 3. Aufl.). Wiesbaden: Springer VS.

Bourdieu, P. (1982). *Die feinen Unterschiede: Kritik der gesellschaftlichen Urteilskraft*. Frankfurt am Main.: Suhrkamp.

Drosdowski, G (Hrsg.). (1995). *Brockhaus Enzyklopädie. Deutsches Wörterbuch II* (19. Aufl.). Mannheim: Brockhaus.

Engelhardt, M. V. (2010). Erving Goffman: Stigma: über Techniken der Bewältigung beschädigter Identität. In B. Jörissen & J. Zirfas (Hrsg.), *Schlüsselwerke der Identitätsforschung* (S. 123–140). Wiesbaden: VS Verlag für Sozialwissenschaften.

Flick, U. (1999). *Qualitative Forschung: Theorie, Methoden, Anwendung in Psychologie und Sozialwissenschaften*. Reinbek bei Hamburg: Rowohlt Taschenbuch Verlag.

Frindte, W., Boehnke, K., Kreikenborn, H., & Wolfgang, W. (2012). *Lebenswelten junger Muslime in Deutschland. Ein sozial- und medienwissenschaftliches System zur Analyse, Bewertung und Prävention islamistischer Radikalisierungsprozesse junger Menschen*. Berlin: Bundesministerium des Innern.

Gehrmann, M. (2015). *Betriebe auf der Grenze: Integrationsfirmen und Behindertenwerkstätten zwischen Markt- und Sozialorientierung*. Frankfurt am Main: Campus

Gertenbach, L., Kahlert, H., Kaufmann, S., Rosa, H., & Weinbach, C. (2009). *Soziologische Theorien*. Paderborn: Wilhelm Fink GmbH & Co. Verlags-KG.

Goffman, E. (1975). *Stigma: über Techniken der Bewältigung beschädigter Identität*. Frankfurt am Main: Suhrkamp

Gurwitsch, A. (1976). *Die mitmenschlichen Begegnungen in der Milieuwelt*. Berlin: de Gruyter.

Hall, S. (1982). Popular-demokratischer und autoritärer Populismus. In *Neue soziale Bewegungen und Marxismus*. Berlin: Argument-Sonderheft 78

Hall, S. (1994). Rassismus und kulturelle Identität. In *Ausgewählte Schriften 2*. Hamburg: Argument-Verlag

Han, P. (2010). *Soziologie der Migration. Erklärungsmodelle, Fakten, politische Konsequenzen. Perspektiven* (3. Aufl.). Stuttgart: Lucius&Lucius.

Hillmann, K.-H. (2007). *Wörterbuch der Soziologie* (5. Aufl.). Stuttgart: Kröner.

Honneth, A. (1994). *Kampf um Anerkennung: zur moralischen Grammatik sozialer Konflikte*. Frankfurt am Main: Suhrkamp

Karis, T. (2013). *Mediendiskurs Islam: Narrative in der Berichterstattung der Tagesthemen 1979-2010*. Wiesbaden: Springer VS.
Kleemann, F., Krähnke, U., & Matuschek, I. (2013). *Interpretative Sozialforschung: Eine Einführung in die Praxis des Interpretierens* (2. Aufl.). Wiesbaden: Springer VS.
Löffler, B. (2011). *Integration in Deutschland. Zwischen Assimilation und Multikulturalismus*. München: Oldenbourg.
Loos, P., & Schäffer, B. (2001). *Das Gruppendiskussionsverfahren: theoretische Grundlagen und empirische Anwendung*. Opladen: Leske + Budrich.
Luhmann, N. (1996). *Die Realität der Massenmedien* (2. Aufl.). Opladen: Verlag für Sozialwissenschaften.
Mangold, W. (1960). *Gegenstand und Methode des Gruppendiskussionsverfahrens: aus der Arbeit des Instituts für Sozialforschung*. Frankfurt am Main: Europäische Verlagsanstalt.
Mannheim, K. (1980). *Strukturen des Denkens*. Frankfurt am Main: Suhrkamp.
Mecheril, P. (2011). Hybridität, kulturelle Differenz und Zugehörigkeiten als pädagogische Herausforderung. In M.-K. Gertraud & P. Alexander (Hrsg.), *Zwischenräume der Migration. Über die Entgrenzung von Kulturen und Identitäten* (S. 37–54). Bielefeld: transcript.
Meuser, M. (2013). Repräsentation sozialer Strukturen im Wissen. Dokumentarische Methode und Habitusrekonstruktion. In R. Bohnsack, I. Nentwig-Gesemann, & A.-M. Nohl (Hrsg.), *Die dokumentarische Methode und ihre Forschungspraxis: Grundlagen qualitativer Sozialforschung* (S. 223–239) (3.Aufl.). Wiesbaden: Springer VS.
Müller-Funk, W. (2006). *Kulturtheorie. Einführung in die Schlüsseltexte der Kulturwissenschaften*. Tübingen: Francke.
Naumann, T. (2010). Feindbild Islam – Historische und theologische Gründe einer europäischen Angst. In T. G. Schneiders (Hrsg.), *Islamfeindlichkeit: Wenn die Grenzen der Kritik verschwimmen* (S. 19–36, 2. Aufl.). Wiesbaden: Springer VS.
Neubert, S., Roth, H.-J., & Yildiz, E. (2013). Multikulturalismus – ein umstrittenes Konzept, Einleitung. In S. Neubert, R. Hans-Joachim, & E. Yildiz (Hrsg.), *Multikulturalität in der Diskussion, Neuere Beiträge zu einem umstrittenen Konzept*(S. 9–32, 3. Aufl.).Wiesbaden: Springer VS.
Neubauer, C. (2015). Unser Restfeindbild. Deutschlands Muslime passen sich an, doch viele Mitbürger wollen das nicht anerkennen. Ein Interview mit den Co-Autoren einer neuen Studie zur Islam-Angst der Deutschen. Christ & Welt: o.S.
Ploner, M. (2015). *Integrationsvorstellungen und Zugehörigkeitswahrnehmungen am Beispiel von Personen mit türkischem Migrationshintergrund in Deutschland*. Jena. (Unveröffentlichte Bachelorarbeit).
Pollack, D. (2013). Öffentliche Wahrnehmung des Islam in Deutschland. In D. Halm & H. Meyer (Hrsg.), *Islam und Politik* (S. 89–118). Wiesbaden: Springer VS.
Przyborski, A., & Wohlrab-Sahr, M. (2009). *Qualitative Sozialforschung: ein Arbeitsbuch* (2. Aufl.). München: Oldenbourg.
Rehbein, B. (2011). *Die Soziologie Pierre Bourdieus* (2. Aufl.). Konstanz: UVK.
Sarcinelli, U. (2011). *Politische Kommunikation in Deutschland. Medien und Politikvermittlung im demokratischen System* (3. Aufl.). Wiesbaden: Verlag.
Schütz, A. (1971). *Gesammelte Aufsätze I*. Den Haag: Nijhoff.
Schwietring, T. (2011). *Was ist Gesellschaft? Einführung in soziologische Grundbegriffe*. Stuttgart: UTB.
Terkessidis, M. (2010). *Interkultur*. Berlin: Suhrkamp.
Weber, M. (2009). *Wirtschaft und Gesellschaft. Grundriss der verstehenden Soziologie* (5. Aufl.). Tübingen: Mohr Siebeck.

Internetquellen

Halm, D., Sauer, M., Hafez, K., & Schmidt, S. (2015). Religionsmonitor- verstehen was verbindet. Sonderauswertung Islam 2015- Die wichtigsten Ergebnisse im Überblick. http://www.bertelsmann-stiftung.de/fileadmin/files/Projekte/51_Religionsmonitor/Zusammenfassung_der_Sonderauswertung.pdf. Zugegriffen: 12 Mai 2015.
Halm, D., & Sauer, M. (2015). Religionsmonitor – Muslime in Deutschland mit Staat und Gesellschaft eng verbunden. https://www.bertelsmann-stiftung.de/de/themen/aktuelle-meldungen/2015/januar/religionsmonitor. Zugegriffen: 12 Mai 2015.
Haug, S., Müssig, S., & Stichs, A. (2009). Muslimisches Leben in Deutschland: im Auftrag der Deutschen Islam Konferenz. http://www.deutsche-islam-konferenz.de/SharedDocs/Anlagen/DIK/DE/Downloads/WissenschaftPublikationen/MLD-Vollversion.pdf?__blob=publicationFile. Zugegriffen: 15 Mai 2015.
Hebel, C., & Elmer, C. (2015). Muslime integrieren sich, Deutsche schotten sich ab. http://www.spiegel.de/politik/deutschland/islam-studie-muslime-integrieren-sich-deutsche-schotten-sich-ab-a-1011640.html. Zugegriffen: 16 Mai 2015.
Information und Technik Nordrhein-Westfalen (2015). NRW-Einwohnerzahl um 20 000 auf 17,6 Millionen gestiegen – Düsseldorf hat erstmals seit 1978 wieder mehr als 600 000 Einwohner. https://www.it.nrw.de/presse/pressemitteilungen/2015/pres_042_15.html. Zugegriffen: 16 Mai 2015.

Literatur

Institut: Social Justice und Diversity (2016). http://www.social-justice.eu/socialjustice.html#machtanalyse. Zugegriffen: 04 Juni 2016.

Garrel, T. (2015). Zahlen und Einstellungen. Nicht-muslimische Deutsche zu Muslimen. http://www.netz-gegen-nazis.de/artikel/zahlen-einstellungen-deutsche-zu-muslimen-10034. Zugegriffen: 13 Mai 2015.

Polke-Majewski, K., & Venohr, S. (2015). Dürfen wir vorstellen. Deutschlands Muslime. http://www.zeit.de/gesellschaft/2015-01/islam-muslime-in-deutschland. Zugegriffen: 13 Mai 2015.

Ratfisch, P. (2015). Zwischen nützlichen und bedrohlichen Subjekten. Figuren der Migration im europäischen ´Migrationsmanagement´ am Beispiel des Stockholmer Programms, in: movements. Journal für kritische Migrations- und Grenzregimeforschung 1 (1), http://movements-journal.org/issues/01.grenzregime/07.ratfisch--nuetzliche-bedrohliche-subjekte-stockholm-migrationsmanagement.html. Zugegriffen: 04. Juni 2016.

Strüning, F. (2014). Wie viele Muslime leben in Deutschland? Wie die unseriöse „Forschung" des SVR notwendige Debatten über den Islam behindert. http://www.citizentimes.eu/2014/11/14/wie-viele-muslime-leben-in-deutschland. Zugegriffen: 15 Mai 2015.

Wendt, A. (2015). Eine unbequeme Frage: Wie hängen Terror und Islam zusammen? Verfügbar auf: Focus Online. http://www.focus.de/politik/deutschland/debatte-nach-den-pariser-anschlaegen-wie-haengen-terror-und-islam-zusammen_id_4412493.html. Zugegriffen: 15 Mai 2015.

Zeitung, S. (2015). PEGIDA. http://www.sueddeutsche.de/thema/Pegida. Zugegriffen: 15. Mai 2015.

Serviceteil

Stichwortverzeichnis – 202

© Springer-Verlag GmbH Deutschland 2018
D. Lindner, A. Gregor (Hrsg.), *Identitätsforschung in der Praxis*,
DOI 10.1007/978-3-662-54587-4

Stichwortverzeichnis

A

allosexueller Mensch 62, 68, 70
Anerkennung 14, 17, 19–20, 22, 25, 49–51, 58, 64, 66, 80, 92, 97, 152, 158–160, 180, 187, 194, 196

B

Beobachtungsprotokoll 116, 120, 140, 173
Biographie 32, 48–49, 51, 75, 87, 97, 131–132

D

dichte Beschreibung 120
Diskurs 20, 60, 67, 70, 116, 123–124, 126–128, 134, 138, 163, 166–167, 183, 185
Disziplinierung 66–67
dokumentarische Methode 22, 26–27, 151, 162–164, 166, 169, 189, 193, 195

E

Einverständniserklärung 25

F

Feminismus 60, 69, 105
Forschungsfrage 12, 52–53, 58, 61, 73, 75, 106, 115, 136, 138–139, 149, 151–152, 156, 161, 192, 195
Fremdverstehen 21, 26–27

G

Generalisierung 23, 42, 51, 189
Geschlechtsidentität 60, 62, 69–72, 76–77, 90, 93, 104–105, 107
Graysexuality 63, 78, 86, 101–102, 105

Grounded Theory 79, 115–116, 118, 134, 136–137, 139, 142, 150, 152, 193
Gruppendiskussion 149, 151, 161, 166–167, 170, 192
Gruppenidentität 114–116, 120, 138
Gruppeninterpretation 4, 61, 78
Gruppeninterview 121

H

Habitus 161, 164, 166, 170, 172–176, 182, 189, 193
heteronormative Matrix 61–62, 65, 69–71, 95, 102

I

Ich-Identität 153, 156, 161, 172, 181
Identifikation 59, 65, 71–73, 75, 77–78, 88–89, 96–97, 101, 103–104, 121, 134, 157–158, 180, 195
Identität 57, 160
– nationale 186–188
– persönliche 172
– soziale 16, 152–154, 159, 172, 181
– transkulturelle 186
Identitätsentwurf 14, 50, 61, 81, 84–85
Identitätsgefühl 19, 64
Identitätskonstruktion 15–16, 18, 22, 25, 28, 31, 48, 50–51
Identitätskrise 151, 156, 160, 170, 180–182, 187, 191, 194–195
Identitätsnormen 155, 157–160, 191, 195
Indexikalität 21, 27
Institution 24, 67, 117–118, 124, 129, 131–132, 149
Integration 183–185
Interaktion 17, 37, 45–46, 48, 62, 79–80, 82, 84, 87–88, 92, 94, 116, 120–122, 128, 134, 152, 154, 157, 159, 162, 166
Interpretation 5, 26, 74, 108, 132–133, 138, 140, 163, 165–166

– formulierende 27, 169–170, 193
– Gruppeninterpretation 4, 61, 78
– reflektierende 27, 169–170, 193
Interview
– narratives 21–24, 27, 58, 61, 75, 121
– problemzentriertes 75

K

Kategorisierung 79, 118, 120
Kernnarration 14, 19–20, 22, 25
Kodieren 79, 120, 137–139
komparative Analyse 23, 26–27, 151, 170, 172, 175, 177, 189
Kontrastierung 26, 96, 120–122, 124, 127–129, 138

L

latente Sinnstrukturen 21, 137
Leitfaden 24, 75–76, 106, 121, 193
Leitfadeninterview 24, 58

M

Motivation 28, 31, 34–35, 39, 42, 44, 51

N

narratives Interview 21–24, 27, 58, 61, 75, 121
nationale Identität 186–188
Normalisierung 67, 71, 80, 156, 173–174, 177, 179, 181, 188
Normen 18, 28, 59, 61, 65–68, 70–71, 73, 77, 80–82, 84–87, 89–96, 116–118, 152, 159, 176, 183

P

Pathologisierung 60–61, 68, 80–85, 87, 91–93, 99, 103
problemzentriertes Interview 75

Stichwortverzeichnis

Q

Queer-Szene 57–58, 60–61, 77–78, 80, 93–95, 97–101, 104–108

R

Rekonstruktion 21, 24–26, 73, 75, 161, 163, 166, 168, 170, 172, 193
Relevanzsetzung 21, 23–24, 131
Religion 40, 42, 123–127, 129–133, 175–176, 178, 190
Rolle 16, 34, 39, 47, 114, 120, 123, 129–132, 152, 194

S

Selbstdarstellung 17, 41, 51
Selbstkonzept 17, 19, 22, 43, 51
Selbstnarration 14, 20, 22–23, 25–26, 28, 35, 41, 43, 45–47, 49–51
Selbstreflexion 44, 46–47, 50
Sequenzanalyse 27, 121, 169
Sexualitätsdispositiv 61, 68
soziale Identität 16, 152–154, 159–160, 172, 181
Sozialisation X, 26, 44, 132, 157–158, 182, 189
Stigma 155–158, 170, 172, 178, 180, 191, 195
Stigmatisierung 59–60, 73, 76–77, 80–81, 83, 87, 91, 103, 149–151, 154, 159–161, 170, 177, 179–181, 183, 185, 188, 190, 194

T

Teilidentität 18–19, 21, 49, 63
teilnehmende Beobachtung 120–121, 138
Transkription 25, 27, 78, 168
transkulturelle Identität 186
Typenbildung 26–27, 170, 175

V

Validität 23, 51, 64

 springer.com

Willkommen zu den Springer Alerts

Jetzt anmelden!

- Unser Neuerscheinungs-Service für Sie:
  aktuell *** kostenlos *** passgenau *** flexibel

Springer veröffentlicht mehr als 5.500 wissenschaftliche Bücher jährlich in gedruckter Form. Mehr als 2.200 englischsprachige Zeitschriften und mehr als 120.000 eBooks und Referenzwerke sind auf unserer Online Plattform SpringerLink verfügbar. Seit seiner Gründung 1842 arbeitet Springer weltweit mit den hervorragendsten und anerkanntesten Wissenschaftlern zusammen, eine Partnerschaft, die auf Offenheit und gegenseitigem Vertrauen beruht.

Die SpringerAlerts sind der beste Weg, um über Neuentwicklungen im eigenen Fachgebiet auf dem Laufenden zu sein. Sie sind der/die Erste, der/die über neu erschienene Bücher informiert ist oder das Inhaltsverzeichnis des neuesten Zeitschriftenheftes erhält. Unser Service ist kostenlos, schnell und vor allem flexibel. Passen Sie die SpringerAlerts genau an Ihre Interessen und Ihren Bedarf an, um nur diejenigen Information zu erhalten, die Sie wirklich benötigen.

Mehr Infos unter: springer.com/alert

MIX
Papier aus verantwortungsvollen Quellen
Paper from responsible sources
FSC® C105338

If you have any concerns about our products,
you can contact us on
ProductSafety@springernature.com

In case Publisher is established outside the EU,
the EU authorized representative is:
**Springer Nature Customer Service Center GmbH
Europaplatz 3, 69115 Heidelberg, Germany**

Printed by Libri Plureos GmbH
in Hamburg, Germany